21世纪高等医学院校教材

供护理类专业使用

基础护理技术操作
实验指导及评分标准

第2版

主　编　李丽娟
副主编　汪美华　郭春红

人民卫生出版社

·北京·

图书在版编目（CIP）数据

基础护理技术操作实验指导及评分标准 / 李丽娟主编 . -- 2 版 . -- 北京 ： 人民卫生出版社，2025. 5.

ISBN 978-7-117-36930-5

Ⅰ. R472-65

中国国家版本馆 CIP 数据核字第 2024ZP6325 号

| 人卫智网 | www.ipmph.com | 医学教育、学术、考试、健康，购书智慧智能综合服务平台 |
| 人卫官网 | www.pmph.com | 人卫官方资讯发布平台 |

基础护理技术操作实验指导及评分标准

Jichu Huli Jishu Caozuo Shiyan Zhidao ji Pingfen Biaozhun

第 2 版

主　　编：李丽娟

出版发行：人民卫生出版社（中继线 010-59780011）

地　　址：北京市朝阳区潘家园南里 19 号

邮　　编：100021

E - mail：pmph @ pmph.com

购书热线：010-59787592　010-59787584　010-65264830

印　　刷：北京华联印刷有限公司

经　　销：新华书店

开　　本：787 × 1092　1/16　　印张：28.5

字　　数：710 千字

版　　次：2008 年 12 月第 1 版　　2025 年 5 月第 2 版

印　　次：2025 年 8 月第 1 次印刷

标准书号：ISBN 978-7-117-36930-5

定　　价：128.00 元

打击盗版举报电话：010-59787491　E-mail：WQ @ pmph.com

质量问题联系电话：010-59787234　E-mail：zhiliang @ pmph.com

数字融合服务电话：4001118166　E-mail：zengzhi @ pmph.com

编 者

（以姓氏笔画为序）

甘　香　莆田学院附属医院
付　利　广西科技大学
李丽娟　漳州卫生职业学院
李凌楠　莆田市皮肤病防治院
李燕燕　漳州卫生职业学院
吴丽芬　厦门大学附属翔安医院
汪美华　漳州卫生职业学院
宋雯颖　大理护理职业学院
张秋华　厦门大学附属中山医院
陈良英　湄洲湾职业技术学院
林　锋　漳州卫生职业学院
郭春红　山东医学高等专科学校
黄琛琛　漳州卫生职业学院
韩双双　江西中医药高等专科学校
程　遥　安徽中医药高等专科学校
湛惠萍　漳州卫生职业学院
鄢雯欣　联勤保障部队第九〇〇医院
潘　云　安徽中医药高等专科学校

秘　书　黄琛琛　李凌楠

内容提要

　　本教材根据护理专业和社会发展需求,遵循"三基、五性"的教材编写原则,保留上一版的特点,增加新理论、新知识和新技能,从知识架构、理论体系和能力体系等方面给予全面提升。以"项目 - 案例 - 任务 - 思维导图 - 操作流程图 - 评分标准"为模式,遵循个体"入院 - 住院 - 出院"基本规律编排框架,内容循序渐进。本书体现"以人为本"护理理念和"立德树人"教育理念,是一本综合能力实训、紧密结合护士执业资格考试及各级各类社会竞赛的"岗课赛证"融通精品教材。

　　本书供护理类专业学生使用和护理界同仁临床教学应用,也可作为护理人员的参考读物。

护理操作技能是体现护理专业人才综合素质的一个重要元素,是充分体现理论、知识、技能综合应用的能力反映。本教材根据护理专业和社会发展的需求,针对新知识、新理论、新技能,从知识架构、理论体系和能力体系等方面给予全面提升。使教学内容、教学效果更加贴近学习者、贴近职业岗位、贴近社会对人才的需求。本教材具有"人无我有,人有我新"诸多特点。

本教材在保留第1版"培养整体护理理念、注重人文综合素质培养、与护士执业资格考试紧密相连"等诸多特点的基础上,进行改革创新,赋予教材更强的新颖性、实用性和可操作性。

1. 构建模块,任务框架　本教材以"项目‑任务"模块对知识架构、能力体系进行全方位设置和编排,遵循个体"入院‑住院‑出院"基本规律设置框架。

2. 项目体系,循序渐进　强调"职业防护"与"预防感染和交叉感染"理念及能力,应在接触患者之前就建立,故编排在教材开篇。全书共20个项目、56个操作任务。

3. 增加项目,方法多元　增加手部卫生与消毒、防护服使用、晨间护理、入院后初步护理、清洁卫生护理、出院护理等项目内容。方法多元,如铺床中有大单法、床笠法;铺大单、被套有横线、纵线法;套被套有床尾开口法和床边开口法;吸痰技术有中心负压吸痰法和电动吸引器吸痰法;氧气疗法有中心管道供氧法、氧气筒氧疗法;雾化吸入疗法有氧气雾化、压缩雾化和超声雾化等诸多项目和方法。

4. 编排体例,层层递进　①以"案例"为引擎,评估护理问题,导出遵循医嘱和需完成的护理任务;②操作者应明确的操作目的;③实训时数;④学习任务需完成的教学目标(知识、技能、素养);⑤实验设计(教学活动、考核评价);⑥完成任务应注意的事项;⑦能力训练思维导图;⑧实图操作指导流程;⑨技能考核评价标准。

5. 全程图片,"思维导图"　思维导图激发联想力、发散思维和分析思考能力,充分体现学习内容连续性、层次性和有序性,以提高学习者的思维能力;图片引导操作全程流程化,突出各环节、各重点难点内容,引导操作者课内外临摹图片实践动手,有效地、更好地指导和提高学习效果。

6. 课程思政,立德树人　通过教学目标、综合素质考核评价、案例护理过程中人文关怀等为主线贯穿教学全程,充分体现教学与思政课程协同育人相适应。

7. "岗课赛证",融通教材　本书既适用于课堂、课后教师教学指导和学生学习用书,也是一本适合综合能力实训的实用教材,更是一本紧贴护士执业资格考试及各级各类社会竞赛的"岗课赛证"融通精品教材。

　　本教材在编写过程中，各位编者积极努力和真诚合作，再次表示衷心的感谢！

　　由于编者水平和能力有限，本书难免会有疏漏之处，敬请各位学生、教师、读者及护理界同仁惠予指正，以使本书日臻完善。

李丽娟

2025 年 5 月

目 录

手部卫生与消毒

任务一　流水洗手法

[**案例**] 罗某,女,35 岁,腹泻 4 小时到门诊就诊。护士张某,准备给予罗某测量体温,准备用物前进行洗手。

任务: 流水洗手。

[**操作目的**] 清除手上污垢、大部分暂住菌,切断通过手传播感染的途径,预防感染与交叉感染。

[**实训时数**] 0.5 学时。

[**教学目标**]

1. 知识　能说出洗手目的、洗手指征、七步洗手法步骤及其注意事项。

2. 技能　能应用洗手技术正确做好职业防护和医院感染的预防与控制工作。

3. 素养　具有职业防护、医院感染防控等意识;仪表规范,态度认真、严谨。

[**实验设计**]

1. 教学活动　示教、角色扮演、小组或个人训练等活动;应用微课、思维导图、操作流程图、操作视频等指导课堂和课后练习。

2. 考核评价　平时考、阶段考、期末考等相结合;应用评分标准评价学习效果。

[**注意事项**]

1. 明确评估洗手指征　①进入和离开病房前;进行任何诊疗护理操作前后。②戴口罩前及取下口罩后。③接触、护理患者前后;接触同患者身体不同部位(污染处和清洁处)前后。④接触伤口前后;接触患者体液、黏液、分泌物、排泄物、伤口敷料之后。⑤接触清洁物品前;处理污染物品后。⑥无菌操作前后;穿脱隔离衣前后;戴无菌手套前、脱无菌手套后。⑦工作人员接触自己的身体及物品前。⑧如厕前后。

2. 手部不戴饰物,洗手时身体勿靠近水池,以免溅湿工作服。

3. 每个部位揉搓次数不少于 5 次,七步洗手法每一步时间不少于 15 秒。

4. 流水冲洗时腕部要低于肘部,使污水从腕部流向指尖,并避免水流入衣袖内。

5. 操作中保持水龙头清洁,如用肥皂则应每日更换一次。

6. 若用消毒毛巾擦手,应做到一人一巾一次一消毒。

[思维导图]

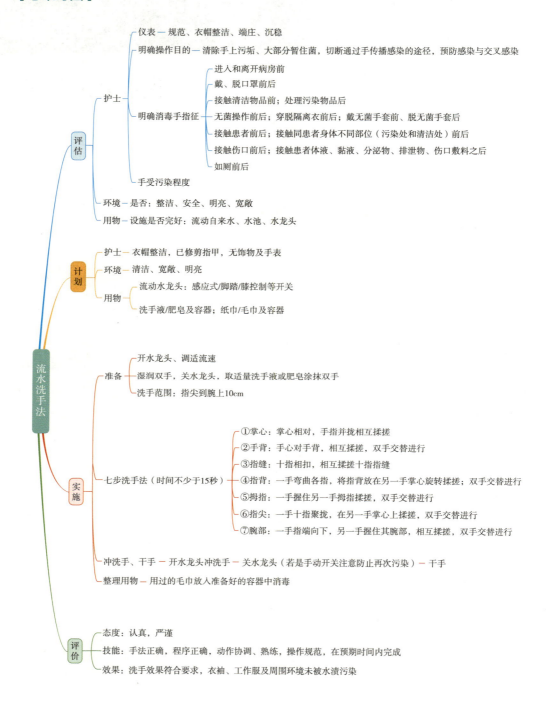

[操作流程]

一、评估

仪表规范,明确操作目的和洗手指征

二、计划

1. 洗手设备,水池、水龙头

2. 用物,肥皂或洗手液

3. 用物,纸巾

三、实施

1. 开水龙头,湿润双手

2. 取肥皂或洗手液

3. 涂抹双手

4. 掌心对掌心相互揉搓

5. 掌心对手背,手指交错,相互揉搓,两手交替进行

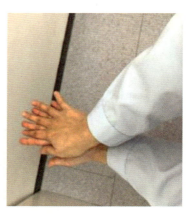

6. 掌心相对,手指交叉,相互揉搓

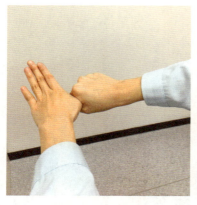

7. 一手握住另一手大拇指揉搓,两手交替进行

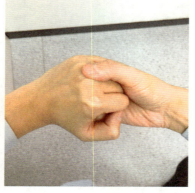

8. 一手弯曲手指,另一手握其指背揉搓,两手交替进行

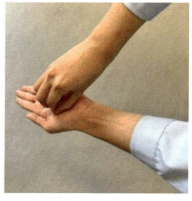

9. 一手指尖在另一手旋转掌心揉搓,两手交替进行

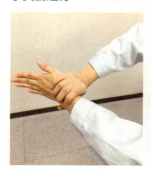

10. 握住另一手腕部揉搓,两手交替进行

11. 流水冲洗干净

12. 擦干

四、评价

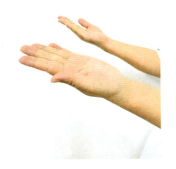

程序正确,动作规范,时间准确,无污染

[评分标准]

流水洗手法——操作考核评分标准(满分:100 分)

(规定时间:3 分钟 　　 实际操作时间:　分钟)

班级　　　学号　　　姓名　　　成绩　　　　　　　　　　年　　月　　日

质量标准			操作过程	分值	操作要求及指标		扣分
评估10 分	护士	仪表	规范、衣帽整洁、端庄、沉稳	2	不符合一处扣 1 分	至扣完分值	
		操作目的	清除手上污垢及大部分暂住菌,切断通过手传播感染的途径,预防感染与交叉感染	2	口述,不全一项扣 1 分		
		洗手指征	①进入和离开病房前;②戴口罩前、脱口罩后;③接触清洁物品前、处理污染物品后;④无菌操作前后;穿脱隔离衣前后;戴无菌手套前、脱无菌手套后;⑤接触患者前后;接触同患者身体不同部位(污染处和清洁处)前后;⑥接触伤口前后;接触患者体液、黏液、分泌物、排泄物、伤口敷料之后;⑦如厕前后	4	口述,不全一项扣 1 分		
		手受污染程度					
	环境		是否:整洁、安全、明亮、宽敞	2	口述,不全一项扣 1 分		
	用物		设施是否完好:流动自来水、水池、水龙头				
计划5 分	护士		衣帽整洁,已修剪指甲,无饰物及手表	2			
	环境		清洁、宽敞、明亮		缺一项扣一分		
	用物		流动水龙头(感应式 / 脚踏式或膝控制等开关)	3			
			洗手液(或肥皂及容器);纸巾(或毛巾及容器)				

续表

质量标准	操作过程		分值	操作要求及指标	扣分
实施70分	准备	开水龙头开关、调适流速,湿润双手	3	缺一项扣一分 工作服触碰水池扣2分	
		取适量洗手液或肥皂			
		涂抹双手			
	七步洗手法(时间不少于15秒)	①掌心:掌心相对,手指并拢相互揉搓	60	①边述边做 ②手法错误一步扣5分 ③漏洗一处扣5分 ④每步搓洗少于4次扣5分 ⑤揉搓力度要适中,力度太轻扣5分 ⑥腕部高于肘部扣5分 ⑦身体靠近水池或溅湿工作服扣5分	
		②手背:手心对手背,相互揉搓,双手交替进行			
		③指缝:十指相扣,相互揉搓			
		④拇指:一手握住另一手拇指揉搓,双手交替进行			
		⑤指背:弯曲各指,将指背放在另一手掌心旋转揉搓;双手交替进行			
		⑥指尖:十指聚拢,在另一手掌心上揉搓,双手交替进行			
		⑦腕部:手指端向下,另一手握住其腕部,相互揉搓,双手交替进行			
	冲洗手、干手	流水冲洗时腕部要低于肘部,使污水从腕部流向指尖,避免水流入衣袖内(口述); 身体勿靠近水池或溅湿工作服(口述); 关水龙头; 若是手动开关要注意保持水龙头清洁,如用肥皂则应每日更换一次(口述); 干手;用消毒毛巾干手时,应做到一人一巾一次一消毒(口述)	5	①未做或动作不到位扣2分 ②口述缺一项扣2分,至扣完分值	
	整理用物	用过的毛巾放入准备好的容器中消毒	2		
评价15分	态度	认真,严谨	5	①熟练程度、规范程度根据实际情况酌情扣1~5分 ②超预期时间扣5分	
	技能	手法正确,程序正确,动作协调、熟练,操作规范,在预期时间内完成	5		
	效果	洗手效果符合要求,衣袖、工作服及周围环境未被水渍污染	5		
总分			100		

(李丽娟)

任务二　速干手消毒剂涂擦消毒法

[**案例**] 患者,王某,男,25 岁,阑尾切除术后第 3 天,生命体征稳定,护士赖某按医嘱给予静脉输液,静脉穿刺一针见血,胶布固定后,记录输液巡视单前,用速干手消毒剂消毒手。

[**操作目的**]

1. 消除致病性微生物。

2. 避免污染无菌物品与清洁物品。

3. 预防感染与交叉感染,切断通过手传播感染的途径。

[**实训时数**] 0.5 学时。

[**教学目标**]

1. 知识　能正确叙述手消毒的目的、手消毒的指征、七步消毒手步骤及其注意事项。

2. 技能　能正确应用消毒手技术,在职业岗位中做好医院感染的预防与控制工作。

3. 素养　树立防止感染与交叉感染理念;符合护士行为规范,具有慎独修养。

[**实验设计**]

1. 教学活动　示教、角色扮演、小组或个人训练等活动;应用思维导图、操作流程图、操作视频等指导课堂和课后练习。

2. 考核评价　平时考、阶段考、期末考等相结合;应用评分标准评价技能掌握效果。

[**注意事项**]

1. 明确消毒手指征　①检查、治疗和护理免疫功能低下的患者之前;②出入隔离病房、重症监护室、烧伤病房、新生儿病房和感染性疾病病房等医院感染重点部门前后;③接触具有传染性的血液、体液和分泌物,以及被传染性致病微生物污染的物品后。

2. 手消毒的基本要求　①医务人员的手未见污染物时,可使用速干手消毒剂消毒双手代替洗手;②严格按照洗手的步骤和力度进行揉搓,并保证手消毒剂完全覆盖手部皮肤,直至手部干燥,使双手达到消毒目的。

[思维导图]

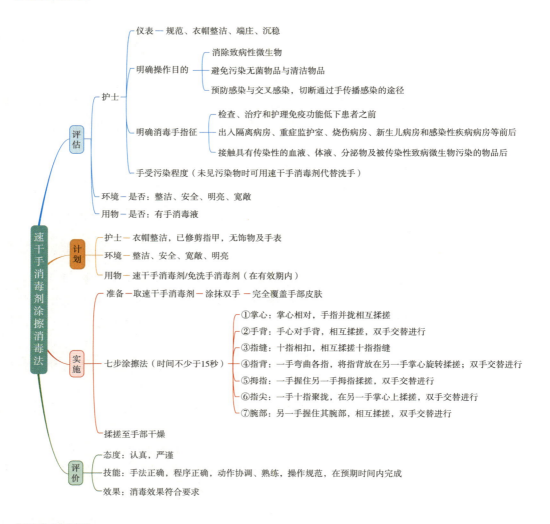

速干手消毒剂涂擦消毒法

评估
- 护士
  - 仪表 — 规范、衣帽整洁、端庄、沉稳
  - 明确操作目的
    - 消除致病性微生物
    - 避免污染无菌物品与清洁物品
    - 预防感染与交叉感染，切断通过手传播感染的途径
  - 明确消毒手指征
    - 检查、治疗和护理免疫功能低下患者之前
    - 出入隔离病房、重症监护室、烧伤病房、新生儿病房和感染性疾病病房等前后
    - 接触具有传染性的血液、体液、分泌物及被传染性致病微生物污染的物品后
  - 手受污染程度（未见污染物时可用速干手消毒剂代替洗手）
- 环境 — 是否：整洁、安全、明亮、宽敞
- 用物 — 是否：有手消毒液

计划
- 护士 — 衣帽整洁，已修剪指甲，无饰物及手表
- 环境 — 整洁、安全、宽敞、明亮
- 用物 — 速干手消毒剂/免洗手消毒剂（在有效期内）

实施
- 准备 — 取速干手消毒剂 — 涂抹双手 — 完全覆盖手部皮肤
- 七步涂擦法（时间不少于15秒）
  - ①掌心：掌心相对，手指并拢相互揉搓
  - ②手背：手心对手背，相互揉搓，双手交替进行
  - ③指缝：十指相扣，相互揉搓十指指缝
  - ④指背：一手弯曲各指，将指背放在另一手掌心旋转揉搓；双手交替进行
  - ⑤拇指：一手握住另一手拇指揉搓，双手交替进行
  - ⑥指尖：一手十指聚拢，在另一手掌心上揉搓，双手交替进行
  - ⑦腕部：另一手握住其腕部，相互揉搓，双手交替进行
- 揉搓至手部干燥

评价
- 态度：认真，严谨
- 技能：手法正确，程序正确，动作协调、熟练，操作规范，在预期时间内完成
- 效果：消毒效果符合要求

[操作流程]

一、评估

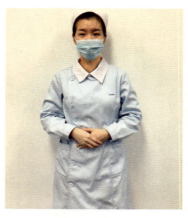

1. 仪表规范，明确消毒目的和消毒手指征

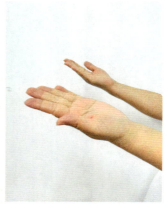

2. 评估手受污染程度，未见污染物可用速干消毒剂代替洗手

二、计划

1. 衣帽整洁,已修剪指甲,无饰物　2. 免洗手消毒剂
及手表

三、实施

1. 取免洗手消毒剂,涂擦双手

2. 第一步,掌心对掌心,揉搓

3. 第二步,掌心对手背,揉搓,双手交替进行

4. 第三步,掌心相对,十指交叉,揉搓指缝

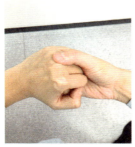

5. 第四步,一手握另一手大拇指旋转揉搓,两手交替进行

6. 第五步,弯曲手指,另一手握其指背揉搓,两手交替进行

7. 第六步,一手指尖聚拢在另一手掌心搓擦,两手交替进行

8. 第七步,握住另一手腕部揉搓

四、评价

消毒效果符合要求

[**评分标准**]

速干手消毒剂涂擦消毒手操作考核评分标准（满分：100 分）

（规定时间：3 分钟　　　　实际操作时间：　　　　分钟）

班级　　　　学号　　　　姓名　　　　成绩　　　　　　　　　　　　年　　月　　日

质量标准			操作过程	分值	操作要求及指标	扣分
评估 10 分	护士	仪表	规范、衣帽整洁、端庄、沉稳	2	不符合一处扣 1 分	
		操作目的	①消除致病性微生物；②避免污染无菌物品与清洁物品；③以防感染与交叉感染，切断通过手传播感染的途径	2	口述，不全一项扣 1 分	
		消毒手指征	①检查、治疗和护理免疫功能低下的患者之前；②出入隔离病房、重症监护室、烧伤病房、新生儿病房和感染性疾病病房等医院感染重点部门前后；③接触具有传染性的血液、体液和分泌物，以及被传染性致病微生物污染的物品后	4	口述，不全一项扣 1 分	
			手受污染程度（未见污染物时可代替洗手）			
	环境		是否：整洁、安全、明亮、宽敞	2	口述，不全一项扣 1 分 用物缺一项扣 1 分	
	用物		是否有速干手消毒剂，是否在有效期内			
计划 5 分	护士		衣帽整洁，已修剪指甲，无饰物及手表	3		
	环境		整洁、安全、宽敞、明亮			
	用物		速干手消毒剂 / 免洗手消毒剂，在有效期内	2		
实施 70 分	准备		用手指背按压取适量速干手消毒剂，涂抹双手	5	缺一项扣 2 分	
			涂擦范围：覆盖整个手部			

续表

质量标准		操作过程	分值	操作要求及指标	扣分
实施70分	七步法（时间不少于15秒）	①掌心：掌心相对，手指并拢相互揉搓	65	①边述边做 ②手法错误一步扣5分 ③漏涂擦一处扣5分 ④严格按七步骤进行，揉搓力度适中，消毒剂完全覆盖手部皮肤，揉搓至手部干燥	
		②手背：手心对手背，相互揉搓，双手交替进行			
		③指缝：十指相扣，相互揉搓指缝			
		④拇指：一手握住另一手拇指揉搓，双手交替进行			
		⑤指背：弯曲各指，将指背放在另一手掌心旋转揉搓；双手交替进行			
		⑥指尖：一手指聚拢，在另一手掌心上揉搓，双手交替进行			
		⑦腕部：手指端向下，另一手握住其腕部，相互揉搓，双手交替进行			
评价15分	态度	认真，严谨	5	①熟练程度、规范程度根据实际情况酌情扣1~5分 ②超预期时间扣5分	
	技能	手法正确，程序正确，动作协调、熟练，操作规范，在预期时间内完成	5		
	效果	消毒效果符合要求	5		
总分			100		

（李丽娟）

任务三　消毒盆刷手消毒法

[案例] 患者男，23岁，诊断为"甲型肝炎"收住入院。护士廖某为患者进行肌内注射护理后，脱隔离衣时消毒手。

[操作目的]

1. 消除致病性微生物，防止病原微生物播散。

2. 避免污染无菌物品与清洁物品。

3. 预防感染与交叉感染，切断通过手传播感染的途径。

[实训时数] 0.5学时。

[教学目标]

1. 知识　能正确叙述手消毒的目的、手消毒的指征及其注意事项。

2. 技能　能正确应用消毒手技术，在职业岗位中做好医院感染的预防与控制工作。

3. 素养　树立防止感染与交叉感染理念；符合护士行为规范，具有慎独修养。

[实验设计]

1. 教学活动　示教、角色扮演、小组或个人训练等活动；应用思维导图、操作流程图、操作视频等指导课堂和课后练习。

2. 考核评价 平时考、阶段考、期末考等相结合;应用评分标准评价技能掌握效果。

[注意事项]

1. 明确刷手指征 ①双手直接为传染病患者进行检查、治疗、护理或处理传染病患者污物后;②特殊情况需双手保持较长时间抗菌活性时;③接触特殊传染病病原体后、脱隔离衣时。

2. 按照传染病种类,选择合适的消毒液,手刷要每日消毒。

3. 刷洗范围应超过被污染的范围,腕部要低于肘部使污水从前臂流向指尖。

4. 刷手时身体应与洗手盆或洗手池保持一定距离,以免隔离衣污染消毒盆或洗手池边缘,以及防止消毒液或水溅到隔离衣上。

5. 流动水冲洗时,腕部应低于肘部,使污水流向指尖。

6. 干手时防止液体逆流向肘部。

[思维导图]

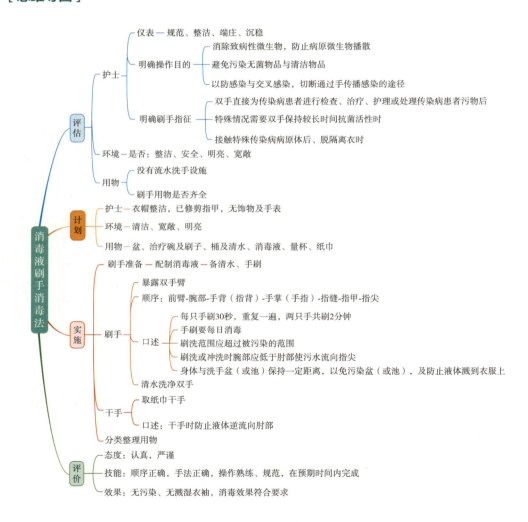

[操作流程]

一、评估

仪表规范,明确操作目的及刷手指征

二、计划

1. 盆 2 个

2. 治疗碗

3. 刷子

4. 桶及清水

5. 消毒液

6. 大小量杯

7. 纸巾

三、实施

1. 配制消毒液

2. 倒入消毒盆

3. 量取准确清水倒入消毒盆

4. 准确量取清水倒入清水盆

5. 治疗碗（内置消毒液及刷子）

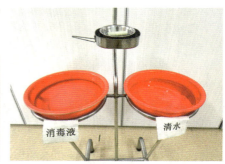

6. 消毒液配制完毕，备用

7. 暴露双手及前臂。消毒刷手

8. 刷手顺序：前臂

9. 腕部

10. 手背（指背）

11. 手掌（手指）

12. 指缝

13. 指甲

14. 指尖

15. 用清水洗净双手

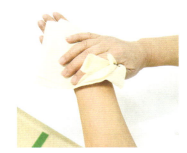
16. 干手

四、评价

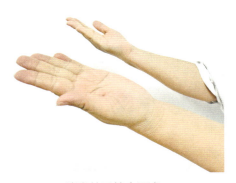
消毒效果符合要求

[评分标准]

消毒液刷手消毒法——操作考核评分标准(满分:100分)

(规定时间:8分钟　　　　实际操作时间:　　　　分钟)

班级　　　　学号　　　　姓名　　　　成绩　　　　　　　　　　　　　　年　　月　　日

质量标准	操作过程			分值	操作要求及指标	扣分
评估10分	护士	仪表	规范、衣帽整洁、端庄、沉稳	2	不符合一处扣1分	
		操作目的	①消除致病性微生物,防止病原微生物播散;②避免污染无菌物品与清洁物品;③以防感染与交叉感染,切断通过手传播感染的途径	2	口述,不全一项扣1分	
		刷手指征	①双手直接为传染病患者进行检查、治疗、护理或处理传染病患者污物后;②特殊情况需双手保持较长时间抗菌活性时;③接触特殊传染病病原体后、脱隔离衣时	3	口述,不全一项扣1分	
	环境		是否:整洁、安全、明亮、宽敞	3	口述,不全一项扣1分用物缺一项扣1分,缺两项不得分	
	用物		没有流水洗手设施			
			刷手消毒用物是否齐全			
计划5分	护士		衣帽整洁、已修剪指甲、无饰物及手表	3		
	环境		整洁、安全、宽敞、明亮			
	用物		盆2个,治疗碗,消毒手刷,桶及清水,消毒溶液,大、小量杯,纸巾	2		
实施70分	消毒准备	配制消毒液	计算所需消毒液原液量,用小量杯量取准确量倒入消毒盆	5	量不准确一次扣2分配制时间:3分钟,超过时间该项不得分	
			用大量杯准确量取清水倒入消毒盆使之混匀			
		备清水及刷子	用大量杯准确量取清水倒入清水盆			
			放置治疗碗(内装消毒液+手刷)	1		
	刷手消毒	刷手	暴露双手及前臂	2	①边做边述②顺序错误一步扣5分③漏刷一处扣5分④口述不全一项扣2分⑤污染消毒盆、清水盆(或池)不及格⑥隔离衣溅湿该项不得分	
			顺序:前臂-腕部-手背(指背)-手掌(手指)-指缝-指甲、指尖	40		
		口述	每只手各刷30秒,再重复一遍,两只手共刷2分钟	2		
			手刷要每日消毒	2		
			刷洗范围应超过被污染的范围	2		
			刷洗或冲洗时腕部要低于肘部使污水流向指尖	2		
			身体应与洗手盆或洗手池保持一定距离,以免隔离衣污染消毒盆或清水盆(或池)边缘,以及防止消毒液或水溅到隔离衣上	6		
		用清水洗净双手		4		
	干手	取纸巾干手		2		
		干手时防止液体逆流向肘部(口述)		2		

续表

质量标准		操作过程	分值	操作要求及指标	扣分
评价15分	态度	认真,严谨	5	①熟练程度、规范程度根据实际情况酌情扣1~5分 ②超预期时间扣5分	
	技能	程序正确,手法正确,操作熟练、规范,在预期时间内完成	5		
	效果	无污染、无溅湿衣袖,消毒效果符合要求	5		
总分			100		

（李丽娟）

项目二

02

医院感染预防与控制

任务一　无菌技术操作(以铺无菌换药盘为例)

[**案例**] 陈某,男,30岁,左小腿外伤清创缝合术后第三天,医嘱给予换药。王护士应用无菌技术进行用物准备 - 铺无菌换药盘。

医嘱:清创缝合术伤口换药。

任务:铺无菌换药盘。

[**操作目的**]

无菌技术操作目的是防止微生物侵入人体和保持无菌物品、无菌区域不被污染。

[**实训时数**] 2学时。

[**教学目标**]

1. 知识　掌握无菌技术操作原则、目的和注意事项。

2. 技能　熟练运用无菌技术基本操作做好医院感染的预防与控制工作。

3. 素养　树立和强化无菌观念;操作规范、严谨,培养慎独修养。

[**实验设计**]

1. 教学活动　教师示教、学生角色扮演、分组和课后训练等活动;应用思维导图、操作流程图、操作视频等指导课堂和课后练习。

2. 考核评价　平时考、阶段考、期末考等相结合;应用评分标准评价技能掌握效果。

[**操作原则**]

1. 环境要求　无菌技术操作的环境应清洁、宽敞。操作前30分钟停止清扫地面及更换床单等,减少人群走动,以降低室内空气中的尘埃。

2. 工作人员准备　操作前工作人员修剪指甲、洗手、戴帽子和口罩,必要时穿无菌衣、戴无菌手套。

3. 无菌物品妥善保管　①无菌物品与非无菌物品应分开放置,并有明显标志;②无菌物品不可暴露于空气中,必须存放在无菌包或无菌容器内;③无菌包或容器外要注明物品名称、灭菌日期、粘贴化学指示胶带,并按灭菌日期的先后顺序摆放;④无菌包在未被污染的情况下,有效期一般为7天,过期或受潮均应重新灭菌。

4. 操作规范 ①操作者的身体应与无菌区域保持一定距离,并面向无菌区;②手臂应保持在腰部或操作台面水平以上,不可跨越无菌区,手不可触及无菌物品;③不可面对无菌区谈笑、咳嗽、打喷嚏;④取用无菌物品必须使用无菌持物钳,无菌物品一经取出,即使未用,也不可放回无菌容器内;⑤如无菌物品疑有污染或已被污染则不可使用,应予以更换或重新灭菌。

5. 预防交叉感染 一套无菌物品只供一位患者使用。

[**注意事项**]

1. 无菌持物钳只能用于夹取无菌物品,不可夹取未经消毒灭菌的物品;也不能夹取油纱布,以免油粘于钳端,影响消毒效果;不可用无菌持物钳换药或消毒皮肤。

2. 操作中不可跨越无菌区和污染无菌物品。

3. 铺好的无菌盘在未污染的情况下有效期为 4 小时。

4. 任何物品不可伸入无菌溶液瓶内蘸取或直接接触瓶口倒液。

5. 已倒出的溶液不可再倒回瓶内,已开启的溶液瓶内的溶液在未被污染的情况下有效期为 24 小时。

[思维导图]

无菌技术（铺换药盘）

评估
- 护士
  - 仪表 —— 衣帽整洁、端庄大方、沉稳
  - 操作目的 —— 防止微生物侵入机体和保持无菌物品、无菌区域不被污染
- 用物 —— 无菌物品放置是否合理、是否在有效期内　无菌溶液质量是否完好
- 环境 —— 环境整洁、宽敞、明亮　操作台清洁、干燥、平坦　操作前半小时停止扫地

计划
- 护士 —— 着装整洁，已修剪指甲，洗手、戴口罩
- 用物 —— 清洁干燥治疗盘、无菌包、无菌持物钳及无菌持物镊（浸泡在盛有消毒液的广口有盖容器，卵圆钳浸没轴节以上2~3cm、镊子浸没1/2），无菌治疗碗包1个（包含镊子2把），无菌弯盘包1个，棉球罐、纱布罐，无菌溶液，开瓶器，棉签、消毒液，弯盘，笔，表
- 环境 —— 环境清洁、宽敞、明亮，符合无菌操作要求

实施 —— 铺无菌盘
- 临床根据病情需要，准备好无菌物品
- 取干燥治疗盘
- ①开无菌包：核对无菌包名称、日期，检查是否潮湿、破损及化学指示胶带颜色改变情况，撕开胶带（如果潮湿、破损、标签模糊应重新灭菌）
- 解开系带，卷绕活结打开包布外角，逐层打开（左右角）
- ②无菌持物钳使用：取无菌持物时，闭合钳端，钳端向下、垂直取出
- 手取卵圆钳不能触及轴节上2~3cm
- 不可触及容器口液面以上的容器内壁
- 左手打开包布内角，取无菌治疗巾，放在托盘内
- 无菌持物钳只能在持物者的胸部水平移动；只能夹取无菌物品，不可触及非无菌物品及非无菌区
- 用后立即放回容器中，松开钳轴，盖上盖
- 夹取油布时应使用专用无菌持物钳
- 未用完的包按原折痕（先内角、再左右角）"一字形"包扎好
- 看时间，注明开包日期、时间
- 已开启的无菌包应在24小时内使用，如已污染，重新灭菌
- ③铺无菌盘：将无菌治疗巾双层打开，铺于治疗盘上
- 将上层三折成扇形，边缘向外
- 取无菌治疗碗，右手打开包布，从包布外侧抓住包布四角，将无菌治疗碗投放至无菌盘内（注意包布不可触碰无菌盘）
- 取无菌弯盘，右手打开包布，从包布外侧抓住包布四角，将无菌弯盘投放至无菌盘内（注意包布不可触碰无菌盘）
- ④无菌容器使用：打开无菌容器盖，拿在手上，或内面朝上放在稳妥处
- ⑤无菌持物镊使用：用无菌持物镊取棉球于换药碗内，将纱布于无菌盘内，用毕将容器盖严
- ⑥取无菌溶液：先核对标签，包括药名、浓度、剂量、有效期，检查瓶身有无裂缝、瓶盖有无松动
- 对光检查：无菌溶液内有无颗粒、浑浊、沉淀、絮状物或变色
- 旋开瓶盖，镊子夹取无菌纱布放至瓶口
- 纱布包住瓶口旋转瓶口，将溶液拉环拔掉
- 标签部向手心，倒出少量溶液冲洗瓶口
- 再由原处倒出溶液至换药碗中，液体不能溅出
- 不可将无菌敷料堵塞瓶口倒无菌溶液，或直接伸入无菌溶液瓶蘸取，以免污染剩余的无菌溶液；已倒出的溶液不可再倒回瓶内
- 将瓶口旋转盖好
- 看时间，注明开瓶日期，剩余溶液有效时间为24小时
- 将无菌巾上层盖上，上下边缘对齐
- 开口处向上折两次，两侧边缘分别向下折一次
- 记录铺盘时间，在4小时内使用
- 分类整理用物

评价
- 态度 —— 认真，严谨，无菌观念强
- 技能 —— 操作熟练正确，动作轻巧，核对认真
- 效果 —— 无菌区域、无菌物品未被污染

[操作流程]

一、评估

1. 仪表规范,明确操作目的

2. 操作台清洁、干燥、宽敞、平坦

3. 环境宽敞、明亮,符合无菌技术操作要求

二、计划

1. 用物准备

2. 已修剪指甲,洗手,戴口罩

3. 环境符合无菌操作要求

三、实施

1. 取治疗盘

2. 核对检查无菌包

3. 解开活结系带,卷绕

4. 打开外角（系带放在外角下方）

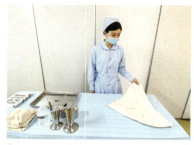
5. 再开左右角

6. 取无菌持物钳

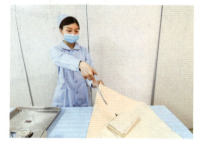
7. 打开内角，夹取无菌治疗巾

8. 放置于治疗盘

9. 原折痕包扎包内用物，记录

10. 铺无菌治疗巾

11. 上层向上、向外扇形三折

12. 核对检查无菌治疗碗包

13. 投掷无菌治疗碗于无菌盘内

14. 投掷无菌弯盘于无菌盘内

15. 夹无菌棉球、纱布于治疗盘内

16. 核对检查无菌溶液瓶签

17. 对光检查无菌溶液质量

18. 去除瓶子外盖

19. 夹取无菌纱布,去除内盖

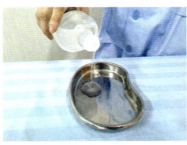

20. 冲瓶口

21. 倒无菌溶液于治疗碗内

22. 未用完溶液注明要求内容

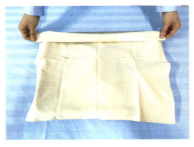

23. 覆盖上层无菌巾,向上折开口

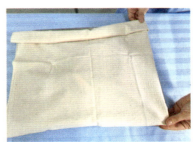

24. 左侧双层向下反折一次

25. 右侧双层向下反折一次

26. 记录铺盘时间,有效期 4 小时

四、评价

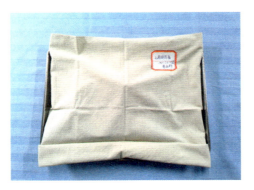

无菌区域、无菌物品未被污染,无菌盘规范、有效

[评分标准]

无菌技术（铺换药盘）——操作考核评分标准（满分：100 分）

（规定时间：5 分钟　　　实际操作时间：　　　　分钟）

班级　　　学号　　　姓名　　　成绩　　　　　　　　　　　　　　年　　月　　日

质量标准			操作过程	分值	操作要求及指标	扣分
评估 10 分	护士	仪表	衣帽整洁、端庄大方，符合规范要求	1	不符合不得分	
		操作目的	防止微生物侵入机体和防止无菌物品、无菌区域不被污染	5	明确操作目的口述不全扣 2 分	
	用物		无菌物品放置是否合理、是否在有效期内；无菌溶液质量是否完好	2	缺一项扣 1 分	
	环境		环境整洁、宽敞、明亮；操作台清洁、干燥、平坦；操作前半小时停止扫地	2	口述不全扣 1 分	
计划 5 分	护士		着装整洁，已修剪指甲、洗手、戴帽子、口罩	2	没戴口罩不及格	
	用物		清洁干燥治疗盘 1 个、无菌巾包 1 个、无菌持物钳 1 个及无菌持物镊 1 个(浸泡在盛有消毒液的广口有盖容器，卵圆钳浸没轴节以上 2~3cm，镊子浸没 1/2)，无菌治疗碗包 1 个(含镊子 2 把)，无菌弯盘包 1 个，棉球罐、纱布罐，无菌溶液，开瓶器，棉签，消毒液，弯盘，笔、表	2	缺一项扣 1 分有误两项不得分	
	环境		环境清洁、宽敞、明亮，符合无菌操作要求	1		
实施 70 分	准备物品		根据病情，准备无菌物品	2	边说边做内容不完整，漏一项扣 2 分	
			取干燥治疗盘	2		
	开无菌包		核对无菌包名称、日期，检查是否潮湿、破损及化学指示胶带颜色改变情况，撕开胶带(如果潮湿、破损、标签模糊应重新灭菌)	4		
			解开系带，卷绕活结，放在打开的包布外角下方，逐层打开(左右角)	4	污染不及格	
	无菌持物钳使用		取无菌持物钳时，闭合钳端，钳端向下、垂直取出	2	持钳手法正确，不正确扣 5 分持钳倒举扣 10 分使用过程中边做边口述	
			手取卵圆钳不能触及轴节上 2~3cm	1		
			不可触及容器口液面以上的容器内壁	2		
			左手打开包布内角，取无菌治疗巾，放在治疗盘内	2		
			无菌持物钳只能在持物者的胸部水平移动，只能夹取无菌物品，不可触及非无菌物品及非无菌区	1		
			用后立即放回容器中，松开钳轴，盖上盖	1		
			不可夹取油纱布，夹取油布时应使用专用无菌持物钳	1	口述	
	原折痕包无菌包		未用完的包按原折痕(先内角、左右角)"一字形"包扎好	3	污染不及格	
			看时间，注明开包日期、时间	2	边说边做	
			已开启无菌包应在 24 小时内使用，如污染，重新灭菌	1	口述	

续表

质量标准		操作过程	分值	操作要求及指标	扣分
实施70分	铺无菌盘	双层打开治疗巾铺在治疗盘上	2	污染不及格	
		上层边缘向外扇形三折	2		
	取无菌碗、弯盘	检查无菌包符合要求,打开包布,抓住包布四角,将无菌治疗碗投放至无菌盘内(注意包布不可触碰无菌盘)	3	缺一项扣1分	
		取无菌弯盘,检查无菌包符合要求,打开包布,抓住包布四角,将无菌弯盘投放至无菌盘内(注意包布不可触碰无菌盘)	3	跨越一次扣5分边述边做手法有误,该项目不得分	
	无菌容器使用	打开无菌棉球容器盖,手不可触及容器盖内面及边缘	2		
	无菌持物镊使用	用无菌持物镊取棉球于换药碗内,取纱布于无菌盘内,用毕将容器盖严	3	手持镊子上1/3,不正确扣5分使用过程中边做边述(不能停止操作)	
		到远处取物时,应将持物钳和容器一起搬移;不可触及容器的边缘,不可用无菌持物钳换药或消毒皮肤	2		
	取无菌溶液	先核对标签,包括药名、浓度、剂量、有效期,检查瓶身有无裂缝、瓶盖有无松动	3	液体检查不全该项目不得分	
		对光检查:无菌溶液内有无颗粒、浑浊、沉淀、絮状物或变色	3	无对光检查者不得分	
		旋开瓶盖,镊子夹取纱布放至瓶口	2	手法不正确该项目不得分,溅出不及格,跨越一次扣5分	
		纱布包住瓶口旋转瓶口,将溶液拉环拔掉	2		
		标签向手心,倒出少量溶液冲洗瓶口	2		
		再由原处倒出溶液至换药碗中,液体不能溅出	2		
		不可将无菌敷料堵塞瓶口倒无菌溶液,或直接伸入无菌溶液瓶蘸取,以免污染剩余的无菌溶液;已倒出的溶液不可再倒回瓶内	2	口述(不能停止操作)边说边做没对齐不得分污染不及格顺序错一次扣2分无菌观念不强扣10分不熟练、没达到要求者,扣2~3分超过1分钟扣5分	
		将瓶口旋转盖好	1		
		看时间,注明开瓶日期,剩余溶液有效时间为24小时	1		
	形成无菌盘	将无菌巾上层盖上,上下边缘对齐	1		
		开口处向上折二次,两侧边缘分别向下折一次	3		
	记录整理	记录铺盘时间,在4小时内使用	2		
		分类整理用物	1		
评价15分	态度	认真严谨,无菌观念强	3		
	技能	操作熟练正确,动作轻巧,核对认真	9		
	效果	无菌区域、无菌物品未被污染,无菌盘规范、有效	3		
总分			100		

(李丽娟)

任务二 戴、脱无菌手套(以一次性手套为例)

[**案例**] 陈某,男,30岁,左小腿外伤清创缝合术后第一天,医嘱:换药每天一次。王护士应用无菌技术铺好无菌换药盘后,携用物至床旁,双向核对无误,打开无菌换药盘,戴手套。

[**操作目的**]

在进行医疗护理操作时,保持无菌物品或无菌区域不被污染,或预防感染和交叉感染。

[**实训时数**] 1学时。

[**教学目标**]

1. 知识 掌握无菌技术操作原则、目的和注意事项。

2. 技能 熟练运用无菌技术基本操作做好医院感染的预防与控制工作。

3. 素养 树立和强化无菌观念;操作规范、严谨,培养慎独修养。

[**实验设计**]

1. 教学活动 教师示教、学生角色扮演、分组和课后训练等活动;应用思维导图、操作流程图、操作视频等指导课堂和课后练习。

2. 考核评价 平时考、阶段考、期末考等相结合;应用评分标准评价技能掌握效果。

[**操作原则**]

1. 环境要求 无菌技术操作环境应清洁、宽敞。操作前30分钟停止清扫地面及更换床单等,减少人群走动,以降低室内空气中的尘埃。

2. 工作人员准备 操作前工作人员要修剪指甲,并洗手,戴帽子和口罩,必要时穿无菌衣、戴无菌手套。

3. 无菌物品妥善保管 ①无菌物品与非无菌物品应分开放置,并有明显标志;②无菌物品不可暴露于空气中,必须存放在无菌包或无菌容器内;③无菌包或容器外要注明物品名称、灭菌日期、粘贴化学指示胶带,并按灭菌日期的先后顺序摆放;④无菌包在未被污染的情况下,有效期一般为7天,过期或受潮均应重新灭菌。

4. 操作规范 ①操作者的身体应与无菌区域保持一定距离,并面向无菌区;②手臂应保持在腰部或操作台面水平以上,不可跨越无菌区,手不可触及无菌物品;③不可面对无菌区谈笑、咳嗽、打喷嚏;④取用无菌物品必须使用无菌持物钳,无菌物品一经取出,即使未用,也不可放回无菌容器内;⑤如无菌物品疑有污染或已被污染则不可使用,应予以更换或重新灭菌。

5. 预防交叉感染 一套无菌物品只供一位患者使用。

[**注意事项**]

1. 核对、检查合适的无菌手套。

2. 发现手套有破损,立即更换。

3. 戴好手套的手不可触及非无菌物品。

4. 手套外面已污染部分不可触及皮肤。

[思维导图]

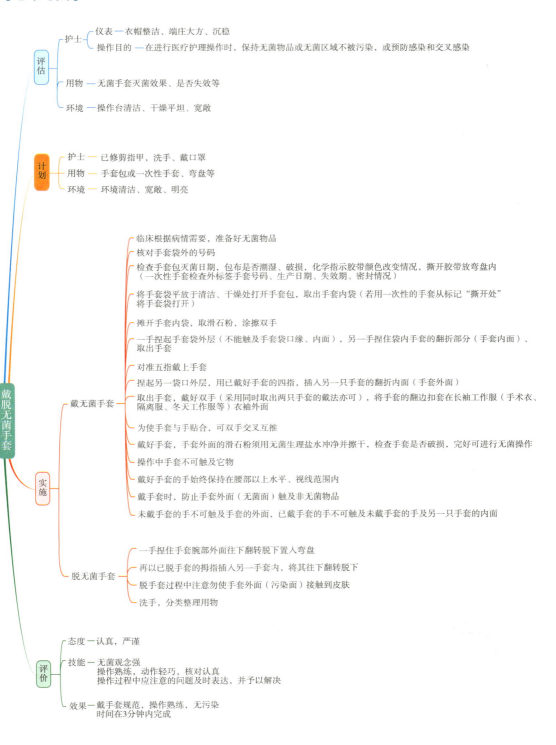

[操作流程]

一、评估

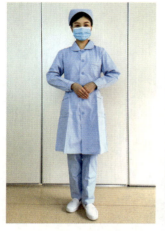

1. 仪表规范,明确操作目的   2. 操作台清洁、干燥、宽敞、平坦   3. 环境符合无菌技术操作要求

二、计划

1. 已修剪指甲,洗手,戴口罩   2. 准备合适无菌手套   3. 操作台符合无菌操作要求

三、实施

1. 检查手套(号码、生产日期、有效期)   2. 检查是否漏气   3. 取出内包装,展开在操作台上

4. 取出一只手套

5. 对准另一手五指戴上手套

6. 去戴另一只手套

7. 戴入另一手

8. 无菌手指插入另一只手套反折面

9. 反转手套手臂部分

10. 再翻转另一手套，扣套袖口

11. 双手交叉互推

12. 手套不可触及它物

13. 脱手套

14. 已脱手套拇指插入另一手套内

15. 脱下手套置入医用垃圾袋

四、评价

洗手,记录

[**评分标准**]

戴脱无菌手套——操作考核评分标准(满分:100 分)

(规定时间:3 分钟　　　　实际操作时间:　　　　分钟)

班级　　　学号　　　姓名　　　成绩　　　　　　　　　　　　年　　月　　日

质量标准			操作过程		分值	操作要求及指标	扣分
评估 10分	护士	仪表	衣帽整洁、端庄大方、沉稳		2	符合规范要求	
		操作目的	在进行医疗护理操作时,保持无菌物品或无菌区域不被污染;或预防感染和交叉感染		6	明确操作目的 口述 不全扣2分	
	用物	无菌手套			1	缺一项扣一分	
	环境	操作台清洁、干燥平坦、宽敞			1		
计划 5分	护士	已修剪指甲,洗手、戴口罩			2	没戴口罩不及格	
	用物	一次性手套、弯盘等			2	缺一项扣一分	
	环境	环境清洁、宽敞、明亮			1		
实施 70分	准备手套	根据病情,准备好合适的一次性无菌手套			2	边说边做,查对内容不完整,漏一项扣2分	
	戴无菌手套	检查手套	核对一次性手套袋号码		2		
			检查手套外包装生产日期、失效期、密封情况,是否有漏气等		10		
		开包展开	撕开外包装,取出手套内袋		4	不符合要求扣1分	
			展开手套内袋,取滑石粉,涂擦双手		3		

续表

质量标准			操作过程	分值	操作要求及指标	扣分
实施70分	戴无菌手套	先戴一手	一手捏住手套翻折部分(手套内面),取出手套	3	注意未戴手套手指不能触及外面 已戴好手套的手勿触及手套的内面 污染不及格 发现污染重戴一次扣5分	
			对准另一手五指戴上手套	2		
		再戴另手	用已戴好手套的四指,插入另一只手套的翻折内面(手套外面)	3		
			取出手套,戴好双手(采用同时取出两只手套的戴法亦可)	5		
			将手套的翻边扣套在长袖工作服(手术衣、隔离服、冬天工作服等)衣袖外面	5		
		整理手套	为使手套与手贴合,可双手交叉互推	2	边做边述 口述,漏一项扣2分	
			戴好手套,手套外面的滑石粉须用无菌生理盐水冲净并擦干,检查手套是否破损,完好可进行无菌操作	4		
		手套要求	操作中手套不可触及它物	2		
			戴好手套的手始终保持在腰部以上水平、视线范围内	5		
			戴手套时,防止手套外面(无菌面)触及非无菌物品	5		
			未戴手套的手不可触及手套的外面,已戴好手套的手不可触及未戴手套的手及另一只手套的内面	5		
	脱手套	先脱一手	一手捏住手套腕部外面往下翻转脱下置入医用垃圾袋	2	手法正确,没达到要求者,酌情扣1~5分 污染一次扣10分	
		再脱另手	再以已脱手套的拇指(或四指)插入另一手套内,将其往下翻转脱下置入医用垃圾袋	2		
			脱手套过程中注意勿使手套外面(污染面)接触到皮肤	2		
	整理洗手		分类整理用物,洗手	2		
评价15分	态度		认真,严谨	3	顺序错一次扣2分 无菌观念不强反扣10分 不熟练、没达到要求者,扣2~3分 超过1分钟,扣5分	
	技能		无菌观念强 操作熟练,动作轻巧,核对认真 操作过程中应注意的问题及时表达,并予以解决	8		
	效果		戴手套规范,无污染 时间在3分钟内完成	4		
总分				100		

(李丽娟)

任务三 穿、脱防护服

[**案例**] 林某,男,32 岁。因发热、干咳、浑身无力、呼吸困难,伴有鼻塞、流涕、腹泻、咽痛、肌痛等症状就诊。诊断:COVID-19(新型冠状病毒肺炎)。立即转于传染科就诊。患者入院时常规入院抽血检查。接触患者的医务人员需做好二级防护。

[**操作目的**]

为医务人员在工作时接触具有潜在感染性的患者血液、体液、分泌物、空气中的颗粒物等提供阻隔,保护穿着者免受感染威胁。

[**实训时数**] 1 学时。

[**教学目标**]

1. 知识 能说出穿、脱防护服目的、医务人员的分级防护及其注意事项。

2. 技能 能应用穿、脱防护服技术正确做好职业防护和医院感染的预防与控制工作。

3. 素养 具有职业防护、医院感染的防控意识和防护能力;仪表规范,态度认真、严谨。

[**实验设计**]

1. 教学活动 示教、角色扮演、小组或个人训练等活动;应用微课、思维导图、操作流程图、操作视频等指导课堂和课后练习。

2. 考核评价 平时考、阶段考、期末考等相结合;应用评分标准评价学习效果。

[**注意事项**]

1. 防护服只能在规定区域穿、脱,穿前检有无潮湿、破损,长短是否合适。

2. 接触多个同类传染病患者时,防护服可连续使用;接触疑似患者时,防护服应每次更换。

3. 防护服如有湿、破损或污染,应立即更换。

4. 下列情况应穿防护服 ①医务人员在接触甲类或按甲类传染病管理的传染病患者时;②接触经空气或飞沫传播的传染病患者,可能受到患者血液、体液、分泌物、排泄物喷溅时。

[思维导图]

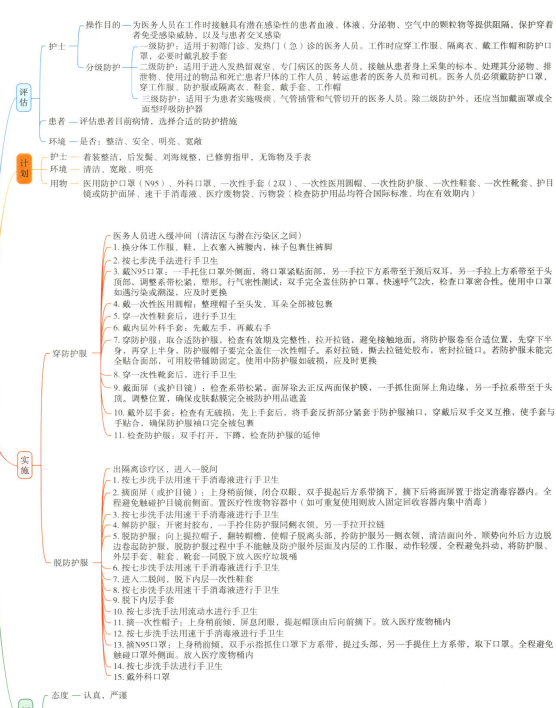

[操作流程]

一、评估

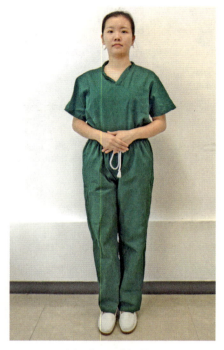

仪表规范,明确操作目的

二、计划

1. 着装整洁,仪表规整

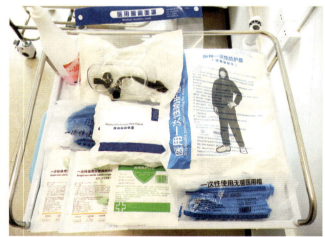

2. 用物准备符合要求

三、实施

（一）穿防护服

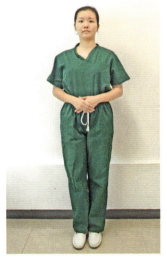

1. 进缓冲间,洗手,换衣裤、鞋

2. 按七步洗手法进行手卫生

3. 戴 N95 口罩　　　4. 调整系带松紧

5. 行气密性测试

6. 佩戴圆帽要全部包裹头发、耳朵

7. 穿一次性鞋套

8. 手卫生

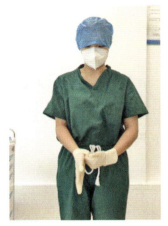

9. 戴内层外科手套

10. 检查防护服,拉拉链,防触地面

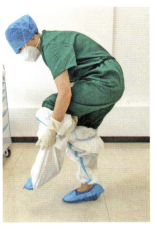

11. 卷防护服至合适位置,先穿下半身

12. 再穿上半身,要完全盖住一次性帽子,系好拉链

13. 撕胶布,密封拉链口　　14. 穿一次性靴套　　15. 手卫生　　16. 取面屏(除去保护膜)或护目镜,检查系带松紧

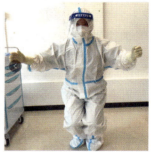

17. 戴面屏　　18. 戴外层手套,袖口完全被包裹　　19. 双手交叉互推使手套与手贴合　　20. 检查防护服的延伸性

（二）脱防护服

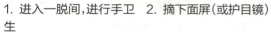

1. 进入一脱间,进行手卫生　　2. 摘下面屏(或护目镜)　　3. 按七步洗手法进行手卫生　　4. 解防护服

5. 脱防护服帽子

6. 清洁面向外,边脱边卷起防护服

7. 已脱物品一同放入医疗垃圾桶

8. 按七步洗手法进行手卫生

9. 进入二脱间,脱下内层一次性鞋套

10. 按七步洗手法进行手卫生

11. 脱下内层手套

12. 按七步洗手法用流动水进行手卫生

13. 闭眼,摘下一次性帽子

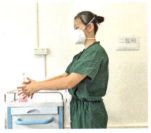

14. 按七步洗手法进行手卫生

15. 抓住口罩下方系带,提过头部

16. 另一手提住上方系带,取下口罩

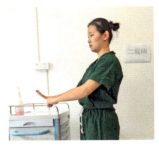

17. 按七步洗手法进行手卫生

18. 戴外科口罩

四、评价

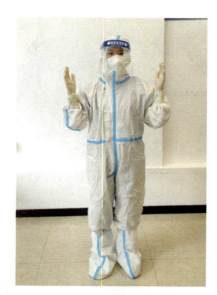

穿脱正确,无污染,符合要求

[评分标准]

穿、脱防护服——操作考核评分标准(满分:100 分)

(规定时间:20 分钟　　　　　实际操作时间:　　　　分钟)

班级　　　　学号　　　　姓名　　　　成绩　　　　　　　　　　　年　　月　　日

质量标准			操作过程	分值	操作要求及指标	扣分
评估 10 分	护士	仪表	符合规范	1	不规范不得分	
		操作目的	为医务人员在工作时接触具有潜在感染性的患者血液、体液、分泌物、空气中的颗粒物等提供阻隔,保护穿着者免受感染威胁,以及与患者交叉感染	2	口述,不全扣 1 分	
		分级防护	一级防护:适用于初筛门诊、发热门(急)诊的医务人员。工作时应穿工作服、隔离衣、戴工作帽和防护口罩,必要时戴乳胶手套 二级防护:适用于进入发热留观室、专门病区的医务人员,接触从患者身上采集的标本、处理其分泌物、排泄物、使用过的物品和死亡患者尸体的工作人员、转运患者的医务人员和司机。医务人员必须戴防护口罩,穿工作服、防护服或隔离衣、鞋套,戴手套、工作帽 三级防护:适用于为患者实施吸痰、气管插管和气管切开的医务人员。除二级防护外,还应当加戴面罩或全面型呼吸防护器	5	口述,不全扣 2 分,至扣完分值	

续表

质量标准		操作过程	分值	操作要求及指标	扣分
评估 10分	患者	评估患者目前病情,选择合适的防护措施	2	口述,不全一点扣1分 仪容仪表不规范扣1分	
	环境	是否:整洁、安全、明亮、宽敞			
计划 5分	护士	着装整洁,后发髻、刘海规整,已修剪指甲,无饰物及手表	2		
	环境	清洁、宽敞、明亮			
	用物	医用防护口罩(N95)、外科口罩、一次性手套(2双)、一次性医用圆帽、一次性防护服、一次性鞋套、一次性靴套、护目镜或防护面屏、速干手消毒液、医疗废物袋、污物袋(检查防护用品均符合国际标准、均在有效期内)	3	缺一项扣一分	
实施 70分	进缓冲间	医务人员进入缓冲间(清洁区与潜在污染区之间)	2	缺一项扣一分	
	穿防护服	换工作服、鞋:换分体工作服、鞋,上衣塞入裤腰内,袜子包裹住裤脚	3		
		手卫生:按七步洗手法进行手卫生	2	不到位扣1分	
		戴N95口罩:一手托住口罩外侧面,将口罩紧贴面部,另一手拉下方系带至于颈后及双耳,另一手拉上方系带至于头顶部,调整系带松紧,塑形。行气密性测试:双手完全盖住防护口罩,快速呼气2次,检查口罩密合性。使用中口罩如遇污染或潮湿,应及时更换	6	托拿不正确扣1分;佩戴顺序不正确扣1分;鼻夹不贴合鼻梁扣2分;未检查气密性扣2分;	
		戴一次性医用圆帽:整理帽子至头发、耳朵全部被包裹	2	头发外露扣2分;方法不正确扣1分	
		穿一次性靴套:穿之后,进行手卫生	2		
		戴内层外科手套:先戴左手,再戴右手	2		
		穿防护服:取合适防护服,检查有效期及完整性,拉开拉链,避免接触地面。将防护服卷至合适位置,先穿下半身,再穿上半身,防护服帽子要完全盖住一次性帽子。系好拉链,撕去拉链处胶布,密封拉链口。若防护服未能完全贴合面部,可用胶带辅助固定。使用中防护服如破损,应及时更换	6	型号不适合扣1分;打开防护服未检查完整性扣1分;防护服帽子未完全盖住一次性帽子扣2分	
		穿一次性靴套,将防护服裤脚置于靴套里面,进行手卫生	2	裤脚未置于靴套里扣2分	
		戴面屏(或护目镜):检查系带松紧,面屏除去正反两面保护膜,一手抓住面屏上角边缘,另一手拉系带至于头顶。调整位置,确保皮肤黏膜完全被防护用品遮盖	4	皮肤外露扣2分,未戴牢扣2分	
		戴外层手套:检查有无破损,先戴左手,再戴右手,穿戴后双手交叉互推,使手套与手贴合,穿戴后确保防护服袖口完全被包裹。手套如破损,应及时更换	2	若手套未紧套于防护服袖口外面,扣1分	
		检查防护服:双手打开,下蹲,检查防护服的延伸性	2	未检查扣1分	

续表

质量标准		操作过程	分值	操作要求及指标	扣分
实施70分	脱防护服	进一脱间:出隔离诊疗区,进入一脱间	1	不规范扣1分	
		手卫生:按七步洗手法用速干手消毒液进行手卫生	2		
		摘面屏(或护目镜):上身稍前倾,闭合双眼,双手提起后方系带摘下,全程避免触碰护目镜前侧面。摘下后将面屏置于医疗性废物容器中(如可重复使用则放入固定回收容器内集中消毒)	3	无二次污染。污染不得分	
		手卫生:按七步洗手法用速干手消毒液进行手卫生	2	不规范扣1分	
		解防护服:开密封胶布,一手拎住防护服同侧衣领,另一手拉开拉链	2	脱防护服过程中双手不能触及防护服外面,污染扣3分;卷防护服过程中包裹松散扣2分;顺序不正确扣2分;未按规定脱防护服及放入规定容器内扣3分	
		脱防护服:向上提拉帽子,翻转帽檐,使帽子脱离头部,拎防护服另一侧衣领,清洁面向外,顺势向外后方边脱边卷起防护服,脱防护服过程中手不能触及防护服外层面及内层的工作服,动作轻缓,全程避免抖动,将防护服、外层手套、鞋套、靴套一同脱下放入医疗垃圾桶	6		
		手卫生:按七步洗手法用速干手消毒液进行手卫生	2	不规范扣1分	
		进入二脱间:脱下内层一次性鞋套	2		
		手卫生:按七步洗手法用速干手消毒液进行手卫生	2		
		脱手套:脱下内层手套	2	若未将手套里面朝外,放入医疗废物袋中,扣2分	
		手卫生:按七步洗手法用流动水进行手卫生	2	不规范扣1分	
		摘一次性帽子:上身稍前倾,屏息闭眼,提起帽顶由后向前摘下。放入医疗废物桶内	2	脱帽子,不出现二次污染。污染扣5分	
		手卫生:按七步洗手法用速干手消毒液进行手卫生	2	不规范扣1分	
		摘N95口罩:上身稍前倾,双手示指抓住口罩下方系带,提过头部,另一手提住上方系带,取下口罩。全程避免触碰口罩外侧面。放入医疗废物桶内	2	注意双手不要接触面部,若有二次污染不得分	
		手卫生:按七步洗手法进行手卫生	2	不规范扣1分	
		换口罩:戴外科口罩	1		
评价15分	态度	认真,严谨	5	①脱掉防护用品未放入规定容器内扣3分;②熟练程度、规范程度根据实际情况酌情扣2~5分;③超预期时间扣5分	
	技能	穿、脱顺序正确,动作协调、熟练,操作规范,在预期时间内完成	5		
	效果	穿防护服全过程稳、准、轻、快,脱防护服应严格按照区域划分流程,符合操作原则,穿完毕应整洁无暴露	5		
总分			100		

(李凌楠)

任务四　穿、脱隔离衣

[**案例**] 患者,男,43 岁,诊断"甲型肝炎"入院。护士为患者进行静脉输液,进出病室前后进行穿脱隔离衣。

医嘱: 10% 葡萄糖溶液 500ml 静脉滴注,每天一次。

任务: 穿脱隔离衣。

[**操作目的**]

保护患者和工作人员,防止病原体的传播,防止交叉感染。

[**实训时数**] 2 学时。

[**教学目标**]

1. 知识　掌握隔离原则、目的和注意事项。

2. 技能　熟练运用隔离技术操作做好医院感染的预防与控制工作。

3. 素养　树立和强化隔离技术观念;操作规范、严谨,培养慎独修养。

[**实验设计**]

1. 教学活动　教师示教、学生角色扮演、分组和课后训练等活动;应用思维导图、操作流程图、操作视频等指导课堂和课后练习。

2. 考核评价　平时考、阶段考、期末考等相结合;应用评分标准评价技能掌握效果。

[**注意事项**]

1. 穿隔离衣前,应将操作所需用物备齐。

2. 隔离衣长短要合适,应全部遮盖工作服,如有破损,应修补后再使用。

3. 在穿脱隔离衣的过程中,隔离衣的污染面不可碰触清洁面以及操作者的面部、帽子及工作服。

4. 穿好隔离衣后,不得进入清洁区;双手应保持在腰部以上,视线范围内,避免接触清洁物品。

5. 隔离衣每日更换一次,如有潮湿、破损或污染,应立即更换。

6. 隔离衣挂在半污染区,不得露出污染面;若挂在污染区,则不得露出清洁面。

[思维导图]

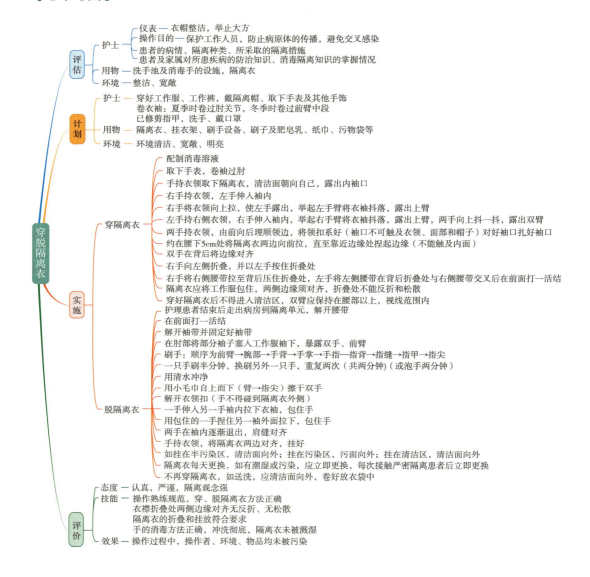

穿脱隔离衣

- 评估
  - 护士
    - 仪表 —— 衣帽整洁，举止大方
    - 操作目的 —— 保护工作人员，防止病原体的传播，避免交叉感染
    - 患者的病情、隔离种类、所采取的隔离措施
    - 患者及家属对所患疾病的防治知识、消毒隔离知识的掌握情况
  - 用物 —— 洗手池及消毒手的设施，隔离衣
  - 环境 —— 整洁、宽敞

- 计划
  - 护士 —— 穿好工作服、工作裤，戴隔离帽，取下手表及其他手饰
    - 卷衣袖：夏季时卷过肘关节，冬季时卷过前臂中段
    - 已修剪指甲，洗手、戴口罩
  - 用物 —— 隔离衣、挂衣架、刷手设备、刷子及肥皂乳、纸巾、污物袋等
  - 环境 —— 环境清洁、宽敞、明亮

- 实施
  - 穿隔离衣
    - 配制消毒溶液
    - 取下手表，卷袖过肘
    - 手持衣领取下隔离衣，清洁面朝向自己，露出内袖口
    - 右手持衣领，左手伸入袖内
    - 右手将衣领向上拉，使左手露出，举起左手臂将衣袖抖落，露出上臂
    - 左手持右侧衣领，右手伸入袖内，举起右手臂将衣袖抖落，露出上臂，两手向上抖一抖，露出双臂
    - 两手持衣领，由前向后理顺领边，将领扣系好（袖口不可触及衣领、面部和帽子）对好袖口扎好袖口
    - 约在腰下5cm处将隔离衣两边向前拉，直至靠近边缘处捏起边缘（不能触及内面）
    - 双手在背后将边缘对齐
    - 右手向右侧折叠，并以左手按住折叠处
    - 右手将右侧腰带拉至背后压住折叠处，左手将左侧腰带在背后折叠处与右侧腰带交叉后在前面打一活结
    - 隔离衣应将工作服包住，两侧边缘须对齐，折叠处不能反折和松散
    - 穿好隔离衣后不得进入清洁区，双臂应保持在腰部以上，视线范围内
  - 脱隔离衣
    - 护理患者结束后走出病房到隔离单元，解开腰带
    - 在前面打一活结
    - 解开袖带并固定好袖带
    - 在肘部将部分袖子塞入工作服袖下，暴露双手、前臂
    - 刷手：顺序为前臂→腕部→手背→手掌→手指—指背→指缝→指甲→指尖
    - 一只手刷半分钟，换刷另外一只手，重复两次（共两分钟)（或泡手两分钟）
    - 用清水冲净
    - 用小毛巾自上而下（臂→指尖）擦干双手
    - 解开衣领扣（手不得碰到隔离衣外侧）
    - 一手伸入另一手袖内拉下衣袖，包住手
    - 用包住的一手捏住另一袖外面拉下，包住手
    - 两手在袖内逐渐退出，肩缝对齐
    - 手持衣领，将隔离衣两边对齐，挂好
    - 如挂在半污染区，清洁面向外；挂在污染区，污面向外；挂在清洁区，清洁面向外
    - 隔离衣每天更换，如有潮湿或污染，应立即更换，每次接触严密隔离患者后立即更换
    - 不再穿隔离衣，如送洗，应清洁面向外，卷好放衣袋中

- 评价
  - 态度 —— 认真，严谨，隔离观念强
  - 技能 —— 操作熟练规范，穿、脱隔离衣方法正确
    - 衣襟折叠处两侧边缘对齐无反折、无松散
    - 隔离衣的折叠和挂放符合要求
    - 手的消毒方法正确，冲洗彻底，隔离衣未被溅湿
  - 效果 —— 操作过程中，操作者、环境、物品均未被污染

[操作流程]

一、评估

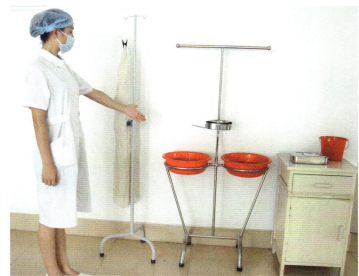

1. 仪表规范,明确操作目的　　　2. 评估患者目前采取的隔离种类、隔离措施、隔离区域等

二、计划

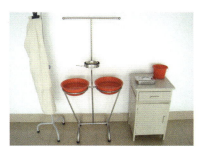

1. 洗手(七步洗手法)　　　2. 戴口罩、帽子　　　3. 用物准备(隔离单元)

三、实施

1. 配制消毒液　　　2. 取下手表卷袖子　　　3. 穿隔离衣,手持衣领　　　4. 穿左手,露出手臂

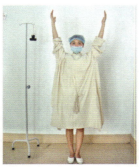

5. 穿右手,露出手臂

6. 两手向上抖一抖,露出手臂

7. 扣好领扣

8. 对齐袖口扎衣袖,同法扎好另一袖口

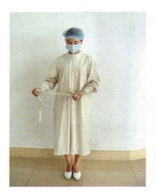
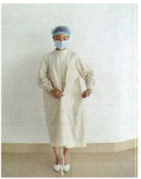

9. 解开活结腰带

10. 在腰下5cm处向前拉衣襟

11. 在背后对齐边缘,向后向下拉紧

12. 左手压住左侧衣襟,右手拉衣襟向左侧折叠

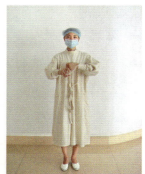

13. 腰带在身后交叉后在腹前扎好

14. 穿好隔离衣,为患者进行护理

15. 完毕,脱隔离衣,松开腰带

16. 解袖口

17. 系袖带(同法系对侧袖带)

18. 塞好衣袖

19. 按顺序消毒双手

20. 腕部

21. 手掌、手指

22. 手背、指背

23. 指缝

24. 指甲

25. 指尖

26. 清水洗净

27. 取消毒毛巾或纸巾

28. 擦干双手（手臂至指尖）

29. 擦手巾需重新消毒或纸巾弃之

30. 解开衣领

31. 从另一手袖内拉下衣袖，包住手

32. 用包住的手将另一袖外面拉下，包住手

33. 两手在袖内逐渐退出，至肩缝对齐

34. 对齐衣领，挂衣钩

四、评价

隔离观念强，操作熟练、规范

［评分标准］

穿脱隔离衣——操作考核评分标准（满分：100 分）

（规定时间：15 分钟　　　　实际操作时间：　　　　分钟）

班级　　　　学号　　　　姓名　　　　成绩　　　　　　　　　　年　　月　　日

质量标准	操作过程			分值	操作要求及指标	扣分
评估10分	护士	仪表	衣帽整洁，举止大方	2	符合规范要求	
		操作目的	保护工作人员，防止病原体的传播，避免交叉感染	6	明确操作目的口述不全扣2分	
			患者的病情、隔离种类、所采取的隔离措施			
			患者及家属对所患疾病的防治知识、消毒隔离知识的掌握情况			
	用物		洗手池或消毒手的设施，隔离衣	1	缺一项扣一分	
	环境		整洁、宽敞	1		
计划5分	护士		穿好工作服、工作裤，戴隔离帽、取下手表及其他首饰卷衣袖：夏季时卷过肘关节，冬季时卷过前臂中段已修剪指甲，洗手、戴口罩	2	没戴口罩不及格缺一项扣一分	
	用物		隔离衣、挂衣架、刷手设备、刷子及肥皂乳、纸巾、污物袋等	2	缺一项扣一分	
	环境		环境清洁、宽敞、明亮	1		
实施70分	配制溶液		配制消毒溶液	5	手法正确，单项不正确者，相应栏目不得分	
	穿隔离衣		取下手表，卷袖过肘	2		
			手持衣领取下隔离衣，清洁面朝向自己，露出内袖口	2		
			右手持衣领，左手伸入袖内	2		
			右手将衣领向上拉，使左手露出，举起左手臂将衣袖抖落，露出上臂	2		
			左手持右侧衣领，右手伸入袖内，举起右手臂将衣袖抖下，露出上臂，两手向上抖一抖，露出双臂	2		

续表

质量标准		操作过程	分值	操作要求及指标	扣分
实施70分	穿隔离衣	两手持衣领,由前向后理顺领边,将领扣系好(袖口不可触及衣领、面部和帽子),对好袖口扎好袖口	2	污染不及格	
		约在腰下5cm处将隔离衣两边向前拉,直至靠近边缘处捏起边缘(不能触及内面)	2	手法正确,单项不正确者,相应栏目不得分 污染不及格	
		双手在背后将边缘对齐	2		
		右手向左侧折叠,并以左手按住折叠处	2		
		右手将右侧腰带拉至背后压住折叠处,左手将左侧腰带在背后折叠处与右侧腰带交叉后在前面打一活结	2		
		隔离衣应将工作服包住,两侧边缘须对齐,折叠处不能反折和松散	2		
		穿好隔离衣后不得进入清洁区,双臂应保持在腰部以上,视线范围内	2	口述不全扣1分	
	脱隔离衣	护理患者结束后走出病房到隔离单元,解开腰带	2	手法正确,单项不正确者,相应栏目不得分	
		在前面打一活结	2		
		解开袖口,并固定好袖带	2		
		在肘部将部分袖子塞入工作服袖内,暴露双手、前臂	2		
		刷手:顺序为前臂→腕部→手背→手掌→手指→指背→指缝→指甲→指尖	10	自肘部向下刷洗,指尖保持向下,边做边说 漏刷一处扣5分、顺序错一步扣2分	
		一只手刷半分钟,换刷另外一只手,重复两次(共两分钟)	3		
		用清水冲净	2	手法正确,单项不正确者,相应栏目不得分 污染不及格	
		用小毛巾或纸巾,自上而下(臂→指尖)擦干双手	2		
		解开衣领扣(手不得碰到隔离衣外侧)	2		
		一手伸入另一手袖内拉下衣袖,包住手	2		
		用包住的一手捏住另一袖外面拉下,包住手	2		
		两手在袖内逐渐退出,至肩缝对齐	2		
		手持衣领,将隔离衣两边对齐,挂好	2		
		如挂在半污染区,清洁面向外 若挂在污染区,污染面向外;挂在清洁区,清洁面向外	2	边说边做 口述不全一处扣1分	
		隔离衣每天更换,如有潮湿或污染,应立即更换;每次接触严密隔离患者后立即更换	2		
		不再穿隔离衣,如送洗,应清洁面向外,卷好放衣袋中	2		

续表

质量标准		操作过程	分值	操作要求及指标	扣分
评价 15分	态度	认真,严谨,隔离观念强	5	隔离观念不强扣5分 不熟练者、没达到要求者,酌情扣分 超预期时间扣5分	
	技能	操作熟练规范,穿、脱隔离衣的方法正确 衣襟折叠处两侧边缘对齐无反折、无松散 隔离衣的折叠和挂放符合要求 手的消毒方法正确,冲洗彻底,隔离衣未被溅湿	5		
	效果	操作过程中,操作者、环境、物品均未被污染	5		
总分			100		

(李丽娟)

病区床单元准备

任务一　铺备用床（以横向铺法为例）

[**案例**]患者,张某,女,56岁,诊断非霍奇金淋巴瘤收入院,病区接到患者入院通知,铺床以准备接收新患者。

[**操作目的**]保持病室整洁、美观,准备接收新患者。

[**实训时数**]2学时。

[**教学目标**]

1. 知识　能说出铺备用床目的及注意事项。

2. 技能　能应用节力原则准备患者床单元。学会大单横向铺法及规范的铺床手法。

3. 素养　仪表规范,态度认真、操作规范严谨。

[**实验设计**]

1. 教学活动　示教、小组或个人训练、学生回示等活动;应用微课、思维导图、操作流程图、操作视频等指导课堂和课后练习。

2. 考核评价　平时考、阶段考、期末考等相结合;应用评分标准评价学习效果。

[**注意事项**]

1. 明确铺床原则　病床单位整洁、美观、舒适、安全。

2. 操作前应评估床及床单元各部位有无损坏,确保患者安全。

3. 病室内有患者进餐或治疗时应暂停铺床。

4. 操作中要注意节力原则　①两脚分开与肩部同宽,两膝稍屈,上身保持直立;②使用肘部力量,动作轻巧、平稳、连续,避免抖动、拍打及不必要的多余小动作;③铺床遵循先床头后床尾、先近侧后对侧的原则,避免和减少往返走动次数,以节力省时。

5. 床单元效果要求　①大单平紧,中线对齐,四角紧实;②被头、被角充实,盖被平整,中线对齐,上缘齐床头,两边内折与床缘齐;③枕头平整,枕角充实,开口背门,放置正确;④床上用物若有标记,方向应正确。

[思维导图]

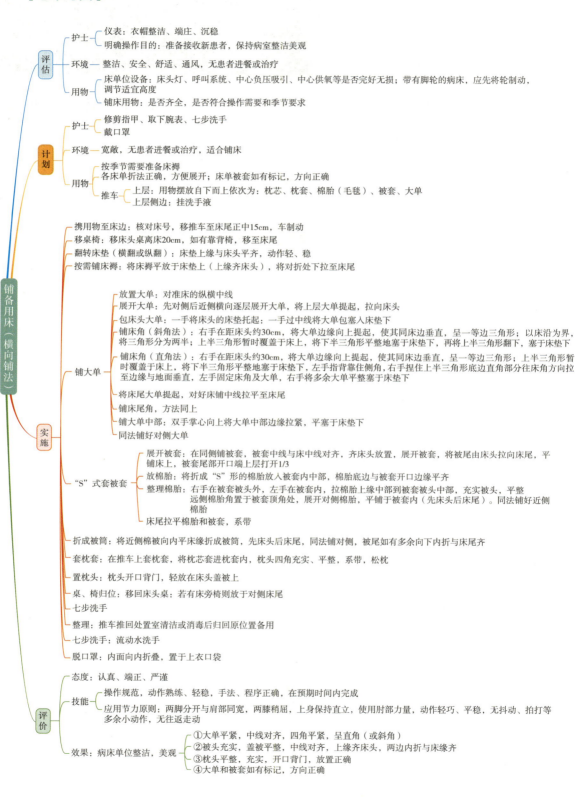

[操作流程]

一、评估

1. 仪表规范,明确操作目的

2. 检查床旁设施

3. 检查床设施及环境是否适宜操作,有无患者进餐或治疗

二、计划

1. 洗手(七步洗手)

2. 戴口罩

3. 用物准备

三、实施

1. 携用物至床尾正中15cm,车制动

2. 移开床旁桌,距离床20cm

3. 翻转床垫,上缘与床头平齐

4. 对准床纵横中线置大单

5. 先向对侧展开大单

6. 再向近侧展开大单

7. 提上层大单拉向床头，对准床中线

8. 托起床垫，大单包塞垫下

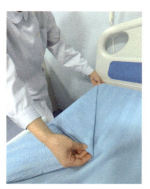

9. 离床头 30cm 处向上提大单

10. 将上半三角形覆盖于床上

11. 下半三角形塞入床垫下

12. 将上半三角形翻下（斜角法）

13. 将三角塞于床垫下（斜角法）

14. 斜角法

15. 同法铺床尾

16. 大单中部塞入床垫下

17. 同法铺对侧床头

18. 同法铺对侧床尾

19. 同法铺对侧大单中部

20. 平床头置被套,对齐纵中线

21. 先向对侧横向逐层展平

22. 再向近侧横向展平

23. 拉起上层开口端被套往床尾拉平

24. 被套尾部开口上层打开 1/3

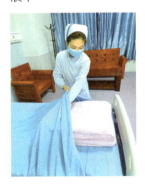

25. 放 s 形棉胎于床尾中部

26. 拉棉胎上缘到被头中部

27. 充实被头、整平

28. 套被角,展开对侧,先床头再床尾

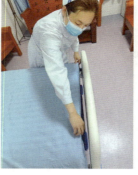

29. 同法铺好近侧棉胎　　30. 拉平床尾棉胎和被套　31. 拉拉链(或系带)

32. 折被筒　　33. 将多余被尾向内折　34. 推车上套枕套
　　　　　　　 与床尾齐

35. 套枕套,四角充实、平整　　36. 松枕后置床头盖被上(开口背门)　37. 移回床头桌

38. 手消液七步洗手　　39. 按院感要求处置后　40. 洗手液消毒或流
　　　　　　　　　　　　 备用　　　　　　　　 动水洗手

四、评价

整洁美观、舒适安全

[**评分标准**]

铺备用床（横向铺法）——操作考核评分标准（满分：100 分）

（规定时间：5 分钟　　　　实际操作时间：　　　　分钟）

班级　　　学号　　　姓名　　　成绩　　　　　　　　　　　　年　　月　　日

质量标准		操作过程	分值	操作要求及指标	扣分
评估 10 分	护士	仪表　规范：衣帽整洁、端庄、沉稳	2	不符合一处扣 1 分至扣完分值	
		操作目的　准备接收新患者；保持病室整洁美观	2	口述，不全扣 1 分	
		评估　①床单位设备：床头灯、呼叫系统、中心负压吸引、中心供氧等是否完好无损 ②带有脚轮的病床，应先将轮制动，调节适宜高度	4	边说边做，不全扣 1 分，至扣完分值	
	环境	病房是否：整洁、安全、舒适、通风；无患者进餐或治疗	2	口述，不全一点扣 1 分	
	用物	是否齐全，是否符合操作需要和季节要求			
计划 5 分	护士	修剪指甲、取下腕表、洗手、戴口罩	2	洗手时间低于 15 秒、洗手步骤不全扣 1 分	
	环境	宽敞，无患者进餐或治疗，适合铺床	1	口述，不全扣 1 分	
	用物	床、床垫、按季节需要准备床褥	2	缺一项扣一分，缺两项以上扣 2 分	
		各床单折法正确，方便展开；床单被套如有标记，方向正确			
		推车上层：用物摆放自下而上依次为：枕芯、枕套、棉胎（毛毯）、被套、大单。洗手液挂于推车侧边			

续表

质量标准		操作过程	分值	操作要求及指标	扣分
实施70分	携用物	至床边,核对床号、移推车至床尾正中15cm,车制动	2	少1项扣1分	
	移桌椅	移床头桌离床20cm,如有靠背椅,移至床尾	2	大于或小于标准扣1分	
	翻转床垫	(横翻或纵翻):床垫上缘与床头平齐	2	动作没有做到轻、稳扣1分	
	铺床褥	按需铺床褥:将床褥平放于床垫上(上缘齐床头),将对折处下拉至床尾,铺平床褥	1	口述或操作,不全或不到位不得分	
	铺大单	置大单于床上:将已折好的大单中线,对准床的纵横中线	1	手法不正确一处扣1分;不平整扣4分;中线不对齐扣4分;一处角没做好扣3分(铺床角法:二选一)	
		横向展法:先对侧后近侧横向逐层展开大单,将上层大单提起,拉向床头,对床铺中线	1		
		铺床头大单:一手将床头的床垫托起;一手过中线将大单包塞入床垫下	1		
		①铺床角(斜角法):右手在距床头约30cm,将大单边缘向上提起,使其同床边垂直,呈一等边三角形;以床沿为界,将三角形分为两半;上半三角形暂时覆盖于床上,将下半三角形平整地塞于床垫下,再将上半三角形翻下,塞于床垫下;②铺床角(直角法):右手在距床头约30cm,将大单边缘向上提起,使其同床边垂直,呈一三角形;上半三角形暂时覆盖于床上,将下半三角形平整地塞于床垫下,左手指背靠住侧角,右手捏住上半三角形底边直角部分往床角方向拉至边缘与地面垂直,左手固定床角及大单,右手将多余大单平整塞于床垫下	5		
		将床尾大单提起,对好床铺中线拉平至床尾	1		
		同法铺床尾角	5		
		双手掌心向上将大单中部边缘拉紧,平塞于床垫下	1		
		转至床对侧,同法铺好对侧大单	11		
	套被套	被套中线与床中线对齐,齐床头放置,展开被套,将被尾由床头拉向床尾,平铺床上,被套尾部开口端上层打开1/3	3	手法错误扣4分;顺序错扣2分;被头空虚扣4分;不平整扣8分	
		将折成S形的棉胎放入被套内中部,棉胎底边与被套开口边缘平齐	1		
		拉棉胎上缘中部到被套被头中部,充实被头、平整	3		
		远侧棉胎角置于被套顶角处,展开对侧棉胎,平铺于被套内,先床头后床尾	5		
		同法铺好近侧棉胎	5		
		床尾拉平棉胎和被套,拉拉链(或系带)	1		

续表

质量标准		操作过程	分值	操作要求及指标	扣分
实施70分	折成被筒	将近侧棉被向内平床缘折成被筒 先床头后床尾,先近侧后对侧,被尾如有多余向下内折与床尾齐	4	与床沿不齐扣2分,被子无齐床头扣2分	
	套枕套	在推车上套枕套,将枕芯套进枕套内,枕头四角充实、平枕,系带,松枕	4	不平整扣2分	
	置枕头	将枕头开口背门,放置在床头盖被上	3	开口错误扣2分	
	桌椅归位	移回床头桌;床旁椅放于对侧床尾	2	动作重扣1分	
	洗手	七步洗手法(洗手液消毒双手)	2	不全,时间不足扣1分	
	整理	推车推回处置室清洁或消毒后归回原位置备用	1	未归位或未消毒扣1分	
	洗手	七步洗手法(洗手液消毒双手或肥皂水洗手)	3	不全,时间不足扣1分	
评价15分	态度	认真、端正、严谨	5	①往返1次扣2分 ②小动作视情况扣1~5分 ③无节力原则扣3分 ④超预期时间扣5分 ⑤效果视情况每点酌情扣1~3	
	技能	操作规范,动作熟练、轻稳,手法、程序正确,在预期时间内完成	5		
		应用节力原则:两脚分开与肩部同宽,两膝稍屈,上身保持直立,使用肘部力量,动作轻巧、平稳,无抖动、拍打等多余小动作,无往返走动			
	效果	病床单位整洁、美观 ①大单平紧,中线对齐,四角平紧,呈直角(或斜角) ②被头充实,盖被平整,中线对齐,上缘齐床头,两边内折与床缘齐 ③枕头平整,充实,开口背门,放置正确 ④大单和被套如有标记,方向正确	5		
		时间在5分钟内完成(从移开床旁桌开始计时)			
总分			100		

(鄢雯欣)

任务二　铺暂空床法(以纵向铺法为例)

[案例] 患者,女性,28岁,于今日上午9:30由急诊收入我科,查足月妊娠,不规则宫缩,破水。诊断:G1P0足月妊娠,胎膜早破,收入产科,6床。病区护士接到此任务准备铺暂空床,迎接新患者入院。

[**操作目的**] 供新入院或暂离床患者使用;保持病室整洁美观。

[**实训时数**] 2学时。

[**教学目标**]

1. 知识 能说出铺暂空床目的及注意事项。

2. 技能 能应用节力原则准备患者床单元。能根据患者病情不同铺一次性中单。

3. 素养 仪表规范,态度认真、操作规范严谨。

[**实验设计**]

1. 教学活动 示教、小组或个人训练、学生回示等活动;应用微课、思维导图、操作流程图、视频等指导课堂和课后练习。

2. 考核评价 平时考、阶段考、期末考等相结合;应用评分标准评价学习效果。

[**注意事项**]

1. 明确铺床原则 病床单位整洁、美观、舒适、安全。

2. 操作前应评估床及床单元各部位有无损坏,确保患者安全。评估患者病情,并能根据病情酌情准备一次性中单。

3. 病室内有患者进餐或治疗时应暂停铺床。

4. 操作中要注意节力原则 ①两脚分开与肩部同宽,两膝稍屈,上身保持直立;②使用肘部力量,动作轻巧、平稳、连续,避免抖动、拍打及不必要的多余小动作;③铺床遵循先头后床尾、先近侧后对侧的原则,避免和减少往返走动次数,以节力省时。

5. 铺好床单元要求 大单平紧,中线对齐,四角平紧;中单平紧,位置正确;盖被被头、被角充实,平整,三折于床尾,与床尾平齐;枕头平整,充实,开口背门,放置正确。大单和被套如有标记,方向正确。

[思维导图]

```
铺暂空床
├─ 评估
│   ├─ 护士
│   │   ├─ 仪表：衣帽整洁、端庄、沉稳
│   │   ├─ 明确操作目的：供新入院或暂离床患者使用；保持病室整洁美观
│   │   └─ 评估
│   │       ├─ 评估病情
│   │       └─ 床单位设备：床头灯、呼叫系统、中心负压吸引、中心供氧等是否完好无损；床头柜；带有脚轮
│   │          的病床，应先将轮制动，调节适宜高度
│   ├─ 环境 — 整洁、安全、舒适、通风；无患者进餐或治疗
│   └─ 用物 — 是否齐全，是否符合操作需要和季节要求
├─ 计划
│   ├─ 护士
│   │   ├─ 修剪指甲、取下腕表、七步洗手
│   │   └─ 戴口罩
│   ├─ 环境 — 宽敞，无患者进餐或治疗，适合铺床
│   └─ 用物
│       ├─ 按季节需要准备床褥
│       ├─ 各床单折法正确，方便展开；床单被套如有标记，方向正确
│       └─ 推车
│           ├─ 上层：用物摆放自下而上依次为：枕芯、枕套、棉胎（毛毯）、被套、根据病情需要准备一次性
│           │   中单、大单
│           └─ 推车侧边：挂洗手液
├─ 实施
│   ├─ 携用物：核对床号，移推车至床尾正中15cm，车制动
│   ├─ 移桌、椅：移床头桌，距离床20cm，如有靠背椅，移至床尾
│   ├─ 翻转床垫（横翻或纵翻）：床垫上缘与床头平齐
│   ├─ 按需铺床褥：将床褥平放于床垫上（上缘齐床头），将对折处下拉至床尾
│   ├─ 铺大单
│   │   ├─ 展开大单（对好床铺中线）：纵向展法（或横向展法，方法同备用床）
│   │   ├─ 包床头大单：一手将床头的床垫托起，一手过中线将大单包裹入床垫下
│   │   ├─ 铺床头角、床尾角（斜角或直角）方法同备用床
│   │   ├─ 铺大单中部：双手掌心向上将大单中部边缘拉紧，平塞于床垫下
│   │   ├─ 铺一次性中单：根据患者病情，如铺中间距离床头45～50cm，中线和床中线对齐，床缘下垂部分一起
│   │   │   平整地塞入床垫下
│   │   └─ 同法铺好对侧大单、一次性中单
│   ├─ "S"式套被套
│   │   ├─ 展开被套：被套上端平床头，对准床的纵中线，从床头向床尾展开，先近侧拉平，再向对侧展
│   │   │   开，平铺于床上，开口端向床尾
│   │   ├─ 放棉胎：将"S"形棉胎平放于被套口
│   │   └─ 套棉胎：一手在外一手在被套里面，套好棉胎。先床头后床尾；先对侧再近侧。将被套上下层
│   │       及棉胎拉平，系带
│   ├─ 折成被筒：将近侧棉被向内平床缘折成被筒，先床头后床尾，同法铺对侧。被尾如有多余向下内折与床尾齐
│   ├─ 整理盖被：盖被三折于床尾
│   ├─ 套枕套：在推车上套枕套，将枕芯套进枕套内，枕头四角充实、平整，系带，松枕
│   ├─ 置枕头：枕头开口背门，置于床头
│   ├─ 桌、椅归位：移回床头桌；若有床旁椅则放于对侧床尾
│   ├─ 七步洗手
│   ├─ 整理：推车推回处置室清洁或消毒后归回原位置备用
│   └─ 七步洗手：洗手液消毒双手或流动水洗手
└─ 评价
    ├─ 态度：认真、端正、严谨
    ├─ 技能
    │   ├─ 操作规范，动作熟练、轻稳、手法、程序正确，在预期时间内完成
    │   └─ 应用节力原则：两脚分开与肩部同宽，两膝稍屈，上身保持直立，使用腕部力量，动作轻巧、平稳，无抖
    │       动、拍打等多余小动作，无往返多次走动
    └─ 效果：病床单位整洁、美观、安全、舒适。①大单平紧，中线对齐，四角平紧，美观；②被头充实、平整，三折于
        床尾，与床平齐；③枕头平整，充实，开口背门，放置正确；④大单和被套如有标记，方向正确；⑤患者上下床
        方便，安全，舒适
```

[操作流程]

一、评估

1. 仪表规范,明确操作目的　2. 评估病情　　　　　　　　　3. 检查床旁设施

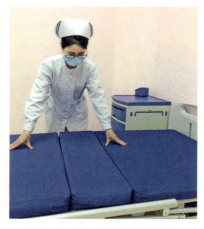

4. 检查床设施,观察周围环境是否
适宜操作

二、计划

1. 洗手(七步洗手)　　　　　2. 戴口罩　　　　　　　　　　3. 用物准备

三、实施

1. 携用物至床尾正中15cm,车制动

2. 移开床旁桌距离床20cm

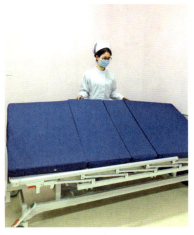

3. 翻转床垫,上缘与床头平齐

4. 大单中线对准床横、纵中线

5. 逐层展开

6. 先展平近侧大单

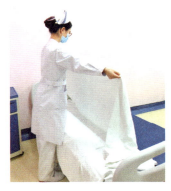

7. 再展平对侧大单

8. 对准床铺中线拉平床头大单

9. 铺床头大单:托起床垫,大单包塞垫下

10. 离床头 30cm 处向上提大单

11. 将上半三角形覆盖于床上

12. 将下半三角形塞入床垫下

13. 上半三角形塞入床垫下成一斜角

14. 同法铺床尾

15. 离床尾 30cm 处向上提大单

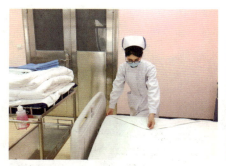

16. 将上半三角形覆盖于床上

17. 塞下半三角形

18. 上半三角形塞入床下

19. 将大单中部塞入床垫下

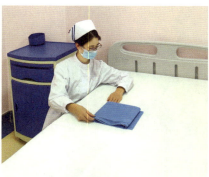

20. 根据病情铺中单

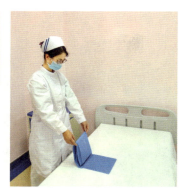

21. 先逐层展近侧中单上层

22. 再展近侧中单第二层

23. 再展开对侧中单

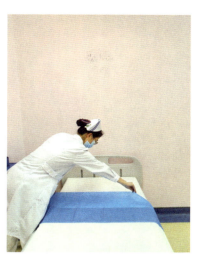

24. 先展开床头

25. 再展开床尾

26. 一次性中单塞于床下

27. 同法铺对侧床头

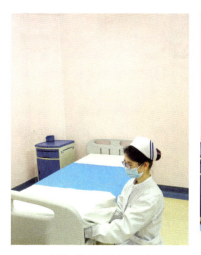

28. 同法铺对侧大单床尾、中部

29. 一次性中单塞于床下

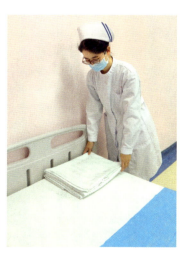

30. 齐床头对准床中线放置被套

31. 向床尾展开

32. 先展平近侧被套

33. 再展平对侧被套

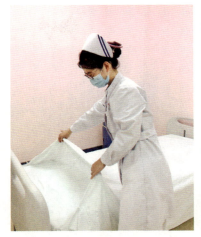

34. 拉开被套尾端开口

35. 将S形棉胎齐床尾置于被套内,套被

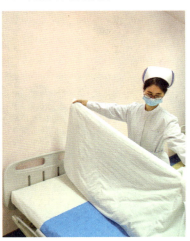

36. 先套对侧被套、边缘与棉胎顺贴

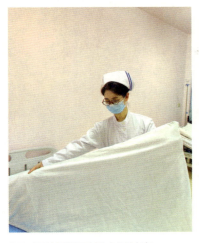

37. 同法再套对侧床尾被套

38. 同法套近侧床头被套

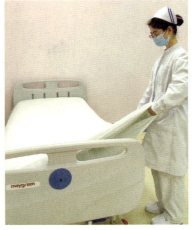

39. 同法套近侧床尾被套

40. 拉平床尾盖被,系带

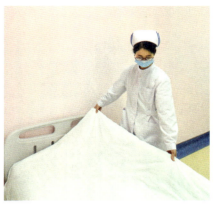

41. 床头棉被向内齐床缘折成被筒

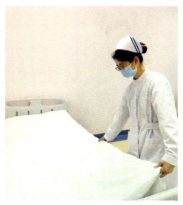

42. 同法床尾棉被折成被筒

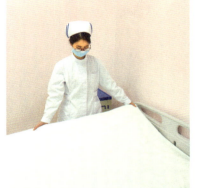

43. 同法折对侧床头被成被筒

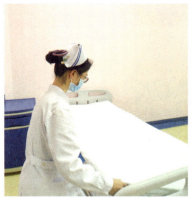

44. 同法折床尾棉被成被筒

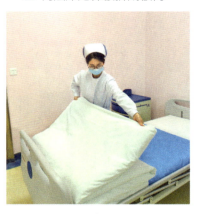

45. 盖被三折于床尾

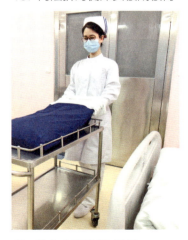

46. 推车上套枕套,系带

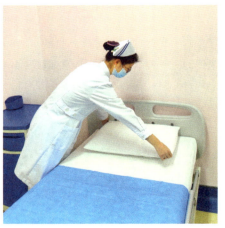

47. 松枕,枕头开口背门平放于床头

48. 移回床头桌

49. 七步洗手

50. 按院感要求处置后备用

51. 七步洗手

四、评价

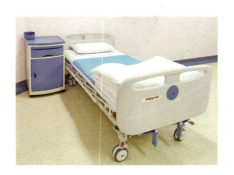

整洁美观,安全舒适,方便

[**评分标准**]

铺暂空床法——操作考核评分标准(满分:100分)

(规定时间:6分钟　　　　实际操作时间:　　　分钟)

班级　　　学号　　　姓名　　　成绩　　　　　　　　　　　年　月　日

质量标准			操作过程	分值	操作要求及指标	扣分
评估10分	护士	仪表	规范:衣帽整洁、端庄、沉稳	2	不符合一处扣1分	
		操作目的	供新入院或暂离床患者使用;保持病室整洁美观	2	口述,不全扣1分	
		评估	①评估病情 ②床单位设备:床头灯、呼叫系统、中心负压吸引、中心供氧等是否完好无损 ③床头柜:带有脚轮的病床,应先将轮制动,调节适宜高度	4	边说边做,不全扣1分,至扣完分值	
	环境		病房是否:整洁、安全、舒适、通风;无患者进餐或治疗	2	口述,不全一点扣1分	
	用物		是否齐全,是否符合操作需要和季节要求			

续表

质量标准	操作过程		分值	操作要求及指标	扣分
计划5分	护士	修剪指甲、取下腕表、洗手、戴口罩	2	洗手时间不低于15秒，洗手步骤不全、时间不足扣1分；口述，不全扣1分；缺一项扣一分，缺两项以上扣2分	
	环境	宽敞，无患者进餐或治疗，适合铺床	1		
	用物	床、床垫、按季节需要准备床褥	2		
		各床单折法正确，方便展开；床单被套如有标记，方向正确			
		推车上层：用物摆放自下而上依次为：枕芯、枕套、棉胎（毛毯）、被套、根据病情需要准备一次性中单或橡胶单（中单）、大单。洗手液			
实施70分	携用物	至床旁，核对床号，移推车至床尾正中15cm，车制动	2	无法达到要求扣1分；动作没有做到轻、稳扣1分	
	移桌椅	移床头柜离床20cm，如有靠背椅，移至床尾	2		
	翻转床垫	（横翻或纵翻）：床垫上缘与床头平齐	2		
	铺床褥	按需铺床褥：将床褥平放于床垫上（上缘齐床头），将对折处下拉至床尾，铺平床褥	1	口述不全或操作不到位不得分	
	铺大单	置大单于床上：将已折好的大单中线，对准床的纵横中线	1	手法不正确一处扣1分；不平整扣2分；中线不对齐扣2分；一处角没做好扣2分	
		展开大单（对好床铺中线）：同时向床头床尾纵向展开，先近侧，后对侧，逐层展平大单	4		
		铺床头大单：一手将床头的床垫托起；一手过中线将大单包塞入床垫下	2		
		铺床角：斜角法或直角法	4		
		同法铺床尾角	4		
		铺中部：双手掌心向上将大单中部边缘拉紧，平塞于床垫下	1		
	铺中单	铺一次性中单：根据患者病情酌情铺中单，如铺中间距离床头45~50cm，中线和床中线对齐，床缘下垂部分一起平整地塞入床垫下；若铺床头、床尾，应齐床头、床尾	3	铺中单不符合病情扣2分；口述不全扣1分	
	同法铺对侧	转至床对侧，同法铺好对侧大单、一次性中单	8	不平整扣4分	
	套被套	展被套：将已折好的被套上端平床头，纵中线对准床的纵中线，置于床上；从床头向床尾展开，先近侧拉平，再向对侧展开，平铺于床上，开口端向床尾	5	被头空虚扣4分，不平整扣8分，顺序错扣2分，手法错误扣2分	
		套棉胎：将S形棉胎平放于被套口，右手在被套外，左手在被套内，将棉胎上缘由床尾套拉至床头	4		
		展棉胎：先床头后床尾；先对侧再近侧	8		
		系带：将被套上下层及棉胎拉平、系带	2		

续表

质量标准		操作过程	分值	操作要求及指标	扣分
实施 70 分	折成被筒	将近侧棉被向内平床缘折成被筒,先床头后床尾,同法铺对侧。被尾如有多余向内折与床尾齐	4	与床沿不齐扣 2 分,被子无齐床头扣 2 分	
	折盖被	将盖被三折于床尾	2	不平扣 1 分	
	套枕套	在推车上套枕套,将枕芯套进枕套内,枕头四角充实、平整,系带,松枕	2	不平整扣 1 分	
	置枕头	将枕头开口背门,置于床头	2	开口错误扣 1 分	
	桌、椅归位	移回床头桌,若有床旁椅则放于对侧床尾	2	动作重扣 1 分	
	洗手	七步洗手法(洗手液消毒双手)	2	不全,时间不足扣 1 分	
	整理	推车推回处置室清洁或消毒后归回原位置备用	1	未归位或未消毒扣 1 分	
	洗手	七步洗手法:洗手液消毒双手或流动水洗手	2	不全,时间不足扣 1 分	
评价 15 分	态度	操作态度认真、端正、严谨	5	①往返 1 次扣 2 分;②小动作视情况扣 1~5 分;③无节力原则扣 3 分;④超预期时间扣 5 分	
	技能	操作规范,动作熟练、轻稳,手法、程序正确,在预期时间内完成	5		
		应用节力原则:两脚分开与肩部同宽,两膝稍屈,上身保持直立,使用腕部力量,动作轻巧、平稳,无抖动、拍打等多余小动作,无往返多次走动			
	效果	病床单位整洁、美观①大单平整,中线对齐,四角平紧,美观;②被头充实,平整三折于床尾;③枕头平整,充实,开口背门,放置正确;④大单和被套如有标记,方向正确;⑤患者上下床方便、安全、舒适时间在 6 分钟内完成(从移开床旁桌开始计时)	5		
总分			100		

(张秋华)

任务三　铺麻醉床(以床笠法为例)

[案例] 患者,女性,54 岁,住肝胆外科,15 床。诊断:胆囊结石,医嘱拟行"全麻下行胆囊切除术",手术当天责任护士麻醉床准备迎接术后患者。

医嘱:全麻下行胆囊切除术。

任务:铺麻醉床。

[操作目的] 便于接受和护理麻醉手术后的患者;使患者安全舒适,预防并发症;保持床上

用物不被伤口渗液或呕吐物污染。

[**实训时数**] 2 学时。

[**教学目标**]

1. 知识　能说出铺麻醉床目的及注意事项。

2. 技能　能应用节力原则准备患者床单元。能根据患者病情要求不同铺一次性中单或(橡胶单、中单)。护理术后患者用物准备齐全,患者能及时得到抢救和护理。

3. 素养　仪表规范,态度认真、操作规范严谨。

[**实验设计**]

1. 教学活动　示教、小组或个人训练、学生回示等活动;应用思维导图、操作流程图、操作视频等指导课堂和课后练习。

2. 考核评价　平时考、阶段考、期末考等相结合;应用评分标准评价学习效果。

[**注意事项**]

1. 明确铺床原则　病床单位整洁、美观、舒适、安全。

2. 操作前应评估床的各部位有无损坏,确保患者安全。评估患者病情、手术部位、麻醉方式,并能正确准备一次性中单或橡胶单。

3. 病室内有患者进餐或治疗时应暂停铺床。

4. 操作中要注意节力原则　①两脚分开与肩部同宽,两膝稍屈,上身保持直立;②使用肘部力量,动作轻巧、平稳、连续,避免抖动、拍打及不必要的多余小动作;③铺床遵循先头后床尾、先近侧后对侧的原则,避免和减少往返走动次数,以节力省时。

5. 铺好床单元要求　床笠平紧,中线对齐,四角平紧;被头充实,盖被平整,呈扇形三折,叠于一侧床边;枕头平整,充实,开口背门,放置正确。床笠和被套如有标记,方向正确。

[思维导图]

铺麻醉床

- **评估**
  - **护士**
    - 仪表：衣帽整洁、端庄、沉稳
    - 明确操作目的
      - 便于接受和护理麻醉手术后的患者
      - 使患者安全舒适，预防并发症
      - 保持床上用物不被伤口渗液或呕吐物污染
    - 评估
      - 评估患者：病情、手术部位、麻醉方式
      - 评估床单位与抢救设备
        - 床单位设备：床头灯、呼叫系统、中心负压吸引、中心供氧等是否完好无损；带有脚轮的病床，应先将轮制动，调节适宜高度
        - 抢救和治疗的器械是否完好，物品是否齐全
        - 择期手术撤除原有的枕套、被套、床笠
  - 环境：整洁、安全、舒适、通风；无患者进餐或治疗
  - 用物：是否齐全，是否符合操作需要和季节要求
- **计划**
  - 护士
    - 修剪指甲、取下腕表、七步洗手
    - 戴口罩
  - 环境：宽敞，无患者进餐或治疗，适合铺床
  - 用物
    - 按季节需要准备床褥
    - 各床单折法正确，方便展开；床单被套如有标记，方向正确
    - 推车
      - 推车上层：用物摆放自下而上依次为：枕芯、枕套、棉胎（毛毯）、被套、根据病情需要准备一次性中单（或中单、橡胶单）床笠
      - 推车侧边：挂洗手液
    - 其他：天冷时备热水袋（加布套）、毛毯（或电热毯）。按病情需要准备输液架、吸痰用具、给氧用具、胃肠减压器等，必要时准备急救车
- **实施**
  - 携用物至床边：核对床号，移推车至床尾正中15cm，车制动
  - 移床头桌：距离床20cm
  - 翻转床垫（横翻或纵翻）：床垫上缘与床头平齐
  - 按需铺床褥：将床褥平放于床垫上（上缘齐床头），将对折处下拉至床尾
  - 铺床笠
    - 展开床笠（对好床铺中线）：齐床头置床笠，由床头向床尾逐层打开，先近侧再对侧
    - 包床头床笠：一手将床头的床垫托起；一手过中线将床笠包塞入床垫下
    - 铺床尾角：托起床垫，将床笠拉平塞于垫下
    - 铺床笠中部：双手掌心向上将中部边缘拉紧，平塞于床垫下
    - 铺一次性中单（或铺橡胶单后铺中单）：根据患者病情，如铺中间距离床头45～50cm，中线和床中线对齐，床缘下垂部分一起平整地塞入床垫下
    - 根据病情和手术部位的需要，可将另一橡胶单及中单铺在床头或床尾
    - 同法铺好对侧床笠、一次性中单（或橡胶单、中单）
  - 套被套（床边开口法）
    - 展开被套：被套上端平床头，对准床的纵中线，从床头向床尾展开，先近侧拉平，再向对侧展开，平铺于床上，开口端向近侧
    - 放棉胎：折好棉胎平放于被套
    - 套被套：棉胎向两侧展开，一手在外一手在被套里面，取棉胎角对准被套角，套紧实，棉胎边缘顺着被套边缘。先床头后床尾；先对侧再近侧。将被套上下层及棉胎拉平，系带
  - 折成被筒：将近侧棉被向内平床缘折成被筒，先床头后床尾，同法铺对侧。被尾如有多余向内折与床尾齐
  - 整理盖被：将盖被呈扇形三折，叠于一侧床边
  - 套枕套：在推车上套枕套，将枕芯套进枕套内，枕头四角充实、平整、系带、松枕
  - 置枕头：枕头开口背门，横立于床边
  - 桌、椅归位：移回床头桌，若有床旁椅则放于对侧床尾
  - 准备其他物品：置麻醉护理盘。根据病情需要将输液架置床尾正中或对侧床尾；中心吸痰与中心给氧备用于床头（若负压吸引器放于近侧床头下方；氧气筒放于对侧床头旁）；胃肠减压器置于妥善处；天冷时盖被上加盖毛毯或被套内放置热水袋。必要时将急救车准备于床旁
  - 七步洗手
  - 整理：推车推回处置室清洁或消毒后归回原位置备用
  - 七步洗手：洗手液消毒双手或肥皂水洗手
  - 脱口罩：内面向内折叠，置于上衣口袋
- **评价**
  - 态度：认真、端正、严谨
  - 技能
    - 护理术后患者用物准备齐全，患者能及时得到抢救和护理
    - 操作规范：动作优美，手法正确，程序正确，动作协调、熟练，在预期时间内完成
    - 应用节力原则：两脚开与肩部同宽，两膝稍屈，上身保持直立，应用臂力，动作轻稳，没有多余小动作，没有多次往返
  - 效果：病床单位整洁、美观、舒适、安全。①床笠平紧，中线对齐，四角平整，美观；②被头充实，盖被平整，盖被呈扇形三折，叠于一侧床边；③枕头平整，充实，开口背门，放置正确；④床笠和被套如有标记，方向正确

[操作流程]

一、评估

1. 仪表规范、明确操作目的

2. 评估病情、麻醉部位和手术方式

3. 检查床设施

4. 检查床设施、观察周围环境是否适宜操作

二、计划

1. 洗手（七步洗手）

2. 佩戴口罩

3. 用物准备

4. 根据需要准备急救物品

三、实施

1. 携用物至床尾 15cm，制动

2. 移动床头桌距离床 20cm

3. 翻转床垫，上缘与床头平行

4. 齐床头，对准床纵中线置床笠

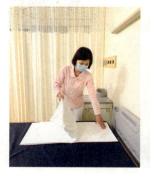

5. 由床头向床尾逐层打开，展近侧

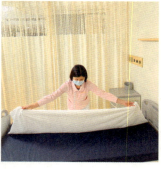

6. 再展对侧床笠

7. 对准床铺中线拉平床笠一角

8. 铺床头床笠

9. 同法铺床尾床笠

10. 拉紧床笠中部塞入床垫下

11. 铺中单，距床头 45~50cm

12. 先铺展近侧中单

13. 对侧中单三折放置

14. 齐床头铺中单

15. 展开近侧中单

16. 对侧中单三折放置

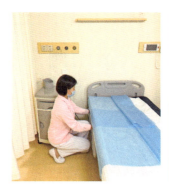

17. 将中单垫于床垫下

18. 同法铺对侧床头床笠

19. 将床头床笠包塞垫下

20. 同法铺对侧床尾床笠

21. 将床笠中部塞入床垫下

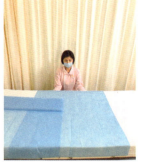

22. 将中部中单塞入垫下

23. 床头中单塞于垫下

24. 齐床头放置被套,对准床中线

25. 从床头向床尾展开被套

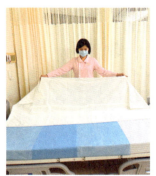

26. 先展平近侧被套

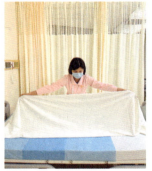

27. 再展开对侧被套

28. 拉开被套侧边开口

29. 置棉胎于被套中间

30. 先套床头对侧被套

31. 同法套对侧床尾被套

32. 同法套近侧床尾被套

33. 同法套近侧床头被套

34. 拉平近侧盖被，系带

35. 床头棉被齐床缘折成被筒

36. 床尾棉被齐床沿折成被筒

37. 对侧床头被齐床缘折成被筒

38. 对床尾被折成被筒

39. 将床尾被齐床缘向内折成被筒

40. 床头棉被扇形三折于对侧

41. 推车上套枕套

42. 松枕后开口背门横立于床头

43. 移回床头桌

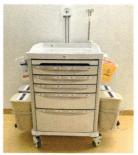

44. 置麻醉护理盘（或急救护理车）

45. 洗手

46. 按院感要求处置后备用

47. 洗手（七步洗手）

四、评价

整洁、美观、舒适

[评分标准]

铺麻醉床法——操作考核评分标准（满分：100 分）

（规定时间：7 分钟　　　实际操作时间：　　　分钟）

班级　　　学号　　　姓名　　　成绩　　　　　　　　　　　　年　月　日

质量标准			操作过程	分值	操作要求及指标	扣分
评估 10 分	护士	仪表	规范：衣帽整洁、端庄、沉稳	2	不符合一处扣 1 分	
		操作目的	便于接受和护理麻醉手术后的患者	2	口述，不全一项扣 1 分，至扣完分值	
			使患者安全舒适，预防并发症			
			保持床上用物不被伤口渗液或呕吐物污染			
		评估	①评估患者：病情、手术部位、麻醉方式 ②床单位设备：床头灯、呼叫系统、中心负压吸引、中心供氧等是否完好无损；带有脚轮的病床，应先将轮制动，调节适宜高度 ③抢救和治疗的器械是否完好，物品是否齐全 ④若是择期手术撤除原有的枕套、被套、大单等	4	边说边做，不全扣 1 分，至扣完分值	
	环境		病房是否：整洁、安全、舒适、通风；无患者进餐或治疗	2	口述，不全一点扣 1 分	
	用物		是否齐全，是否符合操作需要和季节要求			
计划 5 分	护士		修剪指甲、取下腕表、洗手、戴口罩	2	洗手时间不低于 15 秒，洗手步骤不全、时间不足扣 1 分； 口述，不全扣 1 分； 缺一项扣一分，缺两项以上扣 3 分	
	环境		宽敞，无患者进餐或治疗，适合铺床	1		
	用物		床、床垫、按季节需要准备床褥	2		
			各床单折法正确，方便展开；床单被套如有标记，方向正确			
			推车上层：用物摆放自下而上依次为：枕芯、枕套、棉胎（毛毯）、被套、根据病情需要准备一次性中单（或中单、橡胶单）、床笠。洗手液挂于推车侧边 天冷时备热水袋（加布套）、毛毯（或电热毯） 按病情需要准备输液架、吸痰用具、给氧用具、胃肠减压器等，必要时准备急救车			

续表

质量标准		操作过程	分值	操作要求及指标	扣分
实施 70 分	携用物	至床边,核对床号、移推车至床尾正中 15cm,车制动	2	距离错扣 1 分 动作没有轻稳扣 1 分	
	移床头桌	离床 20cm,如有靠背椅,移至床尾	2		
	翻转床垫	(横翻或纵翻):床垫上缘与床头平齐	2		
	按需铺床褥	将床褥平放于床垫上(上缘齐床头),将对折处下拉至床尾,铺平床褥	1		
	铺床笠	置床笠于床上:中线对准床纵中线	14	不平整扣 2 分,中线不对齐扣 2 分,手法不正确一处扣 1 分,一处角没做好扣 2 分	
		展开床笠(纵向展法):齐床头向床尾纵向展开,逐层展平近侧,再展开对侧床笠			
		将床笠对准床铺中线,拉平床笠一角			
		包床头床笠:一手将床头的床垫托起;一手过中线将床笠包塞入床垫下			
		同法铺床尾角			
		双手掌心向上将床笠中部边缘拉紧,平塞于床垫下			
	铺中单	根据病情和手术部位需要铺一次性中单(或橡胶单和中单):铺中间橡胶单上缘距床头 45~50cm,中线和床中线对齐,先展近侧一次性中单,对侧三折放置	4	中单不符合病情需要扣 2 分	
		齐床头铺另一块一次性中单,先展近侧一次性中单,对侧三折放置,将一次性中单垫于床垫下			
		根据病情需要,酌情齐床尾铺床尾一次性中单(口述)			
	同法铺对侧	转至床对侧,同法铺好对侧床笠、一次性中单(或橡胶单中单)	8	不平整扣 4 分	
	套被套(床边开口法)	展被套:将已折好的被套上端平床头,纵中线对准床的纵中线,置于床上;从床头向床尾展开,先近侧拉平,再向对侧展开,平铺于床上,开口端向近侧	18	被头空虚扣 4 分,不平整扣 8 分,顺序错扣 2 分,手法错误扣 4 分	
		拉开被套侧边开口上层,将"三折"棉胎平放于被套中间,将棉胎向两侧展开			
		套被套:先床头后床尾;先对侧再近侧			
		将被套上下层及棉胎拉平,系带			
	折成被筒	将近侧棉被向内平床缘折成被筒,先床头后床尾,同法铺对侧。被尾如有多余向内反折与床尾齐	4	与床沿不齐扣 2 分,被子无齐床头扣 2 分	
	整理盖被	将盖被呈扇形三折,叠于对侧床边	2	不平扣 1 分	
	套枕套	在推车上套枕套,将枕芯套进枕套内,枕头四角充实、平整,松枕	2	不平整扣 1 分	
	置枕头	将枕头开口背门,横立于床头	1	开口错误扣 1 分	
	桌椅归位	移回床头桌;若有床旁椅则放于对侧床尾	2	动作不轻稳扣 1 分	

续表

质量标准		操作过程	分值	操作要求及指标	扣分
实施 70 分	备其他物品	置麻醉护理盘,必要时将急救车准备于床旁	3	口述不全一项或洗手时间不足扣 1 分	
		根据病情需要将输液架置床尾正中或对侧床尾;中心吸痰与中心给氧备用于床头(若负压吸引器放于近侧床头下方;氧气筒放于对侧床头旁);胃肠减压器置于妥善处;天冷时盖被上加盖毛毯或盖被内放置热水袋			
	洗手	七步洗手法(洗手液消毒双手)	2		
	整理	推车推回处置室清洁或消毒后归回原位置备用	1		
	洗手	七步洗手法:洗手液消毒双手或流动水洗手	2		
评价 15 分	态度	操作态度认真、端正、严谨	5	①往返 1 次扣 2 分; ②小动作视情况扣 1~5 分; ③无节力原则扣 3 分; ④超预期时间扣 5 分	
	技能	护理术后患者用物准备齐全,患者能及时得到抢救和护理	5		
		操作规范:操作动作优美,手法正确,程序正确,动作协调、熟练,在预期时间内完成			
		应用节力原则:两脚分开与肩部同宽,两膝稍屈,上身保持直立,应用臂力,没有多余的小动作,没有多次往返			
	效果	病床单位整洁、美观、舒适、安全。①床笠平紧,中线对齐,四角平紧,美观;②被头充实,盖被平整,盖被呈扇形三折,叠于一侧床边;③枕头平整,充实,开口背门,放置正确;④大单和被套如有标记,方向正确,时间在 7 分钟内完成(从移开床旁桌开始计时)	5		
总分			100		

（吴丽芬）

项目四

生命体征测量和绘制

任务一　生命体征测量（以测量腋温为例）

[案例]　患者林某,男性,55岁,以"肺部感染"收住院。护士小张妥善安置患者,通知主管医生,并为患者测量生命体征。

任务:生命体征测量。

[操作目的]

1. 通过测量生命体征,了解疾病的发生、发展和转归。

2. 为预防、治疗、康复、护理提供依据。

[实训时数] 2学时

[教学目标]

1. 知识　能正确叙述体温、脉搏、呼吸、血压的正常值及测量方法和注意事项。

2. 技能　能正确测量体温、脉搏、呼吸、血压。

3. 素养　态度认真、操作规范、数值准确,关心患者,能与患者有效沟通。

[实验设计]

1. 教学活动　示教、角色扮演、个人或小组训练等活动,应用思维导图、操作流程图、操作图片等指导课堂和课后练习。

2. 考核评价　应用评分标准,通过平时考、阶段考、期末考等评价操作技能。

[注意事项]

1. 测量生命体征前,患者应排空膀胱,安静休息20~30分钟,待稳定后再测量,避免剧烈运动、进食、情绪波动、洗澡、哭闹等影响患者测量因素。

2. 测量体温　①测量体温前后,应清点体温计数目;②发现体温与病情不相符合,应查找原因,予以复测,必要时可同时作口温和肛温对照;③避免影响体温测量的各种因素,如运动、进食、冷热饮、洗澡、坐浴、情绪波动等。

3. 测量脉搏　测脉搏忌用拇指,以免拇指小动脉和患者的脉搏相混淆。

4. 测量呼吸　呼吸的速率会受到意识的影响,测量时保持诊脉的姿势、不必告诉患者,以免影响测量的准确性。

5. 测量血压 ①测量前应检查血压计的各部位是否完好；②30分钟内禁止吸烟、饮咖啡；③长期观察血压的患者，做到"四定"：即定时间、定部位、定体位、定血压计；④偏瘫患者应选择健肢测量；⑤衣袖过紧或过多时，应当脱掉衣服，以免影响测量结果。

[思维导图]

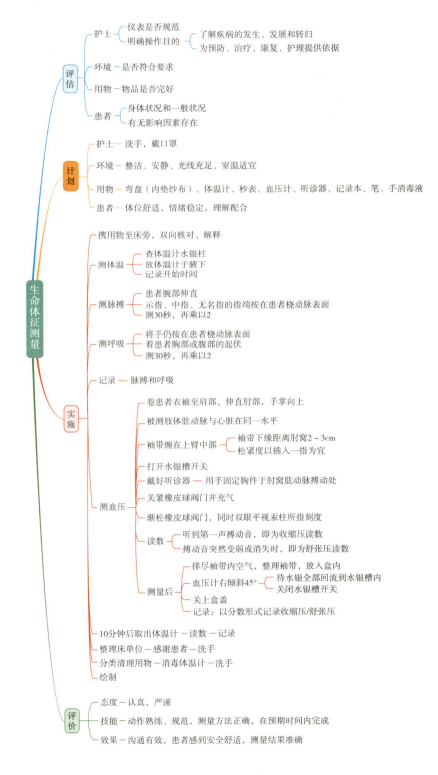

[操作流程]

一、评估

1. 仪表规范,明确操作目的　　2. 环境适宜　　　　　　　　3. 评估患者

二、计划

1. 七步洗手法洗手　　　　　2. 戴口罩　　　　　　　　　3. 备齐用物

三、实施

1. 携用物至床旁,双向核对、解释　2. 查体温计在35℃以下,解患者衣扣　3. 置体温计于腋下,记录时间

4. 测脉搏 30 秒,再乘以 2

5. 测呼吸 30 秒,再乘以 2

6. 记录:脉搏和呼吸

7. 卷衣袖,伸直肘部,手掌向上

8. 绑袖带,松紧度以能插入一指为宜

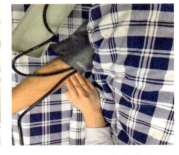

9. 开水银槽开关,摸肱动脉

10. 戴听诊器胸件紧贴肱动脉处

11. 固定听诊器胸件,测血压,记录

12. 10 分钟后取体温计,读数记录

13. 整理床单位,感谢患者合作

14. 手消毒液擦手

15. 分类清理,消毒

16. 洗手　　　　　　　17. 绘制电子体温单

四、评价

患者感到安全舒适,测量结果准确

[评分标准]

生命体征测量(以测量腋温为例)——操作考核评分标准(满分:100 分)

规定时间:12 分钟　　　　实际操作时间:　　　分钟

班级　　　学号　　　姓名　　　成绩　　　　　　　　年　　月　　日

质量标准			操作过程	分值	操作要求及指标	扣分
评估 10 分	护士	仪表	是否规范:衣帽整洁、端庄、大方	1	不规范不得分	
		操作目的	①通过测量生命体征,了解疾病的发生、发展和转归;②为预防、治疗、康复、护理提供依据。	2	口述 不全一项扣 1 分,至扣完分值	
	环境		是否:整洁、安静、光线充足、室温适宜	1		
	用物		是否完好:体温计、血压计及配件、秒表	1		

续表

质量标准		操作过程	分值	操作要求及指标	扣分
评估10分	患者	①患者的病情、诊断、治疗情况、年龄、性别；②患者的活动、情绪情况，理解配合能力；排除影响测量因素（测前应安静休息20~30分钟，排空膀胱，避免剧烈运动、进食、情绪波动、洗澡、哭闹等）；③嘱患者做好准备：如排尿等	5	口述漏一项扣1分，漏两项不得分	
计划5分	护士	衣帽整洁，修剪指甲，洗手，戴口罩	1	漏一项扣1分	
	环境	整洁、安静、光线充足、室温适宜	1	口述，不全扣1分	
	用物	治疗盘、弯盘1个（内垫纱布）、体温计、秒表、血压计、听诊器、记录本、黑色水笔、体温单、手消毒液。若测肛温备润滑剂、棉签、弯盘（放置测温后的体温计）、纸巾	2	漏一项或多一项均扣1分	
	患者	①体位舒适，情绪稳定；②了解测量的目的、方法、注意事项和配合要点	1	口述，不全扣1分	
实施70分	准备	检查体温计刻度及有无破损，甩体温计水银柱至35℃以下，甩体温计时用腕部力量，不能触及它物，以防撞碎	2	边述边做；手法不正确者，该栏目不得分；叙述不完整，该栏目不得分	
		切忌把体温计放在热水中清洗或沸水中煮，以防爆裂，放垫有纱布弯盘内备用	1		
		检查血压计，水银柱是否在0刻度，选择合适的袖带（口述：应定期检查及校对血压计，确保准确性）	1		
		携用物至床旁，双向核对患者信息，解释以取得配合	1		
	测体温	协助患者取舒适体位，解开衣扣，露出腋下，注意保暖和保护隐私	1	边述边做；动作不到位，每项扣1~2分，至扣完分值	
		有出汗者擦干腋下	1		
		将体温计的水银端置于腋窝深处，紧贴皮肤	1		
		屈臂过胸，夹紧体温计，计时	2		
		若腋下有创伤、手术或炎症、腋下出汗较多、肩关节受伤或极度消瘦的患者不宜测腋温	1	口述，不全不得分	
		若病情需要测口温者：①应将体温计汞槽端斜放于舌下，嘱患者闭口用鼻呼吸，勿咬体温计；②3~5分钟后取出，纸巾擦拭，读数，记录；③精神异常、昏迷、婴幼儿、口鼻腔手术或呼吸困难及不能合作者，不宜测口温；④如患者不慎咬碎体温计时，应立即清除玻璃碎屑，再口服蛋清或牛奶以延缓汞的吸收	4	口述叙述不完整，漏一项扣1分	
		若病情需要测肛温者：①取屈膝仰卧位、侧卧位或俯卧位，露出肛门；②润滑肛表，插入肛门3~4cm；③扶托肛温表，3分钟后取出，纸巾擦净，读数，记录；④腹泻、直肠或肛门手术、心肌梗死的患者不宜测肛温；⑤婴幼儿、危重患者测肛温时，护士应守护在旁	5	口述叙述不完整、不全一项扣1分	

质量标准		操作过程	分值	操作要求及指标	扣分
实施70分	测脉搏	患者另一手臂自然置于躯体舒适位置,腕部伸直	1	不正确,对应栏目不得分	
		检查者将示指、中指、无名指的指端按在桡动脉表面,以能清楚摸到脉搏为宜	3		
		计数30秒钟再乘以2	1		
		异常脉搏者、危重患者测量时应计时1分钟;脉搏细弱难以触诊应听诊测心尖搏动1分钟 短绌脉测量方法:2名护士同时分别测量脉搏和心率,1人听心率,1人测脉搏,由听心率者发出开始和停止的口令,计时1分钟 测脉搏忌用拇指,以免拇指小动脉和患者的脉搏相混淆	3	口述 叙述不完整,该栏目不得分	
		为偏瘫患者测脉搏,应选择健侧肢体	1	口述,不全扣1分	
	测呼吸	护士测完脉搏后,将手仍按在患者手腕上以转移患者的注意力,注意观察患者胸部或腹部的起伏,1起1伏为1次	1	方法正确 不正确不得分	
		计数30秒钟再乘以2	1		
		异常呼吸者或婴幼儿应计数1分钟 呼吸微弱不易观察者,用少许棉花,置患者鼻孔前,观察棉花被吹动次数,计时1分钟	2	口述 叙述不完整,该栏目不得分	
	记录	记录脉搏(P)及呼吸(R)	2	不准确者扣1分	
	测血压	露出要检查的一臂,将衣袖卷至肩部(一侧肢体偏瘫、外伤、手术或输液者,选择对侧肢体测量)	1	边述边做 方法不正确不得分	
		伸直肘部手掌向上,被测肢体肱动脉与心脏在同一水平	1		
		坐位时肱动脉平第四肋;卧位时平腋中线	1		
		放置平稳血压计,驱尽袖带内空气	2		
		将袖带平整无折地缠在上臂中部,袖带下缘距离肘窝2~3cm	2		
		松紧度以能插入一指为宜(袖带不可过窄或过宽,过松或过紧造成测量值出现误差)	2	不正确不得分	
		打开水银槽开关,戴好听诊器,在肘窝内侧摸到肱动脉搏动点	3	手法不正确者,该栏目不得分	
		将听诊器胸件紧贴肘窝肱动脉处轻轻加压,用手固定听诊器胸件	2		
		另一手关紧橡皮球的阀门,用手握橡皮球充气	1		
		至肱动脉搏动音消失后再充气,使汞柱上升约20~30mmHg(3~4kPa)	2		

续表

质量标准		操作过程	分值	操作要求及指标	扣分
实施70分	测血压	然后渐松橡皮球阀门,缓缓放气,使汞柱缓慢下降,放气速度以每秒4mmHg为宜(或每秒下降0.5kPa)	2	边述边做过慢或过快不得分	
		同时双眼平视汞柱所指刻度,听到第一声搏动音时,汞柱所指刻度为收缩压读数	2		
		当搏动音突然变弱或消失时,汞柱所指刻度为舒张压读数	1		
		发现血压听不清或异常时,松开袖带待水银柱降到零刻度,让患者休息2~3分钟后再重测变音和消失音之间有差异时,可记录两个读数,即血压为收缩压/变音/消失音(mmHg)	2	口述叙述不完整,该栏目不得分	
		测量后,排尽袖带内空气,整理袖带,放入盒内	1	手法不正确者,该栏目不得分记录方法不正确者,该栏目不得分	
		将血压计右倾45°,待水银全部回流到水银槽内,关闭水银槽开关,关上盒盖,平稳放置	2		
		记录血压(BP):以分数形式(收缩压/舒张压,单位mmHg或kPa),根据实际情况告知患者	1		
		需密切观察血压者,测血压时应做到四定(定时间、定体位、定部位、定血压计)	1	边述边做漏一项扣1分测量数值超过±3%者不及格	
	记录体温	10分钟后,取出腋下体温计,读数,记录体温(T)	2		
	整理感谢	协助患者取舒适体位,整理床单位,感谢患者合作,洗手	2		
	清理洗手	分类清理用物,消毒体温计,洗手	1		
	绘体温单	将体温、脉搏、呼吸、血压数值绘制于体温单上	1		
评价15分	态度	认真,严谨,尊重、关心、爱护患者	5	熟练程度、规范程度根据实际情况酌情扣2~5分超预期时间扣5分	
	技能	动作熟练、规范,测量方法正确,在预期时间内完成	5		
	效果	沟通有效,患者感到安全舒适,测量结果准确	5		
总分			100		

(甘 香)

任务二 生命体征绘制（以电子体温单为例）

[**案例**] 患者林某，男性，55 岁，以"肺部感染"收住院，T：36.9℃，P：80 次 /min，R：20 次 /min，BP：114/80mmHg。护士小张把测量后的生命体征绘制入电子体温单。

任务：生命体征绘制。

[**操作目的**]

正确绘制生命体征信息，为医护人员进行正确诊疗、护理提供依据。

[**实训时数**] 2 学时

[**教学目标**]

1. 知识 能正确叙述绘制体温单的目的、方法和注意事项。

2. 技能 能正确绘制体温单。

3. 素养 态度认真、严谨，绘制结果准确。

[**实验设计**]

1. 教学活动 示范、个人或小组训练等活动，应用思维导图、操作流程、操作视频等指导课堂和课后练习。

2. 考核评价 应用评分标准，通过平时考、阶段考、期末考等评价绘制操作能力。

[**注意事项**]

1. 绘制前要正确核对患者的信息。

2. 绘制时要准确输入采集的生命体征数据。

3. 绘制后要再次核对患者的信息及生命体征的数据。

[**思维导图**]

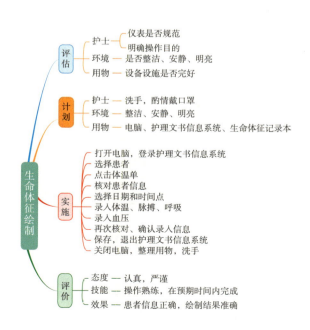

[操作流程]

一、评估

1. 仪表规范,明确目的 2. 环境整洁、明亮   3. 设备设施完好

二、计划

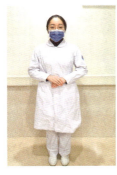 

1. 洗手,酌情戴口罩 2. 环境整洁、安静、明亮 3. 用物完好

三、实施

 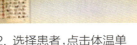 

1. 打开电脑,登录护理文书系统 2. 选择患者,点击体温单   3. 自动生成患者信息,核对

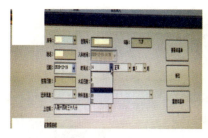

4. 选择日期和时间点

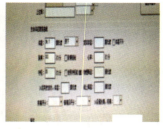

5. 准确录入体温、脉搏、呼吸

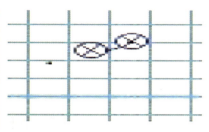

6. 体温绘制

7. 物理或药物降温 30 分钟后绘制

8. 体温不升者绘制

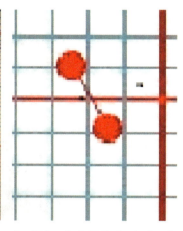

9. 红"●"表示脉率,红"○"表示心率

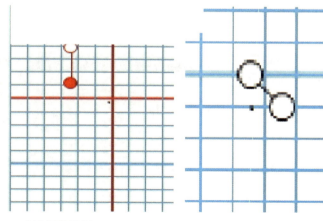

10. 脉搏短绌绘制

11. 呼吸绘制

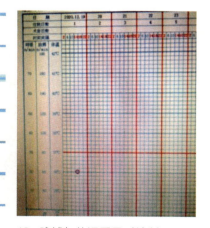

12. 脉搏与体温重叠时绘制

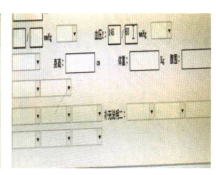

13. 脉搏与呼吸重叠　　14. 血压录入　　15. 再次核对,确认录入信息的准确性

16. 无误后保存,退出信息系统　　17. 关闭电脑,整理用物　　18. 洗手

四、评价

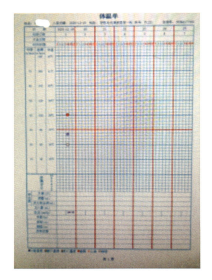

患者信息正确,绘制结果准确

[评分标准]

生命体征绘制(以电子体温单为例)——考核评分标准(满分:100分)

(规定时间:2分钟　　　　实际操作时间:　　　　分钟)

班级　　　学号　　　姓名　　　成绩　　　　　　　　　　　　年　　月　　日

质量标准		操作过程	分值	操作要求及指标	扣分
评估10分	护士	仪表是否规范	1	不规范不得分	
		明确操作目的:正确绘制生命体征信息,为医护人员进行正确诊疗、护理提供依据	3	口述,不全该栏目扣2分	
	环境	是否:整洁、安静、明亮	2		
	用物	设备是否完好:电脑、护理文书信息系统	4		
计划5分	护士	衣帽整洁,洗手,酌情戴口罩	1	口述,不全该栏目扣1分 缺一项或多一项扣1分	
	环境	整洁、安静、明亮	1		
	用物	电脑、护理文书信息系统、生命体征记录本	3		
实施70分	开启系统	打开电脑,登录护理文书信息系统	2	边述边做 步骤错误或叙述不完整,该栏目不得分	
	选择患者	在系统页面选择患者	3		
	点体温单	点击体温单:电子体温单上自动生成患者姓名、性别、年龄、入院日期、科室、病案号等眉栏内容和日期、住院日数等表格栏内容	4		
	核对患者	核对患者相关信息	5		
	选择时间	选择日期和时间点	2		
	录入体温	准确录入体温(选择"腋温")、脉搏、呼吸数值	5	边述边做 叙述不完整,该栏目不得分 数值不正确,不及格	
		体温每小格为0.2℃,蓝"×"表示腋温,蓝"●"表示口温,蓝"○"表示肛温,相邻两次体温以蓝直线自动连接	3		
		物理或药物降温30分钟后,应重测体温,测量的体温以红"○"表示,画在物理降温前温度的同一纵格内,以红虚线与降温前的温度自动相连,下次测得的温度用蓝线仍与降温前自动相连	5		
		体温不升者,在相应时间的35℃横线处用蓝"●",并向下画"↓"号,长度占两小格,再将蓝"●"与相邻温度以蓝直线自动连接	5		
	录入脉搏	脉搏每小格为4次,红"●"表示脉率,红"○"表示心率,相邻两次脉搏之间以红直线自动连接	3		
		脉搏短绌时,相邻脉率或心率用红线相连,在脉率与心率之间用红直线自动相连	5		
	录入呼吸	呼吸每小格为2次/min,黑"○"表示,相邻的呼吸之间以黑直线自动连接	3		
		脉搏与体温重叠时,显示脉搏红"○"包裹体温蓝"×"	5		
		脉搏与呼吸重叠时,显示呼吸黑"○"包裹脉搏红"●"	5		

续表

质量标准		操作过程	分值	操作要求及指标	扣分
实施70分	录入血压	以中午12点为界,12点之前测量的记录在"血压1"栏内,之后测量的记录在"血压2"栏内。若每日需多次测量的,应记录在护理记录单内,单位统一使用毫米汞柱(mmHg)	5	边述边做 步骤错误或叙述不完整,扣2分 数值不正确,不及格	
	再次核对	再次核对和确认录入信息的准确性	5		
	无误保存	无误后保存,退出护理文书信息系统	2		
	整理洗手	关闭电脑,整理用物,洗手	3		
评价15分	态度	认真,严谨	5	熟练程度、规范程度根据实际情况酌情扣2~5分 超预期时间扣5分	
	技能	操作熟练,在预期时间内完成	5		
	效果	患者信息正确,绘制结果准确	5		
总分			100		

(甘 香)

项目五

入院后初步护理

任务一　一般患者入病区后初步护理

[**案例**] 张某,女,15岁,因发热、腹泻到门诊就诊后被告知需住院治疗。护士李某,准备给予张某入院护理。

护理指征:接到患者入院通知。

任务:入院初步护理。

[**操作目的**]

1. 协助患者尽快熟悉环境,消除紧张不安等不良情绪反应。

2. 满足患者的各种合理需求,调动患者配合治疗和护理的积极性。

3. 做好健康教育,满足患者对疾病信息的需求。

[**实训时数**] 1学时。

[**教学目标**]

1. 知识　能说出入院护理的目的、步骤及其注意事项。

2. 技能　能满足患者的各种合理需求,调动患者配合治疗和护理的积极性,建立良好护患关系。

3. 素养　仪表规范,具有严谨求实的工作态度;具有沟通能力,对患者关心体贴,确保安全。

[**实验设计**]

1. 教学活动　示教、角色扮演、小组或个人训练等活动;应用微课、思维导图、操作流程图、操作视频等指导课堂和课后练习。

2. 考核评价　平时考、阶段考、期末考等相结合;应用评分标准评价学习效果。

[**注意事项**]

1. 根据患者情况做好个人卫生处置,传染病患者或疑似传染病患者需做好隔离。

2. 护送患者过程中,注意保证患者安全、治疗的有效。

3. 护送患者入病区后,应与病区护士做好病情、治疗、用物等交接。

4. 患者入院后,做好介绍、指导工作,减轻患者焦虑。

[思维导图]

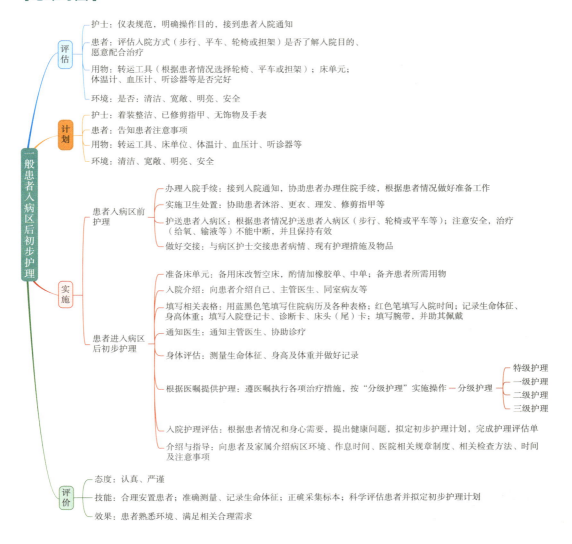

一般患者入病区后初步护理

评估
- 护士：仪表规范，明确操作目的，接到患者入院通知
- 患者：评估入院方式（步行、平车、轮椅或担架）是否了解入院目的、愿意配合治疗
- 用物：转运工具（根据患者情况选择轮椅、平车或担架）；床单元；体温计、血压计、听诊器等是否完好
- 环境：是否：清洁、宽敞、明亮、安全

计划
- 护士：着装整洁、已修剪指甲、无饰物及手表
- 患者：告知患者注意事项
- 用物：转运工具、床单位、体温计、血压计、听诊器等
- 环境：清洁、宽敞、明亮、安全

实施

患者入病区前护理
- 办理入院手续：接到入院通知，协助患者办理住院手续，根据患者情况做好准备工作
- 实施卫生处置：协助患者沐浴、更衣、理发、修剪指甲等
- 护送患者入病区：根据患者情况护送患者入病区（步行、轮椅或平车等）；注意安全，治疗（给氧、输液等）不能中断，并且保持有效
- 做好交接：与病区护士交接患者病情、现有护理措施及物品

患者进入病区后初步护理
- 准备床单元：备用床改暂空床，酌情加橡胶单、中单；备齐患者所需用物
- 入院介绍：向患者介绍自己、主管医生、同室病友等
- 填写相关表格：用蓝黑色笔填写住院病历及各种表格；红色笔填写入院时间；记录生命体征、身高体重；填写入院登记卡、诊断卡、床头（尾）卡；填写腕带，并助其佩戴
- 通知医生：通知主管医生，协助诊疗
- 身体评估：测量生命体征、身高及体重并做好记录
- 根据医嘱提供护理：遵医嘱执行各项治疗措施，按"分级护理"实施操作 — 分级护理
  - 特级护理
  - 一级护理
  - 二级护理
  - 三级护理
- 入院护理评估：根据患者情况和身心需要，提出健康问题，拟定初步护理计划，完成护理评估单
- 介绍与指导：向患者及家属介绍病区环境、作息时间、医院相关规章制度、相关检查方法、时间及注意事项

评价
- 态度：认真、严谨
- 技能：合理安置患者；准确测量、记录生命体征；正确采集标本；科学评估患者并拟定初步护理计划
- 效果：患者熟悉环境、满足相关合理需求

[操作流程]

一、评估

1. 仪表规范,明确操作目的

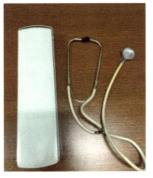

2. 相关检查用物性能是否完好

二、计划

1. 准备所需用物　　　　　2. 床单元及床上用物

三、实施

1. 根据医嘱,办理入院　　2. 实施卫生处置　　　　3. 护送患者入病区

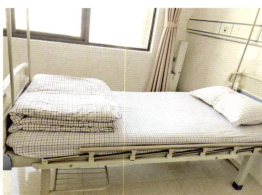

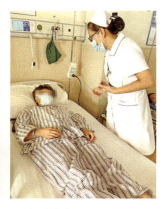

4. 做好交接　　　　　　5. 准备床单元,备齐所需用物　　6. 入院介绍

7. 填写相关表格、标识

8. 通知医生

9. 身体评估

10. 根据医嘱提供护理

11. 入院评估，收集资料，制订计划

12. 介绍与指导

四、评价

患者得到合理安置

[评分标准]

一般患者入院护理——操作考核评分标准（满分：100分）

（规定时间：15分钟　　　　实际操作时间：　　　分钟）

班级　　　　学号　　　　姓名　　　　成绩　　　　　　　　　　　　　　年　　月　　日

质量标准	操作过程		分值	操作要求及指标	扣分
评估10分	护士	仪表 符合规范要求	1	不符合不得分	
		操作目的 ①协助患者尽快熟悉环境，消除紧张不安等不良情绪反应；②满足患者的各种合理需求，调动患者配合治疗和护理的积极性；③做好健康教育，满足患者对疾病信息的需求	2	口述，缺1项扣1分直至扣完分值	
		护理指征 接到患者入院通知	1		
	患者	入院方式：步行、坐位、平卧；是否：了解住院目的，配合治疗	3	边操作边口述，缺1项扣1分直至扣完分值	
	环境	是否：整洁、安全、明亮、宽敞	1		
	用物	设施是否完好：平车、轮椅、担架（根据实际情况选择），床单位	2		
计划5分	护士	衣帽整洁，已修剪指甲，无饰物及手表	1	口述，不全扣1分	
	环境	整洁、安全、明亮、宽敞	1		
	用物	根据医嘱执行单备物：平车、轮椅、担架（根据患者需要选择）；床单位：体温计、血压表、听诊器、腕带、相关表格等	3	缺1项扣1分直至扣完分值	
实施70分	入院前护理	办理入院 接到入院通知书，协助患者办理入院手续	2	口述，不全扣1分；出现安全风险0分；未合理处置扣5分；未选用合适方式护送扣3分；未保持有效治疗扣5分；未做交接0分，缺1项扣1分	
		卫生处置 理发，沐浴、更衣及修剪指甲（根据患者情况处置）	4		
		护送患者入病区 步行或选用轮椅、平车护送患者，注意安全，治疗（给氧、输液等）不能中断并保持有效	6		
		做好交接 与病区护士做好患者病情、现有治疗护理措施、物品交接	4		
	入院护理	准备床单元 接到通知，改备用床为暂空床（酌情加中单），备齐所需用物	10	未准备0分，缺1项扣5分直至扣完分值	
		入院介绍 接诊护士作自我介绍、病室病友、医生等介绍	4	口述，缺1项扣2分	
		填写表格 填写病历及有关表格眉栏，在体温单相应表格内填写入院时间、入院登记本、床头、床尾卡及一览表并安置于相应位置，填写患者腕带，并协助其佩戴	12	缺1项扣2分，填写错误每项扣1分直至扣完分值；填写错误每项扣1分	
		通知医生 通知主治医生，必要时协助诊疗	1		
		身体评估 测量生命体征，身高、体重并填写于相关表格内	12		

续表

质量标准		操作过程		分值	操作要求及指标	扣分
实施 70分	入院护理	处理医嘱	遵医嘱执行各项治疗措施,按"分级护理"实施工作	5	口述,缺1项扣2分,制定不合理扣1分直至扣完分值	
		入院评估	收集患者健康资料,进行入院评估,制订护理计划填写护理评估单	5		
		介绍指导	向患者介绍主治医生及责任护士、病区、病室环境,规章制度,标本留取方法、注意事项	5		
评价 15分	态度	认真,严谨		5	①熟练程度、规范程度根据实际情况酌情扣2~5分;②超预期时间扣5分	
	技能	合理安置患者;准确测量、记录生命体征;正确采集标本;科学评估患者并拟定初步护理计划		5		
	效果	患者熟悉环境、满足相关合理需求		5		
总分				100		

（宋雯颖）

任务二　急诊患者入病区后初步护理

[**案例**] 马某,男,35岁,车祸致右下肢骨折急诊入院。护士张某,准备协助患者入院。

护理指征:接到患者入院通知。

任务:急诊患者入院护理。

[**操作目的**] 正确安置患者;急危患者得到救护;做好相关记录。

[**实训时数**] 1学时。

[**教学目标**]

1. 知识　能说出急诊入院护理的目的、步骤及其注意事项。

2. 技能　能正确安置患者;急危患者得到救护;做好相关记录。

3. 素养　仪表规范,具有严谨求实的工作态度;对患者关心体贴,善于沟通交流,确保安全。

[**实验设计**]

1. 教学活动　示教、角色扮演、小组或个人训练等活动;应用微课、思维导图、操作流程图、操作视频等指导课堂和课后练习。

2. 考核评价　平时考、阶段考、期末考等相结合;应用评分标准评价学习效果。

[**注意事项**]

1. 护送患者过程中,注意保证患者安全和治疗的有效性。

2. 医生未到之前,可根据患者情况进行心肺复苏、止血、给氧、吸痰、建立静脉通道等急救措施。

3. 患者入病室后,应积极配合医生进行抢救,若执行口头医嘱需复述一遍,确认无误后执行,急救后及时补写医嘱。

4. 传染病患者或疑似传染病患者需做好隔离。

[**思维导图**]

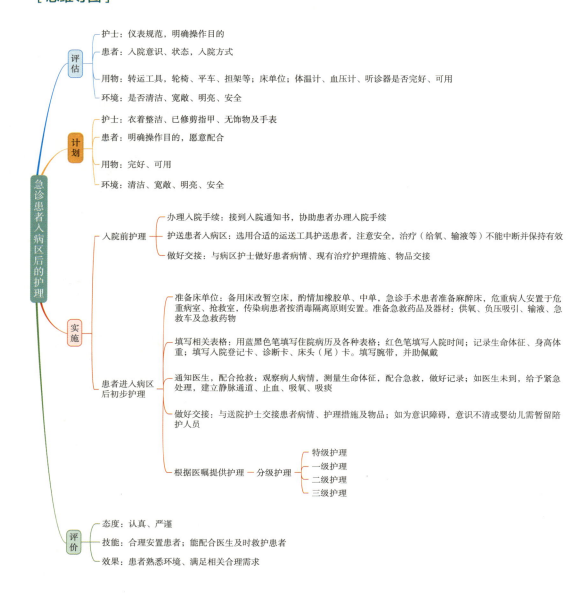

[**操作流程**]

一、评估

1. 仪表规范,明确操作目的　　　2. 检查运送工具性能

二、计划

1. 准备运送患者工具　　　2. 准备救治患者相关医疗用品

三、实施

1. 办理入院手续　　　2. 护送患者入病区　　　3. 做好交接

4. 准备床单元,备齐所需用物

5. 填写相关表格、标识

6. 通知医生,配合抢救及治疗

7. 稽留护送人员了解相关情况

8. 急救结束后,根据医嘱提供护理

四、评价

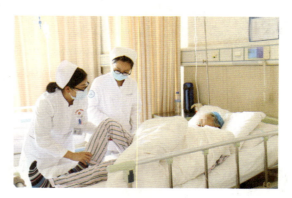

患者得到合理救护、安置

[评分标准]

急诊患者入院护理——操作考核评分标准（满分：100 分）

（规定时间：30 分钟　　　实际操作时间：　　　分钟）

班级　　　学号　　　姓名　　　成绩　　　　　　　　　　　　　年　　月　　日

质量标准	操作过程			分值	操作要求及指标	扣分
评估 10 分	护士	仪表	符合规范要求	1	不符合不得分	
		操作目的	正确安置患者，急危患者得到救护；做好相关记录	2	口述，不全扣 1 项 1 分直至扣完分值	
		护理指征	接到患者入院通知	1		
	患者	入院方式：步行、坐位、平卧；是否：了解住院目的，配合治疗		2	边操作边口述，缺 1 项扣 1 分直至扣完分值	
	环境	是否：整洁、安全、明亮、宽敞		2		
	用物	设施是否完好：平车、轮椅、担架、床单位		2		
计划 5 分	护士	衣帽整洁，已修剪指甲，无饰物及手表		1	口述，不全扣 1 分	
	环境	整洁、安全、明亮、宽敞		1		
	用物	根据医嘱执行单备物：平车、轮椅、担架（根据患者需要选择）床单位；体温计、血压表、听诊器、腕带、相关表格等		3	缺 1 项扣 1 分直至扣完分值	
实施 70 分	入院前护理	办理入院	接到入院通知书，协助患者办理入院手续	5	口述，不全扣 1 分出现安全风险 0 分，未选用合适方式护送扣 3 分，未保持有效治疗扣 5 分，未做交接 0 分，缺 1 项扣 2 分直至扣完分值	
		护送患者入病区	步行或选用轮椅、平车护送患者，注意安全，治疗（给氧、输液等）不能中断并保持有效	5		
		做好交接	与病区护士做好患者病情、现有治疗护理措施、物品交接	5		
	入院护理	准备床单元	接到通知，改备用床为暂空床（酌情加中单），急诊手术患者准备麻醉床；危重患者安置危重病室或抢救室，传染病患者按消毒隔离原则安置，备齐所需用物，准备急救药品及器材：供氧、负压吸引装置；急救车及急救物品	20	未准备 0 分，缺 1 项扣 5 分，准备错误 1 项扣 2 分直至扣完分值	
		填写表格	填写病历及有关表格眉栏，在体温单相应表格内填写入院时间、入院登记本、床头、床尾卡及一览表并安置于相应位置，填写患者腕带并协助其佩戴	10	缺 1 项扣 2 分，填写错误每项扣 1 分直至扣完分值	
		配合抢救	观察患者病情变化，测量生命体征，配合急救，做好记录；医生未到前，根据判断，给予紧急处理，如建立静脉通道、止血、吸氧，吸痰，心肺复苏等	10		
		做好交接稽留人员	与送入院护士交接稽留护送人员，不能正确叙述病情和要求的患者，需要暂留护送人员，了解相关病情、情况	5		

质量标准	操作过程			分值	操作要求及指标	扣分
实施 70 分	入院护理	分级护理	急救结束后,根据医嘱按"分级护理"实施各项工作	10	口述,缺1项扣2.5分直至扣完分值	
评价 15 分	态度	认真,严谨		5	①熟练程度、规范程度根据实际情况酌情扣2~5分;②超预期时间扣5分	
	技能	合理安置患者;能配合医生及时救护;准确测量、记录生命体征;正确采集标本;科学评估患者并拟定初步护理计划		5		
	效果	患者熟悉环境、满足相关合理需求		5		
总分				100		

(宋雯颖)

项目六

冷热疗法

任务一　冷疗技术(以乙醇拭浴为例)

[**案例**] 张某,女,42 岁,因感冒发热、咳嗽到门诊就诊。护士观察张某意识清楚,精神萎靡,面色潮红、呼吸急促,测体温为 39.5℃,评估张某无乙醇过敏史,经医生同意,采用乙醇拭浴法进行物理降温。

医嘱:物理降温。

任务:乙醇拭浴。

[**操作目的**]

为高热患者降温。

[**实训时数**] 2 学时。

[**教学目标**]

1. 知识　能说出乙醇拭浴的目的和注意事项。

2. 技能　能正确实施乙醇拭浴,操作程序规范、流畅,操作过程中能及时发现问题、解决问题。

3. 素养　具有人文关怀理念;态度认真、科学严谨;符合护士行为规范,具有慎独修养。

[**实验设计**]

1. 教学活动　示教、角色扮演、小组或个人训练等活动;应用微课、思维导图、操作流程图、操作视频等指导课堂和课后练习。

2. 考核评价　平时考、阶段考、期末考等相结合;应用评分标准评价学习效果。

[**注意事项**]

1. 拭浴过程中,应随时观察患者,如出现寒战、面色苍白、脉搏及呼吸异常情况,应立即停止操作,并及时与医生取得联系。

2. 拭浴时,应以拍拭方式进行,腋窝、腹股沟、腘窝等血管丰富处,应适当延长拍拭时间,以利于增加散热。

3. 禁忌拍拭后颈部、胸前区、腹部、足底等处,以免引起不良反应。

4. 拭浴后 30 分钟应测量体温并记录在体温单上,如体温降至 39℃ 以下,可以取下冰袋。

5. 新生儿、血液病患者禁忌使用乙醇拭浴。

[思维导图]

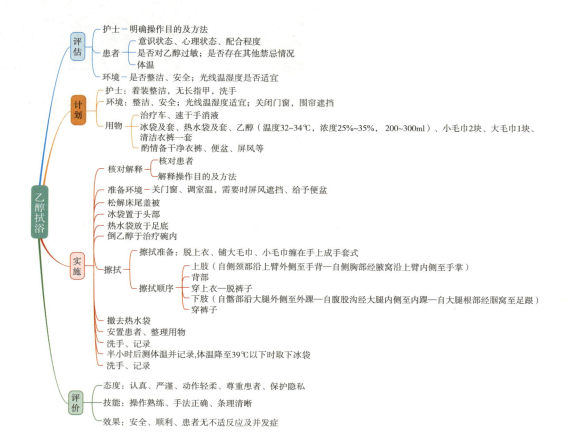

乙醇拭浴

评估
- 护士－明确操作目的及方法
- 患者
  - 意识状态、心理状态、配合程度
  - 是否对乙醇过敏；是否存在其他禁忌情况
  - 体温
- 环境－是否整洁、安全；光线温湿度是否适宜

计划
- 护士：着装整洁，无长指甲，洗手
- 环境：整洁、安全；光线温湿度适宜；关闭门窗，围帘遮挡
- 用物
  - 治疗车、速干手消液
  - 冰袋及套、热水袋及套、乙醇（温度32~34℃，浓度25%~35%，200~300ml）、小毛巾2块、大毛巾1块、清洁衣裤一套
  - 酌情备干净衣裤、便盆、屏风等

实施
- 核对解释
  - 核对患者
  - 解释操作目的及方法
- 准备环境－关门窗、调室温，需要时屏风遮挡、给予便盆
- 松解床尾盖被
- 冰袋置于头部
- 热水袋放于足底
- 倒乙醇于治疗碗内
- 擦拭
  - 擦拭准备：脱上衣、铺大毛巾、小毛巾缠在手上成手套式
  - 擦拭顺序
    - 上肢（自侧颈部沿上臂外侧至手背—自侧胸部经腋窝沿上臂内侧至手掌）
    - 背部
    - 穿上衣—脱裤子
    - 下肢（自髂部沿大腿外侧至外踝—自腹股沟经大腿内侧至内踝—自大腿根部经腘窝至足跟）
    - 穿裤子
- 撤去热水袋
- 安置患者、整理用物
- 洗手、记录
- 半小时后测体温并记录,体温降至39℃以下时取下冰袋
- 洗手、记录

评价
- 态度：认真、严谨、动作轻柔、尊重患者、保护隐私
- 技能：操作熟练、手法正确、条理清晰
- 效果：安全、顺利、患者无不适反应及并发症

[操作流程]

一、评估

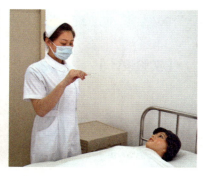

1. 仪表规范,明确操作目的

2. 床前评估：核对床尾卡及腕带

3. 核对,解释

4. 评估患者

二、计划

1. 洗手(七步洗手法)

2. 戴口罩

3. 根据已核对执行单准备用物

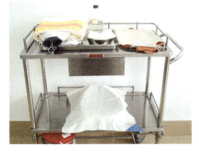

4. 备好用物置于治疗车上

三、实施

1. 携用物至床前,核对

2. 双向核对解释

3. 关门窗,调室温,需要时遮挡

4. 松床尾盖被

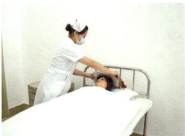

5. 冰袋放置头部

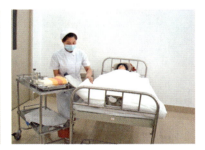

6. 热水袋放足底

7. 倒乙醇于治疗碗内

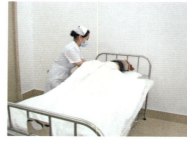

8. 脱上衣

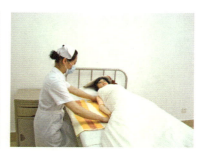

9. 上肢垫大毛巾

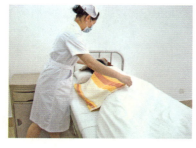

10. 遮盖上肢,拧半干小毛巾

11. 缠小毛巾成手套式:经四指

12. 绕指背

13. 包拇指

14. 拇指、示指夹紧成手套

15. 拍拭上肢:自颈外侧开始

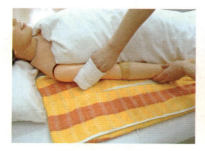

16. 沿上臂外侧拍拭

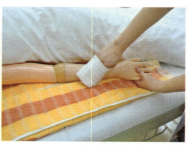

17. 拍拭前臂至手背

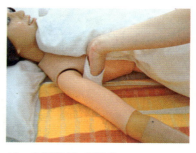

18. 自侧胸部,经腋窝

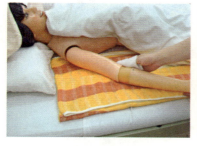

19. 沿上臂内侧拍拭至手掌

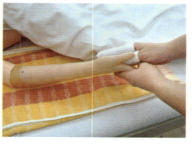

20. 同法拍拭对侧手臂,擦干

21. 协助患者侧卧背向护士

22. 垫盖大毛巾

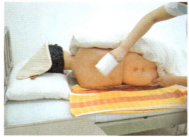

23. 拍拭背部（3~5 分钟）

24. 大毛巾擦干背部

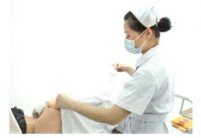

25. 穿好上衣

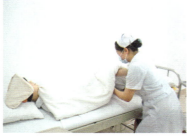

26. 脱裤 遮盖会阴部

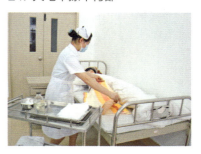

27. 露出一侧下肢，下垫大毛巾

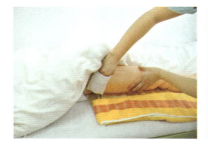

28. 拍拭下肢：自髋部开始

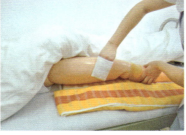

29. 沿大腿外侧拍拭

30. 沿小腿外侧拍拭至足背

31. 自腹股沟

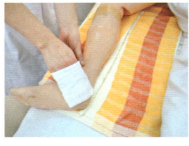

32. 经大腿内侧拍至踝部

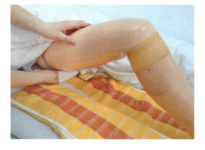

33. 自大腿根部开始

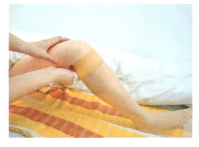

34. 经腘窝（时间延长）

35. 拍至足跟

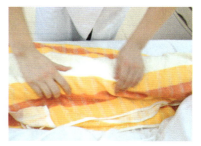

36. 用大毛巾擦干，同法拍拭对侧

37. 穿裤(倒八字法):套对侧裤管

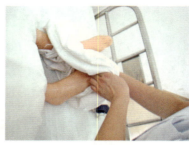

38. 套近侧裤管

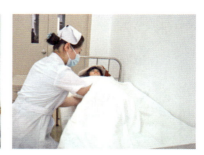

39. 穿好裤子

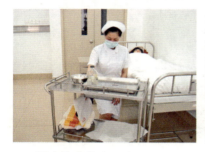

40. 撤去热水袋

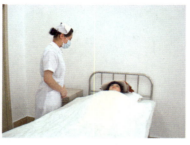

41. 整理床单位,感谢患者合作

42. 整理用物,分类清理;洗手

43. 半小时后测量体温并记录

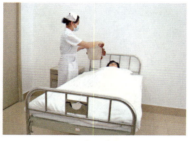

44. 体温降至 39℃以下,取下冰袋

45. 洗手,记录

四、评价

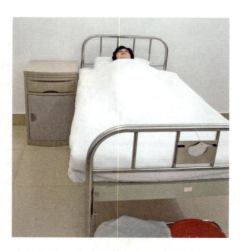

患者体温下降,舒适、安全,无并发症

[评分标准]

乙醇拭浴——操作考核评分标准（满分：100 分）

（规定时间：15 分钟　　　实际操作时间：　　分钟）

班级　　　　学号　　　　姓名　　　　成绩　　　　　　　　　　　　　　　　年　　月　　日

质量标准		操作过程	分值	操作要求及指标	扣分
评估 10分	护士	着装：衣帽整洁、仪表大方；洗净双手	2	一项不符合要求扣1分	
		明确目的：为高热患者降温	2	口述，不全扣1分	
	患者	①评估患者年龄、病情、意识、体温、呼吸困难程度、有无乙醇过敏史等； ②患者皮肤情况； ③患者的活动能力、心理反应及合作程度，嘱咐患者做好准备：如排尿等； ④禁忌证：体弱、对冷敏感、局部血液循环不良、慢性炎症或有深部化脓病灶者及血液病患者和新生儿不宜使用	4	口述，缺一项扣1分	
	环境	是否：整洁、安全、明亮、安静	1		
	用物	是否齐全、是否符合操作要求	1		
计划 5分	护士	洗手，戴口罩	1	缺一项或多一项均扣1分，至扣完分值	
	环境	关闭门窗、屏风或围帘遮挡，房间整洁，光线、温湿度适宜	1		
	用物	根据医嘱执行单备物： 治疗车上层：治疗碗，25%~35%乙醇200~300ml（温度32~34℃），小毛巾2块，大毛巾1块，冰袋及套，热水袋及套，清洁衣裤一套，速干手消液 治疗车下层：便盆及便盆巾 必要时备屏风	3		
实施 70分	双人核对	备齐用物，双人核对执行单无误，携用物至床旁	2	边述边做 沟通有效 少一项扣1分，至扣完分值	
	核对解释	双向核对（或PDA），解释操作目的，取得合作（或向家属做好解释）	2		
	擦浴准备	关好门窗，根据季节调节室温，用屏风遮挡	2		
		患者取平卧位，松盖被，必要时提供便盆	2		
		头部放置冰袋（助降温并防止头部充血引起头痛），足底放置热水袋（使患者舒适，并促进足底血管扩张，有利于散热），倒乙醇于治疗碗内	2		
	拍拭上肢	协助患者脱去上衣，解松裤带	3	一项不符合要求扣1分，至扣完分值	
		露出一侧上肢，下垫大毛巾	2		
		将拧至半干的小毛巾缠在手上成手套式，以离心方向拍拭	2		

续表

质量标准		操作过程	分值	操作要求及指标	扣分
实施70分	拍拭上肢	顺序:自颈外侧沿上臂外侧至手背;自侧胸部经腋窝沿上臂内侧至手掌(拍拭腋窝、肘窝处要适当延长拍拭时间);用大毛巾擦干皮肤	6	边述边做 顺序错误每条线路扣2分	
		同法拍拭对侧,每侧上肢各拍拭3分钟	2	未口述时间扣1分	
	拍拭背部	协助患者侧卧,背向护士	3	方法正确 边述边做 少一项或一项不正确扣1分,至扣完分值	
		露出背部,大毛巾垫在侧身下方,盖上背部	2		
		顺序:自右侧颈肩缘沿肩胛骨至臀部;自第七颈椎至骶骨;自左侧颈肩沿肩胛骨至臀部;拍拭时间3~5分钟	6		
		用大毛巾擦干皮肤,穿上上衣(口述:禁忌拍拭枕后、后颈、耳郭、阴囊、心前区、腹部、足底部位)	5		
	拍拭下肢	脱去裤子并遮盖会阴部	3		
		露出近侧下肢,垫大毛巾	2		
		顺序:自髋部沿大腿外侧拍至足背;自腹股沟经大腿内侧拍至踝部;自大腿根部经腘窝拍至足跟(拍至腹股沟、腘窝处要适当延长拍拭时间)	6		
		用大毛巾擦干皮肤	2		
		以同法拍拭另一侧下肢,每侧下肢拍拭3分钟	2		
		一般拍拭时间20分钟,拭浴过程中随时观察患者情况,如出现面色苍白、寒战、呼吸异常情况,立即停止操作,并及时与医生联系(口述)	4	口述缺一项扣1分,至扣完分值	
	协助处理	协助患者穿裤;撤去热水袋	2	方法正确 边述边做 方法不妥一项扣1分,至扣完分值	
		询问患者感受,取舒适卧位	2		
		整理床单位,感谢合作,洗手,打开门窗	2		
		分类清理用物;洗手,记录	2		
	半小时后	半小时后测量体温,并记录在体温单上,如体温降至39℃以下,应取下头部冰袋,让患者休息(口述)	2	口述缺一项扣1分,至扣完分值	
评价15分	态度	对患者态度:温和、尊重,保护隐私 操作态度:认真、严谨、动作轻柔,观察病情细致	5	顺序颠倒,每次扣2分,根据实际情况酌情扣分。超过1分钟,扣五分	
	技能	操作流程规范,手法正确、熟练	5		
	效果	安全、顺利、有效,患者无不适反应及并发症;时间在15分钟内完成	5		
总分			100		

(郭春红)

任务二　热水袋使用法

[**案例**] 王女士,22 岁,2 天前在校参加活动时不慎将手腕处扭伤来院就诊。检查:关节肿胀,活动明显受限,X 线检查无骨折表现。

医嘱:给予局部热敷。

任务:热水袋使用。

[**操作目的**]

保暖、解痉、镇痛、消炎。

[**实训时数**] 0.5 学时。

[**教学目标**]

1. 知识　能正确叙述热水袋使用的目的和作用,熟悉热水袋使用的适应证、禁忌证及注意事项。

2. 技能　能熟练进行热水袋使用操作。

3. 素养　树立防烫伤理念;符合护士行为规范,具有慎独修养。

[**实验设计**]

1. 教学活动　示教、角色扮演、小组或个人训练等活动;应用思维导图、操作流程图、操作视频等指导课堂和课后练习。

2. 考核评价　平时考、阶段考、期末考等相结合;应用评分标准评价技能掌握效果。

[**注意事项**]

1. 忌用冰袋代替热水袋使用,以免袋口漏水烫伤患者。

2. 婴幼儿、老年人、昏迷、肢体麻痹等患者使用热水袋时,温度应在 50℃以内,以防烫伤。

3. 定期观察患者皮肤情况,如发现皮肤潮红、疼痛,应立即停止使用,并在局部涂上凡士林以保护皮肤。

4. 热疗时间不宜超过 30 分钟,以防发生继发效应,若要持续使用热水袋时,应每 30 分钟检查水温一次,及时更换热水,并严格执行交接班制度。

5. 化学制热袋使用时将袋内两种化学物质充分混合,使用时加布套或毛巾包裹,防止烫伤。

6. 老年人、小儿、昏迷、感觉麻痹患者,不宜使用化学制热袋。

[思维导图]

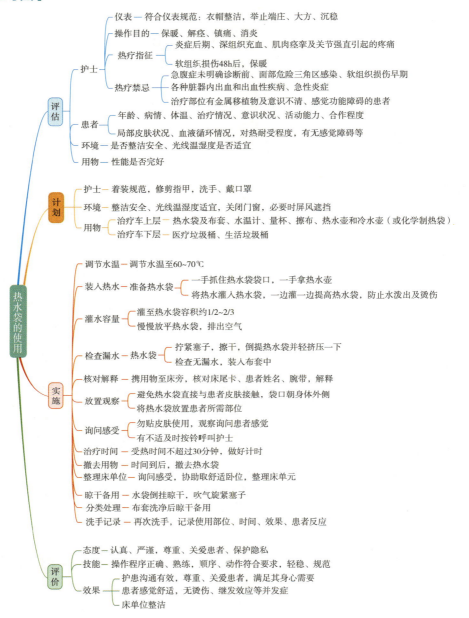

热水袋的使用

评估
- 护士
  - 仪表 — 符合仪表规范：衣帽整洁，举止端庄、大方、沉稳
  - 操作目的 — 保暖、解痉、镇痛、消炎
  - 热疗指征
    - 炎症后期、深组织充血、肌肉痉挛及关节强直引起的疼痛
    - 软组织损伤48h后，保暖
  - 热疗禁忌
    - 急腹症未明确诊断前、面部危险三角区感染、软组织损伤早期
    - 各种脏器内出血和出血性疾病、急性炎症
    - 治疗部位有金属移植物及意识不清、感觉功能障碍的患者
- 患者
  - 年龄、病情、体温、治疗情况、意识状况、活动能力、合作程度
  - 局部皮肤状况、血液循环情况，对热耐受程度，有无感觉障碍等
- 环境 — 是否整洁安全、光线温湿度是否适宜
- 用物 — 性能是否完好

计划
- 护士 — 着装规范，修剪指甲，洗手、戴口罩
- 环境 — 整洁安全、光线温湿度适宜，关闭门窗，必要时屏风遮挡
- 用物
  - 治疗车上层 — 热水袋及布套、水温计、量杯、擦布、热水壶和冷水壶（或化学制热袋）
  - 治疗车下层 — 医疗垃圾桶、生活垃圾桶

实施
- 调节水温 — 调节水温至60~70℃
- 装入热水 — 准备热水袋
  - 一手抓住热水袋袋口，一手拿热水壶
  - 将热水灌入热水袋，一边灌一边提高热水袋，防止水泼出及烫伤
- 灌水容量
  - 灌至热水袋容积约1/2~2/3
  - 慢慢放平热水袋，排出空气
- 检查漏水 — 热水袋
  - 拧紧塞子，擦干，倒提热水袋并轻挤压一下
  - 检查无漏水，装入布套中
- 核对解释 — 携用物至床旁，核对床尾卡、患者姓名、腕带，解释
- 放置观察
  - 避免热水袋直接与患者皮肤接触，袋口朝身体外侧
  - 将热水袋放置患者所需部位
- 询问感受
  - 勿贴皮肤使用，观察询问患者感觉
  - 有不适及时按铃呼叫护士
- 治疗时间 — 受热时间不超过30分钟，做好计时
- 撤去用物 — 时间到后，撤去热水袋
- 整理床单位 — 询问感受，协助取舒适卧位，整理床单元
- 晾干备用 — 水袋倒挂晾干，吹气旋紧塞子
- 分类处理 — 布套洗净后晾干备用
- 洗手记录 — 再次洗手，记录使用部位、时间、效果、患者反应

评价
- 态度 — 认真、严谨、尊重、关爱患者、保护隐私
- 技能 — 操作程序正确、熟练，顺序、动作符合要求，轻稳、规范
- 效果
  - 护患沟通有效、尊重、关爱患者，满足其身心需要
  - 患者感觉舒适，无烫伤、继发效应等并发症
  - 床单位整洁

[操作流程]

一、评估

1. 仪表规范,明确操作目的　　2. 床边评估患者、环境

二、计划

1. 洗手　　2. 戴口罩　　3. 根据双人核对医嘱执行单准备用物

三、实施

1. 调节水温　　2. 灌入热水　　3. 排出空气,拧紧塞子

4. 擦干,检查有无漏水

5. 装入布套,双人核对无误

6. 携用物至床旁,核对解释

7. 置热水袋,袋口朝向身体外侧

8. 观察,询问患者感受

9. 30 分钟后撤去热水袋

10. 擦拭,询问患者感受

11. 热水袋倒挂晾干,保存

12. 洗手、记录

四、评价

安全、有效,患者无不适反应

[评分标准]

热水袋(或制热袋)使用法——操作考核评分标准(满分:100分)

(规定时间:5分钟　　　实际操作时间:　分钟)

班级　　　学号　　　姓名　　　成绩　　　　　　　　　　　　年　　月　　日

质量标准			操作过程	分值	操作要求及指标	扣分
评估10分	护士	仪表	符合仪表规范:衣帽整洁,举止端庄、大方、沉稳	1	不符合扣1分	
		操作目的	保暖、解痉、镇痛、消炎	1	口述,不全扣1分,至扣完分值	
		热疗指征	炎症后期、深组织充血、肌肉痉挛及关节强直引起的疼痛、软组织损伤48小时后,保暖	2		
		热疗禁忌	禁忌证:急腹症未明确诊断前、面部危险三角区感染、软组织损伤早期、各种脏器内出血和出血性疾病、急性炎症、治疗部位有金属移植物及意识不清、感觉功能障碍的患者	2		
	患者		年龄、病情、体温、治疗情况、意识状况、活动能力、合作程度、局部皮肤状况、血液循环情况、对热耐受程度,有无感觉障碍等	2	边做边述,不到位每项扣1~2分	
	环境		是否整洁安全、光线温湿度是否适宜	1		
	用物		性能是否完好	1		
计划5分	护士		着装规范,修剪指甲,洗手、戴口罩	1	不规范或口述不全扣1分	
	环境		整洁安全、光线温湿度适宜,关闭门窗,必要时屏风遮挡	1		
	用物		根据已双人核对医嘱执行单备物:治疗车上层:热水袋及布套、水温计、量杯、擦布、热水壶和冷水壶,有条件备PDA;治疗车下层:医疗垃圾桶、生活垃圾桶	3	少备一项扣1分,直至扣完分值	
实施70分	调节水温		调整水温至60~70℃	4	边做边述,口述不全或操作不到位每项扣1~6分,至扣完分值	
	装入热水		一手抓住热水袋袋口,一手拿热水壶,将热水灌入热水袋,一边灌一边提高热水袋,防止水泼出及烫伤	6		
	灌水容量		灌至热水袋容积约1/2~2/3,慢慢放平热水袋,排出空气	6		
	检查漏水		拧紧塞子,擦干,倒提热水袋并轻挤压一下,检查无漏水,装入布套中	8		
	双人核对		双人核对无误,携用物至床旁	3		
	核对解释		核对床尾卡、患者姓名、腕带,或PDA核对,解释	3		

质量标准		操作过程	分值	操作要求及指标	扣分
实施70分	放置观察	将热水袋放置患者所需部位,避免热水袋直接与患者皮肤接触,袋口朝身体外侧	6		
	询问感受	勿贴皮肤使用,观察询问患者感觉,有不适及时按铃呼叫护士	6		
	治疗时间	受热时间不超过30分钟,做好计时	5		
	撤去用物	时间到后,撤去热水袋	5		
	整理单元	询问感受,协助取舒适卧位,整理床单元	6		
	晾干备用	保存热水袋:热水袋倒挂晾干、吹气旋紧塞子;布套洗净后晾干备用。分类处理	6		
	洗手记录	再次洗手,记录使用部位、时间、效果、患者反应	6		
评价15分	态度	认真、严谨、尊重、关爱患者、保护隐私	5	①态度、技能、效果根据实际操作效果酌情扣1~5分;②超预期时间扣5分	
	技能	操作程序正确、熟练,顺序、动作符合要求,轻稳、规范	5		
	效果	护患沟通有效,尊重、关爱患者,满足其身心需要;患者感觉舒适,无烫伤、继发效应等并发症;床单位整洁	5		
总分			100		

(程 遥)

呼吸道分泌物吸引技术

任务一　中心负压吸痰法

[案例] 患者,刘某,男,58 岁,因"急性重症肺炎"入院。T: 39℃,P: 110 次 /min,R: 38 次 /min,BP: 138/84mmHg。患者咳嗽、痰多,呼吸急促,双肺及喉头痰鸣音,痰不易咳出。护士遵医嘱为患者实施中心负压吸痰法。

医嘱:吸痰　立即执行!

任务:中心负压吸痰法。

[操作目的]

1. 清除呼吸道分泌物,保持呼吸道通畅。

2. 预防肺不张、坠积性肺炎、窒息等并发症的发生。

[实训实数] 1 学时。

[教学目标]

1. 知识　能正确叙述吸痰法概念、目的、注意事项、明确吸痰指征。

2. 技能　能正确实施中心负压吸痰法,掌握吸痰手法及吸痰过程中出现问题的应急处置。

3. 素养　尊重关心患者,态度认真,操作规范、严谨,动作轻柔、连贯;符合护士行为规范,具有良好沟通技能和慎独修养。

[实验设计]

1. 教学活动　示教、角色扮演、小组或个人训练等活动;应用思维导图、操作流程图、操作视频等指导课堂和课后练习。

2. 考核评价　平时考、阶段考、期末考等相结合;应用评分标准评价技能掌握效果。

[注意事项]

1. 严格执行无菌操作,治疗盘内用物应每日更换 1~2 次,吸痰管每次更换。

2. 严密观察病情,严防造成缺氧。如病情需要,可按步骤重复吸痰。每次吸痰时间不超过 15 秒,两次吸痰之间应给患者吸入高浓度氧 3~5 分钟或让患者呼吸 10~15 次后再行吸引,切忌抽吸时间过长。如痰液黏稠,可配合胸背部叩击或交替使用超声雾化吸入,使痰液稀释,易于吸出。

3. 操作时注意动作轻柔,插入吸痰管时不可抽吸。吸痰时不可将吸痰管上下移动或固定一处抽吸,以免损伤气管黏膜。

4. 吸引器各管道连接要准确,吸引瓶要每天消毒并及时倾倒。如为一次性连接管和一次性贮液瓶,应每次更换。

5. 根据患者年龄选择合适的吸痰管及负压,一般成人 40~53.3kPa,小儿<39.9kPa(婴幼儿13.3~26.6kPa,新生儿<13.3kPa)。颅底骨折患者严禁从鼻腔吸痰,以免感染及脑脊液被吸出。

6. 使用人工呼吸机的患者,吸痰后与呼吸机连接,调节好参数。

[思维导图]

评估
- 护士 —— 衣帽整洁,已修剪指甲,无饰物及手表
  - 明确操作目的—清除呼吸道分泌物,保持呼吸道通畅;预防肺不张、坠积性肺炎、窒息等并发症的发生
- 环境 —— 整洁、安全、明亮、宽敞、温湿度适宜
- 患者 —— 病情、治疗情况;是否有呼吸困难、痰鸣音
  - 口、鼻腔黏膜是否正常,有无鼻中隔偏曲
  - 患者的意识状态、合作程度及心理反应
- 中心负压吸引装置是否完好

计划
- 护士 —— 七步洗手法洗手,戴口罩
- 用物 —— 根据医嘱执行单备物。治疗车上层:治疗盘内置适当型号一次性吸痰管若干、有盖试吸杯、冲洗杯、生理盐水、弯盘、纱布、手套、一次性连接管、一次性贮液瓶、压力表,必要时备压舌板、开口器、舌钳、无菌镊子及镊子筒、棉签、PDA
  - 治疗车下层:装有100ml消毒液的玻璃瓶(根据医院常用消毒溶液准备)、医疗垃圾桶

中心负压吸痰法

实施
- 双人核对无误,备齐用物携至床旁,双向核对解释,取得合作,吸痰前给予高流量供氧
- 治疗盘放置床旁桌上,将装有消毒液玻璃瓶系于床边,连接压力表、贮液瓶各导管,拧紧不漏气
- 打开开关,检查性能
- 调节负压:一般成人40~53.3kPa,小儿<39.9kPa(婴幼儿13.3~26.6kPa,新生儿<13.3kPa);关闭开关,导管末端放入消毒玻璃瓶内,备用
- 检查口鼻情况(口述:有活动义齿应取下,昏迷患者可用压舌板或开口器帮助张口);患者头偏一侧,面向操作者
- 倒生理盐水于试吸杯、冲洗杯中,检查一次性吸痰管,打开外包装,露出接头备用,戴手套,连接吸痰管(口述:小儿吸痰管要细),打开负压吸引开关
- 手持吸痰管前端,用生理盐水试吸(检查是否通畅)并滑润吸痰管
- 无压插管:一手反折吸痰管,以免吸附黏膜,引起损伤;另一手持吸痰管前端,轻轻插入口腔(或鼻腔:口腔吸痰有困难者)咽部
- 负压吸痰:放松折叠处,吸口腔或咽部分泌物。吸痰动作轻柔;吸痰管应自下而上、左右旋转、慢慢上移;防止损伤气管黏膜;每次吸痰不超过15秒;吸引过口鼻分泌物的吸痰管禁止进入气道
- 拔出吸痰管吸生理盐水冲洗吸痰管,弃管,另换手套和吸痰管;让患者休息3~5分钟
- 试吸生理盐水,反折吸痰管,轻轻插入气管内适宜深度(经口14~16cm,经鼻22~25cm,经气切导管10~12cm),放开折叠处
- 动作轻柔、迅速、左右旋转,由深部向上提拉吸痰管,吸尽痰液(口述:每次吸痰不超过15秒,一次未吸净需隔3~5分钟再吸;如痰液黏稠可配合翻身拍背,雾化吸入)
- 拔出吸痰管,吸生理盐水冲洗吸痰管后弃入医疗垃圾桶
- 口述:鼻腔、口腔、气管切开需要同时吸痰者,先吸气管切开处,再吸口腔,最后吸鼻腔;气管切开患者按无菌操作原则进行
- 如面色发绀,停止吸痰,休息后再吸;吸痰前后可增加氧气的吸入;一根吸痰管只能用一次
- 吸痰过程中观察患者的面色、呼吸、吸出物性状,观察黏膜有无损伤
- 应用开口器患者取下开口器、压舌板;纱布擦净患者口鼻;取下一次性连接管及贮液瓶,弃入医疗垃圾桶内;脱手套
- 恢复供氧,患者恢复舒适体位
- 关闭开关,取下压力表;整理用物,洗手,整理床单位,感谢患者合作
- 分类清理用物,洗手,记录吸痰情况
- 患者缺氧改善,停止供氧
- 分类清理用物;洗手,记录给氧情况

评价
- 态度:认真,严谨;对患者温和、尊重
- 技能:操作熟练、手法正确、条理清楚;在预期时间内完成
- 效果:保持呼吸道通畅,缺氧症状缓解或解除,患者无不适反应及并发症

[操作流程]

一、评估

1. 仪表规范,明确操作目的

2. 洗手,戴口罩

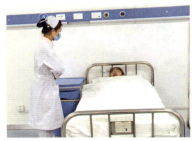

3. 评估患者及中心负压装置

二、计划

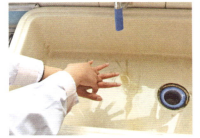

1. 洗手(七步洗手法)

2. 根据医嘱执行单备物

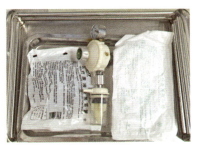

3. 压力表、一次性连接管及贮液瓶

三、实施

1. 双人核对无误,携用物至床旁核对

2. 双向核对,解释(或 PDA 核对)

3. 吸痰前给以高流量供氧

4. 将装有消毒液玻璃瓶系于床边

5. 连接压力表、贮液瓶各导管

6. 打开开关,检查性能,调节负压

7. 关闭开关,导管末端放入消毒玻璃瓶内,备用

8. 检查口鼻,头偏向近侧。倒生理盐水

9. 检查一次性吸痰管

10. 打开外包装,露出吸痰管接头

11. 戴手套

12. 手持吸痰管,连接吸痰管

13. 打开开关,试吸,检查是否通畅及湿润吸痰管

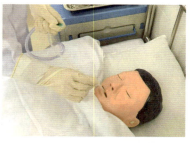

14. 吸痰前停止供氧;反折吸痰管,插管,放开反折

15. 先吸口腔分泌物(动作轻柔),左右旋转,向上提拉,不超过 15 秒

16. 休息 3~5 分钟,更换吸痰管及手套

17. 再试吸,检查是否通畅及湿润吸痰管

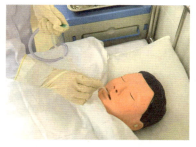

18. 折叠吸痰管末端,插入气管(深度适宜)

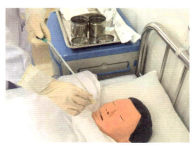

19. 放开反折吸痰

20. 冲洗吸痰管,取下吸痰管

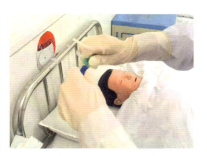

21. 关开关,导管末端放入消毒瓶内

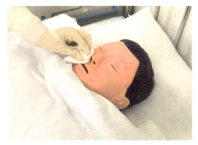

22. 用纱布擦净患者口鼻

23. 取下一次性连接管及贮液瓶

24. 脱手套

25. 重新供氧,整理床单位

26. 感谢患者合作,指导有效咳痰等

27. 洗手,记录吸痰情况

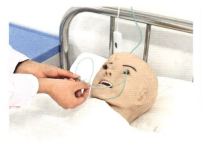

28. 患者缺氧症状改善后,停止供氧

29. 整理用物,分类清理

30. 洗手(七步洗手法)

31. 记录

四、评价

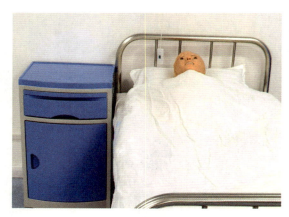

患者安全、舒适,无并发症

[评分标准]

中心负压吸痰法——操作考核评分标准(满分:100 分)

(规定时间:8 分钟 实际操作时间: 分钟)

班级 学号 姓名 成绩 年 月 日

质量标准			操作过程	分值	操作要求及指标	扣分
评估10 分	护士	仪表	衣帽整洁,符合要求	1	不规范不得分;口述,缺一项扣 1 分	
		操作目的	清除呼吸道分泌物,保持呼吸道通畅;预防肺不张、坠积性肺炎、窒息等并发症的发生	4		
	环境		整洁、安全、明亮、宽敞、温湿度适宜	2		
	患者		病情、治疗情况;是否有呼吸困难、痰鸣音	3	缺一项扣 1 分	
			口、鼻腔黏膜是否正常,有无鼻中隔偏曲			
			患者的意识状态、合作程度及心理反应			

质量标准	操作过程		分值	操作要求及指标	扣分
计划5分	护士	七步洗手法洗手,戴口罩	2		
	用物	根据医嘱执行单备物: 治疗车上层:治疗盘内置适当型号一次性吸痰管若干、有盖试吸杯、冲洗杯、生理盐水、弯盘、纱布、手套、一次性连接管、一次性贮液瓶、压力表,必要时备压舌板、开口器、舌钳、无菌镊子及镊子筒、棉签;有条件备PDA 治疗车下层:装有100ml消毒液的玻璃瓶(根据医院常用消毒溶液准备)、医疗垃圾桶	3	缺一样扣1分,缺两样不得分	
实施70分	双人核对	备齐用物,双人核对执行单无误,携用物至床旁	2	边述边做 缺一项扣1分	
	核对解释	双向核对解释(PDA),取得合作,吸痰前给予高流量供氧	2		
	系瓶连接	治疗盘放置床旁桌上,将装有消毒液玻璃瓶系于床边,连接压力表、贮液瓶各导管,拧紧不漏气	4		
	检查调压	打开开关,检查性能	2		
		调节负压:一般成人40~53.3kPa,小儿<39.9kPa(婴幼儿13.3~26.6kPa,新生儿<13.3kPa);关闭开关,导管末端放入玻璃瓶内,备用	4		
	检查口鼻	检查口鼻情况(口述:有活动义齿应取下,昏迷患者可用压舌板或开口器帮助张口);患者头偏一侧,面向操作者	2	边述边做 手法错误或缺一项内容扣1分	
	吸前准备	倒生理盐水于试吸杯、冲洗杯中,检查一次性吸痰管,打开外包装,露出接头备用,戴手套,连接吸痰管(口述:小儿吸痰管要细),打开负压吸引开关	5		
		手持吸痰管前端,用生理盐水试吸(检查是否通畅)并滑润吸痰管	2		
	无压插管	一手反折吸痰管,以免吸附黏膜,引起损伤;另一手持吸痰管前端,轻轻插入口腔(或鼻腔:口腔吸痰有困难者)咽部	6	边述边做 办法不妥一项扣2分	
	负压吸痰	放松折叠处,吸口腔或咽部分泌物,吸痰动作轻柔;吸痰管应自下而上、左右旋转、慢慢上移;防止损伤气管黏膜;每次吸痰不超过15秒;吸引过口鼻分泌物的吸痰管禁止进入气道	6		

续表

质量标准		操作过程	分值	操作要求及指标	扣分
实施70分	拔管冲管	拔出吸痰管吸生理盐水冲洗吸痰管,弃管,另换手套及吸痰管;让患者休息3~5分钟	2	边述边做 手法不到位一处扣1分 缺一项内容扣2分	
	气道吸痰	试吸生理盐水,反折吸痰管,轻轻插入气管内适宜深度(经口14~16cm,经鼻22~25cm,经气切导管10~12cm),放开折叠处	4		
		动作轻柔、迅速、左右旋转,由深部向上提拉吸痰管,吸尽痰液(口述:每次吸痰不超过15秒,一次未吸净需隔3~5分钟再吸;如痰液黏稠可配合翻身拍背,雾化吸入)	8		
		拔出吸痰管,吸生理盐水冲洗吸痰管后弃入医疗垃圾桶	1		
	问题处置	口述:鼻腔、口腔、气管切开需要同时吸痰者,先吸气管切开处,再吸口腔,最后吸鼻腔;气管切开患者按无菌操作原则进行	2	边述边做 缺一项内容扣1分	
		如面色发绀,停止吸痰,休息缓解后再吸;吸痰前后可增加氧气的吸入;一根吸痰管只能用一次	2		
		吸痰过程中观察患者的面色、呼吸、吸出物性状,观察黏膜有无损伤	2	口述 少述一项扣1分	
		吸毕,关闭开关,应用开口器患者取下开口器、压舌板;纱布擦净患者口鼻;取下一次性连接管及贮液瓶,弃入医疗垃圾桶内;脱手套	2	方法正确 边述边做 方法不妥一项扣1分	
	整理感谢	恢复供氧,患者取舒适体位	2		
		关闭开关,取下压力表;整理用物,洗手	2		
		整理床单位,感谢患者合作	2		
	洗手记录	分类清理用物,洗手,记录吸痰情况	2		
	停氧记录	患者缺氧改善,停止供氧	2		
		分类清理用物;洗手,记录给氧情况	2		
评价15分	态度	认真、严谨;对患者温和、尊重	5	①熟练程度、规范程度根据实际情况酌情扣2~5分; ②超预期时间扣5分	
	技能	操作熟练、手法正确、条理清楚;在预期时间内完成	5		
	效果	保持呼吸道通畅,缺氧症状缓解或解除,患者无不适反应及并发症	5		
总分			100		

(潘 云)

任务二　电动吸引器吸痰法

[**案例**] 患者,女,76 岁,脑梗死,神志清楚,持续低流量给氧,体质虚弱,喉头痰多咳不出,有心电监护,血氧饱和度 95%,护士遵医嘱为患者实施电动吸引器吸痰法。

医嘱:吸痰　立即执行!

任务:电动吸引器吸痰法。

[**操作目的**]

1. 清除呼吸道分泌物,保持呼吸道通畅。

2. 预防肺不张、坠积性肺炎、窒息等并发症的发生。

[**实训时数**] 1 学时。

[**教学目标**]

1. 知识　能正确叙述吸痰法概念、目的、注意事项、明确吸痰指征。

2. 技能　能正确实施电动吸引器吸痰法,掌握吸痰手法及吸痰过程中发生的问题的应急处置。

3. 素养　尊重关心患者,态度认真,操作规范、严谨,动作轻柔、连贯;符合护士行为规范,具有沟通技能和慎独修养。

[**实验设计**]

1. 教学活动　示教、角色扮演、小组或个人训练等活动;应用思维导图、操作流程图、操作视频等指导课堂和课后练习。

2. 考核评价　平时考、阶段考、期末考等相结合;应用评分标准评价技能掌握效果。

[**注意事项**]

1. 严格执行无菌操作,治疗盘内用物应每日更换 1~2 次,吸痰管每次更换。

2. 严密观察病情,严防造成缺氧。如病情需要,可按步骤重复吸痰。每次吸痰时间不超过 15 秒,两次吸痰之间应给患者吸入高浓度氧 3~5 分钟或让患者呼吸 10~15 次后再行吸引,切忌抽吸时间过长。如痰液黏稠,可配合胸背部叩击或交替使用超声雾化吸入,使痰液稀释,易于吸出。

3. 操作时注意动作轻柔,插入吸痰管时不可抽吸。吸痰时不可将吸痰管上下移动或固定一处抽吸,以免损伤气管黏膜。

4. 吸引器各管道连接要准确,吸引瓶要每天消毒并及时倾倒。如为一次性连接管和一次性贮液瓶,应每次更换。

5. 根据患者年龄选择合适的吸痰管及负压,一般成人 40~53.3kPa,小儿<39.9kPa(婴幼儿13.3~26.6kPa,新生儿<13.3kPa)。颅底骨折患者严禁从鼻腔吸痰,以免感染及脑脊液被吸出。

6. 使用人工呼吸机的患者,吸痰后与呼吸机连接,调节好参数。

[思维导图]

电动吸引器吸痰法

- **评估**
  - 护士
    - 衣帽整洁，已修剪指甲，无饰物及手表
    - 明确操作目的— 清除呼吸道分泌物，保持呼吸道通畅；预防肺不张、坠积性肺炎、窒息等并发症的发生
  - 环境—整洁、安全、明亮、宽敞、温湿度适宜
  - 患者
    - 病情、治疗情况；是否有呼吸困难、痰鸣音
    - 口、鼻腔黏膜是否正常，有无鼻中隔偏曲
    - 患者的意识状态、合作程度及心理反应
  - 电动吸引器是否完好
- **计划**
  - 护士—七步洗手法洗手，戴口罩
  - 用物—根据医嘱执行单备物。治疗车上层：治疗盘内置适当型号一次性吸痰管若干、有盖试吸杯、冲洗杯、生理盐水、弯盘、纱布、手套，必要时备压舌板、开口器、舌钳、无菌镊子及镊子筒、棉签
    治疗车下层：装有100ml消毒液的玻璃瓶（根据医院常用消毒溶液准备）、医疗垃圾桶
    电动吸引器
- **实施**
  - 双人核对无误，备齐用物携至床旁，双向核对解释，取得合作，吸痰前给予高流量供氧。
  - 治疗盘放置床旁桌上，将装有消毒液玻璃瓶系于床边，连接吸引器各导管，拧紧不漏气
  - 接通电源，打开开关，检查吸引器性能
  - 调节负压：一般成人40~53.3kPa，小儿<39.9kPa（婴幼儿13.3~26.6kPa，新生儿<13.3kPa）；关闭开关，导管末端放入消毒玻璃瓶内，备用
  - 检查口鼻情况（口述：有活动义齿应取下，昏迷患者可用压舌板或开口器帮助张口）；患者头偏一侧，面向操作者
  - 倒生理盐水于试吸杯、冲洗杯中，检查一次性吸痰管，打开外包装，露出接头备用，戴手套，连接吸痰管（口述：小儿吸痰管要细），打开吸引器开关
  - 手持吸痰管前端，用生理盐水试吸（检查是否通畅）并滑润吸痰管
  - 无压插管：一手反折吸痰管，以免吸附黏膜，引起损伤（口述：如用脚踏开关，插管时可不反折）另一手持吸痰管前端，轻轻插入口腔（或鼻腔：口腔吸痰有困难者）咽部
  - 负压吸痰：放松折叠处（或脚踏开关），吸口腔或咽部分泌物吸痰动作轻柔；吸痰管应自下而上、左右旋转、慢慢上移；防止损伤气管黏膜；每次吸痰不超过15秒；吸引过口鼻分泌物的吸痰管禁止进入气道
  - 拔出吸痰管吸生理盐水冲洗吸痰管，弃former，另换手套和吸痰管；让患者休息3~5分钟
  - 试吸生理盐水，反折吸痰管，轻轻插入气管内适宜深度（经口14~16cm，经鼻22~25cm，经气切导管10~12cm），放开折叠处
  - 动作轻柔、迅速、左右旋转，由深部向上提拉吸痰管，吸尽痰液（口述：每次吸痰不超过15秒，一次未吸净需隔3~5分钟再吸；如痰液黏稠可配合翻身拍背，雾化吸入）
  - 拔出吸痰管，吸生理盐水冲洗吸痰管后弃入医疗垃圾桶
  - 口述：鼻腔、口腔、气管切开需要同时吸痰者，先吸气管切开处，再吸口腔，最后吸鼻腔；气管切开患者按无菌操作原则进行
  - 如面色发绀，停止吸痰，休息后再吸；吸痰前后可增加氧气的吸入；一根吸痰管只能用一次
  - 吸痰过程中观察患者的面色、呼吸、吸出物性状，观察黏膜有无损伤；吸引器的贮液瓶不可过满
  - 导管末端浸泡在装有消毒溶液玻璃瓶中备用；应用开口器患者取下开口器、压舌板；纱布擦净患者口鼻；脱去手套
  - 恢复供氧，患者恢复舒适体位
  - 关闭开关，取下电源插头；整理用物，洗手，整理床单位，感谢患者合作
  - 分类清理用物，洗手，记录吸痰情况
  - 患者缺氧改善，停止供氧
  - 分类清理用物；洗手，记录给氧情况
- **评价**
  - 态度：认真，严谨；对患者温和、尊重
  - 技能：操作熟练、手法正确、条理清楚；在预期时间内完成
  - 效果：保持呼吸道通畅，缺氧症状缓解或解除，患者无不适反应及并发症

[操作流程]

一、评估

1. 仪表规范,明确操作目的

2. 洗手,戴口罩

3. 床前评估

二、计划

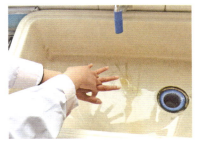

1. 洗手(七步洗手法)

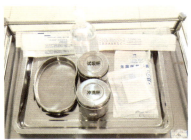

2. 根据医嘱执行单备物

3. 检查吸引器性能,调好负压备用

三、实施

1. 双人核对无误,携用物至床旁核对

2. 双向核对,解释(或 PDA 核对)

3. 吸痰前给以高流量供氧

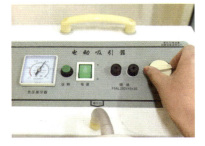

4. 系消毒瓶于床头,插入导管末端

5. 查口鼻情况,倒生理盐水

6. 检查一次性吸痰管,开包,备用

7. 戴手套

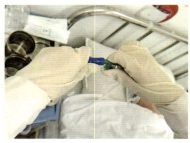

8. 连接吸痰管，打开负压

9. 试吸，查是否通畅及湿润吸痰管

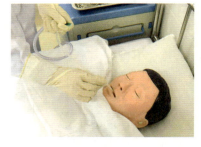

10. 停止供氧；无压插管，负压吸引

11. 先吸口腔分泌物（动作轻柔）

12. 吸生理盐水，冲洗吸痰管，弃管

13. 休息3~5分钟，更换手套及吸痰管

14. 用生理盐水试吸，检查是否通畅及湿润吸痰管

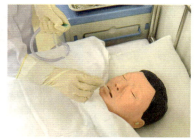

15. 折叠吸痰管末端，无压插入气管（深度适宜）

16. 放开反折，负压吸痰

17. 冲洗吸痰管，取下吸痰管

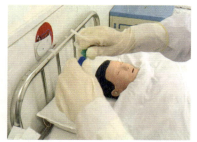

18. 关开关，导管末端放入消毒瓶内

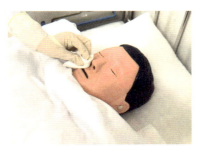

19. 用纱布擦净患者口鼻

20. 脱手套

21. 重新供氧,整理床单位

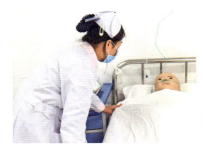

22. 感谢患者合作,指导有效咳痰等

23. 清理用物,洗手,记录吸痰情况

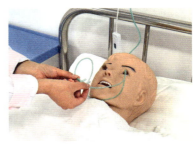

24. 患者缺氧症状改善后,停止供氧

25. 整理用物,分类清理

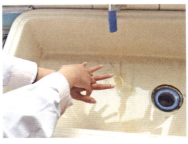

26. 洗手(七步洗手法)

27. 记录给氧、吸痰情况

四、评价

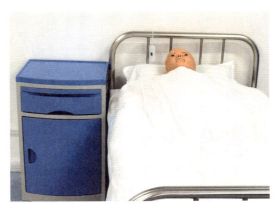

患者安全、舒适,无并发症

[评分标准]

电动吸引器吸痰法——操作考核评分标准（满分：100分）

（规定时间：8分钟　　　　实际操作时间：　　分钟）

班级　　　　学号　　　　姓名　　　　成绩　　　　　　　　　　　年　　月　　日

质量标准		操作过程		分值	操作要求及指标	扣分
评估 10分	护士	仪表	衣帽整洁，符合要求	1	不规范不得分 口述，缺一项扣1分	
		操作目的	清除呼吸道分泌物，保持呼吸道通畅；预防肺不张、坠积性肺炎、窒息等并发症的发生	4		
	环境		整洁、安全、明亮、宽敞、温湿度适宜	2		
	患者		病情、治疗情况；是否有呼吸困难、痰鸣音	3	缺一项扣1分	
			口、鼻腔黏膜是否正常，有无鼻中隔偏曲			
			患者的意识状态、合作程度及心理反应			
计划 5分	护士		七步洗手法洗手，戴口罩	2		
	用物		根据医嘱执行单备物： 治疗车上层：治疗盘内置适当型号一次性吸痰管若干、有盖试吸杯、冲洗杯、生理盐水、弯盘、纱布、手套，必要时备压舌板、开口器、舌钳、无菌镊子及镊子筒、棉签；有条件备PDA 治疗车下层：装有100ml消毒液的玻璃瓶（根据医院常用消毒溶液准备）、医疗垃圾桶、电动吸引器	3	缺一样扣1分，缺两样不得分	
实施 70分	双人核对		备齐用物，双人核对执行单无误，携用物至床旁	2	边述边做 缺一项内容扣1分	
	核对解释		双向核对解释（PDA），取得合作，吸痰前给予高流量供氧	2		
	系瓶连接		治疗盘放置床旁桌上，将装有消毒液玻璃瓶系于床边，连接吸引器各导管，拧紧不漏气	4		
	检查调压		接通电源，打开开关，检查吸引器性能	2		
			调节负压：一般成人40~53.3kPa，小儿<39.9kPa（婴幼儿13.3~26.6kPa，新生儿<13.3kPa）；关闭开关，导管末端放入消毒玻璃瓶内，备用	4		
	检查口鼻		检查口鼻情况（口述：有活动义齿应取下，昏迷患者可用压舌板或开口器帮助张口）；患者头偏一侧，面向操作者	2	边述边做 手法错误或缺一项内容扣1分	
	吸前准备		倒生理盐水于试吸杯、冲洗杯中，检查一次性吸痰管，打开外包装，露出接头备用，戴手套，连接吸痰管（口述：小儿吸痰管要细），打开吸引器开关	5		
			手持吸痰管前端，用生理盐水试吸（检查是否通畅）并滑润吸痰管	2		

续表

质量标准		操作过程	分值	操作要求及指标	扣分
实施70分	无压插管	一手反折吸痰管,以免吸附黏膜,引起损伤(口述:如用脚踏开关,插管时可不反折),另一手持吸痰管前端,轻轻插入口腔(或鼻腔:口腔吸痰有困难者)咽部	6	边述边做 办法不妥一项扣2分	
	负压吸痰	放松折叠处,吸口腔或咽部分泌物,吸痰动作轻柔;吸痰管应自下而上、左右旋转、慢慢上移;防止损伤气管黏膜;每次吸痰不超过15秒;吸引过口鼻分泌物的吸痰管禁止进入气道	6		
	拔管冲管	拔出吸痰管吸生理盐水冲洗吸痰管,弃管,另换手套及吸痰管;让患者休息3~5分钟	2		
	气道吸痰	试吸生理盐水,反折吸痰管,轻轻插入气管内适宜深度(经口14~16cm,经鼻22~25cm,经气切导管10~12cm),放开折叠处	4	边述边做 手法不到位一处扣1分 缺一项内容扣2分	
		动作轻柔、迅速、左右旋转,由深部向上提拉吸痰管,吸尽痰液(口述:每次吸痰不超过15秒,一次未吸净需隔3~5分钟再吸;如痰液黏稠可配合翻身拍背,雾化吸入)	8		
		拔出吸痰管,吸生理盐水冲洗吸痰管后弃入医疗垃圾桶	1		
	问题处置	口述:鼻腔、口腔、气管切开需要同时吸痰者,先吸气管切开处,再吸口腔,最后吸鼻腔;气管切开患者按无菌操作原则进行	3	边述边做 缺一项内容扣1分 口述 少述一项扣1分	
		如面色发绀,停止吸痰,休息缓解后再吸;吸痰前后可增加氧气的吸入;一根吸痰管只能用一次	3		
		吸痰过程中观察患者的面色、呼吸、吸出物性状,观察黏膜有无损伤;吸痰器的贮液瓶不可过满	1		
	吸毕供氧	吸毕,关闭开关,导管末端浸泡在装有消毒溶液玻璃瓶中备用;应用开口器患者取下开口器、压舌板;纱布擦净患者口鼻;脱去手套	3	方法正确 边述边做 方法不妥一项扣1分	
		恢复供氧,患者取舒适体位	2		
	整理感谢	取下电源插头;整理用物,洗手;整理床单位,感谢患者合作	2		
	洗手记录	分类清理用物,洗手,记录吸痰情况	2		
	停氧记录	患者缺氧改善,停止供氧	2		
		分类清理用物;洗手,记录给氧情况	2		

续表

质量标准	操作过程		分值	操作要求及指标	扣分
评价15分	态度	认真,严谨;对患者温和、尊重	5	①熟练程度、规范程度根据实际情况酌情扣2~5分;②超预期时间扣5分	
	技能	操作熟练、手法正确、条理清楚;在预期时间内完成	5		
	效果	保持呼吸道通畅,缺氧症状缓解或解除,患者无不适反应及并发症	5		
总分			100		

(潘 云)

氧气吸入疗法

任务一　中心管道供氧吸氧法

[案例] 患者,王某,女,72 岁,慢性咳嗽 25 年,近 5 天进行性咳嗽加重而入院。遵医嘱给予氧气吸入。

医嘱:氧气吸入　30 分钟。

任务:中心供氧吸氧疗法。

[操作目的]

1. 纠正各种原因造成的缺氧状态,提高动脉血氧分压(PaO_2)和动脉血氧饱和度(SaO_2),增加动脉血氧含量(CaO_2)。

2. 促进组织的新陈代谢,维持机体生命活动。

[实训时数] 1 学时。

[教学目标]

1. 知识　掌握给氧的概念、目的、注意事项;正确判断缺氧程度,熟悉中心供氧装置结构,掌握安全用氧。

2. 技能　能正确选择给氧方法,正确实施中心供氧吸氧法技术。

3. 素养　仪表规范,能与患者有效的沟通,尊重关心患者;以人为本,分秒必争。

[实验设计]

1. 教学活动　示教、角色扮演、小组或个人训练等活动;应用思维导图、操作流程图、操作视频等指导课堂和课后练习。

2. 考核评价　平时考、阶段考、期末考等相结合;应用评分标准评价技能掌握效果。

[注意事项]

1. 严格遵守操作规程,注意用氧安全,切实做好四防:防震、防火、防热、防油。

2. 使用氧气时,应先调节流量再给氧,停用时应先拔除鼻氧管,再关流量表开关,再关闭氧气表总开关。以免一旦旋错开关,大量氧气突然冲入呼吸道而损伤肺组织。

3. 吸氧过程中,保持呼吸道通畅,同时应观察、评估患者吸氧效果。

4. 保持鼻氧管路通畅,无打折、分泌物堵塞或扭曲,必要时更换。

[思维导图]

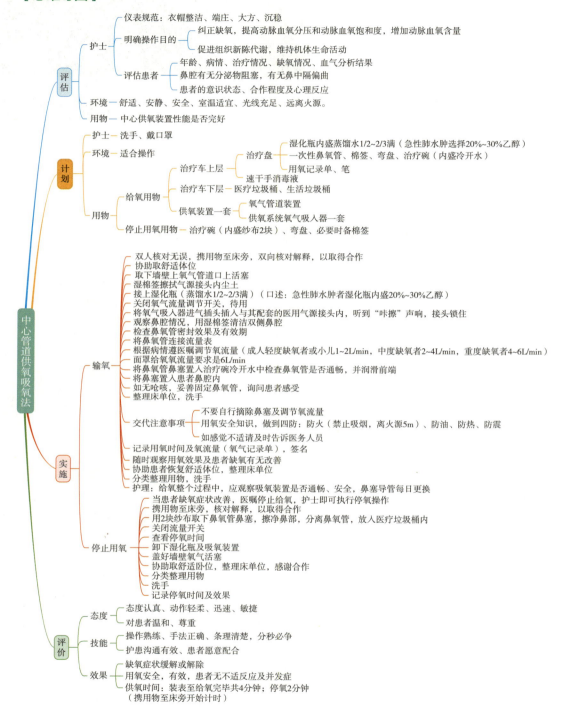

中心管道供氧吸氧法

评估
- 护士
  - 仪表规范：衣帽整洁、端庄、大方、沉稳
  - 明确操作目的
    - 纠正缺氧，提高动脉血氧分压和动脉血氧饱和度，增加动脉血氧含量
    - 促进组织新陈代谢，维持机体生命活动
  - 评估患者
    - 年龄、病情、治疗情况、缺氧情况、血气分析结果
    - 鼻腔有无分泌物阻塞，有无鼻中隔偏曲
    - 患者的意识状态、合作程度及心理反应
- 环境—舒适、安静、安全、室温适宜、光线充足、远离火源。
- 用物—中心供氧装置性能是否完好

计划
- 护士—洗手、戴口罩
- 环境—适合操作
- 用物
  - 给氧用物
    - 治疗车上层
      - 治疗盘
        - 湿化瓶内盛蒸馏水1/2~2/3满（急性肺水肿选择20%~30%乙醇）
        - 一次性鼻氧管、棉签、弯盘、治疗碗（内盛冷开水）
        - 用氧记录单、笔
      - 速干手消毒液
    - 治疗车下层—医疗垃圾桶、生活垃圾桶
    - 供氧装置一套
      - 氧气管道装置
      - 供氧系统氧气吸入器一套
  - 停止用氧用物—治疗碗（内盛纱布2块）、弯盘、必要时备棉签

实施
- 输氧
  - 双人核对无误，携用物至床旁，双向核对解释，以取得合作
  - 协助取舒适体位
  - 取下墙壁上氧气管道口上活塞
  - 湿棉签擦拭气源接头内尘土
  - 接上湿化瓶（蒸馏水1/2~2/3满）（口述：急性肺水肿者湿化瓶内盛20%~30%乙醇）
  - 关闭氧气流量调节开关，待用
  - 将氧气吸入器进气插头与其配套的医用气源接头内，听到"咔擦"声响，接头锁住
  - 观察鼻腔情况，用湿棉签清洁双侧鼻腔
  - 检查鼻氧管密封效果及有效期
  - 将鼻氧管连接流量表
  - 根据病情遵医嘱调节氧流量（成人轻度缺氧者或小儿1~2L/min，中度缺氧者2~4L/min，重度缺氧者4~6L/min）
  - 面罩给氧流量要求是6L/min
  - 将鼻氧管鼻塞置入治疗碗冷开水中检查鼻氧管是否通畅，并润滑前端
  - 将鼻塞置入患者鼻腔内
  - 如无呛咳，妥善固定鼻氧管，询问患者感受
  - 整理床单位，洗手
  - 交代注意事项
    - 不要自行摘除鼻塞及调节氧流量
    - 用氧安全知识，做到四防：防火（禁止吸烟，离火源5m）、防油、防热、防震
    - 如感觉不适请及时告诉医务人员
  - 记录用氧时间及氧流量（氧气记录单），签名
  - 随时观察用氧效果及患者缺氧有无改善
  - 协助患者恢复舒适体位，整理床单位
  - 分类整理用物，洗手
  - 护理：给氧整个过程中，应观察吸氧装置是否通畅、安全，鼻塞导管每日更换
- 停止用氧
  - 当患者缺氧症状改善，医嘱停止给氧，护士即可执行停氧操作
  - 携用物至床旁，核对解释，以取得合作
  - 用2块纱布取下鼻氧管鼻塞，擦净鼻部，分离鼻氧管，放入医疗垃圾桶内
  - 关闭流量开关
  - 查看停氧时间
  - 卸下湿化瓶及吸氧装置
  - 盖好墙壁氧气活塞
  - 协助取舒适卧位，整理床单位，感谢合作
  - 分类整理用物
  - 洗手
  - 记录停氧时间及效果

评价
- 态度
  - 态度认真、动作轻柔、迅速、敏捷
  - 对患者温和、尊重
- 技能
  - 操作熟练、手法正确、条理清楚，分秒必争
  - 护患沟通有效、患者愿意配合
- 效果
  - 缺氧症状缓解或解除
  - 用氧安全，有效，患者无不适反应及并发症
  - 供氧时间：装表至给氧完毕共4分钟；停氧2分钟（携用物至床旁开始计时）

[操作流程]

一、评估

1. 仪表规范,明确操作目的

2. 洗手(七步洗手法)

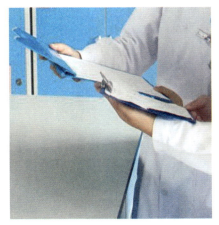

3. 双人核对医嘱,核对无误,双签名

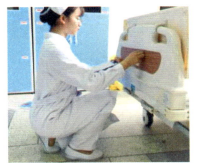

4. 床前评估,核对床尾卡

5. 核对解释

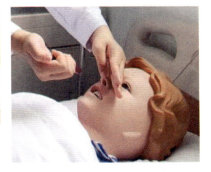

6. 评估患者

7. 评估环境

二、计划

1. 洗手

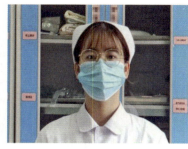

2. 戴口罩

3. 根据医嘱执行单备好给氧用物

4. 根据医嘱执行单备好停氧用物

三、实施

(一) 给氧

1. 双人核对无误，携用物至床旁

2. 双向核对、解释（或 PDA）

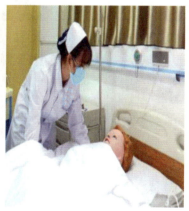

3. 协助患者取舒适体位

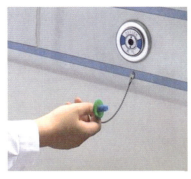

4. 取下墙壁氧气管道口上活塞

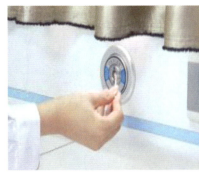

5. 湿棉签擦拭气源接头内尘土

6. 接湿化瓶

7. 关闭氧气流量调节开关，待用

8. 插氧气吸入器，听到"咔擦"声响

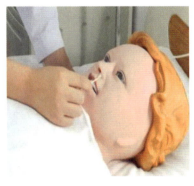

9. 观察鼻腔情况，清洁双侧鼻腔

10. 检查鼻氧管密封效果及有效期

11. 连接鼻导管于流量表上

12. 根据病情调节氧流量

13. 查鼻氧管是否通畅，并润滑前端

14. 将鼻塞（带氧）置入患者鼻腔内

15. 妥善固定鼻氧管

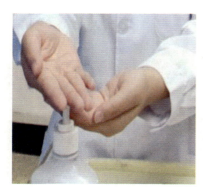

16. 洗手

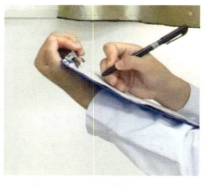

17. 记录用氧时间及氧流量,签名

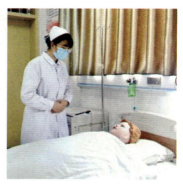

18. 交代注意事项,密切观察患者情况

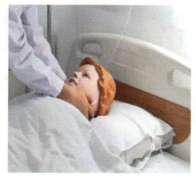

19. 患者恢复舒适体位,整理床单位

20. 整理用物,分类清理,洗手、记录

(二)停止用氧

1. 根据医嘱停氧

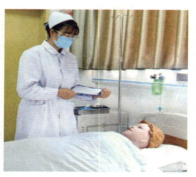

2. 双向核对、解释

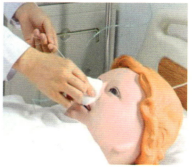

3. 取下鼻塞(带氧),擦净鼻部

4. 关流量开关,查看停氧时间

5. 取下鼻氧管置于弯盘

6. 卸下湿化瓶及流量表

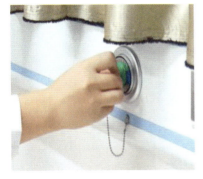

7. 盖好墙壁上氧气活塞

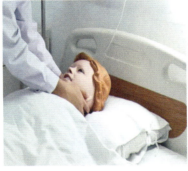

8. 协助患者取舒适卧位

9. 整理床单位

10. 感谢合作,指导患者

11. 整理用物,分类处理

12. 洗手

13. 记录停氧时间及效果

四、评价

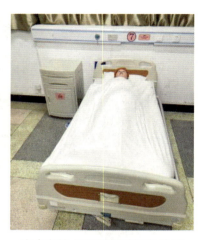

安全有效,无不适反应及并发症

[**评分标准**]

中心管道供氧吸氧法——操作考核评分标准(满分：100 分)

(规定时间：给氧 4 分钟,停氧 2 分钟   实际操作时间：   分钟)

班级   学号   姓名   成绩   年   月   日

质量标准			操作过程	分值	操作要求及指标	扣分
评估 10 分	护士	仪表	符合仪表规范、衣帽整洁、举止端庄、大方、沉稳	1	不符合不得分	
		操作目的	1. 纠正各种原因造成的缺氧状态,提高动脉血氧分压(PaO_2)和动脉血氧饱和度(SaO_2),增加动脉血氧含量(CaO_2) 2. 促进组织的新陈代谢,维持机体生命活动	2	口述不全,一点扣 1 分 至扣完分值	
	患者		年龄、病情、治疗情况、缺氧情况、血气分析结果	3		
			鼻腔有无分泌物阻塞,有无鼻中隔偏曲等			
			意识状态、合作程度及心理反应			
	环境		是否舒适、安全、安静,室温适宜、光线充足、远离火源	2		
	用物		供氧系统氧气管道、氧气吸入装置等设施是否完好	2		
计划 5 分	护士		洗手,戴口罩	2	不规范一处,扣 1 分	
	环境		舒适、安全、安静,室温适宜、光线充足、远离火源,适合操作			
	用物		根据双人核对无误医嘱执行单备物： 治疗车上层：①治疗盘内备：湿化瓶内盛蒸馏水 1/2~2/3 满(急性肺水肿选择用 20%~30% 乙醇),治疗碗(内盛冷开水)、弯盘、鼻氧管、棉签；②治疗盘外备：用氧记录单、笔、标志,手消毒液。有条件备 PDA 治疗车下层：生活垃圾桶、医用垃圾桶 供氧装置一套：氧气管道装置、供氧系统氧气吸入器 1 套 停氧治疗盘：治疗碗(纱布 2 块)、弯盘	3	缺一项扣一分,至扣完分值	

续表

质量标准		操作过程	分值	操作要求及指标	扣分
实施 70 分	双人核对	双人核对医嘱执行单,准确无误,可以执行	2	①边述边做 ②手法错误一步扣5分 ③漏做一处扣5分 ④无带氧插管扣5分 ⑤口述不完整酌情扣1~2分	
	核对解释	携用物至床旁,核对患者(或PDA),以取得合作	2		
	舒适体位	协助取舒适体位,头稍偏向操作者	2		
	取下活塞	取下墙壁上氧气活塞	2		
	擦拭接头	湿棉签擦拭气源接头内尘土	2		
	接湿化瓶	湿化瓶内盛蒸馏水1/2~2/3满(急性肺水肿患者湿化瓶内应加20%~30%乙醇溶液),湿化瓶旋紧	3		
	关闭开关	关闭氧气流量调节开关	2		
	接氧气表	将氧气吸入器进气插头插入气源接头,听到"咔嚓"声响,接头锁住	2		
	清洁检查	观察鼻腔情况,用湿棉签清洁双侧鼻腔	2		
	检查导管	检查一次性鼻氧管密封性效果及有效日期	2		
	连接导管	将鼻氧管连接流量表,打开流量开关	4		
	调节流量	根据病情调节氧流量,成人轻度缺氧者或小儿1~2L/min,中度缺氧2~4L/min,严重缺氧者4~6L/min,面罩给氧氧流量要求6L/min	4		
	湿润检查	将鼻氧管鼻塞置入治疗碗冷开水中检查鼻氧管是否通畅,同时起到润滑鼻导管前端的作用	2		
	插鼻氧管	将鼻氧管鼻塞(带氧)置入鼻腔内	2		
	固定导管	如无呛咳,将鼻氧管妥善固定,询问患者感受	2		
	注意事项	交代注意事项,不要自行摘除鼻导管及调节氧流量;用氧安全知识,做到:防火(禁止吸烟、离火源5m)、防油、防热;如感觉不适及时告诉医护人员整理床单位,洗手	8		

质量标准		操作过程	分值	操作要求及指标	扣分
实施70分	记录观察	记录用氧开始时间及氧流量、病情、患者反应,并签名	2	①边述边做 ②手法错误一步扣5分 ③漏做一处扣2分 ④无带氧拔管扣5分 ⑤口述不完整酌情扣1~2分	
		吸氧整个过程中,应密切观察患者缺氧症状、氧流量、实验室指标(血氧饱和度等)、氧气装置无漏气、是否通畅,有无氧疗不良反应	4		
	更换导管	鼻氧管鼻塞吸氧者每日更换一次;面罩吸氧者4~8小时更换一次	2		
	停止用氧	当患者缺氧症状改善,医嘱停止吸氧,护士即可执行停氧操作	1		
		携用物至床旁,双向核对解释,取得合作	2		
		用两块纱布取下鼻氧管鼻塞,擦拭鼻部,分离鼻氧管,放入医疗垃圾桶内,询问患者感受	4		
		关闭流量开关,查看停氧时间	2		
		卸下湿化瓶吸氧装置:用右手夹住氧气表及湿化瓶,左手拇指和示指夹住气源接头锁套并向后拉动,使气源接头解锁,将吸入器向后退出,气源接头自动关闭	2		
		盖好墙壁氧气活塞	2		
	安置患者	安置患者,体位舒适,整理床单位,交代注意事项,感谢合作	2		
	用物处理	分类整理用物,洗手	2		
	准确记录	记录停止用氧时间及效果	2		
评价15分	态度	态度认真,动作轻柔、迅速、敏捷,对患者温和、尊重	5	①熟练程度、规范程度根据实际情况酌情扣2~5分; ②超预期时间,每30秒扣1分	
	技能	安全用氧,操作熟练,手法正确,程序规范,分秒必争	5		
		护患沟通有效,患者愿意配合			
	效果	缺氧症状缓解或解除; 用氧安全、有效,患者无不适反应或并发症发生; 操作时间:装表至给氧完毕共4分钟;停氧2分钟(携用物至床旁开始计时)	5		
总分			100		

(陈良英)

任务二　氧气筒吸氧法

[**案例**] 李某,女,退休工人,69 岁,慢性咳嗽 21 年,近几天进行性气喘加重而入院。遵医嘱给予吸氧治疗。

医嘱:氧气吸入　30 分钟。

任务:氧气筒吸氧疗法。

[**操作目的**]

同中心供养吸氧法。

[**实训时数**] 1 学时。

[**教学目标**]

1. 知识　掌握给氧的概念、目的、注意事项;正确判断缺氧程度,熟悉氧气筒供氧装置结构,掌握安全用氧。

2. 技能　能正确选择给氧方法,正确实施氧气筒供氧技术。

3. 素养　态度认真、一丝不苟;护患有效沟通,尊重关心患者;人文关怀,分秒必争。

[**实验设计**]

1. 教学活动　示教、角色扮演、小组或个人训练等活动;应用思维导图、操作流程图、操作视频等指导课堂和课后练习。

2. 考核评价　平时考、阶段考、期末考等相结合;应用评分标准考核评价技能。

[**注意事项**]

1. 用氧前,检查氧气装置有无漏气,是否通畅。

2. 严格遵守操作规程,注意用氧安全,切实做好"四防":防震、防火、防热、防油。

3. 氧气筒应放在阴凉处,在筒的周围严禁烟火和放置易燃物品,离暖气 1m 以上,离火炉 5m 以上;搬运时,避免倾斜、撞击;氧气表及螺旋口上勿涂油,也不用带油的手装卸,避免燃烧。

4. 使用氧气时,应先调节流量后应用。停用氧气时,应先拔出导管,再关闭氧气开关。中途改变流量,先分离鼻导管与湿化瓶连接处,调好流量再接上。

5. 常用湿化液为冷开水、蒸馏水。急性肺水肿用 20%~30% 乙醇。

6. 氧气筒内氧勿用尽,压力表至少要保留 0.5MPa($5kg/cm^2$)。

7. 对未用完或已用尽的氧气筒,应分别悬挂"满"或"空"标志。

8. 用氧过程中,应加强监测。

[思维导图]

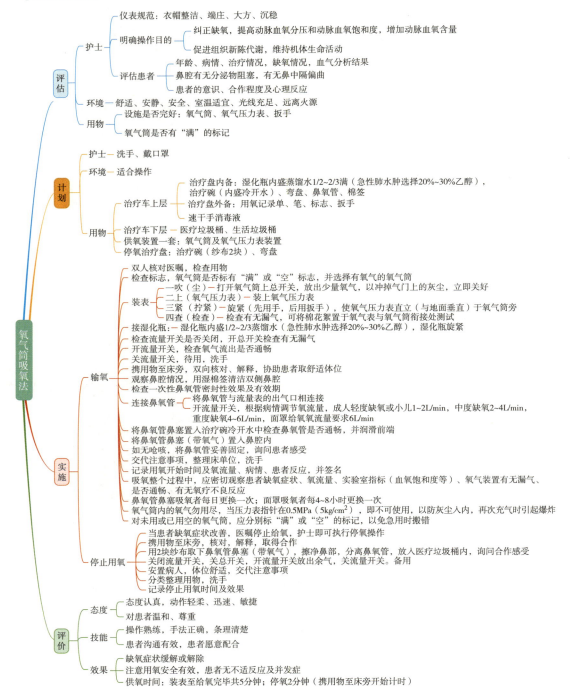

[操作流程]

一、评估

1. 仪表规范,明确操作目的

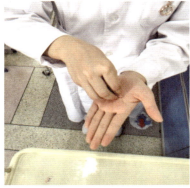

2. 洗手(七步洗手法)

3. 双人核对医嘱,无误,双签名

4. 床前评估:核对床尾卡

5. 双向核对解释,评估患者病情

6. 缺氧程度、鼻腔黏膜情况

7. 评估环境是否适宜操作

二、计划

1. 洗手（七步洗手法）

2. 戴口罩

3. 根据医嘱执行单备好给氧用物

4. 备好停氧用物

三、实施

（一）给氧

1. 装表（在治疗室进行），检查标志

2. 开总开关，迅即关上（除尘）

3. 氧气表后倾 45°，先用手旋紧

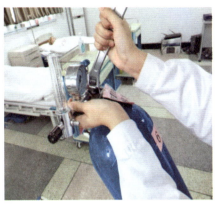

4. 再用扳手,使氧气压力表垂直于地面

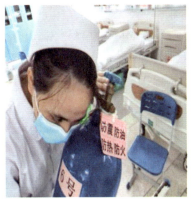

5. 开总开关,查是否漏气

6. 接湿化瓶

7. 开流量开关,浮标上升,关流量开关、备用

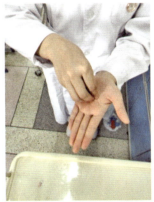

8. 洗手

9. 双人核对无误,携用物至床旁核对

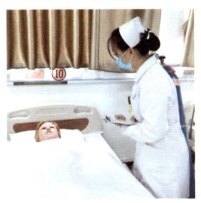

10. 双向核对,解释(或 PDA)

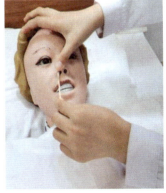

11. 检查和清洁鼻腔(两侧)

12. 将鼻氧管与流量表的出口连接

13. 根据患者病情调节氧流量

14. 检查鼻氧管是否通畅

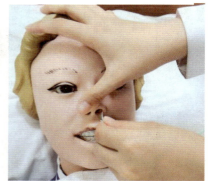

15. 带氧将鼻塞置入鼻腔内

16. 无呛咳,将鼻氧管妥善固定

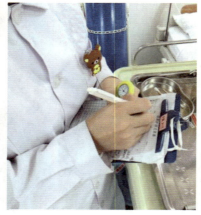

17. 洗手,记录,签名

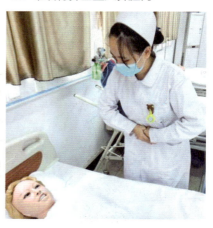

18. 取舒适体位,交代注意事项

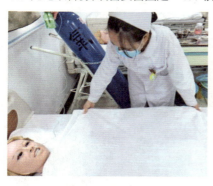

19. 整理床单位,感谢合作

20. 洗手、记录

（二）停氧

1. 携用物至床旁,核对床尾卡

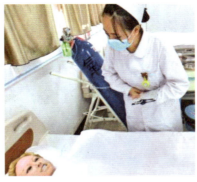

2. 双向核对、解释

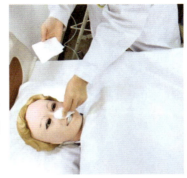

3. 带氧取下鼻氧管

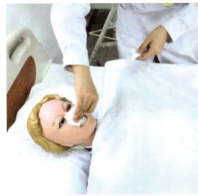

4. 擦净鼻腔

5. 关流量开关

6. 关总开关

7. 开流量开关,关流量开关

8. 记录停氧时间、给氧总量及效果

9. 整理床单位、感谢合作

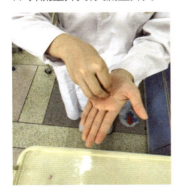

10. 洗手、记录

四、评价

安全有效,无不适反应及并发症

[评分标准]

氧气筒吸氧法——操作考核评分标准(满分：100 分)

(规定时间：给氧 5 分钟,停氧 2 分钟　　　实际操作时间：　　分钟)

班级　　　学号　　　姓名　　　成绩　　　　　　　　　　年　　月　　日

质量标准	操作过程			分值	操作要求及指标	扣分
评估10分	护士	仪表	符合仪表规范、衣帽整洁、举止端庄、大方、沉稳	1	不规范不得分	
		操作目的	①纠正各种原因造成的缺氧状态,提高动脉血氧分压(PaO_2)和动脉血氧饱和度(SaO_2),增加动脉血氧含量(CaO_2);②促进组织的新陈代谢,维持机体生命活动	2	口述不全,一点扣1分至扣完分值	
	患者		年龄、病情、治疗情况、缺氧情况、血气分析结果	3		
			鼻腔有无分泌物阻塞,有无鼻中隔偏曲等			
			意识状态、合作程度及心理反应			
	环境		是否舒适、安全、安静,室温适宜、光线充足、远离火源	2		
	用物		设施是否完好,氧气筒、氧气压力表、扳手,氧气筒是否有"满"的标记	2		
计划5分	护士		洗手、戴口罩		不规范一处,扣1分	
	环境		舒适、安全、安静,室温适宜、光线充足、远离火源,适合操作	2		
	用物		根据双人核对无误医嘱执行单备物：治疗车上层：①治疗盘内备：湿化瓶内盛蒸馏水 1/2~2/3 满(急性肺水肿选择用 20%~30% 乙醇),治疗碗(内盛冷开水)、弯盘、鼻氧管、棉签；②治疗盘外备：用氧记录单、笔、标志、扳手,手消毒液。有条件备 PDA 治疗车下层：生活垃圾桶、医用垃圾桶 供氧装置一套：氧气筒及氧气压力表装置 停氧治疗盘：治疗碗(纱布 2 块)、弯盘	3	缺一项扣1分,至扣完分值	

续表

质量标准	操作过程		分值	操作要求及指标	扣分
实施 70 分	双人核对	双人核对医嘱执行单,准确无误,可以执行	2	①边述边做 ②手法错误一步扣5分 ③漏做一处扣5分 ④无带氧插管扣5分 ⑤口述不完整酌情扣1~2分	
	检查标志	检查标志,检查氧气筒是否挂"空"或"满"标志,并选择有氧气的氧气筒	2		
	装流量表	装表:一吹(尘)二上(氧气压力表)三紧(拧紧)四查(检查)	2		
		打开氧气筒上总开关,放出少量氧气,以冲掉气门上的灰尘,立即关好	2		
		接上氧气表	2		
		旋紧(拧时先用手,后用扳手)使氧气压力表直立(与地面垂直)于氧气筒旁	2		
		检查有无漏气,可将棉花絮置于氧气压力表与氧气筒连接处测试	2		
	接湿化瓶	湿化瓶内盛蒸馏水 1/2~2/3 满(急性肺水肿患者湿化瓶内应加 20%~30% 乙醇溶液),湿化瓶旋紧	3		
	检查通畅	检查流量开关是否关闭,开总开关检查有无漏气	2		
		开流量开关,检查氧气流出是否通畅	2		
		关流量开关,待用,洗手	3		
	核对解释	携用物至床旁,双向核对患者(或 PDA),做好解释,协助患者取舒适体位	2		
	清洁检查	观察鼻腔情况,用湿棉签清洁双侧鼻腔	2		
	检查导管	检查一次性鼻氧管密封性效果及有效日期	2		
	连接导管	将鼻氧管与流量装置出口相连接,打开流量开关	5		
	调节流量	根据病情调节氧流量,成人轻度缺氧者或小儿 1~2L/min,中度缺氧 2~4L/min,严重缺氧者 4~6L/min,面罩给氧氧流量要求 6L/min	2		
	湿润检查	将鼻氧管鼻塞置入治疗碗冷开水中检查鼻氧管是否通畅,同时起到润滑鼻导管前端的作用	2		
	插鼻氧管	将鼻氧管鼻塞(带氧)置入鼻腔内	2		
	固定导管	如无呛咳,将鼻氧管妥善固定,询问患者感受	2		
	注意事项	交代注意事项,整理床单位,洗手	2		

续表

质量标准	操作过程		分值	操作要求及指标	扣分
实施70分	记录观察	记录用氧开始时间及氧流量、病情、患者反应,并签名	2	①边述边做 ②手法错误一步扣5分 ③漏做一处扣2分 ④无带氧拔管扣5分 ⑤口述不完整酌情扣1~2分	
		吸氧整个过程中,应密切观察患者缺氧症状、氧流量、实验室指标(血氧饱和度等)、氧气装置无漏气、是否通畅,有无氧疗不良反应	4		
	更换导管	鼻氧管鼻塞吸氧者每日更换一次;面罩吸氧者4~8小时更换一次	2		
	用筒注意	氧气筒内的氧气勿用尽,当压力表指针在0.5MPa(5kg/cm²),即不可使用,以防灰尘入内,再次充气时引起爆炸	2		
		对未用或已用空的氧气筒,应分别标"满"或"空"的标志,以免急救时搬错	2		
	停止用氧	当患者缺氧症状改善,医嘱停止吸氧,护士即可执行停氧操作	1		
		携用物至床旁,双向核对解释,取得合作	2		
		用两块纱布取下鼻氧管鼻塞,擦拭鼻部,分离鼻氧管,放入医疗垃圾桶内,询问患者感受	2		
		关闭流量开关,关总开关,开流量开关放余气,关流量开关,备用	2		
	安置患者	安置患者,体位舒适,交代注意事项	2		
	用物处理	分类整理用物,洗手	2		
	准确记录	记录停止用氧时间及效果	2		
评价15分	态度	态度认真,动作轻柔、迅速、敏捷、对患者温和、尊重	5	①熟练程度、规范程度根据实际情况酌情扣2~5分; ②超预期时间,每30秒扣1分	
	技能	安全用氧,操作熟练、手法正确,程序规范,分秒必争	5		
		护患沟通有效,患者愿意配合			
	效果	缺氧症状缓解或解除	5		
		用氧安全、有效,患者无不适反应或并发症发生			
		操作时间:装表至给氧完毕共5分钟;停氧2分钟(携用物至床旁开始计时)			
总分			100		

(陈良英)

项目九

晨间护理

任务一 卧有患者床更换床单法

[**案例**] 患者,刘某,女,78岁,因"脑血栓"入院,意识模糊,右侧肢体运动障碍。住院1周后,病情稍好转,床上用物已污染,护士为患者实施卧有患者床更换床单法。

任务:卧有患者床更换床单法。

[**操作目的**]

1. 保持病床平整、舒适,预防压疮。

2. 保持病室整洁、美观,满足患者身心需要。

[**实训实数**] 1.5学时。

[**教学目标**]

1. 知识　能正确叙述卧有患者床更换床单法的目的、注意事项。

2. 技能　能正确实施卧有患者床更换床单法,使患者感到温暖、舒适、安全,患者无病情变化、无意外损伤发生。

3. 素养　尊重关心患者,动作轻柔,运用节力原则,保证安全;符合护士行为规范,具有慎独修养。

[**实验设计**]

1. 教学活动　示教、角色扮演、小组或个人训练等活动;应用思维导图、操作流程图、操作视频等指导课堂和课后练习。

2. 考核评价　平时考、阶段考、期末考等相结合;应用评分标准评价技能掌握效果。

[**注意事项**]

1. 操作中保证患者安全,必要时使用床挡,防止变换体位时患者坠床。

2. 病室内有患者进餐或做治疗时应暂停更换。

3. 防止交叉感染,采用一床一消毒巾湿扫法,护士每整理一张床后均须洗手。

4. 操作中注意节力原则,动作轻稳,避免尘埃飞扬。

5. 操作中应观察患者情况,发现病情变化时,应立即停止操作,采取相应措施。

6. 告知患者在整理过程中如有不适应立即向护士说明,防止发生意外。告知患者及家属被服一旦被渗出液、大小便等污染，应立即通知护士，给予更换。

[思维导图]

- **评估**
  - 护士
    - 衣帽整洁，已修剪指甲，无饰物及手表
    - 明确操作目的—保持病床平整、舒适，预防压疮；保持病室整洁、美观，满足患者身心需要
  - 环境
    - 整洁、安全、明亮、宽敞、温湿度适宜
    - 无患者进餐或治疗
  - 患者
    - 一般情况
    - 心理反应、合作程度
    - 嘱咐患者做好准备：如排尿等

- **计划**
  - 护士—七步洗手法洗手，戴口罩
  - 用物
    - 护理车上层自下而上依次为：枕套、被套、一次性中单、大单
    - 中层：床刷、一次性床刷套
    - 必要时备屏风、清洁衣裤、便盆及便盆巾

- **卧有患者床更换床单法**

- **实施**
  - 备好用物，携至床边
  - 移护理车至床尾正中，离床15cm，车制动
  - 核对床号姓名，解释操作的目的及方法，取得合作
  - 关门窗，必要时屏风遮挡
  - 询问是否需要便盆，病情许可放平床头或床尾支架
  - 移开床旁桌，离床20m；移床旁椅；松盖被，移枕头于对侧，协助患者翻身侧卧于对侧，背向护士
  - 必要时对侧加床栏
  - 松开近侧各层大中单；将一次性中单污染面向内卷塞于患者身下，再将大单污染面向内卷塞于患者身下
  - 如患者不易翻身时，床单可自床头向床尾更换
  - 用湿式清扫法从床头向床尾（过中线）扫净床单上的渣屑
  - 将清洁大单的中线与床中线对齐，一半正面向内卷入患者身下
  - 近侧的半边大单按床头、床尾、中间顺序铺好
  - 将清洁的一次性中单的中线与床中线对齐，一半正面向内塞入患者身下，另一半中单塞于床垫下
  - 协助患者平卧，将枕头移向近侧，协助患者移向近侧，侧卧于已铺好床单的一侧；护士转至对侧松开各层大中单
  - 将一次性中单污面向内卷好，放于护理车下层
  - 将污大单污面向内从床头向床尾卷好，放于护理车污物袋中
  - 用湿式清扫法从床头向床尾（过中线）扫净床垫上的渣屑
  - 将清洁大单从患者身下拉出，按床头、床尾、中间顺序铺好
  - 将清洁的一次性中单从患者身下拉出，铺好塞于床垫下
  - 协助患者平卧于床中央，两手放于身体两侧；松开被筒，解开被套系带
  - 将棉胎在污被套内 "S" 形三折于床尾
  - 清洁被套正面向外铺于原被子上方
  - 取出棉胎套入清洁被套内，套被套、拉平，系带
  - 从头到脚卷出污被套放入污物袋内；将盖被折成被筒，尾端向内折叠与床尾齐
  - 取出枕头，更换枕套，松枕，放患者头下
  - 协助患者取舒适卧位，整理床单位；为带有各种导管患者换单时，应防止导管脱落、扭曲、受压和逆流
  - 移回床旁桌（椅）；感谢患者合作；整理好用物，酌情打开门窗；推车出病室；洗手

- **评价**
  - 态度：认真，严谨
  - 技能：方法正确，程序正确，动作协调、熟练，操作规范，在预期时间内完成
  - 效果：床单更换方法正确，中线对齐，平整；患者感到舒适、安全

[操作流程]

一、评估

1. 仪表规范,明确操作目的

2. 床前评估,核对床尾卡

3. 评估患者情况,解释

二、计划

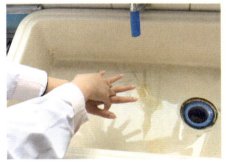

1. 洗手(七步洗手法)

2. 戴口罩

3. 用物准备:护理车

三、实施

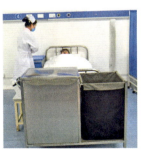

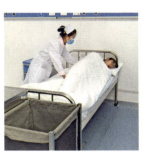

1. 携用物至床尾,核对床尾卡

2. 双向核对,解释,关门窗,遮挡

3. 移床旁桌椅,松开床尾盖被

4. 协助患者翻身侧卧

5. 松开近侧各层大、中单

6. 卷一次性中单（污面向内）

7. 卷近侧大单（污面向内）

8. 清扫床垫（床头至床尾，过中线）

9. 对齐中线放置近侧大单

10. 铺展近侧大单

11. 清洁面向内卷大单塞污大单下

12. 托起床头床垫，大单包塞垫下

13. 离床头 30cm 处向上提大单

14. 上半三角形覆盖于床上

15. 分别塞下半、上半三角形入床垫下

16. 同法铺床尾大单

17. 将中部大单塞于床垫下

18. 对齐中线铺近侧一次性中单

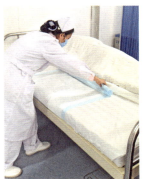

19. 中单清洁面向内卷于污中单下

20. 塞一次性中单于床垫下

21. 移患者于铺好一侧

22. 松开对侧各层大中单,卷污中单

23. 撤污中单置于护理车下层

24. 卷污大单(从床头至床尾)

25. 污大单置于污衣袋内

26. 清扫床垫(从床头至床尾,过中线)

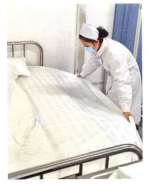

27. 拉平清洁大单

28. 同法铺好对侧大单

29. 拉平中单

30. 中单塞于床垫下

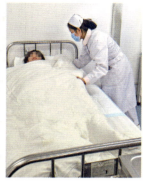

31. 移患者于床中间

32. 在污被套内折叠棉胎"S"形三折于床尾

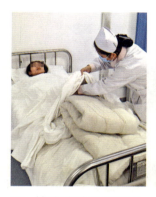

33. 铺清洁被套并开口，取出棉胎放入清洁被套

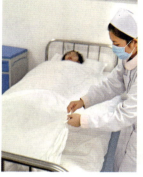

34. 铺好被套，拉平棉胎、系带

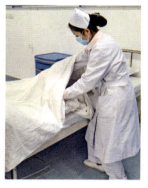

35. 撤去污被套于污衣袋内

36. 折叠被套两边形成被筒

37. 被尾反折

38. 更换枕套（四角充实）

39. 置枕头，取舒适卧位

40. 移回床旁桌椅

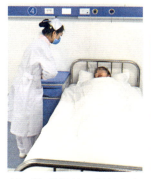

41. 整理用物,感谢患者
合作

42. 酌情开门窗,洗手,记录

四、评价

床单位整洁美观,患者感到清洁、舒适,无
并发症

[评分标准]

卧有患者床更换床单法——操作考核评分标准(满分:100 分)

(规定时间:10 分钟　　实际操作时间:　分钟)

班级　　学号　　姓名　　成绩　　　　　　　　　　年　月　日

质量标准			操作过程	分值	操作要求及指标	扣分
评估10 分	护士	仪表	衣帽整洁,已修剪指甲,无饰物及手表	1	仪表不规范不得分,口述缺一项扣 1 分	
		操作目的	保持病床平整、舒适,预防压疮;保持病室整洁、美观,满足患者身心需要	4		

续表

质量标准	操作过程		分值	操作要求及指标	扣分
评估 10分	环境	整洁、安全、明亮、宽敞、温湿度适宜	2		
		无患者进餐或治疗			
	患者	一般情况	3		
		心理反应、合作程度			
		嘱咐患者做好准备：如排尿等			
计划 5分	护士	七步洗手法洗手，戴口罩	2	缺一样扣1分，缺两样不得分	
	用物	护理车上层自下而上依次为：枕套、被套、一次性中单、大单 中层：床刷、一次性床刷套	3		
		必要时备屏风、清洁衣裤、便盆及便盆巾		无口述扣1分	
实施 70分	核对解释	备好用物，携至床边，移护理车至床尾正中，离床15cm，车制动	3	按更换顺序摆好，顺序错一项不得分 边说边做，沟通有效 不正确一项扣1分	
		双向核对床号姓名，解释操作的目的及方法，取得合作	3		
	关窗放架	关门窗，必要时屏风遮挡	1		
		询问是否需要便盆，病情允许者可放平床头或床尾支架	2	无口述扣1分	
	移桌松被	移开床旁桌，离床20cm；移靠背椅于床尾正中；松盖被	2	不正确一项扣1分	
	协助侧卧	移枕头于对侧，协助患者翻身侧卧于对侧，背向护士	3		
		必要时对侧加床栏	1	无口述不得分	
	松单、湿扫	松开近侧各层大中单，将一次性中单污染面向内卷塞于患者身下，再将大单污染面向内卷塞于患者身下	3	不正确一项扣1分	
		如患者不易翻身时，床单可自床头向床尾更换	1	口述	
		用湿式清扫法从床头向床尾（过中线）扫净床垫上的渣屑	2	注意扫中线，没达到者不得分 各项手法正确，每项不正确扣1分	
	铺大中单	将清洁大单的中线与床中线对齐，一半正面向内卷入患者身下	2		
		近侧的半边大单按床头、床尾、中间顺序铺好	2		
		将清洁的一次性中单中线与床中线对齐，一半正面向内塞入患者身下，另一半中单塞于床垫下	3		
	协助平卧	协助患者平卧，将枕头移向近侧，协助患者移向近侧，侧卧于已铺好床单的一侧	2		
	更换对侧	护士转至对侧松开各层大中单	3	各项手法正确，每项不正确扣1分	
		将一次性中单污面向内卷好，放于护理车下层	2		
		将污染大单污面向内从床头向床尾卷好，放于护理车污物袋中	2		
		用湿式清扫法从床头向床尾（过中线）扫净床垫上的渣屑	2		

续表

质量标准		操作过程	分值	操作要求及指标	扣分
实施70分	更换对侧	将清洁大单从患者身下拉出,按床头、床尾、中间顺序铺好	4		
		将清洁的一次性中单从患者身下拉出,铺好塞于床垫下	3		
	更换被套	协助患者平卧于床中央,两手放于身体两侧	2		
		松开被筒,解开被套系带	1		
		将棉胎在污被套内S形三折于床尾被套内	3	不正确扣2分	
		清洁被套正面向外铺于原被子上方	2	遮盖患者口鼻扣1分	
		从污被套内取出棉胎,套入清洁被套内,套被套、拉平,系带	5	手法不正确扣1分,被套不充实、不平整扣2分	
		从头到脚卷出污被套放入污物袋内;将盖被折成被筒,尾端向内折叠与床尾齐	3	动作轻柔,不正确一项扣1分	
	更换枕套	取出枕头,更换枕套,松枕,放患者头下	2	开口背门,不正确不得分	
	归位感谢	协助患者取舒适卧位,整理床单位;为带有各种导管患者换单时,应防止导管脱落、扭曲、受压和逆流	2	边述边做,未口述扣1分	
		移回床旁桌(椅);感谢患者合作	2	用语不到位扣1分漏或错一项扣1分	
	整理洗手	整理好用物,酌情打开门窗;推车出病室;洗手	2		
评价15分	态度	认真,严谨	5	①熟练程度、规范程度根据实际情况酌情扣2~5分;②超预期时间扣5分	
	技能	方法正确,程序正确,动作协调、熟练,操作规范,在预期时间内完成	5		
	效果	床单更换方法正确,中线对齐,平整;患者感到舒适、安全	5		
总分			100		

（潘　云）

任务二　卧有患者床整理法

[案例] 李某,男,62岁,因身体虚弱久卧床不起,现床上大单已皱褶,护士为患者实施卧有患者床整理法。

任务:卧有患者床整理法。

[操作目的]

同卧有患者床更换床单法。

[**实训实数**] 0.5 学时。

[**教学目标**]

1. 知识 能正确叙述卧有患者床整理法的目的、注意事项。

2. 技能 能正确实施卧有患者床整理法,使患者感到温暖、舒适、安全,患者无病情变化、无意外损伤发生。

3. 素养 尊重关心患者,动作轻柔,运用节力原则,保证安全;符合护士行为规范,具有慎独修养。

[**实验设计**]

1. 教学活动 示教、角色扮演、小组或个人训练等活动;应用思维导图、操作流程图、操作视频等指导课堂和课后练习。

2. 考核评价 平时考、阶段考、期末考等相结合;应用评分标准评价技能掌握效果。

[**注意事项**]

同卧有患者床更换床单法。

[**思维导图**]

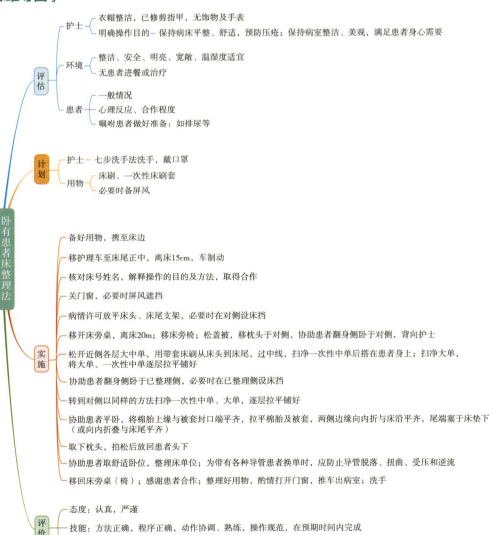

[操作流程]

一、评估

  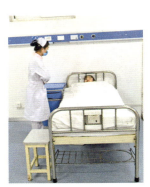

1. 仪表规范,明确操作 2. 床前评估,核对床尾卡 3. 评估患者情况,解释
目的

二、计划

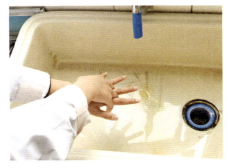  

1. 洗手(七步洗手法) 2. 戴口罩 3. 用物准备:护理车

三、实施

   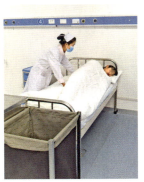

1. 携用物至床尾,核对床尾卡 2. 双向核对,解释,关门窗,遮挡 3. 移床旁桌椅,松开床尾盖被 4. 协助患者翻身侧卧

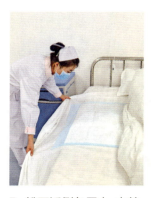

5. 松开近侧各层大、中单

6. 清扫中单(床头至床尾,过中线)

7. 将一次性中单搭于患者身上

8. 清扫大单(床头至床尾,过中线)

9. 拉平铺好大单

10. 拉平铺好中单

11. 协助患者翻身侧卧于已整理侧

12. 转至对侧,松开各层大、中单

13. 清扫对侧中单,过中线

14. 中单搭于患者身上

15. 清扫对侧大单,过中线

16. 将对侧中单及大单拉平铺好

17. 协助患者平卧,拉平棉胎及被套

18. 被套边缘向内折与床平齐

19. 床尾塞于床垫下

20. 取下枕头拍松

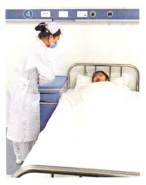

21. 将枕头放回患者头下

22. 移回床旁桌(椅)

23. 取舒适卧位,感谢患者合作

24. 洗手(七步洗手法),记录

四、评价

患者感到清洁、舒适,无并发症

[评分标准]

卧有患者床整理法——操作考核评分标准(满分：100 分)

（规定时间：5 分钟　　　实际操作时间：　　分钟）

班级　　　学号　　　姓名　　　成绩　　　　　　　　　　　年　　月　　日

质量标准	操作过程			分值	操作要求及指标	扣分
评估 10 分	护士	仪表	衣帽整洁,已修剪指甲,无饰物及手表	1	仪表不规范不得分 口述,缺一项扣 1 分	
		操作目的	保持病床平整、舒适,预防压疮；保持病室整洁、美观,满足患者身心需要	4		
	环境	整洁、安全、明亮、宽敞、温湿度适宜		2		
		无患者进餐或治疗				
	患者	一般情况		3		
		心理反应、合作程度				
		嘱咐患者做好准备:如排尿等				
计划 5 分	护士	七步洗手法洗手,戴口罩		2	缺一项扣 1 分	
	用物	床刷、一次性床刷套		2		
		必要时备屏风		1	口述,无口述扣 1 分	
实施 70 分	核对解释	备好用物,携至床边,移护理车至床尾正中,离床 15cm,车制动		5	无推车可移床旁椅至床尾正中离床 15cm,将用物放于床旁椅上 边说边做,沟通有效不正确一项扣 1 分	
		双向核对床号姓名,解释操作的目的及方法,取得合作		6		
	关窗放架	关门窗,必要时屏风遮挡		2		
		病情许可放平床头、床尾支架,必要时在对侧设床挡		2	口述	
	移桌松被	移开床旁桌,离床 20cm;移床旁椅于一侧;松盖被		4	边述边做,无口述扣 1 分 注意扫中线,没达到者扣 2 分 每项不正确扣 2 分	
	协助侧卧	移枕头于对侧,协助患者翻身侧卧于对侧,背向护士,必要时加床挡		4		
	松单湿扫	松开近侧各层大中单,用带套床刷从床头到床尾,过中线,扫净一次性中单后搭在患者身上；扫净大单		5		
	铺大中单	将大单、一次性中单逐层拉平铺好		5		
	协助平卧	协助患者翻身侧卧于已整理侧,必要时在已整理侧设床挡		4		
	整理对侧	转到对侧以同样的方法扫净一次性中单、大单,逐层拉平铺好		10	每项不正确扣 2 分 被套应充实、平整,不充实,不平整扣 2 分	
	整理被子	协助患者平卧,将棉胎上缘与被套封口端平齐,拉平棉胎及被套,两侧边缘向内折与床沿平齐,尾端塞于床垫下(或向内折叠与床尾平齐)		10		

续表

质量标准		操作过程	分值	操作要求及指标	扣分
实施70分	整理枕头	取下枕头,拍松后放回患者头下,开口背门	3	没达到要求扣1分	
	归位感谢	协助患者取舒适卧位,整理床单位;为带有各种导管患者换单时,应防止导管脱落、扭曲、受压和逆流	2	边述边做,无口述者扣2分	
		移回床旁桌(椅);感谢患者合作	2	用语不到位扣2分,漏或错一项扣1分	
	整理洗手	整理好用物,酌情打开门窗,推车出病室;洗手	6		
评价15分	态度	认真,严谨	5	①熟练程度、规范程度根据实际情况酌情扣2~5分;②超预期时间扣5分	
	技能	方法正确,程序正确,动作协调、熟练,操作规范,在预期时间内完成	5		
	效果	床单平整、无污渍,中线对齐;患者感到舒适、安全	5		
总分			100		

(潘 云)

项目十

清洁卫生护理

任务一　特殊口腔护理

[**案例**] 患者,王某,女,70 岁,脑卒中,长期卧床,吞咽困难,只能依靠胃管喂食流质饮食,肢体无力,生活不能自理,有活动性义齿,口唇干燥,口腔里有多处溃疡且有异味。

医嘱:口腔护理,每天两次。

任务:特殊口腔护理。

[**操作目的**]

1. 保持口腔清洁、湿润,使患者舒适,预防口腔感染等并发症。

2. 去除口臭、口垢,促进食欲,保持口腔正常功能。

3. 观察口腔黏膜、舌苔变化和特殊口腔气味,提供病情变化的动态信息。

[**实训时数**] 2 学时

[**教学目标**]

1. 知识　能正确叙述口腔护理目的、适应证、擦洗顺序、步骤及注意事项。

2. 技能　能为患者进行口腔护理指导、根据病情选择特殊患者口护溶液、正确实施特殊口腔护理。

3. 素养　培养学生养成良好的口腔卫生习惯;培养学生具有良好的人际沟通能力和细致的观察能力,树立爱伤观念,保证患者安全舒适。

[**实验设计**]

1. 教学活动　示教、角色扮演、小组或个人训练等活动;应用思维导图、操作流程图、操作视频等指导课堂和课后练习。

2. 考核评价　平时考、阶段考、期末考等相结合;应用评分标准考核评价技能。

[**注意事项**]

1. 操作前后应清点棉球数量,擦洗时须用止血钳夹紧棉球,每次一个,防止棉球遗留在口腔内。

2. 擦洗时动作宜轻柔,避免金属钳端损伤口腔黏膜或牙龈,特别是对凝血功能障碍的患者,以防出血。

3. 昏迷患者应注意　①禁忌漱口;②张口器从臼齿处放入,牙齿紧闭者不可暴力助其张口;③擦洗时棉球不可过湿,以防溶液被误吸入呼吸道引起患者窒息。

4. 如有活动义齿应先取下刷洗干净,待患者漱口后再戴上。暂时不用的义齿,可浸于冷水杯中备用,每日更换一次清水。切不可用热水或乙醇浸泡义齿,以免变色、变形和老化。

5. 口腔护理一般每日 2~3 次,如病情需要,可酌情增加次数。

6. 对长期使用抗生素和激素的患者,应注意观察有无真菌感染。

7. 传染病患者的用物需按隔离消毒原则处理。

[思维导图]

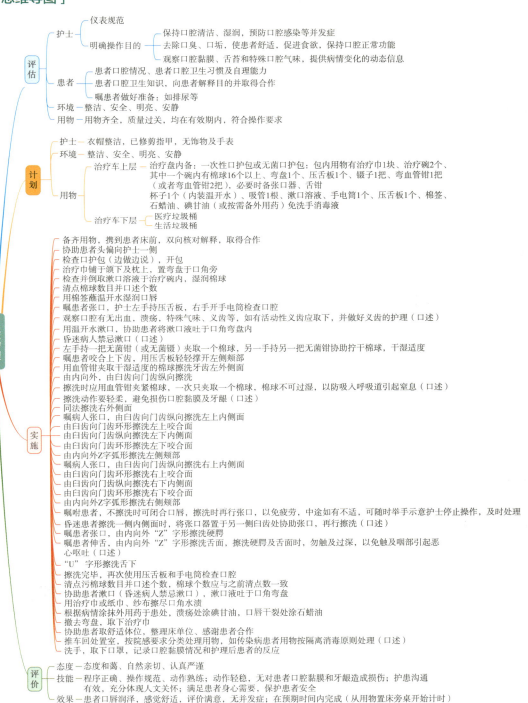

[操作流程]

一、评估

1. 仪表规范,明确操作目的

2. 患者:口腔情况、卫生知识、心理合作

3. 环境:整洁、安全、明亮、安静

4. 用物:齐全,符合操作要求

二、计划

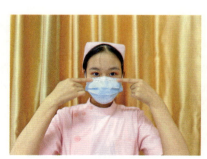

1. 护士洗手戴口罩

2. 患者准备就绪,环境适宜

3. 双人核对医嘱执行单,无误,备物

三、实施

1. 携用物至床前,双向核对解释

2. 协助患者头偏向护士一侧

3. 检查口护包,开包

4. 治疗巾铺于颌下和枕上,置弯盘

5. 倒漱口液于治疗碗,湿润棉球

6. 清点棉球数目并口述个数

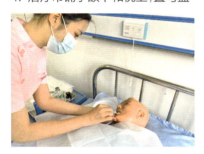

7. 用棉签蘸温开水湿润口唇

8. 嘱患者张口,检查口腔

9. 用温开水漱口

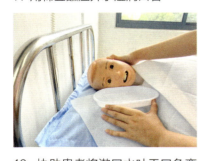

10. 协助患者将漱口水吐于口角弯盘内

11. 拧干棉球,干湿适度(以不滴水为度)

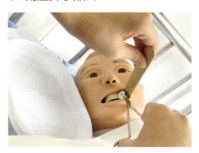

12. 嘱患者咬合上下齿,撑开左侧颊部

13. 擦洗牙齿左外侧面

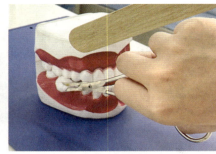

14. 擦洗牙齿右外侧面

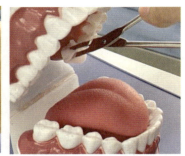

15. 擦洗牙齿左上内侧面

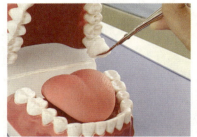

16. 擦洗牙齿左上咬合面

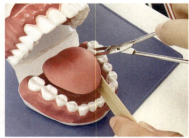

17. 擦洗牙齿左下内侧面

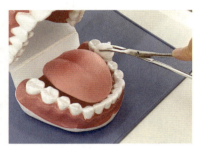

18. 擦洗牙齿左下咬合面

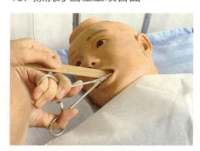

19. Z 字弧形擦洗左侧颊部

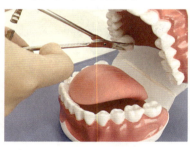

20. 擦洗牙齿右上内侧面

21. 擦洗牙齿右上咬合面

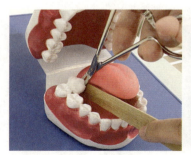

22. 擦洗牙齿右下内侧面

23. 擦洗牙齿右下咬合面

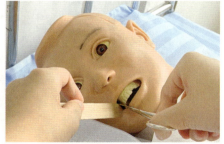

24. Z 字弧形擦洗右侧颊部

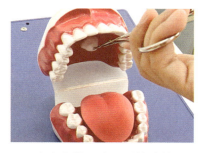

25. 由内向外 Z 字弧形擦洗外 2/3 硬腭

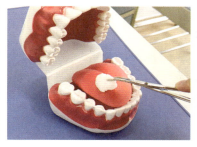

26. 由内向外 Z 字弧形擦洗外 2/3 舌面

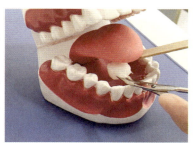

27. U 形擦洗舌下

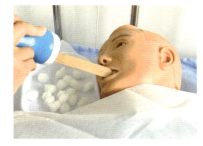

28. 使用压舌板和手电筒检查口腔

29. 清点棉球数目

30. 协助患者漱口（昏迷患者禁忌）

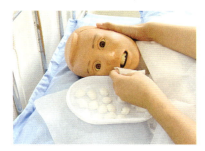

31. 用治疗巾或纸巾、纱布擦尽口角水渍

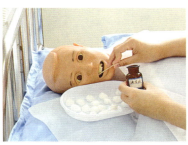

32. 溃疡处涂碘甘油

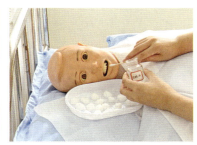

33. 口唇干裂处涂石蜡油

34. 撤去弯盘，取下治疗巾

35. 协助患者取舒适体位，整理床单位、感谢患者合作

36. 推车回处置室，按院感要求分类处理用物

37. 洗手、记录

四、评价

患者舒适满意,安全无并发症

[评分标准]

特殊口腔护理——操作考核评分标准(满分:100 分)

(规定时间:9 分钟　　　实际操作时间:　分钟)

班级　　　学号　　　姓名　　　成绩　　　　　　　　　　　年　　月　　日

质量标准			操作过程	分值	操作要求及指标	扣分
评估 10 分	护士	仪表	符合规范要求	2	仪表不规范扣 1 分	
		操作目的	①保持口腔清洁、湿润,使患者舒适,预防口腔感染等并发症;②去除口臭、口垢,促进食欲,保持口腔正常功能;③观察口腔黏膜、舌苔变化和特殊口腔气味,提供病情变化的动态信息	3	口述,不全一项扣 1 分,至扣完分值	
	患者		①患者口腔情况、患者口腔卫生习惯及自理能力;②患者口腔卫生知识,向患者解释目的并取得合作;③嘱患者做好准备:如排尿、排便等	3		

续表

质量标准		操作过程	分值	操作要求及指标	扣分
评估10分	环境	是否:整洁、安全、明亮、安静	1	口述或做不全均不得分	
	用物	用物齐全,质量过关,均在有效期内,符合操作要求	1		
计划5分	护士	衣帽整洁,已修剪指甲,无饰物及手表,洗手,戴口罩	1	缺一项或多一项扣一分,至扣完分值	
	环境	整洁、安全、明亮、安静	1		
	用物	根据医嘱执行单备物: 治疗车上层:一次性口护包或无菌口护包:包内用物有治疗巾 1 块、治疗碗 2 个,其中一个碗内有棉球不少于 16 个、弯盘 1 个、压舌板 1 个、镊子 1 把、弯血管钳 1 把(或者弯血管钳 2 把);必要时备张口器、舌钳;有条件备 PDA 杯子 1 个(内装温开水)、吸管 1 根、漱口溶液、手电筒 1 个、压舌板 1 个、棉签、石蜡油、碘甘油(或按需备口腔薄膜、冰硼散、锡类散、西瓜霜、金霉素甘油、制霉素甘油等外用药) 免洗手消毒液 治疗车下层:医疗垃圾桶、生活垃圾桶	3		
实施70分	双人核对	备齐用物,双人核对执行单无误,携用物到患者床前	1	全程没戴口罩扣 10 分 手法正确,沟通有效,单项不正确者,相应栏目不得分	
	核对解释	双向核对解释(或 PDA),取得合作	1		
	协助体位	协助患者头偏向护士一侧	1		
	检查开包	检查口护包(边做边说),开包	2		
	铺巾置盘	治疗巾铺于颌下及枕上,置弯盘于口角旁	1		
	倒液润球	检查并倒取漱口溶液于治疗碗内,湿润棉球	2		
	清点棉球	清点棉球数目(不少于 16 个)并口述个数	2		
	润唇漱口	用棉签蘸温开水湿润口唇;嘱患者张口,护士左手持压舌板,右手开手电筒检查口腔,观察口腔有无出血、溃疡,特殊气味、义齿等,如有活动性义齿应取下,并做好义齿的护理(口述)	3	压舌板执法正确,污染扣 5 分	
		用温开水漱口,协助患者将漱口液吐于口角弯盘内,昏迷患者禁忌漱口(口述)	2	拧棉球时保持清洁钳子在上方,拧水位置不过高,溅出者不得分	
	拧干棉球	左手持一把无菌钳(或无菌镊)夹取一个棉球,右手持另一把无菌钳协助拧干棉球,左镊在上,右钳在下,干湿适度	2		

续表

质量标准			操作过程	分值	操作要求及指标	扣分
实施70分	按序擦洗		嘱患者咬合上下齿,用压舌板轻轻撑开左侧颊部	1	边做边说,手法正确,单项不正确者,相应栏目不得分 擦洗顺序错一次扣2分 擦洗敷衍不干净一次扣2分 棉球过湿或者过干一次扣2分 发出声响损伤黏膜,一次扣5分 污染一次扣5分	
			用已拧干湿适度的棉球擦洗牙齿左外侧面 由内向外,由臼齿向门齿纵向擦洗	2		
			擦洗时应用血管钳夹紧棉球,一次只夹取一个棉球,棉球不可过湿,以防吸入呼吸道引起窒息(口述)	2		
			擦洗动作要轻柔,避免损伤口腔黏膜及牙龈(口述)	2		
			同法擦洗右外侧面	2		
			嘱患者张口,由臼齿向门齿纵向擦洗左上内侧面	2		
			由臼齿向门齿环形擦洗左上咬合面	2		
			由臼齿向门齿纵向擦洗左下内侧面	2		
			由臼齿向门齿环形擦洗左下咬合面	2		
			由内向外Z字弧形擦洗左侧颊部	2		
			嘱患者张口,由臼齿向门齿纵向擦洗右上内侧面	2		
			由臼齿向门齿环形擦洗右上咬合面	2		
			由臼齿向门齿纵向擦洗右下内侧面	2		
			由臼齿向门齿环形擦洗右下咬合面	2		
			由内向外Z字弧形擦洗右侧颊部	2		
	处理问题		嘱咐患者,不擦洗时可闭合口唇,擦洗时再行张口,以免疲劳,中途如有不适,可随时举手示意护士停止操作,及时处理	1		
			昏迷患者擦洗一侧内侧面时,将张口器置于另一侧臼齿处协助张口,再行擦洗(口述)	1		
	擦洗腭舌		嘱患者张口,由内向外Z字形擦洗外2/3硬腭	2		
			嘱患者伸舌,由内向外Z字形擦洗外2/3舌面,擦洗硬腭及舌面时,勿触及过深,以免触及咽部引起恶心呕吐(口述)	2		
			U字形擦洗舌下(由舌下舌尖到舌根到牙龈)	2		
	擦毕检查		擦洗完毕,再次使用压舌板和手电筒检查口腔	2		
			清点污棉球数目并口述个数,棉球个数应与之前清点数一致	2	个数不一致不得分	
	协助患者		协助患者漱口(昏迷患者禁忌漱口),漱口液吐于口角弯盘	2	手法不到位扣1分 根据案例酌情用药	
			用治疗巾或纸巾、纱布擦尽口角水渍	1		
			根据病情涂抹外用药于患处,溃疡处涂碘甘油,口唇干裂处涂石蜡油	2		

续表

质量标准		操作过程	分值	操作要求及指标	扣分
实施70分	撤物取位	撤去弯盘,取下治疗巾,协助患者取舒适体位	2	手法不到位扣1分垃圾分类处理不正确者不得分	
	整床感谢	整理床单位、感谢患者合作	1		
	分类处理	推车回处置室,按院感要求分类处理用物,如传染病患者用物按隔离消毒原则处理(口述)	2		
	洗手记录	洗手,取下口罩,记录口腔黏膜情况和护理后患者的反应	2		
评价15分	态度	态度和蔼、自然亲切、认真严谨	5	①熟练程度、规范程度根据实际情况酌情扣2~5分②超预期时间扣5分	
	技能	程序正确、操作规范、动作熟练;动作轻稳,无对患者口腔黏膜和牙龈造成损伤;护患沟通有效,充分体现人文关怀;满足患者身心需要,保护患者安全	5		
	效果	患者口唇润泽,感觉舒适,评价满意,无并发症;在预期时间内完成(从用物置床旁桌开始计时)	5		
总分			100		

(黄琛琛)

任务二 床上洗头(以洗头车为例)

[案例] 患者,谢某,女,20岁,不慎从高处落地导致股骨骨折,遵医嘱卧床休息,因无法起身洗头洗澡,自述头发油腻,头皮瘙痒,有异味,需要护理人员给予床上洗头。

医嘱 床上洗头。

任务 床上洗头。

[操作目的]

1. 去除污秽和头屑,使患者头发清洁柔顺、舒适、美观。

2. 维护患者自尊、自信,建立良好护患关系。

3. 按摩头皮,促进头皮的血液循环,利于头发生长代谢。

4. 预防感染,预防和灭除虱、虮,防止疾病传播。

[实训时数] 2学时。

[教学目标]

1. 知识 能正确叙述床上洗头目的、适应证、顺序、步骤及注意事项。

2. 技能 能根据患者病情和现有设备条件,选用适宜的床上洗头法为患者清洗头发。

3. 素养 培养学生养成良好的卫生习惯;具有敏锐的观察能力,注重护患沟通和患者个性需求,使患者安全、舒适、美观、满意。

[实验设计]

1. 教学活动 示教、角色扮演、小组或个人训练等活动；应用思维导图、操作流程图、操作视频等指导课堂和课后练习。

2. 考核评价 平时考、阶段考、期末考等相结合；应用评分标准考核评价技能。

[注意事项]

1. 提前调节好室温、水温，注意患者保暖，及时擦干吹干头发，避免患者着凉。

2. 加强护患沟通交流，及时了解患者的个性化需求和感受，注意观察病情变化，如发现面色、脉搏、呼吸异常时应立即停止操作，酌情处理。

3. 操作动作轻稳，应注意防止污水流入患者眼或耳内刺激黏膜，避免洗头水沾湿衣服及床单。

4. 洗发时间不宜过长，以免引起患者疲劳和头部充血造成不适。病情不稳、极度虚弱者不宜洗头。

5. 护士应遵循节力原则，保持良好姿势，避免劳累和职业损伤。

6. 如患者头上有虱子、头虮，应先消灭后清洗，传染病患者需按隔离技术和原则处理。

[思维导图]

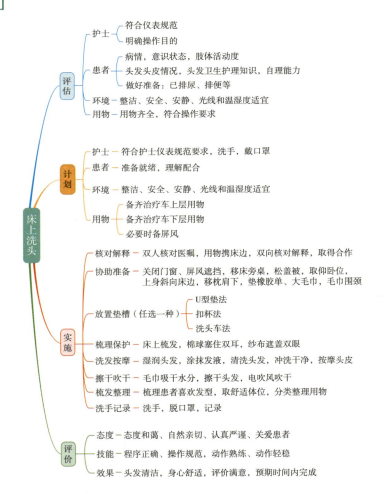

[操作流程]

一、评估

 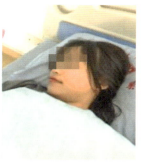  

1. 仪表规范明确操作目的　2. 评估患者情况　3. 环境：整洁、安全、明亮、安静、温湿度适宜　4. 用物：齐全，符合操作要求

二、计划

1. 护士洗手、戴口罩　2. 患者准备就绪（已排尿排便）　3. 环境符合要求　4. 双人核对医嘱执行单，无误，备物

三、实施

1. 携用物至床旁，核对，解释　2. 按需关闭门窗，必要时屏风遮挡　3. 移开床旁桌　4. 松开床尾盖被，取仰卧位

5. 患者上身斜向床边，枕头移于肩下

6. 将橡胶单及大毛巾，铺于枕头上

7. 松开患者领口，将衣领向内反折

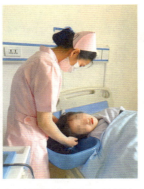

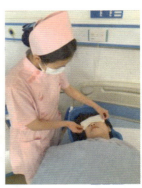

8. 将毛巾围于颈部，用别针固定

9. 放置垫槽，头置于垫槽内

10. 松开头发，梳理顺畅

11. 嘱患者紧闭双眼，用纱布或者眼罩遮住

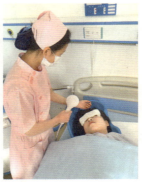

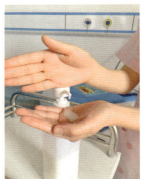

12. 用棉球塞住双耳

13. 测试水温

14. 湿润患者头发，询问患者感受

15. 取洗发液

16. 均匀涂抹患者头发

17. 用指腹按摩头部

18. 用梳子梳去脱落头发,并梳顺

19. 温水冲洗,直至洗净头发

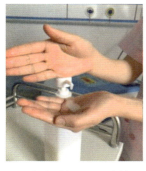

20. 根据情况,可酌情再清洗第二遍

21. 取下纱布或眼罩、棉球

22. 解颈部毛巾包住头部

23. 撤去垫槽,用热毛巾擦净患者面部

24. 酌情使用护肤用品

25. 移枕头、橡胶、毛巾至头部

26. 用包头毛巾擦干头发

27. 用电吹风吹干头发

28. 梳去脱落的头发放于纸袋中

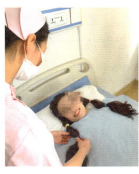

29. 梳理成患者喜欢的发型

30. 撤去用物,整理床单位

31. 协助患者取舒适体位,感谢患者合作

32. 按院感要求分类处理用物　33. 洗手,记录

四、评价

 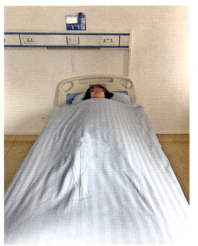

1. 患者舒适满意　　　　　　　2. 患者安全并无并发症

[评分标准]

床上洗头——操作考核评分标准(满分:100 分)

(规定时间:15 分钟　　　　　实际操作时间:　分钟)

班级　　　　学号　　　　姓名　　　　成绩　　　　　　　　　　　年　　月　　日

质量标准			操作过程		分值	操作要求及指标	扣分
评估10 分	护士	仪表	符合规范要求		2	不符合一项扣 1 分	
		操作目的	①去除污秽和头屑,使患者头发清洁柔顺、舒适、美观; ②维护患者自尊、自信,建立良好护患关系; ③按摩头皮,促进头皮的血液循环,利于头发生长代谢; ④预防感染,预防和灭除虱、蚧,防止疾病传播		3	口述,不全扣 1 分,至扣完分值	

续表

质量标准		操作过程	分值	操作要求及指标	扣分
评估 10 分	患者	①患者病情,意识状态,肢体活动度; ②患者头发头皮情况,头发卫生护理知识,自理能力,向患者解释目的并取得合作; ③嘱患者做好准备:如排尿、排便等	3	口述,不全扣 1 分,至扣完分值	
	环境	是否:整洁、安全、安静、光线和温湿度适宜(调高室温)	1		
	用物	用物齐全,质量过关,均在有效期内,符合操作要求	1		
计划 5 分	护士	衣帽整洁,已修剪指甲,无饰物及手表,洗手,戴口罩		口述,不全扣 1 分	
	环境	整洁、安全、安静、光线和温湿度适宜(调高室温至 22~26℃)	2		
	用物	根据医嘱执行单备物: 治疗车上层:治疗盘内置小橡胶单、毛巾、浴巾、纱布或眼罩、别针、不脱脂棉球 2 个、梳子、镜子、纸袋;治疗盘外备免洗手消毒液、量杯、洗发液、护肤品(患者自备);有条件备 PDA 治疗车下层:热水壶、脸盆(内盛 40~45℃温水)、污水桶、电吹风、医疗垃圾桶、生活垃圾桶 洗发设备:U 型垫套装、扣杯套装或洗头车(三种任选一种) 必要时备屏风	3	缺一项扣 1 分,至扣完分值	
实施 70 分	双人核对	备齐用物,双人核对执行单无误,携到患者床边	2	流程正确,沟通有效,单项不正确者,相应栏目不得分	
	核对解释	双向核对解释(PDA),取得合作	1		
	协助准备	按需关闭门窗、屏风或围帘遮挡	2		
		有床头支架,放平床头,移开床旁桌椅,用物放于方便取用之处	2		
		松床尾盖被,协助患者取仰卧位,上身斜向床边,枕头移于肩下	2		
		将橡胶单及大毛巾铺于枕头上	2		
		松开患者领口,将衣领向内反折,将毛巾围于颈部,用别针固定	2	如别针刺伤患者扣 10 分	
	放置垫槽	放置垫槽,头置于垫槽内(以下三种方法择一进行)	2	三种方法任选一种实施操作,其他两种采用口述得分; 口述不完整一项扣 1 分,直至扣完分值	
		U 型垫法:U 型垫置于患者颈下,颈部枕于 U 型垫凸起处,头部放于中间水槽中,水槽出口处接一大橡胶单,下部连接污水桶(也可自制 U 型垫)	7		
		扣杯法:床头放置一脸盆,盆底放一块毛巾,倒扣一宽底杯,杯上垫一块折叠毛巾,患者头部枕于折叠毛巾上,脸盆内置一橡胶管,下接污水桶	7		
		洗头车法:洗头车推至床头,患者屈膝仰卧,头枕于洗头车头托上,或将接水盘置于患者头下	7		

质量标准		操作过程	分值	操作要求及指标	扣分
实施70分	梳理保护	松开头发,从上至下,由发根梳至发梢,梳理顺畅	2	造成疼痛者酌情扣2~5分	
		如头发打结,先用30%乙醇润湿打结处,再小心由发梢向发根慢慢梳顺	2		
		保护眼耳:用棉球塞住双耳,嘱患者紧闭双眼,用纱布或者眼罩遮盖患者双眼	2		
	洗发按摩	用流水于护士手背测试水温,用流动温水充分湿润患者头发,询问患者感受,水温不可过冷或者过热,以患者自觉温暖舒适为宜。	2	无询问感受扣2分	
		取洗发液于手掌揉搓至泡沫,均匀涂抹患者头发上,用指腹由发际向头顶再至枕后反复揉搓头发,按摩头皮	2	按摩手法不正确扣2分	
		用梳子梳去脱落的头发,并梳顺	2	冲洗不干净扣5分;如眼耳溅湿酌情扣2~5分;衣领弄湿酌情扣2~5分	
		用温水冲洗头发直至洗净无洗发液残留为止	2		
		如头发很脏,可酌情清洗第二遍,重复以上揉搓,按摩,梳理,冲洗,直至清洗干净	2		
		操作中,动作轻柔,力度适中,防止水流入眼耳,注意保暖和观察患者反应,善于倾听患者主诉(口述)	2		
	擦干吹干	取下纱布或眼罩及棉球,解下颈部毛巾包住患者头发,吸干头发水分	2		
		撤去垫槽,用热毛巾擦净患者面部,酌情使用护肤品	2		
		协助患者卧于床正中,将枕头、橡胶单、大毛巾从肩下移至头部	2	床单元弄湿酌情扣2~5分	
		用包头的毛巾初步擦干头发,再用大毛巾进一步擦干,用电吹风吹干头发	2	吹不干扣2分;造成烫伤扣10分	
	梳发整理	梳去脱落的头发放于纸袋中,梳理成患者喜欢的发型,使患者舒适	2	沟通有效,单项不正确者,相应栏目不得分	
		撤去用物,整理床单位,协助患者取舒适体位,感谢患者合作	2		
		推车回处置室,按院感要求分类处理用物,如传染病患者用物按隔离消毒原则处理(口述)	2		
	洗手记录	洗手,记录	2	不全不得分	

续表

质量标准		操作过程	分值	操作要求及指标	扣分
评价15分	态度	态度和蔼、自然亲切、认真严谨、关爱患者	5	①熟练程度、规范程度根据实际情况酌情扣2~5分；②缺乏沟通，态度不佳酌情扣2~5分；③超预期时间扣5分	
	技能	程序正确、操作规范、动作熟练、轻稳、水温适宜；注意安全，未造成烫伤、受凉感冒、牵拉疼痛和头皮损伤，无污水溅入眼耳，无弄湿患者衣服和床单元；护患沟通有效，充分体现人文关怀，满足患者身心需要	5		
	效果	患者头发清洁，身心舒适，评价满意，在预期时间内完成	5		
总分			100		

（黄琛琛）

任务三　床上擦浴

[**案例**] 患者，李某，女，75 岁，阿尔茨海默病，病情进行性加重，生活不能自理，今日查房，发现其裤子部分被尿液浸湿污染，异味很重，需要护理人员给予床上擦浴，并更换干净衣裤。

医嘱：床上擦浴。

任务：床上擦浴。

[**操作目的**]

1. 去除皮肤污垢，保持皮肤清洁，使患者舒适，保持良好形象，满足患者身心需要。

2. 促进皮肤血液循环，增强其排泄功能，预防皮肤感染及压疮等并发症。

3. 放松紧张的肌肉，协助患者活动肢体，防止关节僵硬和肌肉挛缩等并发症。

4. 观察全身皮肤有无异常，为临床诊断提供依据。

[**实训时数**] 2 学时

[**教学目标**]

1. 知识　能说出适宜的室温、水温，能正确叙述床上擦浴目的、擦洗顺序、步骤及注意事项。

2. 技能　能正确将毛巾包成手套式，规范擦洗，及时换水换盆，使患者安全、舒适、整洁、满意。

3. 素养　培养学生养成良好的卫生习惯；关爱患者，尊重患者，保护隐私；具有良好沟通能力，注重患者个性需求；培养学生安全责任意识、敏锐观察能力和人文关怀精神。

[**实验设计**]

1. 教学活动　示教、角色扮演、小组或个人训练等活动；应用思维导图、操作流程图、操作视频等指导课堂和课后练习。

2. 考核评价　平时考、阶段考、期末考等相结合；应用评分标准评价技能掌握效果。

[**注意事项**]

1. 熟练掌握擦洗方法，水温舒适，及时更换温水，操作动作宜轻柔，注意擦净脐部、腋窝、腹股沟、指间、趾间等皮肤皱褶和缝隙处。

2. 调节室温，尽量减少翻动次数和暴露，防止着凉。擦洗过程注意观察病情变化，身体暴露部位要及时遮挡，以防患者着凉，保护隐私，维护患者自尊。

3. 护士遵循节力原则，站立时，两脚稍分开，降低重心，保持稳定，端水盆时水盆尽量靠近身体，减少体力消耗。

4. 如皮肤污垢较多，可先用温水湿润，再用浴液或浴皂擦洗，用湿毛巾擦净，最后浴巾擦干，即"一湿、二皂、三净、四干"。操作时动作轻柔，注意调整水温，清洗会阴和足部的水盆毛巾要分开。

5. 注意擦洗方向，尤其女患者的会阴部位。如肢体有外伤，脱衣时应先脱健侧，后脱患侧，穿衣时应先穿患侧，后穿健侧。

［思维导图］

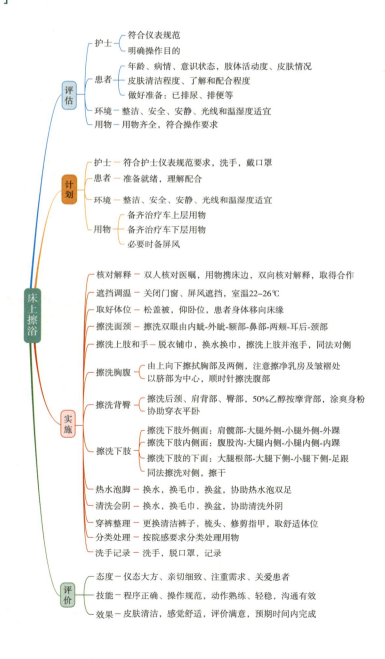

[操作流程]

一、评估

1. 仪表规范,明确　2. 评估患者
操作目的

3. 环境:整洁、安全、明亮、　4. 用物符合操作要求
安静

二、计划

  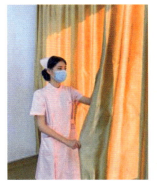 

1. 护士衣帽整洁,洗手,　2. 患者理解,准备就绪
戴口罩

3. 关窗调温,注意保暖,保　4. 根据医嘱执行单,备物
护隐私

三、实施

1. 携用物床边,双向核对解释　　2. 关闭门窗、屏风遮挡　　3. 移桌椅,松被尾,移患者至床缘

4. 将浴巾铺枕上,另1条盖胸前

5. 用患者毛巾,拧干,围成手套式

6. 擦洗双眼(由内眦到外眦)

7. 第一遍擦洗面颈

8. 第二遍清水擦净脸上洗面奶

9. 再用浴巾沾干脸上水分

10. 脱去上衣放于车下层

11. 换水换毛巾

12. 浴巾半铺半盖近侧上肢

13. 手套式毛巾,浴液擦拭上臂

14. 擦洗近侧上肢

15. 用浴巾擦干后遮盖

16. 铺浴巾,放置脸盆洗手并擦干

17. 同法擦洗另一侧上肢和手

18. 被子向下折叠,用浴巾遮盖胸部

19. 由上向下擦洗胸部

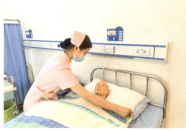

20. 擦洗后用浴巾遮盖

21. 折盖被露出腹部,用浴巾遮盖胸腹部

22. 暴露腹部,擦洗(先涂浴液后清水洗净)

23. 浴巾遮盖胸腹部,沾干水分

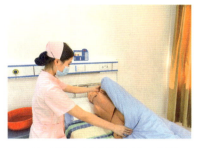

24. 协助侧卧,浴巾边缘铺于背臀下

25. 向上反折遮盖背臀部

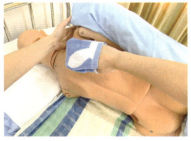

26. 打开浴巾擦洗,每次用浴巾遮盖

27. 擦洗后用浴巾吸干水分并遮盖

28. 倒50%乙醇,按摩背部

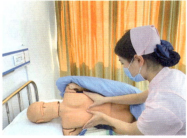

29. 再倒爽身粉均匀涂抹,按摩全背

30. 协助患者穿上清洁衣服

31. 换水、换毛巾，协助脱下裤子，遮盖会阴，暴露一侧下肢，浴巾铺盖

32. 暴露下肢，由大腿向小腿方向擦洗（毛巾先涂浴液后清水洗净）

33. 依次擦洗髋部 - 大腿外侧 - 小腿外侧 - 外踝

34. 依次擦洗腹股沟 - 大腿内侧 - 小腿内侧 - 内踝

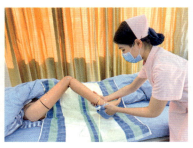

35. 依次擦洗大腿根部 - 大腿下侧 - 腘窝 - 小腿下侧 - 足跟

36. 用浴巾沾干下肢水分，同法擦洗对侧下肢

37. 换水、换毛巾、换盆，铺巾置盆，浸泡双脚，擦干

38. 换水，换毛巾，换盆

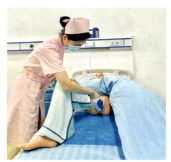

39. 清洗会阴并擦干

40. 取污裤置车下层，协助穿清洁裤子

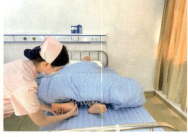

41. 用 50% 乙醇按摩骨隆突部位

42. 根据需要给患者梳头、修剪指甲

43. 取舒适体位,感谢患者合作

44. 分类处理用物,洗手,记录

四、评价

患者舒适满意,安全无并发症

[评分标准]

床上擦浴——操作考核评分标准(满分:100分)

(规定时间:20分钟　　　　实际操作时间:　　分钟)

班级　　　　学号　　　　姓名　　　　成绩　　　　　　　　　　　　年　　月　　日

质量标准			操作过程	分值	操作要求及指标	扣分
评估 10分	护士	仪表	符合规范要求	2	仪表不规范扣1分	
		操作目的	①去除皮肤污垢,保持皮肤清洁,使患者舒适,保持良好形象,满足患者身心需要; ②促进皮肤血液循环,增强其排泄功能,预防皮肤感染及压疮等并发症; ③放松紧张的肌肉,协助患者活动肢体,防止关节僵硬和肌肉挛缩等并发症; ④观察全身皮肤有无异常,为临床诊断提供依据	3	口述,不全扣1分,至扣完分值	

质量标准		操作过程	分值	操作要求及指标	扣分
评估 10分	患者	①患者年龄、病情、意识状态,肢体活动度、皮肤情况; ②患者皮肤清洁程度、对擦浴的了解和配合程度; ③嘱患者做好准备:如排尿、排便等	3	口述,不全扣1分,至扣完分值	
	环境	是否:整洁、安全、安静、光线和温湿度适宜(调高室温)	1		
	用物	用物齐全,符合操作要求	1		
计划 5分	护士	衣帽整洁,已修剪指甲,无饰物及手表,洗手,戴口罩	2	口述,不全扣1分	
	环境	整洁、安全、安静、光线和温湿度适宜(调高室温至22~26℃)			
	用物	根据医嘱执行单备物: 治疗车上层:方毛巾1条(脸)、中毛巾2条(上身、下身)、专用毛巾2条(会阴部、擦脚巾)、浴巾2条、浴液1瓶、防水治疗单1块、清洁衣裤1套、必要时清洁被服1套、50%乙醇、爽身粉、热水壶、梳子、指甲剪;有条件备PDA 治疗车下层:脸盆(身体、会阴、脚)3个、热水桶(内盛40~45℃温水)、污水桶、医疗垃圾桶、生活垃圾桶 必要时备屏风	3	缺一项扣1分,至扣完分值	
实施 70分	双人核对	备齐用物,双人核对执行单无误,携到患者床前	1	手法正确,沟通有效,单项不正确者,相应栏目不得分	
	核对解释	双向核对解释(PDA),取得合作	1		
	遮挡调温	按需关闭门窗、屏风或围帘遮挡,室温保持在22~26℃	2		
	取好体位	有床头架应放平床头 放平床头,移开床旁桌椅,用物放于方便取用之处	2		
		松被尾,协助患者取仰卧位,患者身体移向床缘	2		
	擦洗面颈	将1条浴巾铺于枕巾上,另1条盖在胸部,用患者洗脸毛巾擦洗面部,洗脸巾包在右手上,围成手套式,依次擦洗双眼,由内眦至外眦(勿用浴液或肥皂);用些许洗面奶,依次擦拭额部、鼻部、两颊、耳后、颈部(额部由中间分别向两侧擦洗,鼻部由上向下擦洗鼻侧翼,面颊由鼻、唇、下巴向左右面颊擦洗,耳后由上到下擦洗,颈部由中间分别向两侧擦洗),洗净毛巾,擦净脸上洗面奶,再用浴巾沾干脸上水分	5	操作时动作要迅速、轻柔,注意擦净耳后及颈部等皮肤皱褶处,手法不正确扣2分	
	擦洗上肢	脱衣铺巾:为患者脱去上衣(先脱近侧,后脱对侧),污衣放于治疗车下层(口述:如有外伤,先脱健侧,后脱患侧)	2	顺序错误不得分	
		换水换毛巾(根据实际情况,中途可及时添加热水,保证水温适宜)	2	无更换者不得分	

续表

质量标准	操作过程		分值	操作要求及指标	扣分
实施70分	擦洗上肢	擦洗上肢:暴露近侧上肢,浴巾半铺半盖于上肢,第一遍:浴液擦拭肩外臂至腕部,侧胸腋下内侧臂至腕部,每次擦拭后均用浴巾遮盖;第二遍:同法清水擦净上肢浴液,再用浴巾包裹沾干上肢上的水分。将浴巾对折置于床边	3	尽量减少暴露 注意保暖、隐私保护 注意擦净皮肤皱褶处(如腋窝、肘窝、如女性乳房及周围) 操作不规范扣2分	
		泡手:铺防水治疗巾,置脸盆于巾上,协助患者将手浸于脸盆中,洗净并擦干	2		
		同法擦拭另一侧上肢和手,并擦干	1		
	擦洗胸部	将被子向下折叠暴露胸部,用浴巾遮盖胸部。第一遍:浴液擦拭,由上而下擦拭胸部及两侧,(乳房环形擦洗)每次擦拭后均用浴巾遮盖;第二遍:同法清水擦净胸部浴液,再用浴巾沾干胸部水分(口述:擦洗过程中,注意观察患者反应,如出现寒战、面色苍白等情况,要立即停止擦洗,采取保暖措施,告知医生)	5		
	擦洗腹部	将盖被向下折至大腿根部,用浴巾遮盖胸腹部。第一遍:浴液擦拭,打开浴巾下角暴露腹部,以脐部为中心,顺结肠走向顺时针擦洗,每次擦拭后均用浴巾遮盖;第二遍:同法清水擦净腹部浴液,再用浴巾沾干腹部水分	5	动作轻稳 注意保暖 操作不规范扣2分	
	擦颈背臀	擦洗后颈、背部、臀部:协助患者翻身侧卧,背部朝向护士,必要时拉起对侧床栏。被子上折暴露背臀部,浴巾边缘铺垫于背臀下,余遮盖背臀;第一遍:浴液擦拭,打开浴巾暴露背臀部,依次擦洗后颈部、肩部、背部、臀部,每次擦拭后均用浴巾遮盖;第二遍:同法清水擦净身上浴液,再用浴巾沾干身上水分	5	尽量减少暴露 注意保暖 注意观察皮肤有无压疮 操作不规范扣2分	
		观察皮肤,必要时用50%乙醇按摩背部,涂上爽身粉(口述)	2		
	穿衣平卧	协助患者穿上清洁衣服(先穿近侧,后穿对侧),平卧,盖好被子(口述:如有外伤,先穿患侧,后穿健侧)	2	口述,顺序错误不得分	
	擦洗下肢	换水,换毛巾,协助患者脱裤,并将裤子折叠遮盖会阴	2	无更换者不得分	
		擦洗下肢:暴露一侧下肢,浴巾半铺半盖;第一遍:浴液擦拭,打开浴巾暴露下肢,另一手扶住下肢成屈膝状,由大腿向小腿方向擦洗,顺序为:①髋部-大腿外侧-小腿外侧-外踝;②腹股沟-大腿内侧-小腿内侧-内踝;③大腿根部-大腿下侧-腘窝-小腿下侧-足跟,每次擦拭后均用浴巾遮盖;第二遍:同法清水擦净下肢浴液,再用浴巾沾干下肢上的水分,同法擦洗另一侧下肢	5	尽量减少暴露 注意保暖 注意擦净皮肤皱褶处(如股骨沟、膝下) 操作不规范扣2分	

续表

质量标准		操作过程	分值	操作要求及指标	扣分
实施 70分	热水泡脚	换水,换毛巾,换盆,协助患者双腿屈曲	2	无更换者不得分	
		将被子的被尾向床头折叠,暴露双脚,(口述:必要时取软枕垫在膝下支撑),脚下铺浴巾,铺防水治疗巾,水盆放在巾上,将患者一只脚浸于水中,涂拭浴液,用洗脚巾擦洗脚部(注意洗净脚趾缝),洗后将脚放在浴巾上,同法清洗另外一只脚。撤去治疗巾和水盆,拧干洗脚巾,擦干双脚,再用浴巾进一步擦干脚部水分	5	注意洗净趾间操作不规范扣2分	
	清洗会阴	换水,换毛巾,换盆	2	无更换者不得分	
		清洗会阴:一手托起患者臀部,一手铺浴巾,将专用毛巾浸湿拧干 女性患者:按顺序擦洗由阴阜向下至尿道口、阴道口、肛门,边擦洗边转动毛巾,清洗毛巾后分别擦洗左右侧腹股沟部位 男性患者:按顺序擦洗阴阜、尿道口、包皮、阴茎、阴囊和肛门随时清洗毛巾,直至清洁无异味	5	注意擦洗方向方向错误不得分操作不规范扣2分	
	穿裤整理	撤去浴巾,取出污裤子置于治疗车下层,协助患者更换清洁裤子(口述:酌情用50%乙醇按摩足跟、内外踝等骨隆突部位)	2	少一项扣1分	
		根据患者需要,可为患者梳头、修剪指甲等,必要时更换床单	1		
		整理床单位,协助患者取舒适体位,感谢患者合作	1		
	分类处理	撤去屏风,开窗通风,推车回处置室,按院感要求分类处理用物,如传染病患者用物按隔离消毒原则处理(口述)	2	少一项扣1分	
	洗手记录	洗手,记录	1		
评价 15分	态度	仪态大方、亲切细致、注重需求、关爱患者	5	①熟练程度、规范程度根据实际情况酌情扣2~5分; ②缺乏沟通,态度不佳酌情扣2~5分; ③超预期时间扣5分	
	技能	程序正确、操作规范,动作熟练、轻稳、温度适宜,无弄湿患者衣服和床单元;护患沟通有效,充分体现人文关怀;满足患者身心需要,保护患者安全	5		
	效果	患者皮肤清洁,感觉舒适,评价满意,无皮肤损伤等并发症;在预期时间内完成	5		
总分			100		

(黄琛琛)

任务四　压疮的预防和护理

[**案例**] 患者,丁某,男,85 岁,体型较为消瘦,轻度营养不良,偶有小便失禁,因行走时不慎跌倒导致骶尾部软组织挫伤,遵医嘱给予保守治疗,该患者目前意识清醒,但自理能力差。

医嘱:压疮护理。

任务:压疮预防护理。

[**操作目的**]

1. 减轻局部组织受压,保护骨隆突处,提高患者的舒适度。

2. 避免局部理化因素的刺激,保持皮肤完整性。

3. 改善营养状况,促进血液循环,预防压疮的发生。

4. 利于创面愈合,减轻疼痛,预防感染。

[**实训时数**] 2 学时。

[**教学目标**]

1. 知识　能正确叙述压疮的概念、发生的原因、高危人群、好发部位;压疮分期、预防、护理措施及其注意事项。

2. 技能　能评估压疮危险性,能根据病情采取针对性预防措施、相应治疗和护理。

3. 素养　培养学生敏锐的观察能力和预见能力,尊重患者,保护隐私,具有良好的护患沟通能力和人文关怀精神。

[**实验设计**]

1. 教学活动　示教、角色扮演、小组或个人训练等活动;应用思维导图、操作流程图、操作视频等指导课堂和课后练习。

2. 考核评价　平时考、阶段考、期末考等相结合;应用评分标准评价技能掌握效果。

[**注意事项**]

1. 根据患者的不同卧位,重点观察骨隆突处和受压部位皮肤情况有无潮湿、压红、破溃、水疱、感染等,提前预防,及时护理,做到"七勤":勤观察、勤翻身、勤擦洗、勤按摩、勤整理、勤更换、勤交班。

2. 加强护患沟通交流,及时了解患者的皮肤营养情况,如皮肤弹性、颜色、温度、感觉等。根据受压部位和皮肤情况,正确选用各式压疮垫、软枕、压疮贴、压疮喷雾、按摩器、红外线灯等,倾听主诉,加强观察与护理。

3. 预见性评估患者全身状况,有无发热、消瘦、肥胖、昏迷、躁动、水肿、年老体弱、大小便失禁等发生压疮的高危因素。

4. 操作动作轻稳,避免拖、拉、拽、推等动作,根据患者病情和受压处皮肤情况及时翻身,一般间隔 2 小时翻身一次,如受压皮肤在解除压力 30 分钟后,压红不消退,可酌情缩短翻身时间,并及时记录交班。

5. 清洁皮肤时不要应用刺激性大的碱性肥皂或者沐浴液,尽量用冲洗代替揉搓,如需擦浴动作应轻柔,以免造成皮肤破损。

6. 护士应做好饮食指导,加强患者营养,病情允许,鼓励摄取高热量、高蛋白、高纤维素、高矿物质饮食,必要时,少食多餐。

[**思维导图**]

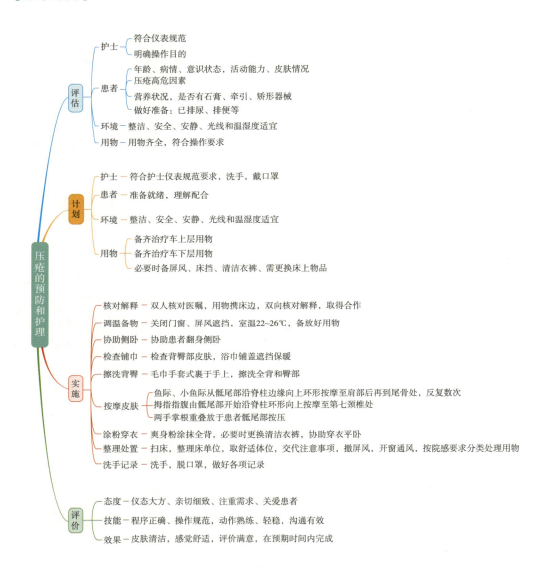

[操作流程]

一、评估

1. 仪表规范明确操作目的

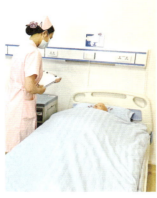

2. 评估患者

3. 环境是否适宜

4. 用物是否符合操作要求

二、计划

1. 护士洗手、戴口罩

2. 患者准备就绪（已排尿、排便）

3. 环境适宜

4. 用物准备齐全，符合操作要求

三、实施

1. 携用物床前，双向核对解释

2. 关门窗，围帘遮挡

3. 放平床头，移开床旁桌椅

4. 松被尾，拉起对侧护栏

5. 患者双手交叉于胸前，双腿屈膝

6. 分别扶肩、膝，助翻身侧卧

7. 在患者胸前和两膝间放置软枕

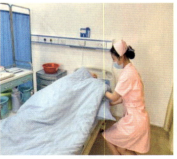

8. 保持患者稳定舒适

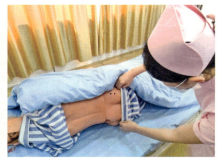

9. 拉起患者上衣至肩部，暴露背部骶尾部

10. 查背臀部皮肤,浴巾铺盖保暖

11. 拧干温热毛巾,围成手套式于手上

12. 掀开浴巾擦洗全背

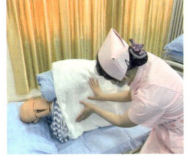

13. 用浴巾遮盖沾干背上水分

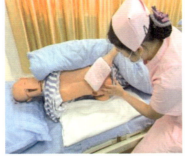

14. 擦洗臀部,擦洗后用浴巾沾干

15. 涂抹按摩剂于患者背臀部

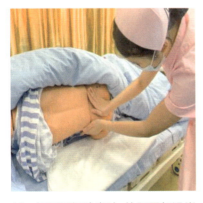

16. 鱼际肌紧贴皮肤,从骶尾部沿脊柱往上,环形按摩背部

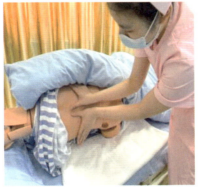

17. 拇指指腹从骶尾按摩至第七颈椎

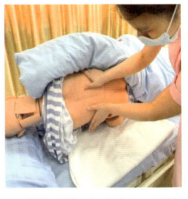

18. 按摩两到三次,每次 3~5 分钟

19. 两掌根重叠放骶尾部按摩

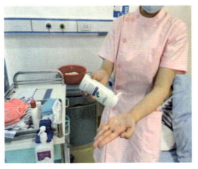

20. 按摩完毕,涂抹爽身粉润滑全背

21. 戴一次性手套

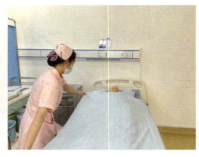

22. 用床刷扫净床面，拉紧塞平大单

23. 取舒适体位，整理床单位

24. 交代注意事项，感谢患者合作

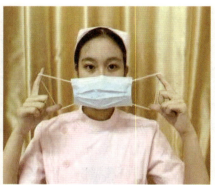

25. 撤去屏风，开窗通风

26. 分类处理用物，洗手，脱口罩

27. 记录（翻身时间、体位、皮肤情况）

四、评价

患者舒适满意，皮肤清洁，安全无并发症

[评分标准]

压疮的预防和护理——操作考核评分标准(满分：100 分)

(规定时间：15 分钟　　　实际操作时间：　　分钟)

班级　　　学号　　　姓名　　　成绩　　　　　　　　　　　　年　　月　　日

质量标准			操作过程	分值	操作要求及指标	扣分
评估 10 分	护士	仪表	符合规范要求	2	仪表不规范扣 1 分	
		操作目的	①减轻局部组织受压,保护骨隆突处,提高患者的舒适度; ②避免局部理化因素的刺激,保持皮肤完整性; ③改善营养状况,促进血液循环,预防压疮的发生; ④利于创面愈合,减轻疼痛,预防感染	3	口述,不全扣 1 分,至扣完分值	
	患者		①患者年龄、病情、意识状态,活动能力、皮肤情况; ②患者压疮高危因素评估; ③患者营养状况、是否有石膏、牵引、矫形器械等医疗措施; ④嘱患者做好准备：如排尿、排便等	3	口述,不全扣 1 分,至扣完分值	
	环境		是否：整洁、安全、安静、光线和温湿度适宜	1		
	用物		用物齐全,符合操作要求	1		
计划 5 分	护士		衣帽整洁,已修剪指甲,无饰物及手表,洗手,戴口罩	2	洗手不规范扣 1 分 口述,不全扣 1 分	
	环境		整洁、安全、安静、光线和温湿度适宜(室温 22~26℃)			
	用物		根据医嘱执行单备物： 治疗车上层：软枕数个、脸盆(内盛 40~45℃温水)、毛巾 1 条、浴巾 1 条、乳液、或 50% 乙醇、爽身粉、翻身记录单、笔、有条件备 PDA 治疗车下层：医疗垃圾桶、生活垃圾桶 必要时备：屏风、床挡、清洁衣裤 1 套、按需更换的床上物品	3	缺一项扣一分,至扣完分值	
实施 70 分	双人核对		备齐用物,双人核对执行单无误,携到患者床前	1	手法正确,沟通有效,单项不正确者,相应栏目不得分	
	核对解释		双向核对解释(PDA),取得合作	1		
	调温备物		按需关闭门窗、屏风或围帘遮挡,室温保持在 22~26℃	2		
			放平床头,移开床旁桌椅,用物放于方便取用之处	2		
	协助侧卧		松被尾,拉起对侧护栏,嘱咐患者双手交叉放于胸前,双腿屈膝立于床面,护士一手扶肩,一手扶膝,协助患者翻身侧卧,在患者胸前和两膝间放置软枕,保持稳定舒适	5	拖、拉、拽、推患者扣 5 分	
	检查铺巾		拉起患者上衣至肩部,暴露背部及骶尾部,检查背部和臀部皮肤完整性,尤其受压部位血液循环情况,用浴巾铺盖遮挡保暖	4	注意保暖以防受凉	

续表

质量标准		操作过程	分值	操作要求及指标	扣分
实施 70分	擦洗背臀	拧干温热毛巾,围成手套式于手上,掀开浴巾,擦洗患者全背(口述:询问水温和擦洗力度是否合适,观察患者的面色、呼吸,如有异常反应应立即停止擦洗,告知医生),擦拭后用浴巾遮盖沾干背上水分	8	擦洗顺序错误扣3分;手法不正确扣2分;暴露过多或未注意保暖扣2分;无观察皮肤扣2分	
		擦洗双侧臀部,擦拭后用浴巾遮盖沾干臀上水分(口述:如有伤口或破损部位,擦洗时应避开)	6		
	按摩皮肤	把润滑剂或者50%乙醇倒于掌心,均匀涂抹于患者背臀部,护士用双手鱼际肌及小鱼际肌紧贴皮肤,从骶尾部开始沿脊柱两侧边缘向上,行环状动作按摩至肩部,按摩后轻轻滑到臀部尾骨处,如此反复全背按摩3~5分钟(口述:观察患者反应,询问需求,按摩力度根据患者反馈进行调整)	8	按摩力量过小、不足以刺激肌肉组织扣2分;按摩力量过大、引起患者不适扣2分	
		用双手拇指指腹由骶尾部开始,沿脊柱旁侧向上以环形动作按摩至第七颈椎处,可按摩2~3次,每次按摩3~5分钟(口述:皮肤如已有压疮者,不可在受压处按摩,以防加重损伤)	6		
		两手掌根重叠放于患者骶尾部按压按摩,力度适中,由轻到重,由重到轻	6		
	涂粉穿衣	按摩完毕将爽身粉涂抹润滑患者全背,必要时更换清洁衣裤(口述),整理好患者衣裤	5	不注意保暖扣2分	
	整理处置	整理床单位:戴一次性手套,用床刷扫净床面,拉平塞紧大单(口述:必要时更换床单、衣裤等)	7	手法正确,沟通有效,单项不正确者,相应栏目不得分	
		整理床单位,协助患者取舒适体位,交代注意事项,感谢患者合作	4		
		撤去屏风,开窗通风,推车回处置室,按院感要求分类处理用物,如传染病患者用物按隔离消毒原则处理(口述)	3		
	洗手记录	洗手,脱口罩,记录(翻身时间、体位、皮肤情况)	2	记录不全不得分	
评价 15分	态度	着装规范、仪态大方、亲切细致、注重需求、关爱患者	5	①熟练程度、规范程度根据实际情况酌情2~5分;②缺乏沟通,态度不佳酌情2~5分;③超预期时间扣5分	
	技能	程序正确、操作规范;动作轻稳、温度适宜,无弄湿患者衣服和床单元;被褥平整干燥无皱褶;无拖、拉、拽、推患者,无皮肤损伤;护患沟通有效,记录全面;善用软枕,避免受压,保证安全舒适;使用床挡,确保安全	5		
	效果	患者皮肤清洁,感觉舒适,评价满意,无并发症;在预期时间内完成	5		
总分			100		

(黄琛琛)

饮食护理

任务 鼻饲饮食

[**案例**] 顾某,男,53 岁,因舌癌进行口腔手术,术后第 7 天无法进食。术后据医嘱给予鼻饲饮食。

医嘱:牛奶 200ml 鼻饲饮食。

任务:鼻饲饮食。

[**操作目的**] 通过胃管供给患者流质食物、水或药物,达到补充营养、水分和治疗的目的。

[**实训时数**] 2 学时。

[**教学目标**]

1. 知识 能说出鼻饲法的概念、适应证、禁忌证及注意事项。

2. 技能 能正确进行鼻饲饮食技术。

3. 素养 符合护士仪表规范,以人为本,体现人文关怀,尊重患者,保证安全。

[**实验设计**]

1. 教学活动 示教、角色扮演、小组或个人训练等活动;应用微课、思维导图、操作流程图、操作视频等指导课堂和课后练习。

2. 考核评价 应用评分标准评价学习效果。

[**注意事项**]

1. 插管时动作应轻柔,避免损伤食管黏膜,尤其是通过食管 3 个狭窄部位(环状软骨水平处,平气管分叉处,食管通过膈肌处)时。

2. 插入胃管至 10~15cm(咽喉部)时,若为清醒患者,嘱其做吞咽动作;若为昏迷患者,则用左手将其头部托起,使下颌靠近胸骨柄,以利插管。

3. 插入胃管过程中如果患者出现呛咳、呼吸困难、发绀等,表明胃管误入气管,应立即拔出胃管。

4. 每次鼻饲前应证实胃管在胃内且通畅,并用少量温水冲管后再进行喂食,鼻饲完后再注入少量温开水,防止鼻饲液凝结。

5. 鼻饲液温度应保持在 38~40℃,避免过热或过冷,新鲜果汁与奶液应分别注入,防止产生凝块；药片应研碎溶解后注入。

6. 食管静脉曲张、食管梗阻的患者禁忌使用鼻饲法。

[思维导图]

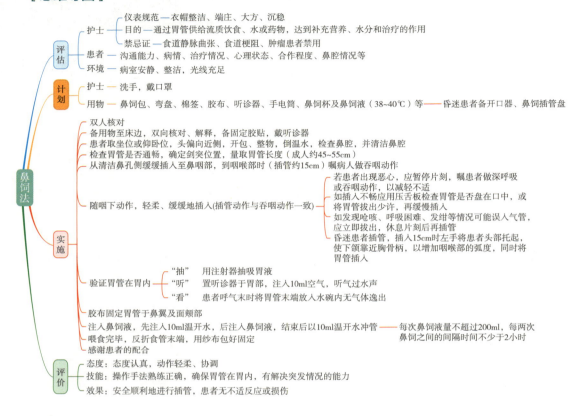

[操作流程]

一、评估

1. 仪表规范,明确操作目的

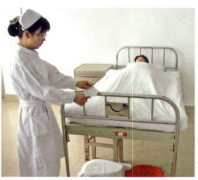

2. 床前评估,核对床尾卡

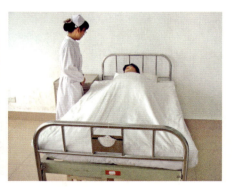

3. 核对解释

4. 评估病情、鼻腔黏膜等情况

二、计划

1. 七步洗手法

2. 戴口罩

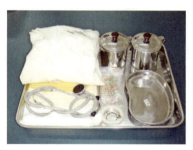

3. 双人核对无误备物

4. 鼻饲拔管盘

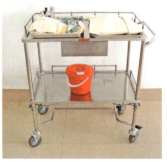

5. 备好用物放置治疗车上

三、实施

1. 携用物至床旁，核对床尾卡

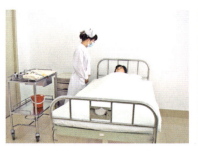

2. 双向核对，解释，取得配合

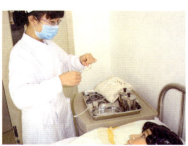

3. 备固定胶带或水胶体透明贴

4. 戴听诊器

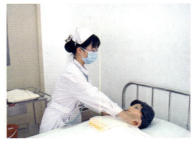

5. 取体位,铺治疗巾

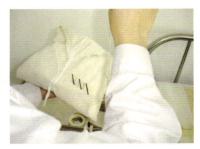

6. 检查鼻饲包,打开

7. 整理用物,倒温开水

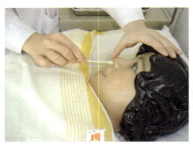

8. 检查鼻腔,清洁两侧鼻腔

9. 检查鼻饲管是否通畅

10. 润滑鼻饲管放入弯盘

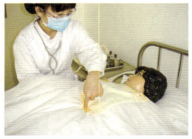

11. 置弯盘于口角旁,确定剑突部位

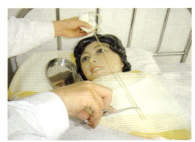

12. 测量插入长度 45~55cm

13. 插管,动作与吞咽动作相一致

14. 验证方法一,看有无气泡逸出

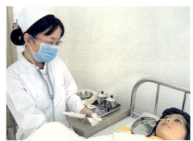

15. 方法二,推注 10cm 空气

16. 方法三,抽胃液

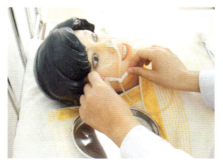

17. 证实鼻饲管在胃内后,固定鼻饲管

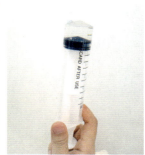

18. 抽 10cm 温开水,排气

19. 注入鼻饲管(注入后反折鼻饲管)

20. 抽流质饮食,排气,缓缓推注

21. 每次量不超过 200ml

22. 喂食完毕,注入温开水(≥ 10ml)

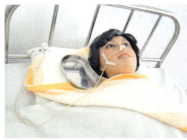

23. 反折鼻饲管末端,并固定

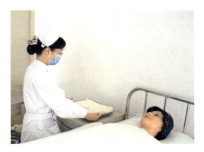

24. 整理用物

25. 取舒适体位整理床单元

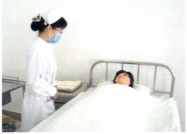

26. 交代注意事项

27. 整理用物,分类清理

28. 七步洗手法

29. 记录插管、鼻饲情况

30. 医嘱拔管,携用物至床旁,核对

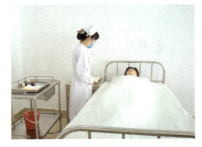

31. 双向核对、解释,铺巾,置弯盘

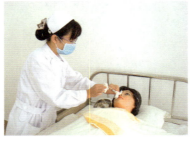

32. 反折鼻饲管,拔管

33. 用松节油擦去胶痕

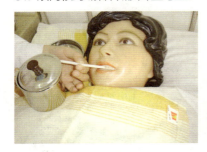

34. 协助患者漱口

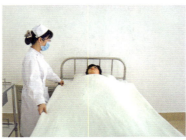

35. 整理床单位

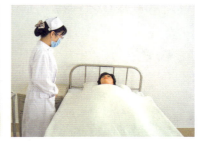

36. 感谢患者合作

37. 整理用物,分类清理

38. 七步洗手法

39. 记录拔管及患者情况

四、评价

鼻饲安全、顺利,无并发症

[评分标准]

鼻饲法——操作考核评分标准(满分:100 分)

(规定时间:15 分钟 实际操作时间: 分钟)

班级　　学号　　姓名　　成绩　　　　　　　　　　　　　年　　月　　日

质量标准			操作过程	分值	操作要求及指标	扣分
评估10分	护士	仪表	符合仪表规范:衣帽整洁,举止端庄、大方、沉稳	1	不符合不得分	
		操作目的	通过胃管供给患者流质食物、水或药物,达到补充营养、水分和治疗的目的	2	口述不全扣 1~2 分	
		禁忌证	食管静脉曲张、食管梗阻及食管肿瘤患者	2		
	患者		①患者病情、意识、自理能力、用药情况;②鼻腔情况,及有无食管静脉曲张、食管梗阻、幽门梗阻等;③对鼻饲法的认知状况、心理反应及合作程度	3	边做边述,不全一项扣 1~2 分,至扣完分值	
	环境		是否:安静、整洁、光线及温湿度适宜	2		
计划5分	护士		衣帽整洁,已修剪指甲,洗手戴口罩	2	边做边述,不到位每项扣 1~2 分,没戴口罩不及格	
	环境		安静、整洁、光线及温湿度适宜			
	用物		根据已双人核对无误医嘱执行单备物 治疗车上层:一次性鼻饲包(包内有胃管、方纱、镊子、手套、液状石蜡、弯盘、治疗巾、注射器),压舌板,听诊器,手电筒,鼻饲碗及鼻饲液(38~40℃),小药杯内盛温开水,胶布,棉签,别针;昏迷患者备开口器	2	缺一项扣 1 分,至扣完分值	
			治疗车下层:医疗垃圾筒、生活垃圾筒			
	患者		明确操作目的及注意事项,愿意配合	1	口述	

质量标准		操作过程	分值	操作要求及指标	扣分
实施70分	双人核对	双人核对医嘱,确认无误,可以执行	2	边做边述,不到位每项扣1~5分,至扣完分值	
	核对解释	携用物至床旁,核对解释,以取得合作	2		
	安置体位	协助患者取舒适体位,半坐卧位或仰卧位	2		
	铺巾定位	协助患者头偏向护士侧,昏迷患者取去枕仰卧位;铺治疗巾于颌下,触摸确定剑突部位	2		
	整理润管	检查鼻饲包,整理鼻饲用物	2		
		倒温水,检查鼻孔,湿棉签清洁鼻腔	2		
		检查胃管是否通畅,润滑胃管前段10~15cm,弯盘置于口角旁	3		
	测量插管	左手持胃管,右手持血管钳夹前端,测量插入胃管长度为45~55cm(患者前额发际线到剑突或鼻尖至耳垂,耳垂至剑突)	4		
		从清洁侧鼻孔缓缓插入至鼻咽部,到咽喉部(约15cm)时嘱患者做吞咽动作	3		
		随下咽动作,轻柔、快速插入(插管动作与吞咽动作相一致)	2		
		若患者出现恶心,应暂停片刻,嘱患者做深呼吸或吞咽动作,随后迅速将胃管插入,以减轻不适(口述)	2		
		如插入不畅应用压舌板检查胃管是否盘在口中,或将胃管拔出少许,再缓慢插入(口述)	2		
		如发生呛咳、呼吸困难、发绀等情况可能误入气管,应立即拔出,休息片刻后再插管(口述)	2		
		昏迷患者插管:去枕,头部向后仰,插入15cm时,左手将患者头部托起;使下颌靠近胸骨柄以增加咽喉部的弧度,同时将胃管插入	3		
	验证胃管	插入标记的长度后,验证胃管在胃内:①患者呼气时将胃管末端放入小药杯内无气体逸出;②置听诊器于胃部,快速注入10ml空气,听气过水声;③注射器抽吸胃液	4		
	固定喂食	胶布固定胃管于鼻翼及面颊部(牢固、美观)	2		
		用注射器抽吸10ml温开水排气后注入胃管内	2		

续表

质量标准		操作过程	分值	操作要求及指标	扣分
实施 70 分	固定喂食	反折胃管末端,分离注射器和胃管,抽鼻饲液 40~50ml(注意排气),连接胃管缓慢推注	2	边做边述,不到位每项扣 1~4 分,至扣完分值	
		每次注完流质,反折胃管末端分离注射器。每次量不超过 200ml,间隔不少于 2 小时	2		
		服药患者应将药研碎溶解后注入(口述)	2		
		喂食完毕,注入 10ml 温开水,分离胃管和注射器,将胃管末端抬高,将胃管末端塞子塞好,用纱布包裹好后固定于枕头或患者衣领上	2		
	整理记录	撤去弯盘、治疗巾,留喂食盘备用,整理用物	2		
		协助患者取舒适卧位,整理床单位,沟通交流	2		
		分类整理用物,洗手,记录	2		
	每日护理	①鼻饲患者应每天口腔护理,每次喂食前必须检查胃管是否在胃内,确定后方可喂食;②停止鼻饲或长期鼻饲 5~7 天者,于晚间末次喂食后拔管;③更换胃管者,次日从另一侧鼻孔插入,预防胃管刺激局部产生压迫性溃疡	5	口述不全扣 1~2 分,至扣完分值	
	拔管技术	①携拔管用物至床旁,双向核对解释;②铺巾,置弯盘于患者颌下;③取下别针,去除胶布;④左手持纱布,接近鼻孔处包裹住胃管,嘱患者深呼吸,在呼气时将胃管拔出,至咽喉部时加快速度拔出	5	边做边述,不到位每项扣 1~4 分,至扣完分值	
	整理记录	用松节油擦净胶布痕迹,取治疗巾清洁患者口鼻、面部,协助患者漱口	3		
		整理用物和床单位,感谢合作,分类清理用物,洗手,记录	2		
评价 15 分	态度	认真,严谨,尊重、关心、爱护患者	5	①态度、技能、效果根据实际操作效果酌情扣 1~5 分;②超预期时间扣 5 分	
	技能	严格执行查对制度,操作熟练、手法正确、条理清楚,在预期时间内完成	5		
	效果	护患沟通有效,满足患者身心需要,达到鼻饲效果;患者无不适反应及并发症	5		
总分			100		

(付　利)

项目十二

排便异常护理

任务一　大量不保留灌肠

[**案例**] 王某,男,50 岁。因近 3 个月反复出现便秘,大便硬结且排便困难前来就诊。自诉此次已 3 天无排便、腹痛腹胀、食欲欠佳,口服导泻药和使用开塞露均无效。

医嘱: 0.1% 肥皂水 500ml 大量不保留灌肠。

任务: 大量不保留灌肠。

[**操作目的**]

1. 解除便秘、肠胀气。

2. 清洁肠道,为肠道手术、检查或分娩作准备。

3. 稀释并清除肠道内的有害物质,减轻中毒。

4. 为高热患者降温。

[**实训时数**] 2 学时。

[**教学目标**]

1. 知识　能说出大量不保留灌肠的概念、目的、操作步骤及其注意事项。

2. 技能　能根据病情正确实施大量不保留灌肠操作,及时为患者减轻痛苦。

3. 素养　具有整体护理观念,尊重患者,人文关怀,保护隐私;仪表规范,态度认真、严谨。

[**实验设计**]

1. 教学活动　示教、角色扮演、小组或个人训练等活动;应用录像、思维导图、操作流程图、操作视频等指导课堂和课后练习。

2. 考核评价　平时考、阶段考、期末考等相结合;应用评分标准评价学习效果。

[**注意事项**]

1. 掌握灌肠的适应证和禁忌证,急腹症、消化道出血、妊娠、严重心血管疾病等患者禁忌灌肠。

2. 正确选择合适的灌肠溶液。肝性脑病患者禁用肥皂水灌肠,以减少氨的产生和吸收;充血性心力衰竭、水钠潴留的患者禁用生理盐水灌肠。

3. 准确掌握灌肠液的温度、浓度、量、灌入压力以及流速等。伤寒患者灌肠时,每次溶液用量不得超过500ml,压力要低,液面不得高于肛门30cm。

　　4. 注意观察效果。观察排出物的量及性状,以估计肠道清洁程度,必要时留取标本送检;降温灌肠患者,应保留30分钟后再排便,排便后30分钟复测体温,并记录。

[思维导图]

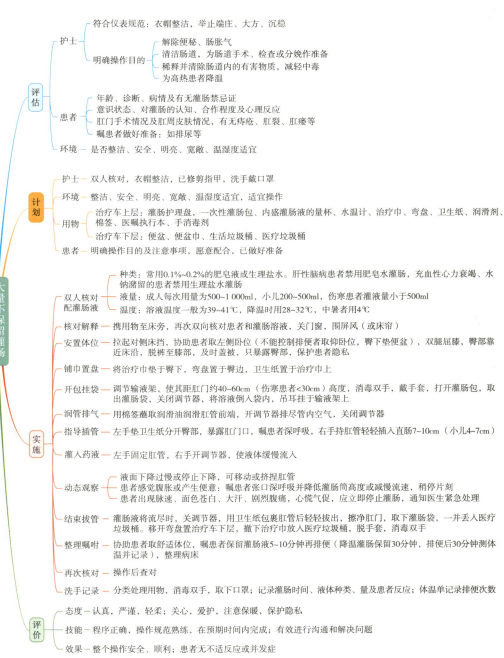

[操作流程]

一、评估

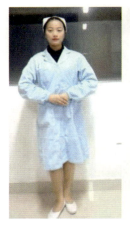

1. 仪表规范,明确操作目的　　2. 核对床尾卡

3. 解释,评估患者及环境

二、计划

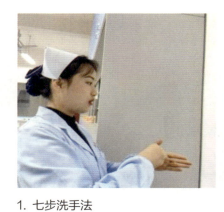

1. 七步洗手法

2. 戴口罩

3. 根据双人核对无误执行单备物

三、实施

1. 双人核对

2. 配制灌肠液

3. 加入肥皂液配成所需浓度

4. 用物放置推车上

5. 携用物至床旁,再次双向核对

6. 关门窗,必要时围屏风

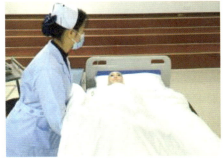

7. 松床尾盖被,拉起对侧床挡

8. 左侧卧位,臀部靠近床沿,脱裤至膝

9. 铺治疗巾于臀下

10. 置弯盘、卫生纸

11. 调节高度,距肛门约 40~60cm

12. 戴手套,取灌肠袋,关闭调节器

13. 倒入灌肠液,挂输液架上

14. 润滑肛管前端

15. 排尽管内空气,关闭调节器

16. 嘱患者深呼吸，插肛管

17. 固定肛管，开调节器，缓慢流入

18. 观察液面下降情况

19. 观察患者反应

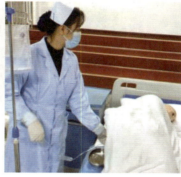

20. 出现意外，立即停止灌肠并紧急处理

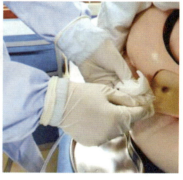

21. 灌肠完毕，关调节器，拔管，擦净肛门

22. 取灌肠袋，丢入医疗垃圾桶

23. 移开弯盘置治疗车下层

24. 撤下治疗巾放入医疗垃圾桶

25. 脱手套,消毒双手

26. 取舒适体位,整理病床

27. 嘱患者保留灌肠液时间,开门窗

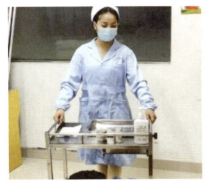

28. 分类处理用物

29. 洗手

30. 记录

四、评价

安全、顺利,无并发症

[评分标准]

大量不保留灌肠——操作考核评分标准(满分：100 分)

（规定时间：9 分钟　　　　实际操作时间：　　　　分钟）

班级　　　学号　　　姓名　　　成绩　　　　　　　　　　　　年　　月　　日

质量标准	操作过程		分值	操作要求及指标	扣分
评估10分	护士	仪表	符合仪表规范：衣帽整洁,举止端庄、大方、沉稳	2	不符合扣 1~2 分	
		操作目的	①解除便秘、肠胀气；②清洁肠道,为肠道手术、检查或分娩作准备；③稀释并清除肠道内的有害物质,减轻中毒；④为高热患者降温	2	口述,不全扣 1~2 分	
	患者		①年龄、诊断、病情及有无灌肠禁忌证；②意识状态、对灌肠的认知、合作程度及心理反应；③肛门手术情况及肛周皮肤情况,有无痔疮、肛裂、肛瘘等；④嘱患者做好准备：如排尿等	4	边做边述,不全一项扣 1~2 分,至扣完分值	
	环境		是否：整洁、安全、明亮、宽敞、温湿度适宜	2	边做边述,不到位每项扣 1~2 分,没戴口罩不及格	
计划5分	护士		衣帽整洁,已修剪指甲,洗手戴口罩	1		
	环境		适宜操作	1		
	用物		根据已双人核对无误医嘱执行单备物：治疗车上层：灌肠护理盘、一次性灌肠包、内盛灌肠液的量杯、水温计、治疗巾、弯盘、卫生纸、润滑剂、棉签、医嘱执行本、手消毒剂；有条件备 PDA	2	缺一项扣 1 分,至扣完分值	
			治疗车下层：便盆、便盆巾、生活垃圾桶、医疗垃圾桶			
	患者		已知操作目的及注意事项,已做好配合准备	1	无口述不得分	
实施70分	双人核对		双人核对医嘱执行单无误	2	边做边述,不到位每项扣 1~5 分,至扣完分值	
	配灌肠液		根据患者病情配制好灌肠液：①种类：常用 0.1%~0.2% 的肥皂液或生理盐水,肝性脑病患者禁用肥皂水灌肠,充血性心力衰竭、水钠潴留的患者禁用生理盐水灌肠；②液量：成人每次用量为 500~1 000ml,小儿 200~500ml,伤寒患者灌液量小于 500ml；③温度：溶液温度一般为 39~41℃,降温时用 28~32℃,中暑者用 4℃	8		
	核对解释		携用物至床旁,再次核对(或 PDA 核对)患者和灌肠溶液	3		
	安置体位		关门窗、围床帘,松床尾盖被,拉对侧床挡,协助患者取左侧卧位(不能控制排便者取仰卧位,臀下垫便盆),双腿屈膝,臀部靠近床沿,脱裤至膝部,及时盖被,只暴露臀部,保护患者隐私	6		
	铺巾置盘		将治疗巾垫于臀下,弯盘置于臀边,卫生纸置于治疗巾上	4		

续表

质量标准		操作过程	分值	操作要求及指标	扣分
实施70分	开包挂袋	调节输液架,使其距肛门约40~60cm(伤寒患者<30cm)高,消毒双手,戴手套,打开灌肠包,取出灌肠袋,关闭调节器,将溶液倒入袋内,吊耳挂于输液架上	6		
	润管排气	用棉签蘸取润滑油润滑肛管前端,开调节器排尽管内空气,关闭调节器	6		
	指导插管	左手垫卫生纸分开臀部,暴露肛门口,嘱患者深呼吸,右手持肛管轻轻插入直肠7~10cm(小儿4~7cm)	6		
	灌入药液	左手固定肛管,右手开调节器,使液体缓慢流入	4		
	动态观察	①液面下降过慢或停止下降:可移动或挤捏肛管;②患者感觉腹胀或产生便意:嘱患者张口深呼吸并降低灌肠筒高度或减慢流速,稍停片刻;③患者出现脉速、面色苍白、大汗、剧烈腹痛、心慌气促,应立即停止灌肠,通知医生紧急处理	10		
	结束拔管	灌肠液将流尽时,关调节器,用卫生纸包裹肛管后轻轻拔出,擦净肛门,取下灌肠袋,一并丢入医疗垃圾桶。移开弯盘置治疗车下层,撤下治疗巾放入医疗垃圾桶,脱手套,消毒双手	4	边做边述,不到位每项扣1~4分,至扣完分值	
	整理嘱咐	协助患者取舒适体位,嘱患者保留灌肠液5~10分钟再排便(降温灌肠保留30分钟,排便后30分钟测体温并记录),整理病床	4		
	再次核对	操作后查对	3		
	整理用物	回处置室,按院感要求分类处理用物	2		
	洗手记录	消毒双手,记录灌肠时间、液体种类、量及患者反应;体温单记录灌肠后排便次数	2		
评价15分	态度	认真,严谨,轻柔;关心,爱护,保护隐私	5	①态度、技能、效果根据实际操作效果酌情扣1~5分;②超预期时间扣5分	
	技能	程序正确,操作规范熟练,在预期时间内完成;有效进行沟通和解决问题	5		
	效果	整个操作安全、顺利;患者无不适反应或并发症	5		
总分			100		

(韩双双)

任务二　保 留 灌 肠

[**案例**] 王某,女,37岁,因腹痛、脓血便3个月就诊,诊断为慢性细菌性痢疾。

医嘱:1% 新霉素 200ml 保留灌肠。

任务:保留灌肠。

[**操作目的**] 将药液灌入到直肠或结肠内,通过肠黏膜吸收达到镇静催眠和治疗肠道感染的目的。

[**实训时数**] 1 学时。

[**教学目标**]

1. 知识　能说出保留灌肠的概念、目的、操作步骤及其注意事项。

2. 技能　能根据病情正确实施保留灌肠操作,及时为患者减轻痛苦。

3. 素养　具有整体护理观念,尊重患者,保护隐私;仪表规范,态度认真、严谨。

[**实验设计**]

1. 教学活动　示教、角色扮演、小组或个人训练等活动;应用录像、微课、思维导图、操作流程图等指导课堂和课后练习。

2. 考核评价　平时考、阶段考、期末考等相结合;应用评分标准评价学习效果。

[**注意事项**]

1. 灌肠前应了解灌肠的目的、病变部位,以确定灌肠的卧位和插入肛管的深度。

2. 采取有利于药物吸收和保留的措施。肠道抗感染者以晚上睡眠前灌肠为宜;灌肠前嘱患者排空大小便;灌肠时将臀部抬高约10cm;选择的肛管要细,以20号以下为宜;插入要深,15~20cm;压力要低,液面距肛门不超过30cm;灌入的速度要慢;液量要少,不超过200ml;灌入的液体需保留1小时以上。

3. 肛门、直肠、结肠手术后的患者以及大便失禁的患者不宜做保留灌肠。

[思维导图]

保留灌肠

- 评估
  - 护士
    - 符合仪表规范：衣帽整洁，举止端庄、大方、沉稳
    - 明确操作目的：将药液灌入到直肠或结肠内，通过肠黏膜吸收达到镇静催眠和治疗肠道感染的目的
  - 患者
    - 年龄、诊断、病情及有无灌肠禁忌证
    - 意识状态、对灌肠的认知、合作程度及心理反应
    - 肛门手术情况及肛周皮肤情况，有无痔疮、肛裂、肛瘘等
    - 嘱患者做好准备：如排尿等
  - 环境 — 是否整洁、安全、明亮、宽敞、温湿度适宜

- 计划
  - 护士 — 双人核对，衣帽整洁，已修剪指甲，洗手戴口罩
  - 环境 — 整洁、安全、明亮、宽敞、温湿度适宜，适宜操作
  - 用物
    - 治疗车上层：灌肠护理盘，盛灌肠液的量杯、温开水、水温计、一次性手套、一次性肛管（20号以下）、注洗器、血管钳、治疗巾、弯盘、卫生纸、润滑剂、棉签、必要时备小垫枕、医嘱执行本、手消毒剂
    - 治疗车下层：便盆、便盆巾、生活垃圾桶、医疗垃圾桶
  - 患者 — 明确操作目的及注意事项，做好配合准备

- 实施
  - 双人核对配制药液
    - 种类：镇静催眠用10%水合氯醛；治疗肠道内感染用2%小檗碱，0.5%~1%新霉素及其他抗生素等，根据医嘱配制
    - 液量：液量要少，不超过200ml
    - 温度：38℃
  - 核对解释 — 携物至床旁，再次双向核对患者和灌肠溶液，关门窗，围屏风（或床帘）
  - 安置体位 — 松床尾盖被，慢性细菌性痢疾病变部位多在直肠及乙状结肠，患者取左侧卧位；阿米巴痢疾病变部位多在回盲部，取右侧卧位，安置体位同大量不保留灌肠
  - 铺巾置盘 — 将治疗巾和小垫枕垫于臀下，抬高臀部10cm使药液易于保留，弯盘移至患者臀边，卫生纸置于治疗巾上
  - 抽吸药液 — 消毒双手，戴手套，用注洗器抽吸灌肠液
  - 润管排气 — 连接肛管，棉签蘸取润滑油润滑肛管前端并排气
  - 指导插管 — 用血管钳夹闭肛管，左手垫卫生纸分开臀部，嘱患者深呼吸，右手持肛管轻轻插入15~20cm
  - 灌入药液 — 固定肛管，松开血管钳，缓慢注入灌肠液，注毕用血管钳夹闭肛管，取下注洗器，再吸取灌肠液，松开血管钳再灌注，药液注入完毕再注入5~10ml温开水，使管内灌肠液全部注完
  - 结束拔管 — 血管钳夹闭肛管尾端，用卫生纸包裹肛管后轻轻拔出，分离肛管，放入医疗垃圾桶。擦净肛门，移开弯盘和血管钳置治疗车下层，撤下治疗巾放入医疗垃圾桶，撤小垫枕，脱手套，消毒双手
  - 整理嘱咐 — 协助患者取舒适体位，整理病床。嘱患者保留灌肠液1小时以上再排便，撤屏风（或围帘），开门窗
  - 再次核对 — 操作后查对
  - 洗手记录 — 分类处理用物，消毒双手，取下口罩；记录灌肠时间、灌肠液的种类及量、患者反应和灌肠效果

- 评价
  - 态度 — 认真，严谨，轻柔；关心，爱护，注意保暖，保护隐私
  - 技能 — 程序正确，操作规范熟练，在预期时间内完成；有效进行沟通和解决问题
  - 效果 — 整个操作安全、顺利；患者无不适反应或并发症

[操作流程]

一、评估

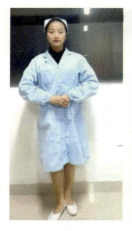

1. 仪表规范,明确操作目的

2. 核对床尾卡

3. 解释,评估病情环境

二、计划

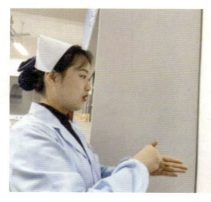

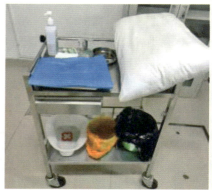

1. 七步洗手法

2. 戴口罩

3. 双人核对无误,备物

三、实施

1. 双人核对

2. 携用物至床旁,再次双向核对

3. 关门窗,必要时拉屏风

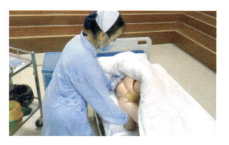

4. 松床尾盖被,拉起对侧床挡　　5. 取体位,臀近床沿,脱裤至膝　　6. 垫枕,抬高臀部 10cm

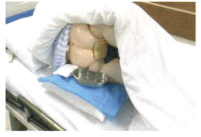

7. 铺巾,移弯盘至臀边,置卫生纸　　8. 戴手套　　9. 用注洗器抽吸灌肠液

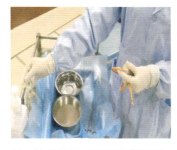

10. 连接肛管并润滑肛管前端　　11. 排尽管内空气,血管钳夹闭肛管　　12. 嘱患者深呼吸,轻轻插入肛管 15~20cm

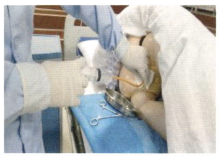

13. 固定肛管,松钳,缓注灌肠液　　14. 注毕,夹闭肛管,再次灌注　　15. 注药完毕再注入 5~10ml 温开水冲管

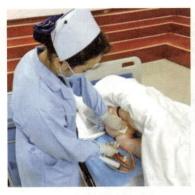
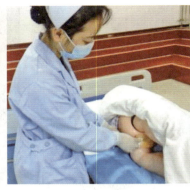

16. 用血管钳夹闭肛管尾端,拔管　　17. 揉擦肛门,弯盘置治疗车下层　　18. 撤下治疗巾放入医疗垃圾桶

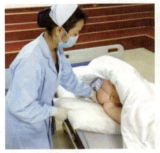

19. 撤小垫枕　　　　　　　　20. 脱手套,消毒双手　　　　　　21. 协助患者取舒适体位,整理病床

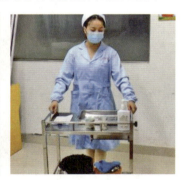

22. 嘱患者保留灌肠液1小时以上再排便　　23. 撤屏风,开门窗　　　　24. 按院感分类处理用物

25. 洗手　　　　　　　　　　26. 记录

四、评价

安全、顺利，无并发症

[评分标准]

保留灌肠——操作考核评分标准（满分：100 分）

（规定时间：9 分钟　　　　实际操作时间：　　　　分钟）

班级　　　　学号　　　　姓名　　　　成绩　　　　　　　　　　年　　月　　日

质量标准			操作过程	分值	操作要求及指标	扣分
评估10分	护士	仪表	符合仪表规范：衣帽整洁，举止端庄、大方、沉稳	2	不符合扣 1~2 分	
		操作目的	将药液灌入到直肠或结肠内，通过肠黏膜吸收达到镇静催眠和治疗肠道感染的目的	2	口述，不全扣 1~2 分	
	患者		①年龄、诊断、病情及有无灌肠禁忌证；②意识状态、对灌肠的认知、合作程度及心理反应；③肛门手术情况及肛周皮肤情况，有无痔疮、肛裂、肛瘘等；④嘱患者做好准备：如排尿等	4	边做边述，不全一项扣 1~2 分，至扣完分值	
	环境		是否：整洁、安全、明亮、宽敞、温湿度适宜	2	边做边述，不到位每项扣 1~2 分，没戴口罩不及格	
计划5分	护士		衣帽整洁，已修剪指甲，洗手戴口罩	1		
	环境		适宜操作	1		
	用物		根据已双人核对无误医嘱执行单备物：治疗车上层：灌肠护理盘，盛灌肠液的量杯、温开水、水温计、一次性手套、一次性肛管（20 号以下）、注洗器、血管钳、治疗巾、弯盘、卫生纸、润滑剂、棉签、必要时备小垫枕、医嘱执行本、手消毒剂；有条件备 PDA	2	缺一项扣 1 分，至扣完分值	
			治疗车下层：便盆、便盆巾、生活垃圾桶、医疗垃圾桶			
	患者		明确操作目的及注意事项，做好配合准备	1	口述，无口述不得分	

续表

质量标准	操作过程		分值	操作要求及指标	扣分
实施 70 分	双人核对	双人核对医嘱执行单无误	2	边做边述,不到位每项扣 1~5 分,至扣完分值	
	配灌肠液	根据患者病情配制好灌肠液。①溶液:镇静催眠用 10% 水合氯醛;治疗肠道内感染用 2% 小檗碱,0.5%~1% 新霉素及其他抗生素等;②液量:要少,一般不超过 200ml;③温度:一般为 38℃	8		
	核对解释	携用物至床旁,再次双向核对患者和灌肠溶液,关门窗,围屏风(或围床帘)	4		
	安置体位	松床尾盖被,慢性细菌性痢疾病变部位多在直肠或乙状结肠,患者取左侧卧位;阿米巴痢疾病变部位多在回盲部,取右侧卧位,安置体位同大量不保留灌肠	6		
	铺巾置盘	将治疗巾和小垫枕垫于臀下,抬高臀部 10cm 使药液易于保留,弯盘移至患者臀边,卫生纸置于治疗巾上	4		
	抽吸药液	消毒双手,戴手套,用注洗器抽吸灌肠液	6		
	润管排气	连接肛管,棉签蘸取润滑油润滑肛管前端并排气	6		
	指导插管	用血管钳夹闭肛管,左手垫卫生纸分开臀部,嘱患者深呼吸,右手持肛管轻轻插入 15~20cm	6		
	灌入药液	固定肛管,松开血管钳,缓慢注入灌肠液,注毕用血管钳夹闭肛管,取下注洗器,再吸取灌肠液,松开血管钳再灌注,药液注入完毕再注入 5~10ml 温开水,使管内灌肠液全部注完	8		
	结束拔管	血管钳夹闭肛管尾端,用卫生纸包裹肛管后轻轻拔出,分离肛管,放入医疗垃圾桶。擦净肛门,移开弯盘和血管钳置治疗车下层,撤下治疗巾放入医疗垃圾桶,撤小垫枕,脱手套,消毒双手	6	口述	
	整理嘱咐	协助患者取舒适体位,整理病床。嘱患者保留灌肠液 1 小时以上再排便,撤屏风(或围帘)	6	边做边述,不到位每项扣 1~4 分,至扣完分值	
	再次核对	开门窗,操作后查对	2		
	整理用物	回处置室,按院感要求分类处理用物	2		
	洗手记录	消毒双手,记录灌肠时间、灌肠液的种类、量、患者反应和灌肠效果	4		
评价 15 分	态度	认真、严谨、轻柔;关心、爱护,注意保暖,保护隐私	5	①态度、技能、效果根据实际操作效果酌情扣 1~5 分;②超预期时间扣 5 分	
	技能	程序正确,操作规范熟练,在预期时间内完成;有效进行沟通和解决问题	5		
	效果	整个操作安全、顺利;患者无不适反应或并发症	5		
总分			100		

(韩双双)

任务三　肛　管　排　气

[**案例**] 李某,女,40 岁,肠道手术 3 天后仍未排便,腹胀明显,体检:腹部膨隆,叩诊呈鼓音。

医嘱:肛管排气。

任务:肛管排气。

[**操作目的**] 将肛管从肛门插入直肠,以达到排除肠腔内积气,减轻腹胀的目的。

[**实训时数**] 1 学时。

[**教学目标**]

1. 知识　能说出肛管排气的概念、目的、操作步骤及其注意事项。

2. 技能　能根据病情正确实施肛管排气操作,及时为患者减轻痛苦。

3. 素养　具有整体护理观念,尊重患者,保护隐私;仪表规范,态度认真、严谨。

[**实验设计**]

1. 教学活动　示教、角色扮演、小组或个人训练等活动;应用录像、微课、思维导图、操作流程图等指导课堂和课后练习。

2. 考核评价　平时考、阶段考、期末考等相结合;应用评分标准评价学习效果。

[**注意事项**]

1. 保护患者隐私,减少不必要的暴露。

2. 注意观察排气情况,有气体排出时可见瓶内液面下有气泡自管端逸出。

3. 保留肛管时间一般不超过 20 分钟,因其会减少肛门括约肌的反应,甚至导致肛门括约肌永久性松弛。如有需要,2~3 小时后再行肛管排气。

[思维导图]

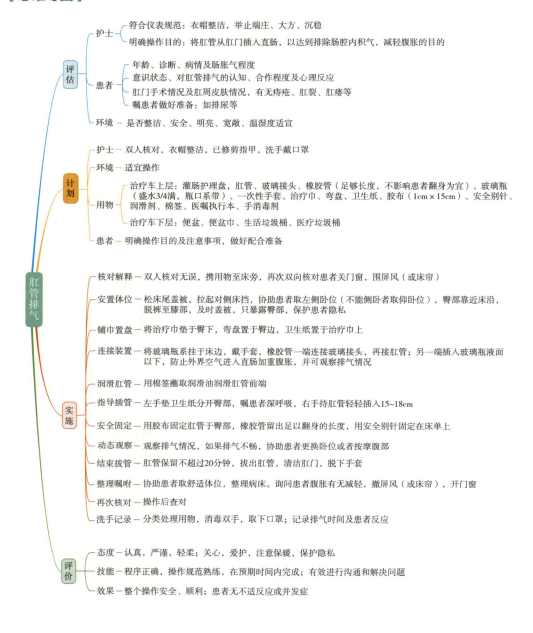

肛管排气

评估
- 护士
  - 符合仪表规范：衣帽整洁，举止端庄、大方、沉稳
  - 明确操作目的：将肛管从肛门插入直肠，以达到排除肠腔内积气，减轻腹胀的目的
- 患者
  - 年龄、诊断、病情及肠胀气程度
  - 意识状态、对肛管排气的认知、合作程度及心理反应
  - 肛门手术情况及肛周皮肤情况，有无痔疮、肛裂、肛瘘等
  - 嘱患者做好准备：如排尿等
- 环境 — 是否整洁、安全、明亮、宽敞、温湿度适宜

计划
- 护士 — 双人核对，衣帽整洁，已修剪指甲，洗手戴口罩
- 环境 — 适宜操作
- 用物
  - 治疗车上层：灌肠护理盘，肛管、玻璃接头、橡胶管（足够长度，不影响患者翻身为宜）、玻璃瓶（盛水3/4满，瓶口系带）、一次性手套、治疗巾、弯盘、卫生纸、胶布（1cm×15cm）、安全别针、润滑剂、棉签、医嘱执行本、手消毒剂
  - 治疗车下层：便盆、便盆巾、生活垃圾桶、医疗垃圾桶
- 患者 — 明确操作目的及注意事项，做好配合准备

实施
- 核对解释 — 双人核对无误，携用物至床旁，再次双向核对患者关门窗，围屏风（或床帘）
- 安置体位 — 松床尾盖被，拉起对侧床挡，协助患者取左侧卧位（不能侧卧者取仰卧位），臀部靠近床沿，脱裤至膝部，及时盖被，只暴露臀部，保护患者隐私
- 铺巾置盘 — 将治疗巾垫于臀下，弯盘置于臀边，卫生纸置于治疗巾上
- 连接装置 — 将玻璃瓶系挂于床边，戴手套，橡胶管一端连接玻璃接头，再接肛管；另一端插入玻璃瓶液面以下，防止外界空气进入直肠加重腹胀，并可观察排气情况
- 润滑肛管 — 用棉签蘸取润滑油润滑肛管前端
- 指导插管 — 左手垫卫生纸分开臀部，嘱患者深呼吸，右手持肛管轻轻插入15~18cm
- 安全固定 — 用胶布固定肛管于臀部，橡胶管留出足以翻身的长度，用安全别针固定在床单上
- 动态观察 — 观察排气情况，如果排气不畅，协助患者更换卧位或者按摩腹部
- 结束拔管 — 肛管保留不超过20分钟，拔出肛管，清洁肛门，脱下手套
- 整理嘱咐 — 协助患者取舒适体位，整理病床。询问患者腹胀有无减轻，撤屏风（或床帘），开门窗
- 再次核对 — 操作后查对
- 洗手记录 — 分类处理用物，消毒双手，取下口罩；记录排气时间及患者反应

评价
- 态度 — 认真，严谨，轻柔；关心，爱护，注意保暖，保护隐私
- 技能 — 程序正确，操作规范熟练，在预期时间内完成；有效进行沟通和解决问题
- 效果 — 整个操作安全、顺利；患者无不适反应或并发症

[操作流程]

一、评估

1. 仪表规范,明确操作目的

2. 核对床尾卡

3. 解释,评估患者及环境

二、计划

1. 七步洗手法

2. 戴口罩

3. 双人核对无误,环境适宜

三、实施

1. 双人核对

2. 携用物至床旁,再次双向核对患者

3. 关门窗,必要时拉屏风

4. 松床尾盖被,拉起对侧床挡

5. 取左侧卧位,臀近床沿,脱裤至膝

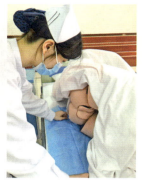

6. 铺治疗巾于臀下

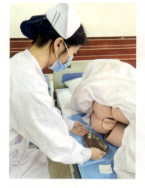

7. 置弯盘和卫生纸

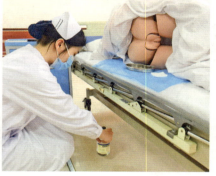

8. 将玻璃瓶系挂于床边,戴手套

9. 橡胶管连接玻璃接头,再接肛管

10. 橡胶管插入玻璃瓶液面以下

11. 润滑肛管前端

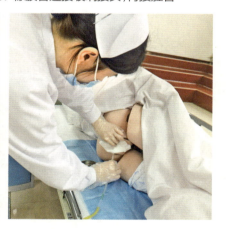

12. 嘱患者深呼吸,轻轻插入肛管 15~18cm

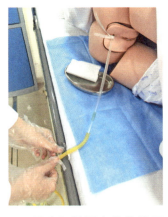

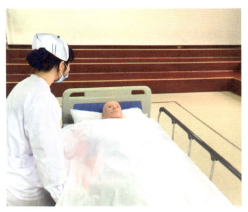

13. 固定肛管固定橡胶管于床单上

14. 观察排气情况,助患者更换卧位或按摩腹部

15. 肛管保留,排气完毕,松开安全别针

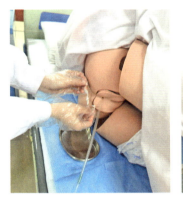

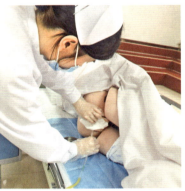

16. 去除胶布

17. 拔管,按摩肛门口

18. 分离橡胶管和肛管,弃医疗垃圾桶

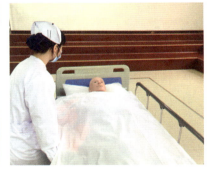

19. 玻璃瓶置治疗车下层,弃治疗巾

20. 脱手套,消毒双手

21. 协助患者取舒适体位,整理病床,撤屏风,开门窗

22. 按院感分类处理用物

23. 洗手

24. 记录

四、评价

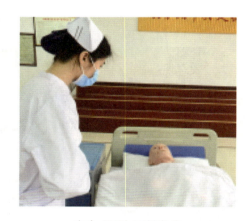

安全、顺利,无并发症

[**评分标准**]

肛管排气——操作考核评分标准(满分: 100 分)

(规定时间: 5 分钟 　　　　实际操作时间: 　　　　分钟)

班级　　　学号　　　姓名　　　成绩　　　　　　　　　　　年　　月　　日

质量标准	操作过程			分值	操作要求及指标	扣分
评估10 分	护士	仪表	符合仪表规范:衣帽整洁,举止端庄、大方、沉稳	2	不符合扣 1~2 分	
		操作目的	将肛管从肛门插入直肠,以达到排除肠腔内积气,减轻腹胀的目的	2	口述,不全扣 1~2 分	
	患者		①年龄、诊断、病情及肠胀气程度;②意识状态、对肛管排气的认知、合作程度及心理反应;③肛门手术情况及肛周皮肤情况,有无痔疮、肛裂、肛瘘等;④嘱患者做好准备:如排尿等	4	边做边述,不全一项扣 1~2 分,至扣完分值	
	环境		是否:整洁、安全、明亮、宽敞、温湿度适宜	2	边做边述,不到位每项扣 1~2 分,没戴口罩不及格	
计划5 分	护士		衣帽整洁,已修剪指甲,洗手戴口罩	1		
	环境		符合操作要求	1		

续表

质量标准		操作过程	分值	操作要求及指标	扣分
计划5分	用物	根据已双人核对无误医嘱执行单备物：治疗车上层：肛管排气护理盘,肛管、玻璃接头、橡胶管(足够长度,不影响患者翻身为宜)、玻璃瓶(盛水3/4满,瓶口系带)、一次性手套、治疗巾、弯盘、卫生纸、胶布(1cm×15cm)、安全别针、润滑剂、棉签、医嘱执行本、手消毒剂;有条件备PDA	2	缺一项扣1分,至扣完分值	
		治疗车下层：便盆、便盆巾、生活垃圾桶、医疗垃圾桶			
	患者	已知操作目的及注意事项,愿意配合,做好准备	1	无口述不得分	
实施70分	核对解释	双人核对,携用物至床旁,再次双向核对信息(或PDA核对),关门窗,围屏风(或围床帘)	6	边做边述,不到位每项扣1~5分,至扣完分值	
	安置体位	拉起对侧床挡,协助患者取左侧卧位(不能侧卧者取仰卧位),臀部靠近床沿,脱裤至膝部,及时盖被,只暴露臀部,保护患者隐私	6		
	铺巾置盘	将治疗巾垫于臀下,弯盘置于臀边,卫生纸置于治疗巾上	6		
	连接装置	将玻璃瓶系挂于床边,戴手套,橡胶管一端连接玻璃接头,再接肛管;另一端插入玻璃瓶液面以下,防止外界空气进入直肠加重腹胀,并可观察排气情况	8		
	润滑肛管	用棉签蘸取润滑油润滑肛管前端	4		
	指导插管	左手垫卫生纸分开臀部,嘱患者深呼吸,右手持肛管轻轻插入15~18cm	6		
	安全固定	用胶布固定肛管于臀部,橡胶管留出足以翻身的长度,用安全别针固定在床单上	6		
	动态观察	观察排气情况,如果排气不畅,协助患者更换卧位或者按摩腹部	5		
	结束拔管	肛管保留不超过20分钟,拔出肛管,清洁肛门,脱下手套	6		
	整理嘱咐	协助患者取舒适体位,整理病床。询问患者腹胀有无减轻,撤屏风(或床帘),开门窗	5	边做边述,不到位每项扣1~4分,至扣完分值	
	再次核对	操作后查对	4		
	整理用物	回处置室,按院感要求分类处理用物	4		
	洗手记录	消毒双手,记录排气时间及患者反应	4		
评价15分	态度	认真、严谨、轻柔;关心、爱护、保护隐私	5	①态度、技能、效果根据实际操作效果酌情扣1~5分;②超预期时间扣5分	
	技能	程序正确,操作规范熟练,在预期时间内完成;有效进行沟通和解决问题	5		
	效果	整个操作安全、顺利;患者无不适反应或并发症	5		
总分			100		

(韩双双)

项目十三

排尿异常护理

任务一　女患者导尿（留置术）

[案例] 患者李某,女,55岁。胃癌晚期行胃大部切除术,手术当天需要留置导尿,术后第3天,经过膀胱功能训练后,拔出导尿管。

　　医嘱1:术前患者留置导尿。

　　任务1:女患者留置导尿术。

　　医嘱2:拔出导尿管。

　　任务2:拔导尿管。

[操作目的]

1. 抢救危重、休克患者时准确记录每小时尿量、尿比重,以观察患者的病情变化。

2. 盆腔手术前留置导尿排空膀胱,使膀胱保持持续空虚状态,避免术中误伤。

3. 某些泌尿系统手术后留置导尿管,便于持续引流和冲洗,减轻手术切口张力,促进伤口愈合(用于膀胱冲洗)。

4. 为尿失禁或会阴部有伤口的患者引流尿液,保持会阴部清洁干燥。

5. 为尿失禁患者行膀胱功能训练。

[实训时数] 2学时。

[教学目标]

1. 知识　能说出留置导尿术的目的及注意事项。

2. 技能　能够遵守无菌操作原则,正确实施女患者留置导尿术,遇意外情况能正确应对和处置。

3. 素养　具有无菌观念、爱伤观念和人文关怀理念,具备查对意识、责任意识和安全意识,具有良好沟通能力、仪表规范,态度认真、严谨。

[实验设计]

1. 教学活动　示教、角色扮演、小组或个人训练等活动;应用微课、思维导图、操作流程图、操作视频等指导课堂和课后练习。

2. 考核评价　平时考、阶段考、期末考等相结合;应用评分标准评价学习效果。

[**注意事项**]

1. 严格无菌技术操作原则和查对制度。动作应轻柔,以免损伤尿道。

2. 操作前做好解释和沟通,操作中注意遮挡患者,注意保护患者的隐私和自尊;天冷时采取保暖措施,防止着凉。

3. 因老年人机体衰退萎缩,应仔细辨认老年女性尿道口,以免插入阴道;导尿管如误入阴道,应立即拔出,重新更换无菌导尿管再插入。

4. 膀胱高度膨胀又极度虚弱的患者,初次导尿不可超过 1 000ml 防止出现虚脱和血尿。

5. 插管长度要足够长,避免气囊还在尿道内就充气,以使气囊卡在尿道内口。

6. 保持引流通畅,避免导尿管扭曲、受压、堵塞。

7. 训练膀胱反射功能,拔管前采用间歇性夹闭导尿管,每 3~4 小时开放 1 次,使膀胱定时充盈和排空,促进膀胱功能恢复。

8. 防止逆行性感染　①集尿袋不可超过膀胱的高度防止尿液反流;②及时排空集尿袋,每日更换集尿袋;③每日消毒尿道口 2 次;④鼓励患者多饮水,起到自然冲洗的作用;⑤拔出导尿管后要及时去排尿,避免尿潴留。

[思维导图]

女患者留置导尿术

评估
- 护士
  - 仪表 — 符合仪表规范：衣帽整洁，举止端庄、大方、沉稳
  - 操作目的
    - 抢救危重、休克患者时准确记录每小时尿量、尿比重，以观察患者的病情变化
    - 盆腔手术前排空膀胱，使膀胱持续保持空虚状态，避免术中损伤
    - 某些泌尿系统手术后留置导尿管，便于持续引流和冲洗，减轻手术切口张力，有利于切口愈合（用于膀胱冲洗）
    - 为尿失禁或会阴部有伤口的患者引流尿液，保持会阴部清洁干燥
    - 为尿失禁患者行膀胱功能训练
  - 患者
    - ①病情、性别、年龄、导尿目的
    - ②会阴部皮肤、黏膜有无伤口及清洁度
    - ③心理反应、合作程度，膀胱充盈度
    - ④嘱患者清洗会阴，告知操作目的、配合方法及注意事项
- 环境 — 是否：安静、整洁、光线及温度是否适宜

计划
- 护士 — 衣帽整洁，已修剪指甲，洗手，戴口罩
- 环境 — 根据需要调节室温，请无关人员离开
- 用物
  - 插管用物
    - 治疗车上层：托盘，导尿包，一次性治疗巾，弯盘，洗手液
    - 治疗车下层：医疗垃圾桶，生活垃圾桶，必要时备便盆及巾
  - 拔管用物
    - 治疗车上层：托盘，弯盘，纱布2块，10ml注射器，一次性手套，洗手液
    - 治疗车下层：医疗垃圾桶，生活垃圾桶
- 患者 — 明确操作目的及注意事项，愿意配合，已清洗会阴

实施
- 双人核对 — 双人核对医嘱，确认无误，可以执行
- 核对解释 — 携用物至床旁，双向核对，解释，以取得合作，关闭门窗，围屏风（或床帘）遮挡
- 安置体位
  - 协助患者脱去对侧裤腿盖在近侧的腿上，对侧腿用盖被盖好，必要时用大毛巾包裹近侧腿以保暖
  - 患者取屈膝仰卧位：两腿屈膝略外展，暴露外阴
- 铺巾开包
  - 将一次性治疗巾垫于臀下，将弯盘放于两腿间靠近会阴
  - 检查导尿包名称、有效期、型号、密闭性，打开一次性导尿包，外包装袋置于生活垃圾桶
- 初次消毒
  - 取出初次消毒用物，一次性盘放于两腿间稍靠后
  - 倒消毒棉球于一次性盘内，左手戴手套
  - 消毒原则为：由上向下，由外向内，顺序为：①阴阜（从近侧到对侧，再从对侧到近侧）②两侧大阴唇（先对侧后近侧）③左手分开大阴唇：消毒两侧小阴唇（先对侧后近侧）④螺旋式消毒尿道口至肛门口
  - 将弯盘内垃圾倒入医疗垃圾桶，将弯盘置于车底，将一次性盘放床尾；脱下手套放于医疗垃圾桶
- 洗手 — 按七步洗手法洗手
- 戴手套铺洞巾
  - 将导尿包放于患者两腿之间，打开治疗巾（先对侧再近侧）
  - 取出无菌手套，戴无菌手套
  - 铺洞巾（遮挡住肛门）
- 整理用物
  - 检查导尿管的气囊无漏液
  - 检查一次性集尿袋完好无损，末端旋紧，打开开关；连接导尿管
  - 润滑导尿管前端（勿用戴手套的手直接接触导尿管，防止无菌性炎症）
- 再次消毒
  - 倒出消毒液棉球于小盘内，将盘移至洞巾口旁
  - 左手拇指、示指分开小阴唇并固定
  - 消毒原则为：由上向下，由内向外再到内；顺序为：①螺旋式消毒尿道口②两侧小阴唇（先对侧后近侧）③换镊子，螺旋式消毒尿道口
- 插管固定尿管
  - 移开小盘，将大盘及导尿管移至洞巾口旁
  - 嘱患者张口呼吸，转移注意力，对准尿道口，轻轻插入尿道4~6cm，见尿再插入7~10cm；向气囊内注入5~10ml水做气囊固定，前后轻推拉检验已固定（有阻力感），再送回去一些（以防卡在尿道内口）
- 注意事项
  - 如误入阴道或导尿管滑出，应换管重新插管
  - 膀胱高度膨胀者，初次导尿不要超过1 000ml，防止血尿和虚脱
  - 根据医嘱需要，留取中段尿标本
- 固定集尿袋、撤物
  - 将导尿管及集尿袋穿过洞巾，再从大腿下侧穿过，固定于床旁挂钩上，低于膀胱高度
  - 撤下洞巾，初步整理导尿包置于医疗垃圾袋
  - 撤下床尾弯盘及一次性治疗巾置于医疗垃圾袋，脱手套置于医疗垃圾袋
- 洗手记录
  - 洗手，记录尿管标识（插管时间，长度并签名），粘贴标识于尿管末端
  - 协助患者穿好裤子，取舒适体位，整理床单位，交代注意事项，感谢合作
  - 将尿标本瓶贴标签，及时送检
  - 开窗、拉开围帘
- 遵医嘱拔管 — 双向核对，解释，从侧方铺一次性治疗巾，暴露尿管，戴PE手套，放出集尿袋内的尿液，用注射器抽净气囊内的水，垫着纱布轻轻拔出导尿管，用纱布擦净会阴部

评价
- 态度 — 认真、严谨、动作轻柔，关心患者、保护患者隐私
- 技能 — 严格执行查对制度，无菌观念强，操作熟练、手法正确、条理清楚，在预期时间内完成
- 效果 — 护患沟通有效，达到预期效果，安全顺利，患者无不适反应及并发症

[操作流程]

一、评估

1. 仪表规范,明确操作目的

2. 核对床头卡,手腕带

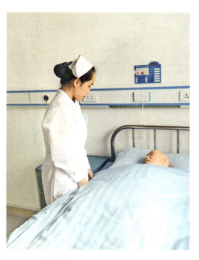

3. 评估患者及环境,洗手戴口罩

二、计划

1. 双人核对无误,备物

2. 插管治疗盘

3. 插管用物放治疗车上

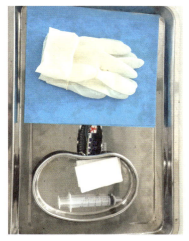

4. 拔管用物

5. 拔管用物放于治疗车上

三、实施

(一)任务 1 留置导尿

1. 携用物至床旁,双向核对,解释

2. 关门窗,屏风或围帘遮挡

3. 脱对侧裤腿盖近侧腿上,对侧用盖被盖好

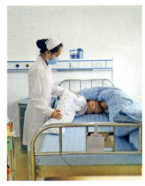
4. 取屈膝外展位,充分暴露会阴

5. 铺一次性治疗巾,置弯盘

6. 检查并打开一次性导尿包

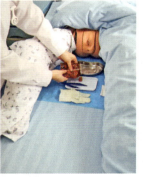
7. 倒消毒棉球

8. 戴左手手套,消毒阴阜

9. 从近侧到对侧,再从对侧到近侧

10. 消毒大阴唇

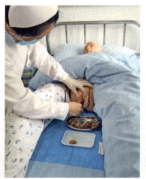
11. 分开大阴唇,消毒小阴唇

12. 螺旋式消毒尿道口至肛门

13. 处理污物,脱手套

14. 将一次性盘放于床尾

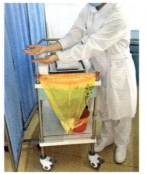

15. 洗手液洗手

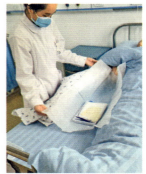

16. 打开内包巾(先对侧再近侧)

17. 戴无菌手套

18. 铺洞巾,遮挡肛门

19. 整理用物

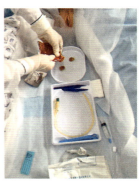

20. 倒消毒棉球和石蜡油棉片

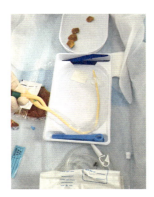

21. 打开导尿管内包装,检查气囊

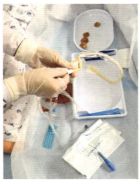

22. 旋紧集尿袋末端,接集尿袋

23. 润滑导尿管前端

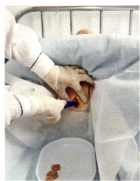

24. 左手分开小阴唇固定,消毒尿道口

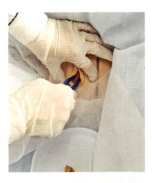

25. 消毒小阴唇(先对侧再近侧)

26. 更换镊子再次消毒尿道口

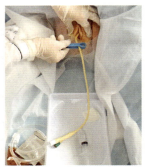

27. 嘱患者深呼吸,插管导尿管

28. 推注气囊,固定导尿管

29. 先退再拉有阻力感,轻推回去一点

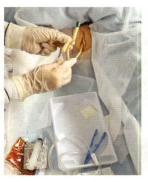

30. 根据医嘱需要,留取中段尿

31. 置标本,贴标签,及时送检

32. 集尿袋及导尿管过洞巾

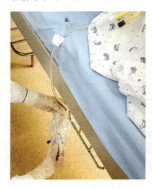

33. 集尿袋挂于床旁挂钩

34. 整理用物,放入医疗垃圾袋内

35. 撤治疗巾,脱手套

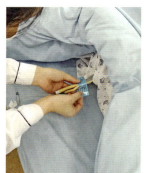

36. 洗手,贴标签,助穿裤,整理床

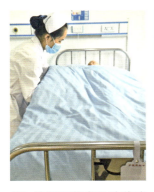

37. 询问患者感受,交代注意事项,感谢患者配合

38. 打开门窗,拉开围帘,洗手

39. 记录导尿时间、尿液性质和量

(二)任务 2 拔除导尿管

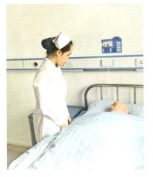

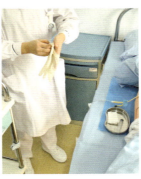

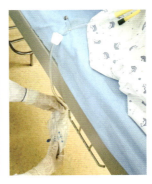

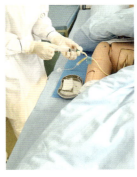

1. 双向核对,解释

2. 铺一次性治疗巾,戴一次性手套

3. 倒掉集尿袋内尿液

4. 抽空气囊内液体(或空气)

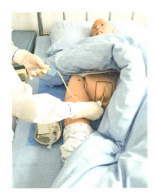

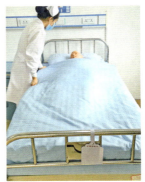

5. 垫纱布,轻拔出导尿管,轻擦会阴

6. 用物丢入污物桶内

7. 整理床,交代事项,感谢合作

四、评价

1. 插管后,引流通畅,无并发症　　　　2. 拔管后,患者安全,无并发症

[评分标准]

女患者留置导尿术——操作考核评分标准　（满分：100 分）

（规定时间：插管 12 分钟,拔管 3 分钟　　　实际操作时间：　　　分钟）

班级　　　　学号　　　　姓名　　　　成绩　　　　　　　　　　年　　月　　日

质量标准			操作过程	分值	操作要求及指标	扣分
评估 10 分	护士	仪表	符合仪表规范：衣帽整洁,举止端庄、大方、沉稳	1	不符合扣 1 分	
		操作目的	抢救危重、休克患者时准确记录每小时尿量、尿比重,以观察患者的病情变化	5	口述,不全一项扣 1 分,至扣完分值	
			盆腔手术前排空膀胱,使膀胱持续保持空虚状态,避免术中损伤			
			某些泌尿系统手术后留置导尿管,便于持续引流和冲洗,减轻手术切口张力,有利于切口愈合（用于膀胱冲洗）			
			为尿失禁或会阴部有伤口的患者引流尿液,保持会阴部清洁干燥			
			为尿失禁患者行膀胱功能训练			
	患者		①病情、性别、年龄、导尿目的；②会阴部皮肤、黏膜有无伤口及清洁度；③心理反应、合作程度,膀胱充盈度；④嘱患者清洗会阴,告知操作目的、配合方法及注意事项	3	口述,不全一项扣 1 分,至扣完分值	
	环境		是否：安静、整洁、光线及温度是否适宜	1	边做边述,不到位每项扣 1~2 分,没戴口罩不及格	
计划 5 分	护士		衣帽整洁,已修剪指甲,洗手,戴口罩	2		
	环境		根据需要调节室温,请无关人员离开			

续表

质量标准		操作过程	分值	操作要求及指标	扣分
计划 5分	用物	根据双人核对医嘱执行单无误,备物 治疗车上层: ①插管用物:托盘,导尿包,一次性治疗巾,弯盘,洗手液;②拔管用物:托盘,弯盘,纱布2块,10ml注射器,一次性PE手套,洗手液;③有条件备PDA 治疗车下层:医疗垃圾桶,生活垃圾桶	2	缺一项扣1分,至扣完分值	
	患者	已了解操作目的及注意事项,愿意配合,已清洗会阴	1	口述不全,不得分	
实施 70分	双人核对	双人核对医嘱执行单,确认无误,可以执行	2	边做边述,口述不全或操作不到位一项扣1~2分,至扣完分值	
	核对解释	携用物至床旁,双向核对,解释(或PDA核对),以取得合作,关闭门窗,围帘遮挡	2		
	安置体位	协助患者脱去对侧裤腿盖在近侧的腿上,对侧腿用盖被盖好,必要时用大毛巾包裹近侧腿以保暖	2		
		患者取屈膝仰卧位:两腿屈膝略外展,暴露外阴	2		
	铺巾开包	将一次性治疗巾垫于臀下,将弯盘放于两腿间靠近会阴	2		
		检查导尿包名称、有效期、型号、密闭性;打开一次性导尿包,外包装袋置于生活垃圾桶	2		
	初次消毒	取出初次消毒用物,一次性盘放于两腿间稍靠后	2		
		倒消毒棉球于一次性盘内,左手戴手套	2		
		消毒原则为:从上向下,由外向内 顺序为:①阴阜(从近侧到对侧,再从对侧到近侧);②两侧大阴唇(先对侧后近侧);③左手分开大阴唇:消毒两侧小阴唇(先对侧后近侧);④螺旋式消毒尿道口至肛门口	7	消毒顺序不对扣3分,漏一部位或不到位扣2分	
		将弯盘内垃圾倒入医疗垃圾桶,将弯盘置于车底,将一次性盘放床尾;脱下手套放于医疗垃圾桶	2	不到位每项扣1~2分,至扣完分值	
	洗手	按七步洗手法洗手	2		
	开包铺巾	将导尿包放于患者两腿之间,打开包布(先对侧再近侧)	2	污染不更换不及格	
		取出无菌手套,戴无菌手套	6		
		铺洞巾(遮挡住肛门)	2		
	整理用物	检查导尿管气囊无漏液	2	不到位每项扣1~2分,至扣完分值	
		检查一次性集尿袋完好无损,末端旋紧,打开开关;连接导尿管	2		
		润滑导尿管前端(勿用戴手套的手直接接触导尿管,防止无菌性炎症)	2		
	再次消毒	倒消毒液棉球于小盘内,将盘移至洞巾口旁	2	顺序错扣3分,漏一部位或不到位每次扣2分,未更换镊子扣2分	
		左手拇指、示指分开小阴唇并固定	2		
		消毒原则为:由上向下,由内到外再到内 顺序为:①螺旋式消毒尿道口;②两侧小阴唇(先对侧后近侧);③换镊子,螺旋式消毒尿道口	6		

质量标准		操作过程	分值	操作要求及指标	扣分
实施 70 分	插管固定	移开小盘,将大盘及导尿管移至洞巾口旁	1	不到位每项扣 1~2 分,至扣完分值	
		嘱患者张口呼吸,转移注意力,对准尿道口,轻轻插入尿道 4~6cm,见尿再插入 7~10cm;向气囊内注入 5~10ml 水,前后轻推拉检验是否已固定(有阻力感),再送回去一些(防卡在尿道内口)	5		
	注意事项	如误入阴道或导尿管滑出,应换管重新插管	1	口述不全,不得分	
		膀胱高度膨胀者,初次导尿不要超过 1 000ml,防止血尿和虚脱	1		
	固定尿袋	将导尿管及集尿袋穿过洞巾,再从大腿下侧穿过,固定于床旁挂钩上,低于膀胱高度	1	操作不到位,每项扣 1 分	
	撤物整理	撤下洞巾,初步整理导尿包置于医疗垃圾袋	1		
		撤下床尾弯盘及一次性治疗巾置于医疗垃圾袋,脱手套置于医疗垃圾袋	1		
		协助患者穿好裤子,取舒适体位,整理床单位,交代注意事项	1		
		开窗、拉开围帘	1		
	洗手记录	洗手,记录尿管标识(插管时间,长度并签名),粘贴标识于尿管末端	1		
	遵医拔管	双向核对,解释,从侧方铺一次性治疗巾,暴露尿管,戴 PE 手套,放出集尿袋内的尿液,用注射器抽净气囊内的水,垫着纱布轻轻拔出导尿管,用纱布擦净会阴部	3	不到位每项扣 1 分,至扣完分值	
评价 15 分	态度	认真、严谨、动作轻柔,关心患者、保护患者隐私	5	①严重违反无菌原则不及格;②超时扣 5 分;③不熟练酌情扣 1~5 分	
	技能	严格执行查对制度,无菌观念强,操作熟练、手法正确、条理清楚,在预期时间内完成	5		
	效果	护患沟通有效,达到预期效果,安全顺利,患者无不适反应及并发症	5		
总分			100		

(湛惠萍)

任务二　女患者导尿（非留置术）

[**案例**] 李某,女,55 岁,胃癌术后第七天,前三天拔出留置导尿管,近两天有尿频、尿急、尿痛症状,怀疑有泌尿系感染。

医嘱:一次性导尿术,留取中段无菌尿液进行尿培养及药敏试验。

任务:女患者一次性导尿术。

[**操作目的**]

1. 为尿潴留患者引流出尿液,减轻痛苦。

2. 协助临床诊断。如留取无菌尿标本作细菌培养;测量膀胱容量、压力及检查残余尿量,进行膀胱或尿道造影。

3. 为膀胱肿瘤患者进行膀胱化疗。

[**实训时数**] 1 学时。

[**教学目标**]

1. 知识　能说出一次性导尿术的目的及注意事项。

2. 技能　能够遵守无菌操作原则,正确实施女患者一次性导尿术,遇意外情况能正确应对和处置。

3. 素养　具有无菌观念、爱伤观念和人文关怀理念;具备查对意识、责任意识和安全意识;具有良好沟通能力、仪表规范,态度认真、严谨。

[**实验设计**]

1. 教学活动　示教、角色扮演、小组或个人训练等活动;应用微课、思维导图、操作流程图、操作视频等指导课堂和课后练习。

2. 考核评价　平时考、阶段考、期末考等相结合;应用评分标准评价学习效果。

[**注意事项**]

1. 严格执行无菌技术操作原则和查对制度。动作应轻柔,以免损伤尿道。

2. 操作前做好解释和沟通,操作中注意遮挡患者,注意保护患者的隐私和自尊;天冷时采取保暖措施,防止着凉。

3. 因老年人机体衰退萎缩,应仔细辨认老年女性尿道口,以免插入阴道;导尿管如误入阴道,应立即拔出,重新更换无菌导尿管再插入。

4. 膀胱高度膨胀又极度虚弱的患者,初次导尿不可超过 1 000ml 防止出现虚脱和血尿。

5. 插管长度要足够长,避免气囊还在尿道内就充气,以使气囊卡在尿道内口。

[思维导图]

- 评估
  - 护士
    - 仪表－符合仪表规范：衣帽整洁，举止端庄、大方、沉稳
    - 操作目的
      - 为尿潴留患者引流出尿液，减轻痛苦
      - 协助临床诊断，如留取无菌尿标本作细菌培养；测量膀胱容量、压力及检查残余尿量，进行膀胱或尿道造影
      - 为膀胱肿瘤患者进行膀胱化疗
  - 患者
    - 病情、性别、年龄、导尿目的
    - 会阴部皮肤、黏膜有无伤口及清洁度
    - 心理反应、合作程度，膀胱充盈度
    - 嘱患者清洗会阴，告知操作目的、配合方法及注意事项
  - 环境－是否：安静、整洁、光线及温度是否适宜

- 计划
  - 护士－衣帽整洁，已修剪指甲，洗手，戴口罩
  - 环境－根据需要调节室温，请无关人员离开
  - 用物
    - 治疗车上层：托盘，导尿包，一次性治疗巾，弯盘，洗手液
    - 治疗车下层：医疗垃圾桶，生活垃圾桶
  - 患者－明确操作目的及注意事项，愿意配合，已清洗会阴

女患者导尿术（非留置）

- 实施
  - 双人核对－双人核对医嘱，确认无误，可以执行
  - 核对解释－携用物至床旁，双向核对，解释，以取得合作，关门窗，围屏风（或床帘）遮挡
  - 安置体位
    - 协助患者，脱去对侧裤腿置在近侧的腿上，对侧腿用盖被盖好，必要时用大毛巾包裹近侧腿以保暖
    - 患者取屈膝仰卧位：两腿屈膝略外展，暴露外阴
  - 铺巾开包
    - 将一次性治疗巾垫于臀下，将弯盘放于两腿间靠近会阴
    - 检查导尿包名称、有效期、型号、密闭性；打开一次性导尿包，外包装袋置于生活垃圾桶
  - 初次消毒
    - 取出初次消毒用物，一次性盘放于两腿间稍靠后
    - 倒消毒棉球于一次性盘内，左手戴手套
    - 消毒原则为：由上向下，由外向内，顺序为：①阴阜（从近侧到对侧，再从对侧到近侧）②两侧大阴唇（先对侧后近侧），③左手分开大阴唇：消毒两侧小阴唇（先对侧后近侧）④螺旋式消毒尿道口至肛门口
    - 将弯盘内垃圾倒入医疗垃圾桶，将弯盘置于车底，将一次性盘放床尾，脱下手套放于医疗垃圾桶
  - 洗手－按七步洗手法洗手
  - 戴手套铺洞巾
    - 将导尿包放于患者两腿之间，打开治疗巾（先对侧再近侧）
    - 取出无菌手套，戴无菌手套
    - 铺洞巾（遮挡住肛门）
  - 整理用物
    - 检查一次性集尿袋完好无损，末端旋紧，打开开关；连接导尿管
    - 润滑导尿管前端（勿用戴手套的手直接接触导尿管，防止无菌性炎症）
    - 按需检查标本瓶是否完好无损
  - 再次消毒
    - 倒出消毒液棉球于小盘中，将盘移至洞巾口旁
    - 左手拇指、示指分开小阴唇并固定
    - 消毒原则为：由上向下，由内到外再到内，顺序为：①螺旋式消毒尿道口②两侧小阴唇（先对侧后近侧）③换镊子，螺旋式消毒尿道口
  - 插管固定
    - 移开小盘，将大盘及导尿管移至洞巾口旁
    - 嘱患者张口呼吸，转移注意力，对准尿道口，轻轻插入尿道4~6cm，见尿再插入1~2cm；左手固定导尿管
  - 注意事项
    - 嘱病人勿咳嗽、打喷嚏等增加腹压活动
    - 如误入阴道或导尿管滑出，应换管重新插入
    - 膀胱高度膨胀者，初次导尿不要超过1 000ml，防止血尿和虚脱
  - 遵医嘱执行
    - ①留取尿标本：关闭集尿袋开关，导尿管与集尿袋分离，排出前段尿，留取中段尿培养标本，防止污染尿标本，防止弄湿床单，盖好瓶盖，放置于合适处，连接集尿袋，开放开关
    - ②根据医嘱测量，测量膀胱容量、压力及检查残余尿量等
    - ③根据医嘱，排完尿后，注入造影剂等
  - 拔管、撤物
    - 排出剩余尿液，用纱布垫着轻轻拔出导尿管
    - 撤下洞巾，初步整理导尿管置于医疗垃圾袋
    - 撤下床尾弯盘及一次性治疗巾置于医疗垃圾袋，脱手套置于医疗垃圾袋
    - 协助患者穿好裤子，取舒适体位，整理床单位，交代注意事项，感谢合作
  - 洗手、记录
    - 开窗、拉开围帘
    - 洗手，记录操作时间并签名
    - 将尿标本瓶贴标签，及时送检

- 评价
  - 态度－认真、严谨、动作轻柔，关心患者、保护患者隐私
  - 技能－严格执行查对制度，无菌观念强，操作熟练、手法正确、条理清楚，在预期时间内完成
  - 效果－护患沟通有效，达到预期效果，安全顺利，患者无不适反应及并发症

[操作流程]

一、评估

1. 仪表规范,明确操作目的

2. 核对床头卡,手腕带

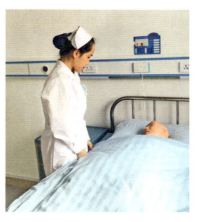

3. 床前评估患者及环境,洗手戴口罩

二、计划

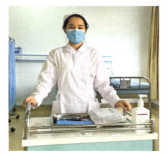

1. 双人核对无误,备物

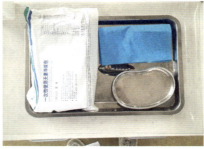

2. 导尿治疗盘

3. 治疗车上用物

三、实施

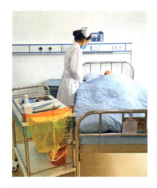

1. 携用物至床旁,双向核对,解释

2. 关门窗,屏风或围帘遮挡

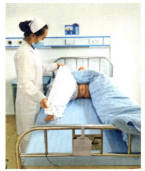

3. 脱对侧裤腿盖近侧腿上,对侧用盖被盖好

4. 取屈膝外展位,充分暴露会阴

5. 铺一次性治疗巾，置弯盘

6. 检查并打开一次性导尿包

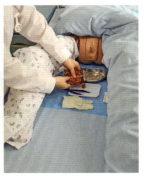

7. 倒消毒棉球

8. 戴左手手套，消毒阴阜

9. 从近侧到对侧，再从对侧到近侧

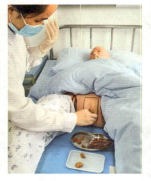

10. 消毒大阴唇

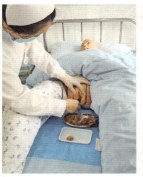

11. 分开大阴唇，消毒小阴唇

12. 螺旋式消毒尿道口至肛门

13. 处理污物，脱手套

14. 将一次性盘放于床尾

15. 洗手液洗手

16. 打开内包巾（先对侧再近侧）

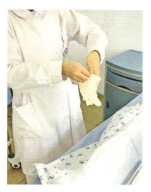

17. 戴无菌手套

18. 铺洞巾（遮挡肛门）

19. 整理用物

20. 倒消毒棉球和石蜡油棉片

21. 开导尿管内包装，润滑导尿管

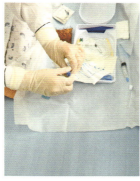

22. 旋紧集尿袋末端，接集尿袋

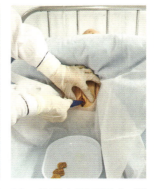

23. 分开小阴唇固定，消毒尿道口

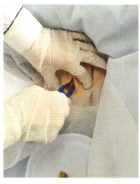

24. 消毒小阴唇（先对侧再近侧）

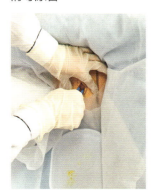

25. 更换镊子再次消毒尿道口

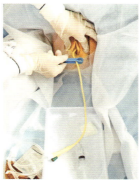

26. 嘱患者深呼吸，插管

27. 根据医嘱需要，留取中段尿

28. 标本放于治疗盘上，及时送检

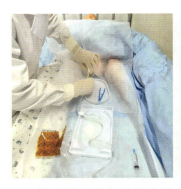

29. 排出剩余尿液,垫纱布拔出导尿管

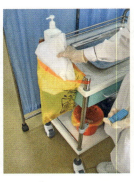

30. 撤洞巾,整理用物,放医疗垃圾袋内

31. 撤治疗巾,脱手套

32. 协助患者穿裤子整理床单位

33. 询问患者感受,交代注意事项,感谢患者合作

34. 打开门窗,拉开围帘撤去屏风

35. 流水下洗手,记录导尿时间,尿液性质和量

四、评价

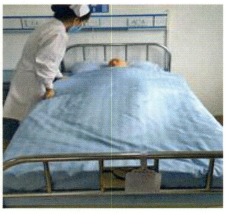

患者安全,无并发症

[评分标准]

女患者导尿术(非留置)——操作考核评分标准　（满分：100 分）

（规定时间：12 分钟　　　　实际操作时间：　　　　分钟）

班级　　　　学号　　　　姓名　　　　成绩　　　　　　　　　　　　　　　年　　月　　日

质量标准			操作过程	分值	操作要求及指标	扣分
评估10分	护士	仪表	符合仪表规范：衣帽整洁,举止端庄、大方、沉稳	2	不符合扣 1~2 分	
		操作目的	为尿潴留患者引流出尿液,减轻痛苦	3	口述,不全一项扣 1~2 分,至扣完分值	
			协助临床诊断,如留取无菌尿标本作细菌培养；测量膀胱容量、压力及检查残余尿量,进行膀胱或尿道造影			
			为膀胱肿瘤患者进行膀胱化疗			
	患者		①病情、性别、年龄、导尿目的；②会阴部皮肤、黏膜有无伤口及清洁度；③心理反应、合作程度,膀胱充盈度；④嘱患者清洗会阴,告知操作目的、配合方法及注意事项	4	口述,不全一项扣 1 分,至扣完分值	
	环境		是否：安静、整洁、光线及温度是否适宜	1	边做边述,不到位每项扣 1~2 分,没戴口罩不及格	
计划5分	护士		衣帽整洁,已修剪指甲,洗手,戴口罩	2		
	环境		根据需要调节室温,请无关人员离开			
	用物		根据双人核对医嘱执行单无误,备物治疗车上层：托盘,导尿包,一次性治疗巾,弯盘,洗手液治疗车下层：医疗垃圾桶,生活垃圾桶	2	缺一项扣 1 分,至扣完分值	
	患者		已了解操作目的及注意事项,愿意配合,已清洗会阴	1	口述不全,不得分	
实施70分	双人核对		双人核对医嘱执行单,确认无误,可以执行	2	不到位一项扣 1 分,至扣完分值	
	核对解释		携用物至床旁,双向核对,解释,以取得合作,关闭门窗,围帘遮挡	2		
	安置体位		协助患者脱去对侧裤腿盖在近侧的腿上,对侧腿用盖被盖好,必要时用大毛巾包裹近侧腿以保暖	2		
			患者取屈膝仰卧位：两腿屈膝略外展,暴露外阴	2		
	铺巾开包		将一次性治疗巾垫于臀下,将弯盘放于两腿间靠近会阴	2		
			检查导尿包名称、有效期、型号、密闭性；打开一次性导尿包,外包装袋置于生活垃圾桶	3		
	初次消毒		取出初次消毒用物,一次性盘放于两腿间稍靠后	2		
			倒消毒棉球于一次性盘内,左手戴手套	2		

质量标准		操作过程	分值	操作要求及指标	扣分
实施70分	初次消毒	消毒原则为：由上向下，由外向内，顺序为：①阴阜（从近侧到对侧，再从对侧到近侧）；②两侧大阴唇（先对侧后近侧）；③左手分开大阴唇：消毒两侧小阴唇（先对侧后近侧）；④螺旋式消毒尿道口至肛门口	5	消毒顺序不对扣3分，漏一部位或不到位扣2分	
		将弯盘内垃圾倒入医疗垃圾桶，将弯盘置于车底，将一次性盘放床尾；脱下手套放于医疗垃圾桶	1	不到位每项扣1~2分，至扣完分值 污染不更换不及格	
	洗手	按七步洗手法洗手	2		
	戴手套铺洞巾	将导尿包放于患者两腿之间，打开治疗巾（先对侧再近侧）	2		
		取出无菌手套，戴无菌手套	5		
		铺洞巾（遮挡住肛门）	2		
	整理用物	检查一次性集尿袋完好无损，末端旋紧，打开开关；连接导尿管	2	不到位每项扣1~2分，至扣完分值 消毒顺序不对扣3分，漏一部位或不到位每次扣2分，未更换镊子扣2分	
		润滑导尿管前端（勿用戴手套的手直接接触导尿管，防止无菌性炎症）	2		
		按需检查标本瓶是否完好无损	2		
	再次消毒	倒消毒棉球于小盘内，将盘移至洞巾口旁	1		
		左手拇指、示指分开小阴唇并固定	2		
		消毒原则为：由上向下，由内到外再到内，顺序为：①螺旋式消毒尿道口；②两侧小阴唇（先对侧后近侧）；③换镊子，螺旋式消毒尿道口	5		
	插管固定	移开小盘，将大盘及导尿管移至洞巾口旁	1	不到位每项扣1~2分，至扣完分值	
		嘱患者张口呼吸，转移注意力，对准尿道口，轻轻插入尿道4~6cm，见尿再插入1~2cm；左手固定导尿管	5		
	注意事项	嘱患者勿咳嗽、打喷嚏等增加腹压活动	2	口述不全，该项不得分	
		如误入阴道或导尿管滑出，应换管重新插入	2		
		膀胱高度膨胀者，初次导尿不要超过1 000ml，防止血尿和虚脱	2		

续表

质量标准		操作过程	分值	操作要求及指标	扣分
实施70分	遵医嘱执行	①留取尿标本:关闭集尿袋开关,导尿管与集尿袋分离,排出前段尿,留取中段尿培养标本,防止污染尿标本,防止弄湿床单,盖好瓶盖,放置于推车上试管架;连接集尿袋,开放开关 ②根据医嘱测量膀胱容量、压力及检查残余尿量; ③根据医嘱,排完尿后,注入造影剂等	3	口述或操作不到位,每项扣1分,至扣完分值	
	拔管、撤物	排出剩余尿液,用纱布垫着轻轻拔出导尿管	1		
		撤下洞巾,初步整理导尿包置于医疗垃圾袋	1		
		撤下床尾弯盘及一次性治疗巾置于医疗垃圾袋,脱手套置于医疗垃圾袋	1		
		协助患者穿好裤子,取舒适体位,整理床单位,交代注意事项,感谢合作	1		
	洗手、记录	开窗、拉开围帘	1		
		洗手,记录操作时间并签名	1		
		将尿标本瓶贴标签,及时送检	1		
评价15分	态度	认真、严谨、动作轻柔,关心患者、保护患者隐私	5	①严重违反无菌原则不及格;②超时扣5分;③不熟练酌情扣1~5分	
	技能	严格执行查对制度,无菌观念强,操作熟练、手法正确、条理清楚,在预期时间内完成	5		
	效果	护患沟通有效,达到预期效果,安全顺利,患者无不适反应及并发症	5		
总分			100		

（湛惠萍）

任务三　男患者导尿（留置术）

[**案例**] 王某,男,47 岁,车祸急诊入院,主诉右腿根部疼痛,经磁共振检查,确诊为右侧髂骨骨裂,明天手术,术前留置导尿。

医嘱:术前留置导尿。

任务:男患者留置导尿术。

[**操作目的**]

1. 抢救危重、休克患者时准确记录每小时尿量、尿比重,以观察患者的病情变化。

2. 盆腔手术前留置导尿排空膀胱,使膀胱保持持续空虚状态,避免术中误伤。

3. 某些泌尿系统手术后留置导尿管,便于持续引流和冲洗,减轻手术切口张力,促进伤口愈合(用于膀胱冲洗)。

4. 为尿失禁或会阴部有伤口的患者引流尿液,保持会阴部清洁干燥。

5. 为尿失禁患者行膀胱功能训练。

[实训时数] 1 学时。

[教学目标]

1. 知识 能说出留置导尿术的目的及注意事项。

2. 技能 能够遵守无菌操作原则,正确实施男患者留置导尿术,遇意外情况能正确应对和处置。

3. 素养 具有无菌观念、爱伤观念和人文关怀理念,具备查对意识、责任意识和安全意识,具有良好沟通能力、仪表规范,态度认真、严谨。

[实验设计]

1. 教学活动 示教、角色扮演、小组或个人训练等活动;应用微课、思维导图、操作流程图、操作视频等指导课堂和课后练习。

2. 考核评价 平时考、阶段考、期末考等相结合;应用评分标准评价学习效果。

[注意事项]

1. 严格无菌技术操作原则和查对制度。动作应轻柔,以免损伤尿道。

2. 操作前做好解释和沟通,操作中注意遮挡患者,注意保护患者的隐私和自尊;天冷时采取保暖措施,防止着凉。

3. 为避免损伤尿道,应掌握男性尿道的解剖特点,导尿管在通过三个狭窄处(尿道内口、膜部和尿道外口)时动作轻柔,以免引起患者疼痛。

4. 膀胱高度膨胀又极度虚弱的患者,初次导尿不可超过 1 000ml 防止出现虚脱和血尿。

5. 插管长度要足够长,避免气囊还在尿道内就充气,以使气囊卡在尿道内口。

6. 保持引流通畅,避免导尿管扭曲、受压、堵塞。

7. 训练膀胱反射功能,拔管前采用间歇性夹闭导尿管,每 3~4 小时开放 1 次,使膀胱定时充盈和排空,促进膀胱功能恢复。

8. 防止逆行性感染 ①集尿袋不可超过膀胱的高度,防止尿液反流;②及时排空集尿袋,每日更换集尿袋;③每日消毒尿道口 2 次;④鼓励患者多饮水,起到自然冲洗的作用;⑤拔出导尿管后要及时去排尿,避免尿潴留。

[思维导图]

男患者留置导尿术

评估

- 护士
  - 仪表—符合仪表规范：衣帽整洁，举止端庄、大方、沉稳
  - 操作目的
    - 抢救危重、休克患者时准确记录每小时尿量、尿比重，以观察患者的病情变化
    - 盆腔手术前排空膀胱，使膀胱保持持续空虚状态，避免术中损伤
    - 某些泌尿系统手术后留置导尿管，便于持续引流和冲洗，减轻手术切口张力，有利于切口愈合（用于膀胱冲洗）
    - 为尿失禁或会阴部有伤口的患者引流尿液，保持会阴部清洁干燥
    - 为尿失禁患者行膀胱功能训练
  - 患者
    - ①病情、性别、年龄、导尿目的
    - ②会阴部皮肤、黏膜有无伤口及清洁度
    - ③心理反应、合作程度，膀胱充盈度
    - ④嘱患者清洗会阴，告知操作目的。配合方法及注意事项
- 环境—是否：安静、整洁、光线及温度是否适宜

计划

- 护士—衣帽整洁，已修剪指甲，洗手，戴口罩
- 环境—根据需要调节室温，请无关人员离开
- 用物
  - 治疗车上层：托盘，导尿包，一次性治疗巾，弯盘，洗手液
  - 治疗车下层：医疗垃圾桶，生活垃圾桶
- 患者—明确操作目的及注意事项，愿意配合，已清洗会阴

实施

- 双人核对—双人核对医嘱，确认无误，可以执行
- 核对解释—携用物至床旁，双向核对，解释，以取得合作，关闭门窗，围帘遮挡
- 安置体位
  - 协助患者脱去对侧裤腿盖在近侧腿上，对侧腿用盖被盖好，必要时用大毛巾包裹近侧腿以保暖
  - 患者取屈膝仰卧位：两腿屈膝略外展，暴露外阴
- 铺巾开包
  - 将一次性治疗巾垫于臀下，将弯盘放于两腿间靠近会阴
  - 检查导尿包名称、有效期、型号、密闭性；打开一次性导尿包，外包装袋置于生活垃圾桶
- 初次消毒
  - 取出初次消毒用物，一次性盘放于两腿间稍靠后
  - 倒消毒棉球于一次性盘内，左手戴手套
  - 消毒原则为：①阴阜（从近侧到对侧，再从对侧到近侧）②阴茎背面两侧 ③左手垫纱布扶起阴茎，消毒阴茎腹面两侧阴囊 ④将包皮推后，暴露尿道口，螺旋式消毒尿道口、龟头、冠状沟3遍
  - 将弯盘内垃圾倒入医疗垃圾桶，将弯盘置于车底，将一次性盘放床尾；脱下手套放于医疗垃圾桶
- 洗手—按七步洗手法洗手
- 戴手套铺洞巾
  - 将导尿包放于患者两腿之间，打开治疗巾（先对侧再近侧）
  - 取出无菌手套，戴无菌手套
  - 铺洞巾（遮挡住肛门）
- 整理用物
  - 检查导尿管的气囊无漏液
  - 检查一次性集尿袋完好无损，末端旋紧，打开开关；连接导尿管
  - 润滑导尿管前端（勿用戴手套的手直接接触导尿管，防止无菌性炎症）
- 再次消毒
  - 倒消毒棉球于小盘内，将盘移至洞巾旁
  - 左手垫纱布包住阴茎，将包皮推后，暴露尿道口
  - 消毒原则为：顺时针螺旋式消毒尿道口、龟头、冠状沟2遍；逆时针消毒尿道口、龟头、冠状沟2遍，最后1遍更换镊子，再次消毒尿道口
- 插管固定尿管
  - 移开小盘，将大盘及导尿管移至洞巾口旁
  - 嘱患者张口呼吸，转移注意力，左手扶起阴茎与腹壁成60°角（消除耻骨前弯），对准尿道口，轻轻插入尿道20~22cm，见尿再插入5~7cm；向气囊内注入5~10ml水做气囊固定，前后轻推拉检验已固定(有阻力感)，再送回去一些(以防卡在尿道内口)
- 注意事项
  - 观察患者反应，遇三处狭窄（尿道内口、膜部和尿道外口）时，动作轻柔，嘱患者深呼吸，放松
  - 膀胱高度膨胀者，初次导尿不要超过1 000ml，防止血尿和虚脱
- 固定集尿袋、撤物
  - 将导尿管及集尿袋穿过洞巾，再从大腿下侧穿过，固定于床旁挂钩上，低于膀胱高度
  - 撤下洞巾，初步整理用尿包置于医疗垃圾袋
  - 撤下床尾弯盘及一次性治疗巾置于医疗垃圾袋，脱手套置于医疗垃圾袋
- 洗手记录
  - 洗手，记录尿管标识（插管时间，长度并签名），粘贴标识于尿管末端
  - 协助患者穿好裤子，取舒适体位，整理床单位，交代注意事项，感谢合作
  - 开窗、拉开围帘
- 归类整理记录—物品按院感要求归类整理，洗手记录导尿时间、尿液性质和量等情况

评价

- 态度—认真、严谨、动作轻柔，关心患者、保护患者隐私
- 技能—严格执行查对制度，无菌观念强，操作熟练、手法正确、条理清楚，在预期时间内完成
- 效果—护患沟通有效，达到预期效果，安全顺利，患者无不适反应及并发症

[操作流程]

一、评估

1. 仪表规范,明确操作目的

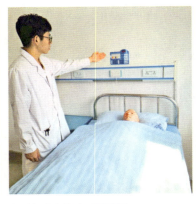

2. 核对床头卡,手腕带

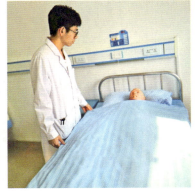

3. 评估患者及环境,洗手戴口罩

二、计划

1. 双人核对无误,备物

2. 治疗盘

3. 治疗车上用物

三、实施

1. 携用物至床旁,双向核对,解释

2. 关门窗,屏风或围帘遮挡

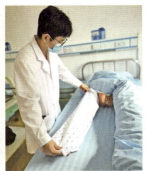

3. 脱对侧裤腿盖近侧腿上,对侧用盖被盖好

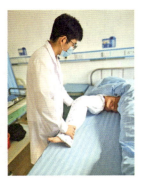

4. 取屈膝外展位,充分暴露会阴

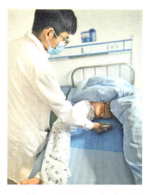

5. 铺一次性治疗巾,置弯盘

6. 检查并打开一次性导尿包

7. 倒消毒棉球

8. 左手戴手套,消毒阴阜

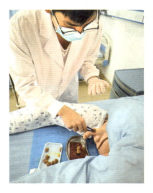

9. 消毒阴茎背侧、两侧

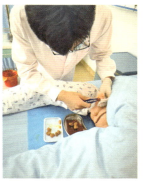

10. 消毒阴茎腹侧、阴囊

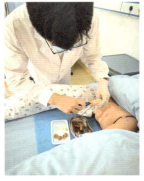

11. 暴露尿道口,螺旋式消毒尿道口

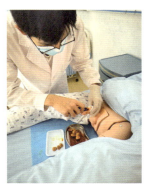

12. 螺旋式消毒龟头、冠状沟

13. 污物和手套放入医疗垃圾袋

14. 弯盘放于推车下层

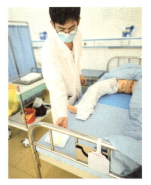

15. 一次性盘放于床尾,洗手

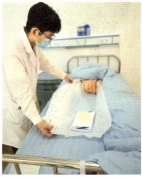

16. 打开内包巾(先对侧再近侧)

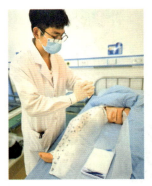
17. 戴无菌手套

18. 铺洞巾（遮挡住肛门）

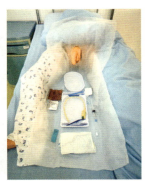
19. 整理用物

20. 倒消毒棉球和石蜡油棉片

21. 开导尿管内包装，检查气囊

22. 旋紧集尿袋末端，接集尿袋

23. 润滑导尿管前端

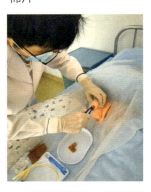
24. 暴露尿道口，螺旋消毒尿道口

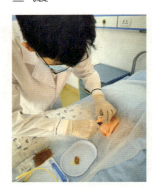
25. 螺旋消毒龟头、冠状沟

26. 更换镊子，再次消毒尿道口

27. 将阴茎扶起与腹壁呈60°角，嘱患者深呼吸，轻轻插入

28. 插入规定长度，推注气囊

29. 前后推拉有阻力感，确认固定

30. 再轻轻向内送入一点

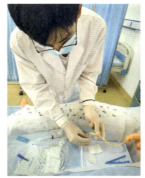

31. 遵医嘱，留取中段尿标本

32. 置标本，贴标签及时送检

33. 导尿管及集尿袋过洞巾

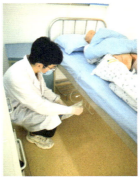

34. 集尿袋挂于床旁挂钩

35. 初步整理，丢入医疗垃圾袋

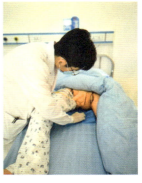

36. 撤治疗巾，脱手套

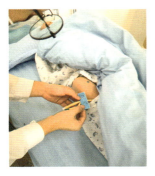

37. 洗手，贴标签

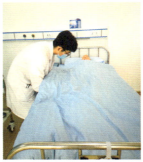

38. 协助穿裤，整理床单位，询问患者感受

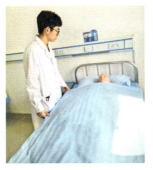

39. 交代注意事项，感谢患者合作

40. 打开门窗，拉开围帘

41. 洗手，记录患者导尿时间、尿液性质和量

四、评价

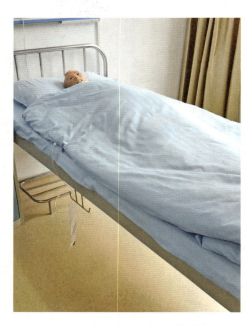

导尿管通畅,过程安全,无并发症

[评分标准]

男患者留置导尿术——操作考核评分标准 (满分:100 分)

(规定时间:插管 12 分钟,拔管 3 分钟　　　　　　实际操作时间:　　　　分钟)

班级　　　　学号　　　　姓名　　　　成绩　　　　　　　　　　　年　　月　　日

质量标准			操作过程	分值	操作要求及指标	扣分
评估10 分	护士	仪表	符合仪表规范:衣帽整洁,举止端庄、大方、沉稳	1	不符合不得分	
		操作目的	抢救危重、休克患者时准确记录每小时尿量、尿比重,以观察患者的病情变化	5	口述,不全一项扣1 分,至扣完分值	
			盆腔手术前排空膀胱,使膀胱持续保持空虚状态,避免术中损伤			
			某些泌尿系统手术后留置导尿管,便于持续引流和冲洗,减轻手术切口张力,有利于切口愈合(用于膀胱冲洗)			
			为尿失禁或会阴部有伤口的患者引流尿液,保持会阴部清洁干燥			
			为尿失禁患者行膀胱功能训练			

续表

质量标准	操作过程		分值	操作要求及指标	扣分
评估 10 分	患者	①病情、性别、年龄、导尿目的；②会阴部皮肤、黏膜有无伤口及清洁度；③心理反应、合作程度、膀胱充盈度；④嘱患者清洗会阴，告知操作目的、配合方法及注意事项	3	口述，不全一项扣 1 分，至扣完分值	
	环境	是否：安静、整洁、光线及温度是否适宜	1		
计划 5 分	护士	衣帽整洁，已修剪指甲，洗手，戴口罩	2	边做边述，不到位每项扣 1~2 分，没戴口罩不及格	
	环境	根据需要调节室温，请无关人员离开			
	用物	根据双人核对无误医嘱执行单备物 治疗车上层：托盘，导尿包，一次性治疗巾，弯盘，洗手液 治疗车下层：医疗垃圾桶，生活垃圾桶	2	缺一项扣 1 分，至扣完分值	
	患者	已了解操作目的及注意事项，愿意配合，已清洗会阴	1	口述不全，不得分	
实施 70 分	双人核对	双人核对医嘱执行单，确认无误，可以执行	2	不到位一项扣 1~2 分，至扣完分值	
	核对解释	携用物至床旁，双向核对，解释，以取得合作，关门窗、屏风或围帘遮挡	2		
	安置体位	协助患者脱去对侧裤腿盖在近侧腿上，对侧腿用盖被盖好，必要时用大毛巾包裹近侧腿以保暖	2		
		患者取屈膝仰卧位：两腿屈膝略外展，暴露外阴	2		
	铺巾开包	将一次性治疗巾垫于臀下，将弯盘放于两腿间靠近会阴	2		
		检查导尿包名称、有效期、型号、密闭性；打开一次性导尿包，外包装袋置于生活垃圾桶	2		
	初次消毒	取出初次消毒用物，一次性盘放于两腿间稍靠后	2		
		倒消毒棉球于一次性盘内，左手戴手套	2		
		消毒顺序为：①阴阜（从近侧到对侧，再从对侧到近侧）；②阴茎背面、两侧；③左手垫纱布扶起阴茎，消毒阴茎腹面、阴囊；④将包皮推后，暴露尿道口，螺旋式消毒尿道口、龟头、冠状沟 3 遍	5	消毒顺序不对扣 3 分，漏一部位或不到位扣 2 分	
		将弯盘内垃圾倒入医疗垃圾桶，将弯盘置于车底，将一次性盘放床尾；脱下手套放于医疗垃圾桶	2	不到位每项扣 1~2 分，至扣完分值	
	洗手	按七步洗手法洗手	2		
	戴手套铺洞巾	将导尿包放于患者两腿之间，打开治疗巾（先对侧再近侧）	2		
		取出无菌手套，戴无菌手套	5	不到位扣 2~3 分，污染不更换不及格	
		铺洞巾（遮挡住肛门）	2		

续表

质量标准		操作过程	分值	操作要求及指标	扣分
实施70分	整理用物	倒消毒棉球于小盘、石蜡油棉片于大盘内,将盘移至洞巾口旁	2	不到位每项扣1~2分,至扣完分值	
		检查导尿管的气囊无漏液	2		
		检查一次性集尿袋完好无损,末端旋紧,打开开关;连接导尿管	2		
		润滑导尿管前端(勿用戴手套的手直接接触导尿管,防止无菌性炎症)	2		
	再次消毒	将消毒棉球盘移至洞巾口旁	2	消毒顺序不对扣3分,漏一部位或不到位每次扣2分,未更换镊子扣2分	
		左手垫纱布包住阴茎,将包皮推后,暴露尿道口	2		
		顺序为:顺时针螺旋式消毒尿道口、龟头、冠状沟2遍;逆时针消毒尿道口、龟头、冠状沟2遍,最后1遍更换镊子,再次消毒尿道口	6		
	插管固定尿管	移开小盘,将大盘及导尿管移至洞巾口旁	1	不到位每项扣1~5分,至扣完分值	
		嘱患者张口呼吸,转移注意力,左手扶起阴茎与腹壁成60°角(消除耻骨前弯),对准尿道口,轻轻插入尿道20~22cm,见尿再插入5~7cm;向气囊内注入5~10ml水做气囊固定,轻拉检验已固定(有阻力感),再送回去一些(以防卡在尿道内口)	6		
	注意事项	观察患者反应,遇三处狭窄(尿道内口、膜部和尿道外口)时,动作轻柔,嘱患者深呼吸,放松	1	口述不全,不得分	
		膀胱高度膨胀者,初次导尿不要超过1 000ml,防止血尿和虚脱	1		
	固定集尿袋、撤物	将导尿管及集尿袋穿过洞巾,再从大腿下侧穿过,集尿袋固定于床旁挂钩上,低于膀胱高度	1	操作不到位,每项扣1分	
		撤下洞巾,初步整理导尿包置于医疗垃圾袋	1		
		撤下床尾弯盘及一次性治疗巾置于医疗垃圾袋,脱手套置于医疗垃圾袋	1		
	洗手、记录	洗手,记录尿管标识(插管时间,长度并签名),粘贴标识于尿管末端	2		
		协助患者穿好裤子,取舒适体位,整理床单位,交代注意事项	3		
		开窗、拉开围帘	1		
评价15分	态度	认真、严谨、动作轻柔,关心患者、保护患者隐私	5	①严重违反无菌原则不及格;②超时扣5分;③不熟练酌情扣1~5分	
	技能	严格执行查对制度,无菌观念强,操作熟练、手法正确、条理清楚,在预期时间内完成	5		
	效果	护患沟通有效,达到预期效果,安全顺利,患者无不适反应及并发症	5		
总分			100		

(湛惠萍)

任务四　男患者导尿（非留置术）

[**案例**] 游某,男,31 岁,主诉:翻越栅栏时,不慎骑跨在栅栏上,之后出现尿道疼痛,尿道口滴血,不能排尿来院就诊。医生诊断为"会阴部外伤致尿潴留",查体:T 37.2℃,P 80 次 /min,R 20 次 /min,BP 130/70mmHg。会阴、阴茎和阴囊明显肿胀,耻骨上膨隆,扪及囊性包块。

医嘱:一次性导尿。

任务:男患者一次性导尿术。

[**操作目的**]

1. 为尿潴留患者引流出尿液,减轻痛苦。

2. 协助临床诊断　如留取无菌尿标本作细菌培养;测量膀胱容量、压力及检查残余尿量,进行膀胱或尿道造影。

3. 为膀胱肿瘤患者进行膀胱化疗。

[**实训时数**] 1 学时。

[**教学目标**]

1. 知识　能说出一次性导尿术的目的及注意事项。

2. 技能　能够遵守无菌操作原则,正确实施男患者一次性导尿术,遇意外情况能正确应对和处置。

3. 素养　具有无菌观念、爱伤观念和人文关怀理念,具备查对意识、责任意识和安全意识,具有良好沟通能力、仪表规范,态度认真、严谨。

[**实验设计**]

1. 教学活动　示教、角色扮演、小组或个人训练等活动;应用微课、思维导图、操作流程图、操作视频等指导课堂和课后练习。

2. 考核评价　平时考、阶段考、期末考等相结合;应用评分标准评价学习效果。

[**注意事项**]

1. 严格遵守无菌操作技术原则和查对制度。动作应轻柔,以免损伤尿道。

2. 操作前做好解释和沟通,操作中注意遮挡患者,注意保护患者的隐私和自尊;天冷时采取保暖措施,防止着凉。

3. 为避免损伤尿道,应掌握男性尿道的解剖特点,导尿管在通过三个狭窄处(尿道内口、膜部和尿道外口)时动作轻柔,以免引起患者疼痛。

4. 膀胱高度膨胀又极度虚弱的患者,初次导尿不可超过 1 000ml 防止出现虚脱和血尿。

[思维导图]

男患者一次性导尿术

评估
- 护士
  - 仪表－符合仪表规范：衣帽整洁，举止端庄、大方、沉稳
  - 操作目的
    - 为尿潴留患者引流出尿液，减轻痛苦
    - 协助临床诊断，如留取无菌尿标本作细菌培养；测量膀胱容量、压力及检查残余尿量，进行膀胱或尿道造影
    - 为膀胱肿瘤患者进行膀胱化疗
- 患者
  - 病情、性别、年龄、导尿目的
  - 会阴部皮肤、黏膜有无伤口及清洁度
  - 心理反应、合作程度，膀胱充盈度
  - 嘱患者清洗会阴,告知操作目的、配合方法及注意事项
- 环境－是否：安静、整洁、光线及温度是否适宜

计划
- 护士－衣帽整洁，已修剪指甲，洗手，戴口罩
- 环境－根据需要调节室温，请无关人员离开
- 用物
  - 治疗车上层：托盘，导尿包，一次性治疗巾，弯盘，洗手液
  - 治疗车下层：医疗垃圾桶，生活垃圾桶
- 患者－明确操作目的及注意事项，愿意配合，已清洗会阴

实施
- 双人核对－双人核对医嘱，确认无误，可以执行
- 核对解释－携用物至床旁，双向核对，解释，以取得合作，关闭门窗，围帘遮挡
- 安置体位
  - 协助患者脱去对侧裤腿盖在近侧的腿上，对侧腿用盖被盖好，必要时用大毛巾包裹近侧腿以保暖
  - 患者取屈膝仰卧位：两腿屈膝略外展，暴露外阴
- 铺巾开包
  - 将一次性治疗巾垫于臀下，将弯盘放于两腿间靠近会阴
  - 检查导尿包名称、有效期、型号、密闭性；打开一次性导尿包，外包装袋置于生活垃圾桶
- 初次消毒
  - 取出初次消毒用物，一次性盘放于两腿间稍靠后
  - 倒消毒棉球于一次性盘内，左手戴手套
  - 消毒顺序为：①阴阜（从近侧到对侧，再从对侧到近侧）②阴茎背面、两侧③左手垫纱布扶起阴茎，消毒阴茎腹面、阴囊④将包皮推后，暴露尿道口，螺旋式消毒尿道口、龟头、冠状沟3遍
  - 将弯盘内垃圾倒入医疗垃圾桶，将弯盘置于车底，脱下手套放于医疗垃圾桶，将一次性盘放床尾
- 洗手－按七步洗手法洗手
- 戴手套铺洞巾
  - 将导尿包放于患者两腿之间，打开治疗巾（先对侧再近侧）
  - 取出无菌手套，戴无菌手套
  - 铺洞巾（遮挡住肛门）
- 整理用物
  - 检查一次性集尿袋完好无损，末端旋紧，打开开关；连接导尿管
  - 润滑导尿管前端（勿用戴手套的手直接接触导尿管，防止无菌性炎症）
  - 按需检查标本瓶是否完好无损
- 再次消毒
  - 倒消毒棉球于小盘内，将盘移至洞巾口旁
  - 左手垫纱布包住阴茎，将包皮推后，暴露尿道口
  - 消毒顺序为：顺时针螺旋式消毒尿道口、龟头、冠状沟2遍；逆时针消毒尿道口、龟头、冠状沟2遍，最后1遍更换镊子；再次消毒尿道口
- 插管固定
  - 移开小盘，将大盘及导尿管移至洞巾口旁
  - 嘱患者张口呼吸，转移注意力，左手扶起阴茎与腹壁成60°角（消除耻骨前弯），对准尿道口，轻轻插入尿道20~22cm，见尿再插入1~2cm
- 注意事项
  - 观察患者反应，遇三处狭窄（尿道内口、膜部和尿道外口）时，动作轻柔，嘱患者深呼吸，放松
  - 膀胱高度膨胀者，初次导尿不要超过1 000ml，防止血尿和虚脱
- 遵医嘱执行
  - ①留取尿标本：关闭集尿袋开关，导尿管与集尿袋分离，排出前段尿，留取中段尿培养标本，防止污染尿标本，防止弄湿床单，盖好瓶盖，放置于合适处
  - ②根据医嘱测量膀胱容量、压力及检查残余尿量
  - ③根据医嘱，排完尿后，注入造影剂等
- 拔管、撤物
  - 排出剩余尿液，用纱布垫着轻轻拔出导尿管
  - 撤下洞巾，初步整理导尿包置于医疗垃圾袋
  - 撤下床尾弯盘及一次性治疗巾置于医疗垃圾袋，脱手套置于医疗垃圾袋
  - 协助患者穿好裤子，取舒适体位，整理床单位，交代注意事项
- 洗手、记录
  - 开窗、拉开围帘
  - 洗手，记录操作时间并签名
  - 将尿标本瓶贴标签，及时送检

评价
- 态度－认真、严谨、动作轻柔、关心患者、保护患者隐私
- 技能－严格执行查对制度，无菌观念强，操作熟练、手法正确、条理清楚，在预期时间内完成
- 效果－护患沟通有效，达到预期效果，安全顺利，患者无不适反应及并发症

[操作流程]

一、评估

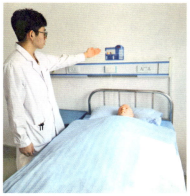

1. 仪表规范,明确操作目的

2. 核对床头卡,手腕带

3. 评估患者及环境,洗手戴口罩

二、计划

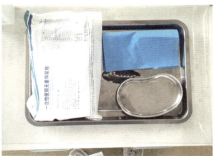

1. 双人核对无误,备物

2. 治疗盘

3. 治疗车上用物

三、实施

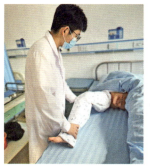

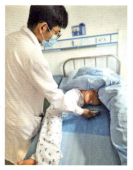

1. 携用物至床旁,双向核对,解释

2. 关门窗,屏风或围帘遮挡

3. 脱对侧裤腿盖近侧腿上,对侧用盖被盖好

4. 屈膝外展,铺治疗巾,置弯盘

5. 检查并打开导尿包

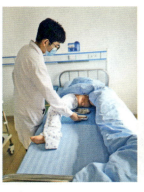

6. 将初步消毒用物放弯盘外面

7. 倒消毒棉球于一次性治疗盘

8. 左手戴手套,消毒阴阜

9. 消毒阴茎背侧、两侧

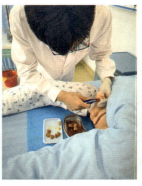

10. 消毒阴茎腹侧、阴囊

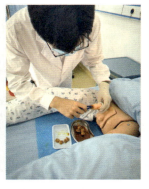

11. 暴露尿道口,螺旋消毒尿道口

12. 螺旋消毒龟头、冠状沟

13. 污物和手套放入医疗垃圾袋

14. 置弯盘和一次性盘,洗手

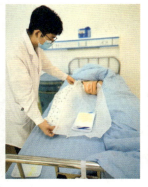

15. 打开内包巾(先对侧再近侧)

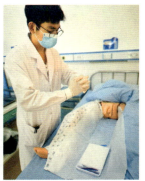

16. 戴无菌手套

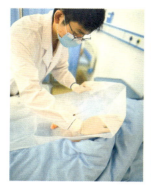

17. 铺洞巾（遮挡住肛门）

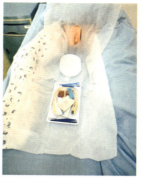

18. 整理用物

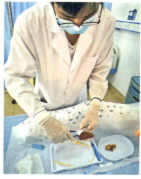

19. 倒消毒棉球和石蜡油棉片

20. 开导尿管内包装，润滑导尿管

21. 旋紧集尿袋末端，接集尿袋

22. 暴露尿道口，螺旋消毒尿道口

23. 螺旋消毒龟头、冠状沟

24. 更换镊子，再次消毒尿道口

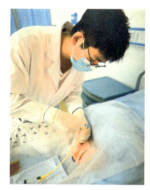

25. 将阴茎扶起与腹壁成60°角，嘱患者深呼吸，轻轻插入

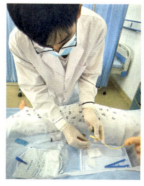

26. 遵医嘱，留取尿标本等

27. 标本放推车上层，贴标签及时送检

28. 拔出导尿管

29. 初步整理,丢入医疗垃圾袋　　　30. 撤治疗巾,连同手套丢入医疗垃圾袋

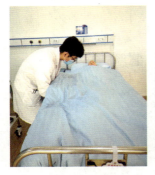

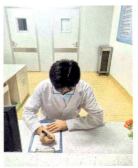

31. 协助患者穿好裤子,整理床单位　32. 询问患者感受,告知注意事项,感谢患者配合　33. 打开门窗,拉开围帘　34. 洗手,记录导尿时间,尿液性状和量

四、评价

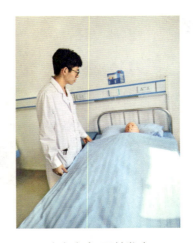

患者安全,无并发症

[评分标准]

男患者导尿术（非留置）——操作考核评分标准　（满分：100分）

（规定时间：12分钟　　　　实际操作时间：　　　　分钟）

班级　　　学号　　　姓名　　　成绩　　　　　　　　　　　　　　年　　月　　日

质量标准	操作过程			分值	操作要求及指标	扣分
评估 10分	护士	仪表	符合仪表规范：衣帽整洁，举止端庄、大方、沉稳	2	不符合扣1~2分	
		操作目的	为尿潴留患者引流出尿液，减轻痛苦	3	口述，不全一项扣1~2分，至扣完分值	
			协助临床诊断，如留取无菌尿标本作细菌培养；测量膀胱容量、压力及检查残余尿量，进行膀胱或尿道造影			
			为膀胱肿瘤患者进行膀胱化疗			
	患者		①病情、性别、年龄、导尿目的；②会阴部皮肤、黏膜有无伤口及清洁度；③心理反应、合作程度，膀胱充盈度；④嘱患者清洗会阴，告知操作目的、配合方法及注意事项	4	口述，不全一项扣1分，至扣完分值	
	环境		是否：安静、整洁、光线及温度是否适宜	1	边做边述，不到位每项扣1~2分，没戴口罩不及格	
计划 5分	护士		衣帽整洁，已修剪指甲，洗手，戴口罩	2		
	环境		根据需要调节室温，请无关人员离开			
	用物		根据双人核对无误医嘱执行单备物 治疗车上层：托盘，导尿包，一次性治疗巾，弯盘，洗手液 治疗车下层：医疗垃圾桶，生活垃圾桶	2	缺一项扣1分，至扣完分值	
	患者		已了解操作目的及注意事项，愿意配合，已清洗会阴	1	口述不全，不得分	
实施 70分	双人核对		双人核对医嘱执行单，确认无误，可以执行	2	不到位每项扣1~2分，至扣完分值	
	核对解释		携用物至床旁，双向核对，解释，以取得合作，关门窗，屏风或围帘遮挡	2		
	安置体位		协助患者脱去对侧裤腿盖在近侧的腿上，对侧腿用盖被盖好，必要时用大毛巾包裹近侧腿以保暖	2		
			患者取屈膝仰卧位：两腿屈膝略外展，暴露外阴	2		
	铺巾开包		将一次性治疗巾垫于臀下，将弯盘放于两腿间靠近会阴	2		
			检查导尿包名称、有效期、型号、密闭性；打开一次性导尿包，外包装袋置于生活垃圾桶	3		

续表

质量标准		操作过程	分值	操作要求及指标	扣分
实施 70 分	初次消毒	取初次消毒用物,一次性盘放于两腿间稍靠后	2	消毒顺序不对扣3分,漏一部位或不到位扣2分	
		倒消毒棉球于一次性盘内,左手戴手套	2		
		消毒顺序为:①阴阜(从近侧到对侧,再从对侧到近侧);②阴茎背面、两侧;③左手垫纱布扶起阴茎,消毒阴茎腹面、阴囊;④将包皮推后,暴露尿道口,螺旋式消毒尿道口、龟头、冠状沟3遍	5		
		将弯盘置于车底,脱下手套放于医疗垃圾桶,将弯盘内垃圾倒入医疗垃圾桶,将一次性盘放床尾	2	不到位每项扣1~2分,至扣完分值	
	洗手	按七步洗手法洗手	2		
	戴手套铺洞巾	将导尿包放于患者两腿之间,打开治疗巾(先对侧再近侧)	2	不到位扣2~3分,污染不更换不及格	
		取出无菌手套,戴无菌手套	5		
		铺洞巾(遮挡住肛门)	2		
	整理用物	检查一次性集尿袋完好无损,末端旋紧,打开开关;连接导尿管	2	不到位每项扣1~2分,至扣完分值	
		润滑导尿管前端(勿用戴手套的手直接接触导尿管,防止无菌性炎症)	2		
		按需检查标本瓶是否完好无损	2		
	再次消毒	倒消毒棉球于小盘内,将盘移至洞巾口旁	2		
		左手垫纱布包住阴茎,将包皮推后,暴露尿道口	2		
		消毒顺序为:顺时针螺旋式消毒尿道口、龟头、冠状沟2遍;逆时针消毒尿道口、龟头、冠状沟2遍,最后1遍更换镊子,再次消毒尿道口	5	消毒顺序不对扣3分,漏一部位或不到位每次扣2分,未更换镊子扣2分	
	插管	移开小盘,将大盘及导尿管移至洞巾口旁	1		
		嘱患者张口呼吸,转移注意力,左手扶起阴茎与腹壁成60°角(消除耻骨前弯),对准尿道口,轻轻插入尿道20~22cm,见尿再插入1~2cm	5		
	注意事项	观察患者反应,遇三处狭窄(尿道内口、膜部和尿道外口)时,动作轻柔,嘱患者深呼吸,放松	2	口述不全,不得分	
		膀胱高度膨胀者,初次导尿不要超过1 000ml,防止血尿和虚脱	2		

续表

质量标准		操作过程	分值	操作要求及指标	扣分
实施 70 分	遵医嘱执行	①留取尿标本：关闭集尿袋开关，导尿管与集尿袋分离，排出前段尿，留取中段尿培养标本，防止污染尿标本，防止弄湿床单，盖好瓶盖，放置于推车试管架上；连接集尿袋，开放开关 ②根据医嘱测量膀胱容量、压力及检查残余尿量； ③根据医嘱，排完尿后，注入造影剂等	2	口述或操作不到位，每项扣1分，至扣完分值	
	拔管、撤物	排出剩余尿液，用纱布垫着轻轻拔出导尿管	1		
		撤下洞巾，初步整理导尿包置于医疗垃圾袋	1		
		撤下床尾弯盘及一次性治疗巾置于医疗垃圾袋，脱手套置于医疗垃圾袋	1		
		协助患者穿好裤子，取舒适体位，整理床单位，交代注意事项，感谢合作	1		
	洗手、记录	开窗、拉开围帘	1		
		洗手，记录操作时间并签名	1		
		将尿标本瓶贴标签，及时送检	2		
评价 15 分	态度	认真、严谨、动作轻柔，关心患者、保护患者隐私	5	①严重违反无菌原则不及格； ②超时扣5分； ③不熟练酌情扣1~5分	
	技能	严格执行查对制度，无菌观念强，操作熟练、手法正确、条理清楚，在预期时间内完成	5		
	效果	护患沟通有效，达到预期效果，安全顺利，患者无不适反应及并发症	5		
总分			100		

（湛惠萍）

任务五　膀胱冲洗术

[案例] 王某，男，67 岁，最近出现排尿费劲，尿不尽，来院就诊。经磁共振检查，确诊为前列腺肥大，前列腺摘除术后，医嘱给予膀胱冲洗。

医嘱：膀胱冲洗。

任务：膀胱冲洗术。

[操作目的]

1. 清洁膀胱，预防感染。

2. 治疗某些膀胱疾病　如：膀胱炎症、膀胱肿瘤等。

3. 对留置导尿的患者，保持尿液引流通畅。

4. 泌尿系统手术后留置导尿管，便于持续引流和冲洗，减轻手术切口张力，有利于切口愈合。

[**实训时数**] 0.5 学时。

[**教学目标**]

1. 知识　能说出膀胱冲洗的目的及注意事项。

2. 技能　能够遵守无菌操作原则,正确实施患者膀胱冲洗术,遇意外情况能正确应对和处置。

3. 素养　具有无菌观念、爱伤观念和人文关怀理念,具备查对意识、责任意识和安全意识,仪表规范,严谨认真。

[**实验设计**]

1. 教学活动　示教、角色扮演、小组或个人训练等活动;应用微课、思维导图、操作流程图、操作视频等指导课堂和课后练习。

2. 考核评价　平时考、阶段考、期末考等相结合;应用评分标准评价学习效果。

[**注意事项**]

1. 严格遵守无菌操作技术原则和查对制度。

2. 操作前做好解释和沟通,操作中注意遮挡患者,注意保护患者的隐私和自尊;若溶液太冷,可先用热水将溶液加热至 38~40℃。

3. 冲洗过程中,若患者出现腹痛、腹胀、膀胱剧烈收缩,应暂停冲洗。

4. 若引流出的液体量少于灌入的液体量,应考虑是否有管道堵塞,可增加冲洗的次数或挤捏管道。

5. 注意观察患者血压和冲洗液的颜色及性状,若冲洗后出血较多或血压下降,及时报告医生,准确记录冲洗液量及性状。

[**思维导图**]

膀胱冲洗术

评估
- 护士
  - 仪表 － 符合仪表规范：衣帽整洁，举止端庄、大方、沉稳
  - 操作目的
    - 清洁膀胱，预防感染
    - 治疗某些膀胱疾病，如：膀胱炎症，膀胱肿瘤等
    - 对留置导尿的患者，保持尿液引流通畅
    - 泌尿系统手术后留置导尿管，便于持续引流和冲洗，减轻手术切口张力，有利于切口愈合
  - 患者
    - ①病情、性别、年龄、膀胱冲洗的目的
    - ②会阴部皮肤、黏膜有无伤口及清洁度，是否已用三腔导尿管导尿
    - ③心理反应、合作程度
    - ④告知操作目的、配合方法及注意事项
- 环境 － 是否：安静、整洁、光线及温度是否适宜

计划
- 护士 － 衣帽整洁，已修剪指甲，洗手，戴口罩
- 环境 － 根据需要调节室温，请无关人员离开
- 用物
  - 治疗车上层：治疗盘，纱布罐，无菌持物镊及容器，安尔碘，棉签，血管钳1把，弯盘，膀胱冲洗装置1套，冲洗溶液，手套，一次性治疗巾，胶布，洗手液
  - 治疗车下层：医疗垃圾桶，生活垃圾桶
- 患者 － 明确操作目的及注意事项，愿意配合

实施
- 双人核对 － 双人核对医嘱，确认无误，可以执行
- 核对解释 － 携用物至床旁，双向核对，解释，以取得合作，关闭门窗，围帘遮挡，放置输液架于合适位置
- 查三腔管
  - 检查已留置三腔导尿管
  - 排空膀胱后关闭集尿袋上开关，洗手，戴手套
- 冲洗膀胱
  - 检查并打开冲洗液瓶，消毒瓶塞中心部分
  - 检查并打开膀胱冲洗装置，将冲洗导管针头插入瓶塞，挂冲洗液于输液架上（液面距床面约60cm），排净空气，关闭冲洗管道备用
  - 铺一次性治疗巾，夹取纱布，用止血钳夹闭导尿管
  - 拔出塞子放于无菌纱布内，胶布固定放于一次性治疗巾上
  - 消毒导尿管的冲洗管口
  - 再次排气，确认冲洗管道无气体
  - 将导尿管冲洗管口与冲洗导管的下端连接
  - 打开血管钳，打开冲洗管上开关，使溶液滴入膀胱
  - 调节滴速为每分钟60~80滴
  - 挂膀胱冲洗标识，脱手套丢入医疗垃圾
- 注意事项
  - 若溶液太冷，可先用热水将溶液加热至38～40℃，前列腺肥大摘除术后患者，用4℃左右的生理盐水
  - 如注入药物，须在膀胱内保留30分钟在引流出体外
- 观察反应
  - 待患者有尿意或滴入200～300ml后，关闭冲洗管，打开集尿袋上开关，将冲洗液及尿液全部引流入集尿袋
  - 操作过程中，加强巡视，观察患者反应、引流液的性状、患者的面色及血压
- 停止冲洗
  - 冲洗完毕，洗手戴手套，血管钳夹闭导尿管
  - 分离冲洗管和导尿管，消毒导尿管口，取塞子塞好管口
  - 固定好导尿管、集尿袋，撤下治疗巾
- 整理床单位
  - 协助患者穿好裤子，取舒适卧位，整理床单位，交代注意事项（预防泌尿系统感染）
  - 感谢患者配合，询问有无其他需要
- 撤下用物
  - 取下冲洗导管及空冲洗液瓶，脱手套丢入医疗垃圾
  - 取下膀胱冲洗标识
- 洗手、记录
  - 开窗，拉开围帘
  - 按院感要求分类清理用物，洗手，脱口罩，记录

评价
- 态度 － 认真、严谨、动作轻柔、关心患者、保护患者隐私
- 技能 － 严格执行查对制度，无菌观念强，操作熟练、手法正确、条理清楚，在预期时间内完成
- 效果 － 护患沟通有效，达到预期效果，安全顺利，患者无不适反应及并发症

[操作流程]

一、评估

1. 仪表规范,明确操作目的

2. 核对床头卡,手腕带

3. 评估患者病情,确定导尿管通畅

二、计划

1. 洗手戴口罩,双人核对无误,备物

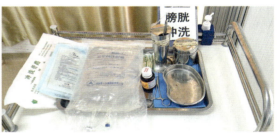

2. 治疗护理盘

3. 治疗车及用物

三、实施

1. 携用物至床旁,双向核对,解释

2. 关门窗,屏风或围帘遮挡

3. 置输液架,戴手套

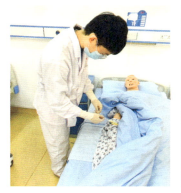

4. 检查已留置三腔导尿管

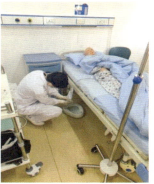

5. 排空集尿袋

6. 检查冲洗液

7. 检查冲洗装置

8. 消毒冲洗瓶瓶口

9. 冲洗装置接上冲洗液

10. 排气,挂于输液架上备用

11. 铺一次性治疗巾

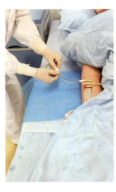
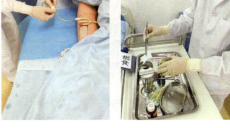
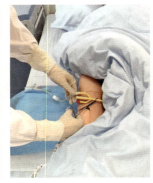
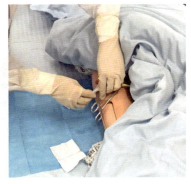

12. 关闭集尿袋开关　　13. 夹取纱布　　14. 止血钳夹闭导尿管　　15. 拔出塞子放入无菌纱布内包裹

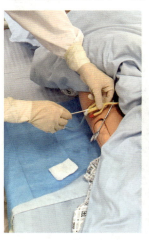

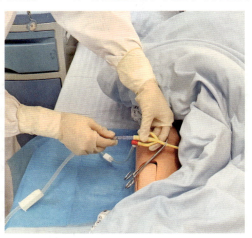

16. 消毒导尿管冲洗管口　　17. 确认无气泡　　18. 将冲洗装置连接导尿管冲洗管口

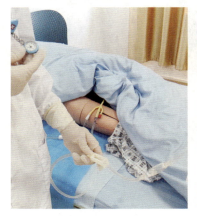

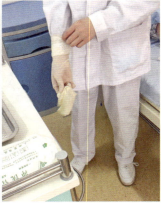
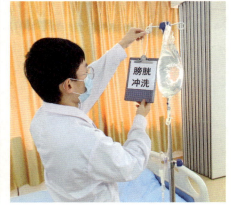

19. 松血管钳,调节滴速　　20. 脱手套　　21. 挂膀胱冲洗标识

22. 整理用物　23. 安全，无并发症，洗手戴手套　24. 分离接口，消毒冲洗管口，塞塞子

 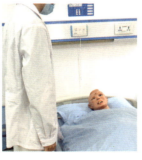 

25. 固定导尿管、集尿袋，撤治疗巾　26. 整理床单位，感谢患者配合　27. 打开门窗，撤屏风或围帘

28. 分类处理用物，洗手，记录

四、评价

患者冲洗全程安全无并发症发生

[评分标准]

膀胱冲洗术——操作考核评分标准 （满分：100 分）

（规定时间：8 分钟 　　　　实际操作时间：　　　　分钟）

班级　　　　学号　　　　姓名　　　　成绩　　　　　　　　　　　　年　　月　　日

质量标准	操作过程			分值	操作要求及指标	扣分
评估 10 分	护士	仪表	符合仪表规范：衣帽整洁,举止端庄、大方、沉稳	2	不符合扣 1~2 分	
		操作目的	清洁膀胱,预防感染	4	口述,不全一项扣 1 分,至扣完分值	
			治疗某些膀胱疾病,如：膀胱炎症、膀胱肿瘤等			
			对留置导尿的患者,保持尿液引流通畅			
			泌尿系统手术后留置导尿管,便于持续引流和冲洗,减轻手术切口张力,有利于切口愈合			
	患者	评估	①病情、性别、年龄、膀胱冲洗的目的;②会阴部皮肤、黏膜有无伤口及清洁度,是否已用三腔导尿管导尿;③心理反应、合作程度;④告知操作目的、配合方法及注意事项	3	口述,不全一项扣 1 分,至扣完分值	
	环境		是否：安静、整洁、光线及温度是否适宜	1	边做边述,不到位每项扣 1~2 分,没戴口罩不及格	
计划 5 分	护士		衣帽整洁,已修剪指甲,洗手、戴口罩	2		
	环境		根据需要调节室温,请无关人员离开			
	用物		根据双人核对无误医嘱执行单备物治疗车上层：治疗盘,纱布罐,无菌持物镊及容器,安尔碘,棉签,血管钳 1 把,弯盘,膀胱冲洗装置 1 套,冲洗溶液,手套,一次性治疗巾,胶布,洗手液;有条件备 PDA治疗车下层：医疗垃圾桶,生活垃圾桶,必要时备便盆及巾	2	缺一项扣 1 分,至扣完分值	
	患者		明确操作目的及注意事项,愿意配合	1	口述不全不得分	
实施 70 分	双人核对		双人核对医嘱执行单,确认无误,可以执行	2	不到位每项扣 1~5 分,至扣完分值	
	核对解释		携用物至床旁,双向核对,解释(或 PDA 核对),以取得合作,关闭门窗,围帘遮挡,放置输液架于合适位置	2		
	检查导管		检查留置的三腔导尿管,固定良好并通畅	3		
			排空膀胱后关闭集尿袋上开关,洗手、戴手套	3		

续表

质量标准		操作过程	分值	操作要求及指标	扣分
实施70分	冲洗膀胱	检查并打开冲洗液瓶,消毒瓶塞中心部分	2		
		检查并打开膀胱冲洗装置,将冲洗导管针头插入瓶塞,挂冲洗液于输液架上(液面距床面约60cm),排净空气,关闭冲洗管道备用	5		
		铺一次性治疗巾,夹取纱布,用止血钳夹闭导尿管	3		
		冲洗管口,将塞子拔出包裹于无菌纱布内	2		
		消毒导尿管的冲洗管口	4		
		再次排气,确认冲洗管道无气体	4		
		将导尿管的冲洗管口与冲洗导管的下端连接	3		
		打开血管钳,打开冲洗管上开关,使溶液滴入膀胱	3		
		调节滴速为每分钟60~80滴	3	过快或过慢扣2分	
		挂膀胱冲洗标识,脱手套丢入医疗垃圾	2	不到位扣相应分值	
	注意事项	若溶液太冷,可先用热水将溶液加温至38~40℃,前列腺肥大摘除术后患者,用4℃左右的生理盐水	2	口述,不全扣1~2分	
		如注入药物,须在膀胱内保留30分钟再引流出体外	2		
	观察反应	待患者有尿意或滴入200~300ml后,关闭冲洗管,打开集尿袋上开关,将冲洗液及尿液全部引流入集尿袋	3	每项不到位扣1~2分	
		操作过程中,加强巡视,观察患者反应、引流液的性状及量、患者的面色及血压	2		
		冲洗完毕,血管钳夹闭导尿管	3		
		洗手,戴手套,分离冲洗管和导尿管,消毒冲洗管口,取塞子塞好管口	3		
		固定导尿管、集尿袋,撤下治疗巾	2		
	整理感谢	协助患者穿好裤子,取舒适卧位,整理床单位,交代注意事项(预防泌尿系统感染)	2		
		感谢患者配合,询问有无其他需要	2		
	撤下用物	取下冲洗导管及空冲洗液瓶,脱手套丢入医疗垃圾	2		
		取下膀胱冲洗标识	2		
	洗手记录	开窗,拉开围帘	2		
		按院感要求分类清理用物,洗手,记录膀胱冲洗的时间及量	2		
评价15分	态度	认真、严谨、动作轻柔,关心患者、保护患者隐私	5	①严重违反无菌原则不及格;②超时扣5分;③不熟练酌情扣1~5分	
	技能	严格执行查对制度,无菌观念强,操作熟练、手法正确、条理清楚,在预期时间内完成	5		
	效果	护患沟通有效,达到预期效果,安全顺利,患者无不适反应及并发症	5		
总分			100		

(湛惠萍)

项目十四

药物吸入疗法

任务一　氧气雾化吸入法

[案例] 1床,患者,男,65岁。因"上腹疼痛、体重下降和厌食消瘦1个月"就诊,拟"胃癌"入院。术后第三天,咳嗽痰多,不易咳出。治疗给予湿化气道,防治感染。

医嘱: 庆大霉素8万U+α-糜蛋白酶4 000U+生理盐水3ml氧气雾化吸入,每天两次。

任务: 氧气雾化吸入。

[操作目的]

1. 湿化气道　常用于痰液黏稠、气道不畅以及呼吸道湿化不足者,或作为气管切开术后的常规治疗手段。

2. 控制感染　消除炎症,控制呼吸道感染。常用于咽喉炎、支气管炎、支气管扩张、肺炎、肺结核、肺脓肿等患者。

3. 改善通气　解除支气管痉挛,保持呼吸道通畅。常用于支气管哮喘等患者。

4. 祛痰镇咳　减轻呼吸道黏膜水肿,稀释痰液,帮助祛痰。

[实训时数] 0.5学时。

[教学目标]

1. 知识　能说出雾化吸入目的、常用药物及作用、氧气雾化吸入法步骤及其注意事项。

2. 技能　能应用氧气雾化吸入法做好雾化吸入给药工作。

3. 素养　具有无菌观念、爱伤观念,具备查对意识、责任意识和安全意识,安全用药能力,仪表规范,严谨认真。

[实验设计]

1. 教学活动　示教、角色扮演、小组或个人训练等活动;应用微课、思维导图、操作流程图、操作视频等指导课堂和课后练习。

2. 考核评价　平时考、阶段考、期末考等相结合;应用评分标准评价学习效果。

[注意事项]

1. 正确使用供氧装置,注意用氧安全,室内应避免火源。

2. 氧气湿化瓶内勿盛水,以免液体进入雾化器内使药液稀释影响疗效。

3. 观察及协助排痰，注意观察患者痰液排出情况，如痰液仍未咳出，可给予拍背、吸痰等方法协助排痰。

[思维导图]

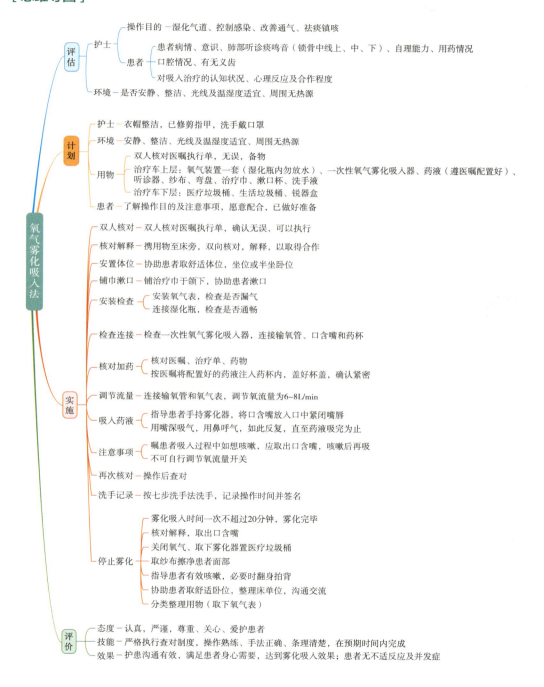

[操作流程]

一、评估

 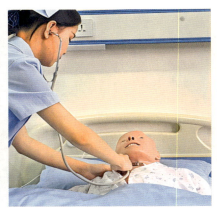 

1. 仪表规范,明确
操作目的

2. 评估患者

3. 评估环境

二、计划

1. 衣帽整洁,已修剪
指甲

2. 环境适宜操作

3. 双人核对无误,备物

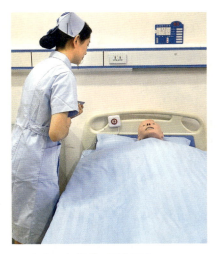

4. 患者了解操作、愿意配合

三、实施

1. 携用物至床旁，双向核对，解释

2. 取舒适体位，坐位或半坐卧位

3. 铺治疗巾于颌下

4. 协助患者漱口

5. 安装氧气表，检查是否漏气

6. 连接湿化瓶，检查是否通畅

7. 检查氧气雾化吸入器包

8. 连接输氧管、口含嘴和药杯

9. 核对医嘱、治疗单、药物

10. 药液注入药杯，盖好杯盖，确认紧密

11. 连接输氧管和氧气表

12. 调节氧流量

13. 指导患者手持雾化器和含嘴

14. 指导用嘴深吸气，用鼻呼气

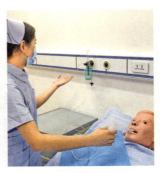

15. 交代注意事项

16. 操作后查对(或 PDA 核对)

17. 按七步洗手法洗手

18. 记录、签名

19. 雾化吸入一次不超过 20 分钟

20. 雾化完毕，核对，取出口含嘴

21. 关闭氧气

22. 取下雾化器置于医疗垃圾桶

23. 取纱布擦净患者面部

24. 取下治疗巾

25. 指导有效咳嗽,必要时翻身拍背

26. 取舒适卧位,整理床单位,感谢合作

27. 分类整理用物(取下氧气表)

四、评价

达到雾化吸入效果;患者无不适反应及并发症

[**评分标准**]

氧气雾化吸入法——操作考核评分标准(满分:100 分)

(规定时间:5 分钟　　　　实际操作时间:　　　　分钟)

班级　　　学号　　　姓名　　　成绩　　　　　　　　　年　月　日

质量标准		操作过程		分值	操作要求及指标	扣分
评估 10 分	护士	仪表	符合仪表规范:衣帽整洁,举止端庄、大方、沉稳	2	不符合扣 1~2 分	
		操作目的	湿化气道、控制感染、改善通气、祛痰镇咳	2	口述,不全扣 1~2 分	
	患者		①患者病情、意识、肺部听诊痰鸣音(听诊部位左右锁骨中线上、中、下)、自理能力、用药情况;②口腔情况、有无义齿;③对吸入治疗的认知状况、心理反应及合作程度	4	边做边述,不全一项扣 1~2 分,至扣完分值	

质量标准	操作过程			分值	操作要求及指标	扣分
评估10分	环境	是否：安静、整洁、光线及温湿度适宜、周围有无热源		2	边做边述，不到位每项扣1~2分，没戴口罩不及格	
计划5分	护士	衣帽整洁、已修剪指甲、洗手戴口罩		2		
	环境	安静、整洁、光线及温湿度适宜、周围无热源				
	用物	根据已双人核对无误医嘱执行单备物		2	缺一项扣1分，至扣完分值	
		治疗车上层：氧气装置一套(湿化瓶内勿放水)、一次性氧气雾化吸入器、药液(遵医嘱配制好)、听诊器、纱布、弯盘、治疗巾、漱口杯、手消毒液；或PDA				
		治疗车下层：医疗垃圾桶、生活垃圾桶、锐器盒				
	患者	明确操作目的及注意事项，愿意配合		1	口述不全，不得分	
实施70分	双人核对	双人核对医嘱，确认无误，可以执行		2	边做边述，口述不全或操作不到位每项扣1~2分，至扣完分值	
	核对解释	携用物至床旁，双向核对(或PDA核对)解释，患者或家属参与核对，以取得合作		2		
	安置体位	协助患者取舒适体位，坐位或半坐卧位		2		
	铺巾漱口	铺治疗巾于颌下，协助患者漱口		2		
	安装检查	安装氧气表，检查是否漏气		4		
		连接湿化瓶，检查是否通畅		4		
	检查连接	检查一次性氧气雾化吸入器，连接输氧管、口含嘴和药杯		4		
	核对加药	核对医嘱、治疗单、药物		4		
		按医嘱将配制好的药液注入药杯内，盖好杯盖，确认紧密		4		
	调节流量	连接输氧管和氧气表，调节氧流量为6~8L/min		6		
	吸入药液	指导患者手持雾化器，将口含嘴放入口中紧闭嘴唇		10		
		用嘴深吸气，用鼻呼气，如此反复，直至药液吸完为止				
	注意事项	嘱患者吸入过程中如想咳嗽，应取出口含嘴，咳嗽后再吸		2		
		不可自行调节氧流量开关		2		
	再次核对	操作后查对		2		
	洗手记录	按七步洗手法洗手，记录		2		
	停止雾化	雾化吸入时间一次不超过20分钟，雾化完毕		2	口述不全，不得分	
		核对解释，取出口含嘴		4	边做边述，不到位每项扣1~4分，至扣完分值	
		关闭氧气、取下雾化器置医疗垃圾桶		4		
		取纱布擦净患者面部，取下治疗巾		2		
		指导患者有效咳嗽，必要时翻身拍背		2		
		协助患者取舒适卧位，整理床单位，沟通交流		2		
		分类整理用物(取下氧气表)		2		

续表

质量标准		操作过程	分值	操作要求及指标	扣分
评价15分	态度	认真,严谨,尊重、关心、爱护患者	5	①态度、技能、效果根据实际操作效果酌情扣1~5分;②超预期时间扣5分	
	技能	严格执行查对制度,操作熟练、手法正确、条理清楚,在预期时间内完成	5		
	效果	护患沟通有效,满足患者身心需要,达到雾化吸入效果;患者无不适反应及并发症	5		
总分			100		

(汪美华)

任务二 超声雾化吸入法

[案例] 李某,女,75岁,上呼吸道感染,患者咽喉肿痛,痰液黏稠、无法咳出。治疗给予:祛痰镇咳、控制感染、减轻黏膜水肿。

医嘱:地塞米松5mg+庆大霉素8万U+α-糜蛋白酶4 000U+生理盐水30ml超声波雾化吸入每天两次。

任务:超声波雾化吸入。

[操作目的]

1. 湿化气道 常用于痰液黏稠、气道不畅以及呼吸道湿化不足者,或作为气管切开术后的常规治疗手段。

2. 控制感染 消除炎症,控制呼吸道感染。常用于咽喉炎、支气管炎、支气管扩张、肺炎、肺结核、肺脓肿等患者。

3. 改善通气 解除支气管痉挛,保持呼吸道通畅。常用于支气管哮喘等患者。

4. 祛痰镇咳 减轻呼吸道黏膜水肿,稀释痰液,帮助祛痰。

[实训时数] 1学时。

[教学目标]

1. 知识 能说出雾化吸入目的、常用药物及作用、超声波雾化吸入法步骤及其注意事项。

2. 技能 能应用超声波雾化吸入法做好雾化吸入给药工作。

3. 素养 具有无菌观念、爱伤观念、查对意识、责任意识和安全意识,安全用药能力,仪表规范,严谨认真。

[实验设计]

1. 教学活动 示教、角色扮演、小组或个人训练等活动;应用微课、思维导图、操作流程图、操作视频等指导课堂和课后练习。

2. 考核评价 平时考、阶段考、期末考等相结合;应用评分标准评价学习效果。

［注意事项］

1. 水槽内应保持足够的冷蒸馏水,无水不可开机,水温不可超过50℃。

2. 水槽底部的晶体换能器和雾化罐底部的透声膜薄而脆,操作中动作要轻,防止损坏。

3. 观察患者痰液排出情况,若黏稠的分泌物经湿化后膨胀致痰液不易咳出时,应注意拍背协助痰液排出,必要时吸痰。

4. 治疗过程中需加入药物,不必关机,直接从盖上小孔内添加即可;若要加水入水槽,必须关机操作。

［思维导图］

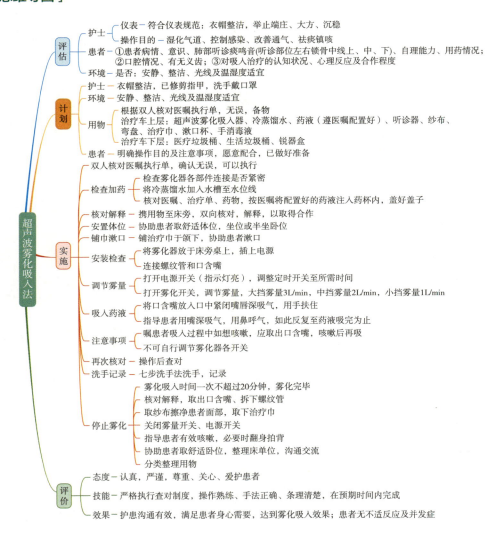

[操作流程]

一、评估

1. 仪表规范,明确操作目的   2. 评估患者

3. 评估环境

二、计划

1. 衣帽整洁,洗手戴口罩   2. 环境安静、整洁、光线及温湿度适宜   3. 双人核对无误,备物

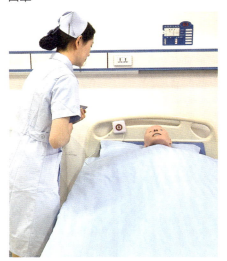

4. 患者了解操作、愿意配合

三、实施

1. 检查雾化器各部件连接是否紧密

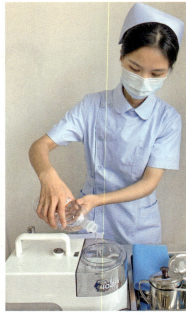

2. 将冷蒸馏水加入水槽至水位线

3. 核对医嘱、治疗单、药物

4. 药液注入药杯内,盖好盖子

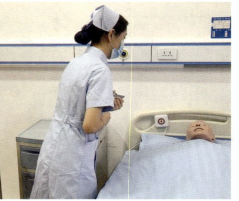

5. 携用物至床旁,双向核对,解释

6. 取舒适体位,铺治疗巾于颌下

7. 协助患者漱口

8. 置雾化器于床旁桌上,插上电源

9. 连接螺纹管和口含嘴

10. 打开电源开关(指示灯亮)

11. 调整定时开关至所需时间

12. 打开雾化开关,调节雾量

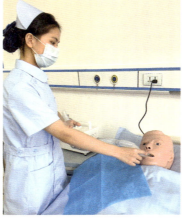

13. 用手扶口含嘴,紧闭嘴唇深吸气

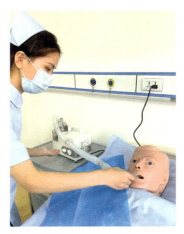

14. 指导患者用嘴深吸气,用鼻呼气

15. 不可自行调节雾化器各开关

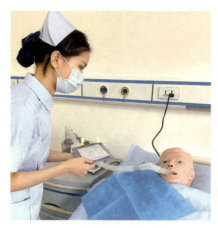

16. 操作后查对

17. 按七步洗手法洗手

18. 记录操作时间并签名

19. 雾化吸入一次不超过 20 分钟

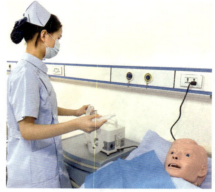

20. 雾化完毕核对解释,取出口含嘴

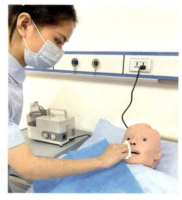

21. 拆下螺纹管,取纱布擦净患者面部

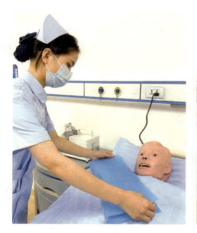

22. 取下治疗巾

23. 关闭雾量开关

24. 关电源开关

25. 指导患者有效咳嗽，必要时翻身拍背

26. 协助患者取舒适卧位，整理床单位，感谢合作

27. 分类整理用物

四、评价

达到效果；患者无不适反应及并发症

[评分标准]

超声波雾化吸入法——操作考核评分标准（满分：100分）

（规定时间：5分钟　　　　　实际操作时间：　　　　分钟）

班级　　　　学号　　　　姓名　　　　成绩　　　　　　　　　　　　年　　月　　日

质量标准			操作过程	分值	操作要求及指标	扣分
评估10分	护士	仪表	符合仪表规范：衣帽整洁，举止端庄、大方、沉稳	2	不符合扣1~2分	
		操作目的	湿化气道、控制感染、改善通气、祛痰镇咳	2	口述，不全扣1~2分	

质量标准		操作过程	分值	操作要求及指标	扣分
评估 10分	患者	①患者病情、意识、肺部听诊痰鸣音(听诊部位左右锁骨中线上、中、下)、自理能力、用药情况;②口腔情况、有无义齿;③对吸入治疗的认知状况、心理反应及合作程度	4	边做边述,不全一项扣1~2分,至扣完分值	
	环境	是否:安静、整洁、光线及温湿度适宜	2	边做边述,不到位每项扣1~2分,没戴口罩不及格	
计划 5分	护士	衣帽整洁,已修剪指甲,洗手戴口罩	2		
	环境	安静、整洁、光线及温湿度适宜			
	用物	根据双人核对医嘱执行单,无误,备物 治疗车上层:超声波雾化吸入器、冷蒸馏水、药液(遵医嘱配制好)、听诊器、纱布、弯盘、治疗巾、漱口杯、手消毒液;或PDA	2	缺一项扣1分,至扣完分值	
		治疗车下层:医疗垃圾桶、生活垃圾桶、锐器盒			
	患者	明确操作目的及注意事项,愿意配合	1	口述不全,不得分	
实施 70分	检查加药	双人核对确认无误,检查雾化器各部件连接是否紧密	4	边做边述,口述不全或操作不到位每项扣1~2分,至扣完分值	
		将冷蒸馏水加入水槽至水位线	4		
		核对医嘱、治疗单、药物,按医嘱将配制好的药液注入药杯内,盖好盖子	6		
	核对解释	携用物至床旁,双向核对(或PDA核对),解释,患者或家属参与核对,以取得合作	2		
	安置体位	协助患者取舒适体位,坐位或半坐卧位	2		
	铺巾漱口	铺治疗巾于颌下,协助患者漱口	4		
	安装检查	将雾化器放于床旁桌上,插上电源	2		
		连接螺纹管和口含嘴	2		
	调节雾量	打开电源开关(指示灯亮),调整定时开关至所需时间	4		
		打开雾化开关,调节雾量,大档雾量3L/min,中档雾量2L/min,小档雾量1L/min	4		

质量标准	操作过程		分值	操作要求及指标	扣分
实施 70 分	吸入药液	将口含嘴放入口中紧闭嘴唇深吸气,用手扶住	4		
		指导患者用嘴深吸气,用鼻呼气,如此反复至药液吸完为止	4		
	注意事项	嘱患者吸入过程中如想咳嗽,应取出口含嘴,咳嗽后再吸	2		
		不可自行调节雾化器各开关	2		
	再次核对	操作后查对	2		
	洗手记录	按七步洗手法洗手,记录	4		
	停止雾化	雾化吸入时间一次不超过 20 分钟	2	口述不全,不得分	
		雾化完毕,核对解释,取出口含嘴、拆下螺纹管	4	边做边述,不到位每项扣 1~4 分,至扣完分值	
		取纱布擦净患者面部,取下治疗巾	2		
		关闭雾量开关、电源开关	4		
		指导患者有效咳嗽,必要时翻身拍背	2		
		协助患者取舒适卧位,整理床单位,沟通交流	2		
		分类整理用物	2		
评价 15 分	态度	认真,严谨,尊重、关心、爱护患者	5	①态度、技能、效果根据实际操作效果酌情扣 1~5 分;②超预期时间扣 5 分	
	技能	严格执行查对制度,操作熟练、手法正确、条理清楚,在预期时间内完成	5		
	效果	护患沟通有效,满足患者身心需要,达到雾化吸入效果;患者无不适反应及并发症	5		
总分			100		

(汪美华)

任务三 压缩雾化吸入法

[**案例**] 王某,男,4岁,因"慢性支气管炎、过敏性鼻炎"入院。患者痰液黏稠、无法咳出。

医嘱:乙酰半胱氨酸 3ml 压缩雾化吸入,每天两次。

任务:压缩雾化吸入。

[**操作目的**]

1. 湿化气道 常用于痰液黏稠、气道不畅以及呼吸道湿化不足者,或作为气管切开术后的常规治疗手段。

2. 控制感染 消除炎症,控制呼吸道感染。常用于咽喉炎、支气管炎、支气管扩张、肺炎、肺结核、肺脓肿等患者。

3. 改善通气 解除支气管痉挛,保持呼吸道通畅。常用于支气管哮喘等患者。

4. 祛痰镇咳 减轻呼吸道黏膜水肿,稀释痰液,帮助祛痰。

[**实训时数**] 0.5 学时。

[**教学目标**]

1. 知识 能说出雾化吸入目的、常用药物及作用、压缩雾化吸入法步骤及其注意事项。

2. 技能 能应用压缩雾化吸入法做好雾化吸入给药工作。

3. 素养 具有无菌观念、爱伤观念,查对意识、责任意识和安全意识,安全用药能力,仪表规范,严谨认真。

[**实验设计**]

1. 教学活动 示教、角色扮演、小组或个人训练等活动;应用微课、思维导图、操作流程图、操作视频等指导课堂和课后练习。

2. 考核评价 平时考、阶段考、期末考等相结合;应用评分标准评价学习效果。

[**注意事项**]

1. 每次雾化吸入时间不超过 20 分钟,如雾化量过大、时间过久可引起肺水肿或水中毒。

2. 严格控制雾化吸入药量,当雾化吸入完几小时,呼吸困难反而加重,有可能由于气道分泌物液化膨胀阻塞气道,增加了呼吸道阻力。

3. 预防呼吸道感染 由于雾滴可能会带细菌入肺泡,所以有可能会继发细菌感染,操作中严格无菌。

[思维导图]

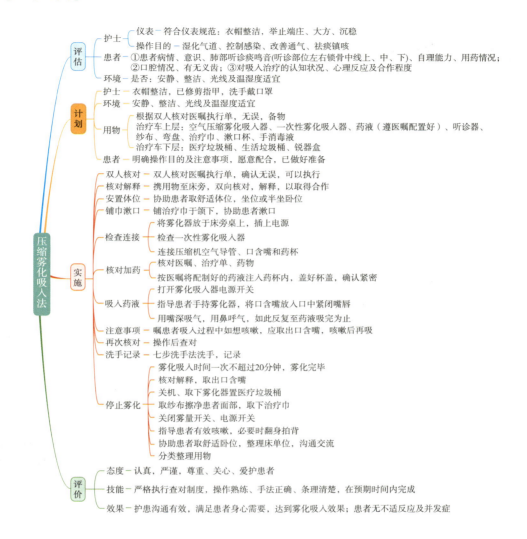

压缩雾化吸入法

评估
- 护士
  - 仪表 — 符合仪表规范：衣帽整洁，举止端庄、大方、沉稳
  - 操作目的 — 湿化气道、控制感染、改善通气、祛痰镇咳
- 患者 — ①患者病情、意识、肺部听诊痰鸣音(听诊部位左右锁骨中线上、中、下)、自理能力、用药情况；②口腔情况、有无义齿；③对吸入治疗的认知状况、心理反应及合作程度
- 环境 — 是否：安静、整洁、光线及温湿度适宜

计划
- 护士 — 衣帽整洁，已修剪指甲，洗手戴口罩
- 环境 — 安静、整洁、光线及温湿度适宜
- 用物
  - 根据双人核对医嘱执行单，无误，备物
  - 治疗车上层：空气压缩雾化吸入器、一次性雾化吸入器、药液（遵医嘱配置好）、听诊器、纱布、弯盘、治疗巾、漱口杯、手消毒液
  - 治疗车下层：医疗垃圾桶、生活垃圾桶、锐器盒
- 患者 — 明确操作目的及注意事项，愿意配合，已做好准备

实施
- 双人核对 — 双人核对医嘱执行单，确认无误，可以执行
- 核对解释 — 携用物至床旁，双向核对，解释，以取得合作
- 安置体位 — 协助患者取舒适体位，坐位或半坐卧位
- 铺巾漱口 — 铺治疗巾于颌下，协助患者漱口
- 检查连接
  - 将雾化器放于床旁桌上，插上电源
  - 检查一次性雾化吸入器
  - 连接压缩机空气导管、口含嘴和药杯
- 核对加药
  - 核对医嘱、治疗单、药物
  - 按医嘱将配制好的药液注入药杯内，盖好杯盖，确认紧密
- 吸入药液
  - 打开雾化吸入器电源开关
  - 指导患者手持雾化器，将口含嘴放入口中紧闭嘴唇
  - 用嘴深吸气，用鼻呼气，如此反复至药液吸完为止
- 注意事项 — 嘱患者吸入过程中如想咳嗽，应取出口含嘴，咳嗽后再吸
- 再次核对 — 操作后查对
- 洗手记录 — 七步洗手法洗手，记录
- 停止雾化
  - 雾化吸入时间一次不超过20分钟，雾化完毕
  - 核对解释，取出口含嘴
  - 关机、取下雾化器置医疗垃圾桶
  - 取纱布擦净患者面部，取下治疗巾
  - 关闭雾量开关、电源开关
  - 指导患者有效咳嗽，必要时翻身拍背
  - 协助患者取舒适卧位，整理床单位，沟通交流
  - 分类整理用物

评价
- 态度 — 认真，严谨，尊重、关心、爱护患者
- 技能 — 严格执行查对制度，操作熟练、手法正确、条理清楚，在预期时间内完成
- 效果 — 护患沟通有效，满足患者身心需要，达到雾化吸入效果；患者无不适反应及并发症

[操作流程]

一、评估

 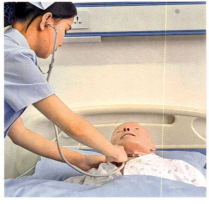

1. 仪表规范，明确 操作目的　2. 评估患者

3. 评估环境

二、计划

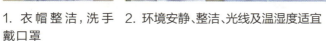 

1. 衣帽整洁，洗手 戴口罩　2. 环境安静、整洁、光线及温湿度适宜　3. 双人核对无误，备物

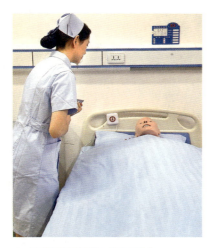

4. 患者了解操作、愿意配合

三、实施

1. 携用物至床旁,双向核对(或 PDA 核对),解释

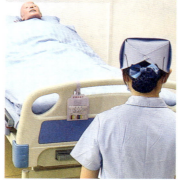

2. 协助患者取舒适体位

3. 铺治疗巾于颌下

4. 协助患者漱口

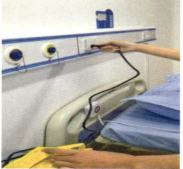

5. 将雾化器放于床旁桌上,插上电源

6. 检查氧气雾化吸入器

7. 连接导管、口含嘴和药杯

8. 核对医嘱、治疗单、药物

9. 药液注入药杯,盖好杯盖,确认紧密

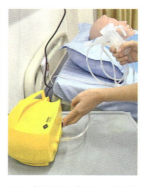

10. 打开雾化吸入器电源开关

11. 指导患者手持雾化器和口含嘴

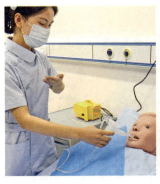 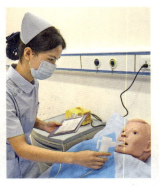  

12. 指导用嘴深吸气,用鼻呼气　13. 操作后查对　14. 按七步洗手法洗手　15. 记录操作时间并签名

 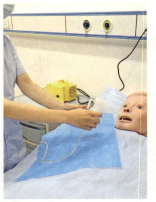  

16. 雾化吸入一次不超过20分钟　17. 雾化完毕,核对,取出口含嘴　18. 关机　19. 取下雾化器置医疗垃圾桶

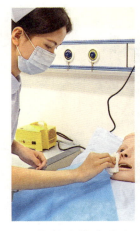 

20. 取纱布擦净患者面部　21. 取下治疗巾,协助整理

四、评价

达到雾化吸入效果；患者无不适反应及并发症

[评分标准]

压缩雾化吸入法——操作考核评分标准(满分：100 分)

（规定时间：5 分钟　　　　实际操作时间：　　　　分钟）

班级　　　　学号　　　　姓名　　　　成绩　　　　　　　　　　　　　年　　月　　日

质量标准	操作过程		分值	操作要求及指标	扣分
评估10分	护士	仪表	符合仪表规范：衣帽整洁,举止端庄、大方、沉稳	2	不符合扣 1~2 分	
		操作目的	湿化气道、控制感染、改善通气、祛痰镇咳	2	口述,不全扣 1~2 分	
	患者		①患者病情、意识、肺部听诊痰鸣音(听诊部位左右锁骨中线上、中、下)、自理能力、用药情况；②口腔情况、有无义齿；③对吸入治疗的认知状况、心理反应及合作程度	4	边做边述,不全一项扣 1~2 分,至扣完分值	
	环境		是否：安静、整洁、光线及温湿度适宜	2		
计划5分	护士		衣帽整洁,已修剪指甲,洗手戴口罩	2	边做边述,不到位每项扣 1~2 分,没戴口罩不及格	
	环境		安静、整洁、光线及温湿度适宜			
	用物		根据双人核对无误医嘱执行单备物治疗车上层：空气压缩雾化吸入器、一次性雾化吸入器、药液(遵医嘱配制好)、听诊器、纱布、弯盘、治疗巾、漱口杯、手消毒液,或PDA	2	缺一项扣 1 分,至扣完分值	
			治疗车下层：医疗垃圾桶、生活垃圾桶、锐器盒			
	患者		明确操作目的及注意事项,愿意配合	1	口述不全,不得分	

续表

质量标准	操作过程		分值	操作要求及指标	扣分
实施 70分	核对解释	携用物至床旁,双向核对,解释,以取得合作	3	边做边述,口述不全或操作不到位每项扣1~2分,至扣完分值	
	安置体位	协助患者取舒适体位,坐位或半坐卧位	3		
	铺巾漱口	铺治疗巾于颌下,协助患者漱口	4		
	检查连接	将雾化器放于床旁桌上,插上电源	3		
		检查一次性雾化吸入器	3		
		连接压缩机空气导管、口含嘴和药杯	3		
	核对加药	核对医嘱、治疗单、药物	4		
		按医嘱将配制好的药液注入药杯内,盖好杯盖,确认紧密	6		
	吸入药液	打开雾化吸入器电源开关	2		
		指导患者手持雾化器,将口含嘴放入口中紧闭嘴唇	5		
		用嘴深吸气,用鼻呼气,如此反复,直至药液吸完为止	5		
	注意事项	嘱患者吸入过程中如想咳嗽,应取出口含嘴,咳嗽后再吸	3		
	再次核对	操作后查对	3		
	洗手记录	按七步洗手法洗手,记录	3		
	停止雾化	雾化吸入时间一次不超过20分钟,雾化完毕	3	口述不全,不得分	
		核对解释,取出口含嘴	3	边做边述,不到位每项扣1~3分,至扣完分值	
		关机、取下雾化器置医疗垃圾桶	3		
		取纱布擦净患者面部,取下治疗巾	3		
		指导患者有效咳嗽,必要时翻身拍背	3		
		协助患者取舒适卧位,整理床单位,沟通交流	3		
		分类整理用物	2		
评价 15分	态度	认真,严谨,尊重、关心、爱护患者	5	①态度、技能、效果根据实际操作效果酌情扣1~5分;②超预期时间扣5分	
	技能	严格执行查对制度,操作熟练、手法正确、条理清楚,在预期时间内完成	5		
	效果	护患沟通有效,满足患者身心需要,达到雾化吸入效果;患者无不适反应及并发症	5		
总分			100		

（汪美华）

药物抽吸法

任务一　小安瓿药液抽吸法

[**案例**] 潘某,男,20 岁。因头痛、咽痛、咳嗽、发热就诊。诊断:上呼吸道感染。

医嘱:复方氨林巴比妥 2ml 肌内注射,立即执行。

任务:注射前准备,抽吸药液(小安瓿)。

[**操作目的**] 用无菌技术操作方法,从小安瓿内抽吸药液,准备给患者用药。

[**实训时数**] 1 学时。

[**教学目标**]

1. 知识　能正确叙述注射目的及注意事项,掌握注射原则。

2. 技能　严格遵守无菌操作原则和查对制度,正确实施小安瓿药液抽吸方法,操作手法正确、流畅,熟练完成药液抽吸。

3. 素养　护士仪表规范,无菌观念强。按护理程序实施药物抽吸法,操作规范、严谨,培养慎独精神,确保用药安全、有效。

[**实验设计**]

1. 教学活动　示教、角色扮演、小组或个人训练等活动;应用思维导图、操作流程图、操作视频等指导课堂和课后练习。

2. 考核评价　平时考、阶段考、期末考等相结合;应用评分标准评价学习效果。

[**注意事项**]

1. 严格执行无菌操作原则和查对制度。抽药时不可用手握住活塞体部,或触碰乳头、针梗、针尖,以免污染。

2. 抽吸时将针头斜面向下放入安瓿内的液面下,斜面贴在安瓿内部右手拇指及示指握住活塞柄左右旋转带回抽。抽取一定量药液,量一定要准;抽取安瓿内全部药液时,要求不余、不漏。

3. 排气时针筒应垂直向上,先回抽活塞柄将针栓及乳头内药液回抽注射器内,再左右旋转带推排气,不可浪费药液以免影响药量的准确性。注射器乳头偏向一侧者,排气时,使注射器乳头向上倾斜,气泡集中于乳头,易于驱除气体。

4. 根据药液的性质抽吸药液。①混悬液摇匀后立即抽吸;②粉剂、结晶剂先用无菌生理盐水、注射用水或专用溶媒充分溶解后吸取；③油剂可稍加温（遇热会变质的药物不可加温）或双手对搓药瓶后再抽吸，应选用口径较粗的针头抽吸。

5. 药液抽吸时间，最好是现用现抽吸，避免药液污染和效价降低。

[思维导图]

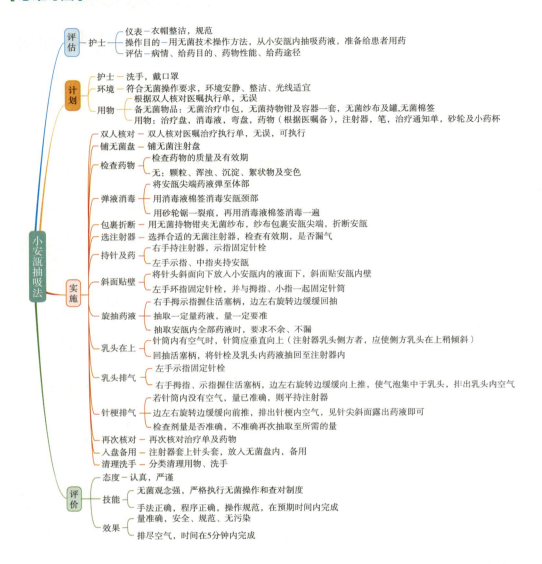

[操作流程]

（一）评估

1. 仪表规范明确操作目的

2. 床前评估：核对床尾卡

3. 核对，解释，评估病情等

（二）计划

1. 洗手（七步洗手法）

2. 戴口罩

3. 双人核对无误，准备注射用品

（三）实施

1. 根据双人核对无误的医嘱，准备药物及注射器

2. 铺无菌盘：检查无菌包

3. 打开无菌包

4. 取无菌治疗巾

5. 置无菌治疗巾于治疗盘

6. 未用完无菌包按原折痕"一"字形包扎

7. 记录开包时间

8. 铺无菌盘

9. 核对药物

10. 对光检查药液质量

11. 检查药物是否变色

12. 弹液至体部，消毒

13. 砂轮锯痕

14. 再次消毒去屑

15. 取无菌纱布

16. 用纱布包裹安瓿，并折断

17. 选择、检查合适注射器

18. 夹持抽吸药物

19. 排气

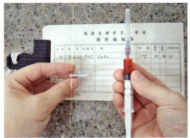

20. 再次核对

21. 置无菌盘内备用

22. 再次核对,根据医嘱给药途径给药　23. 整理用物,分类清理　24. 洗手(七步洗手法)

(四)评价

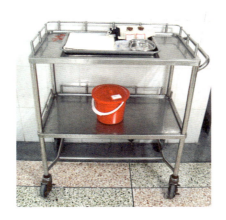

剂量准确、无浪费、无污染

[评分标准]

小安瓿抽吸法——操作考核评分标准(满分:100分)

(规定时间:5分钟　　　　实际操作时间:　　　　分钟)

班级　　　学号　　　姓名　　　成绩　　　　　　　　　　年　　月　　日

质量标准	操作过程		分值	操作要求及指标	扣分
评估 5分	护士	仪表　衣帽整洁,规范	1	不规范,不得分	
		操作 目的　用无菌技术操作方法,从小安瓿内抽吸药液,准备给患者用药	2	口述不全扣1分,至扣完分值	
		评估　病情、给药目的、药物性能、给药途径	2		
计划 10分	护士	洗手,戴口罩	2	没戴口罩不及格	
	环境	符合无菌操作要求,环境安静、整洁、光线适宜	2	口述不全扣1分	
	用物准备	根据双人核对无误的医嘱执行单备物: 治疗盘,无菌治疗巾包,消毒液,无菌棉签,弯盘,药物(根据医嘱备),注射器,笔,治疗通知单,无菌持物钳及容器一套,无菌纱布及罐,砂轮及小药杯	6	缺一项或少一项扣1分(有误两项不得分)	

续表

质量标准		操作过程		分值	操作要求及指标	扣分
实施70分	双人核对	双人核对医嘱治疗执行单,无误,可执行		3	边述边做,"七对"检查内容不完整,不得分污染扣5分,无及时更换处理者,不及格	
	铺无菌盘	铺无菌注射盘		10		
	检查药物	检查药物的质量及有效期,无:颗粒、浑浊、沉淀、絮状物及变色		5		
	弹液消毒	将安瓿尖端药液弹至体部,用消毒液棉签消毒安瓿颈部,用砂轮锯一裂痕,再用消毒液棉签消毒一遍		5		
	包裹折断	用无菌持物钳夹无菌纱布,纱布包裹安瓿尖端,折断安瓿		4		
	选注射器	选择合适的注射器,检查注射器的有效期、是否漏气		2		
	持针及药	右手持注射器,示指固定针栓;左手示指、中指夹持安瓿		5	不能触及针头和活塞,污染不及格持针时,示指无固定针栓扣2分药物污染或剂量不准不及格手法不正确一处扣2分	
	斜面贴壁	将针头斜面向下放入小安瓿内的液面下,斜面贴在安瓿内壁,左手环指固定针栓,并与拇指、小指一起固定针筒		5		
	旋抽药液	右手拇指及示指握住活塞柄,边左右旋转边缓缓回抽。抽取一定量药液,量一定要准;抽取安瓿内全部药液时,要求不余、不漏		8		
	乳头在上	针筒内有空气时,针筒应垂直向上(注射器乳头侧方者,应使侧方乳头在上稍倾斜),回抽活塞柄,将针栓及乳头内药液抽回至注射器内		4		
	乳头排气	左手示指固定针栓,右手拇指、示指握住活塞柄,边左右旋转边缓缓向上推,使气泡集中于乳头,排出乳头内空气		6		
	针梗排气	若针筒内没有空气,量已准确,则平持注射器,边左右旋转边缓缓向前推,排出针梗内空气,见针尖斜面露出药液即可,检查剂量是否准确,不准确再次抽取至所需的量		6		
	再次核对	再次核对治疗单及药物		3	无再次核对不得分	
	入盘备用	注射器套上针头套,放入无菌盘内,备用		2	污染针头不得分	
	清理洗手	分类清理用物、洗手		2	边述边做,不正确不得分	
评价15分	态度	认真、严谨		5	①无菌观念不强扣10分,熟练程度、规范程度根据实际情况酌情扣2~5分;②超预期时间扣5分	
	技能	无菌观念强,严格执行无菌操作和查对制度。手法正确,程序正确,操作规范,在预期时间内完成		5		
	效果	量准确,安全、规范、无污染;排尽空气,时间在5分钟内完成		5		
总分				100		

(李凌楠)

任务二　大安瓿药液抽吸法

[**案例**] 林某,男,45岁。因门静脉高压大出血入院,已遵医嘱完成输血1 000ml。现医嘱给予静脉注射10%葡萄糖酸钙10ml。开始准备抽吸葡萄糖酸钙药液。

医嘱:静脉注射10%葡萄糖酸钙10ml。

任务:注射前准备,抽吸药液(大安瓿)。

[**操作目的**] 用无菌技术操作方法,从大安瓿内抽吸药液,准备给患者用药。

[**实训时数**] 0.5学时。

[**教学目标**]

1. 知识　能正确叙述注射目的及注意事项,掌握注射原则。

2. 技能　严格遵守无菌操作原则和查对制度,正确实施大安瓿药液抽吸方法,操作手法正确、流畅,熟练完成药液抽吸。

3. 素养　护士仪表规范,无菌观念强。按护理程序实施药物抽吸法,操作规范、严谨,培养慎独精神,确保用药安全、有效。

[**实验设计**]

1. 教学活动　示教、角色扮演、小组或个人训练等活动;应用思维导图、操作流程图、操作视频等指导课堂和课后练习。

2. 考核评价　平时考、阶段考、期末考等相结合;应用评分标准评价学习效果。

[**注意事项**]

1. 严格执行无菌操作原则和查对制度。抽药时不可用手握住活塞体部,或触碰乳头、针梗、针尖,以免污染。

2. 抽吸时将针头斜面向下放入安瓿内的液面下,斜面贴在安瓿内壁,右手拇指及示指握住活塞柄边左右旋转边回抽。抽取一定量药液,量一定要准;抽取安瓿内全部药液时,要求不余、不漏。

3. 排气时针筒应垂直向上,先回抽活塞柄将针栓及乳头内药液回抽注射器内,再左右旋转带推排气,不可浪费药液以免影响药量的准确性。注射器乳头偏向一侧者,排气时,使注射器乳头向上倾斜,气泡集中于乳头,易于驱除气体。

4. 根据药液的性质抽吸药液　①混悬液摇匀后立即抽吸;②粉剂、结晶剂先用无菌生理盐水、注射用水或专用溶媒充分溶解后吸取;③油剂可稍加温(遇热会变质的药物不可加温)或双手对搓药瓶后再抽吸,应选用口径较粗的针头抽吸。

5. 药液抽吸时间,最好是现用现抽吸,避免药液污染和效价降低。

[思维导图]

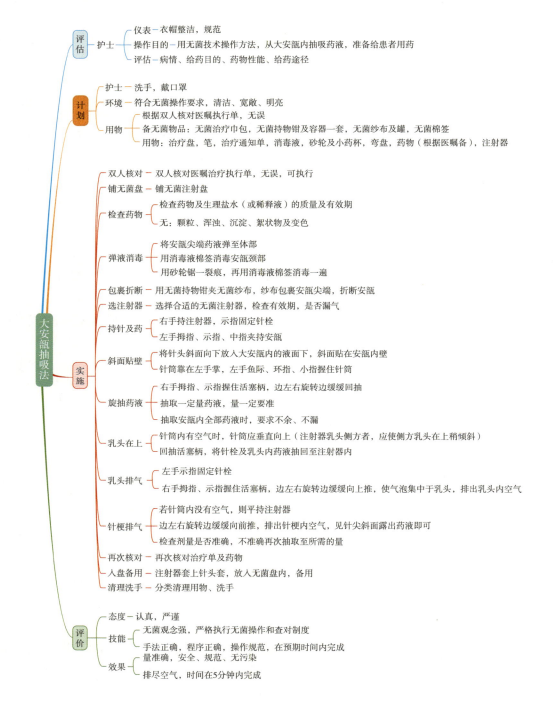

[操作流程]

（一）评估

1. 仪表规范明确　2. 床前评估：核对床尾卡　　　　3. 核对，解释，评估病情等
操作目的

（二）计划

1. 洗手（七步洗手法）　　　　2. 戴口罩　　　　　　3. 双人核对无误，准备注射用物

（三）实施

1. 双人核对无误，备药物及注射器　　2. 铺无菌盘：检查无菌包　　　3. 打开无菌包

4. 取无菌治疗巾

5. 置无菌治疗巾于治疗盘

6. 未用完无菌包按原折痕"一"字形包扎

7. 记录开包时间

8. 铺无菌盘

9. 核对标签，对光检查药液质量

10. 检查药物是否变色

11. 弹液至体部，消毒

12. 砂轮锯痕

13. 再次消毒去屑

14. 取无菌纱布

15. 用纱布包裹安瓿尖端，并折断

16. 选择、检查合适注射器

17. 手握式抽吸法

18. 排气

19. 再次核对

20. 置于无菌盘内备用

21. 再次核对,根据医嘱给药途径给药

22. 整理用物分类清理

23. 洗手(七步洗手法)

（四）评价

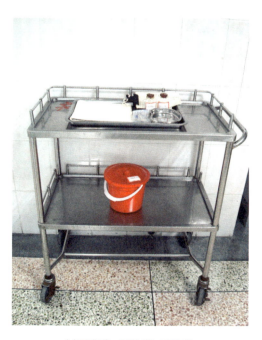

剂量准确、无浪费、无污染

[评分标准]

大安瓿抽吸法——操作考核评分标准（满分：100 分）

（规定时间：5 分钟　　　实际操作时间：　　　　分钟）

班级　　　学号　　　姓名　　　成绩　　　　　　　　　　年　　月　　日

质量标准	操作过程			分值	操作要求及指标	扣分
评估 5 分	护士	仪表	衣帽整洁，规范	1	不规范，不得分	
		操作目的	用无菌技术操作方法，从大安瓿内抽吸药液，准备给患者用药	2	口述，不全扣 1 分，至扣完分值	
		评估	病情、给药目的、药物性能、给药途径	2		
计划 10 分	护士		洗手，戴口罩	2	没戴口罩不及格	
	环境		符合无菌操作要求，环境安静、整洁、光线适宜	2	口述，不全扣 1 分	
	用物准备		根据双人核对无误的医嘱执行单备物：治疗盘，无菌治疗巾包，消毒液，无菌棉签，弯盘，药物（根据医嘱备），注射器，笔，治疗通知单，无菌持物钳及容器一套，无菌纱布及罐，砂轮及小药杯	6	缺一项或少一项扣 1 分（有误两项不得分）	
实施 70 分	双人核对		双人核对医嘱治疗执行单，无误，可执行	3	边述边做，"七对"检查内容不完整，不得分污染扣 5 分，无及时更换或处理者，不及格	
	铺无菌盘		铺无菌注射盘	10		
	检查药物		检查药物的质量及有效期，无：颗粒、浑浊、沉淀、絮状物或变色	5		
	弹液消毒		将安瓿尖端药液弹至体部，用消毒液棉签消毒安瓿颈部，用砂轮锯一裂痕，再用消毒液棉签消毒一遍	5		
	包裹折断		用无菌持物钳夹无菌纱布，纱布包裹，折断安瓿	4		
	选注射器		选择合适的注射器，检查注射器的有效期、是否漏气	2		

续表

质量标准	操作过程		分值	操作要求及指标	扣分
实施 70 分	持针及药	右手持注射器,示指固定针栓;左手拇指、示指、中指夹持安瓿	5	不能触及针头和活塞,污染不及格 持针时,示指无固定针栓扣 2 分 药物污染或剂量不准不及格 手法不正确一处扣 2 分	
	斜面贴壁	将针头斜面向下放入大安瓿内的液面下,斜面贴在安瓿内壁,针筒靠在左手掌,左手鱼际、环指、小指握住针筒	5		
	旋抽药液	右手拇指、示指握住活塞柄,边左右旋转边缓缓回抽。抽取一定量药液,量一定要准;抽取安瓿内全部药液时,要求不余、不漏	8		
	乳头在上	针筒内有空气时,针筒应垂直向上(注射器乳头侧方者,应使侧方乳头在上稍倾斜),回抽活塞柄,将针栓及乳头内药液抽回至注射器内	4		
	乳头排气	左手示指固定针栓,右手拇指、示指握住活塞柄,边左右旋转边缓缓向上推,使气泡集中于乳头,排出乳头内空气	6		
	针梗排气	针筒内没有空气,则平持注射器,边左右旋转边缓缓向前推,排出针梗内空气,见针尖斜面露出药液即可,检查剂量是否准确,不准确再次抽取至所需的量	6		
	再次核对	再次核对治疗单及药物	3	无再次核对不得分	
	入盘备用	注射器套上针头套,放入无菌盘内,备用	2	污染针头不得分	
	清理洗手	分类清理用物、洗手	2	边述边做,不正确不得分	
评价 15 分	态度	认真、严谨	5	①无菌观念不强扣 10 分,熟练程度、规范程度根据实际情况酌情扣 2~5 分; ②超预期时间扣 5 分	
	技能	无菌观念强,严格执行无菌操作和查对制度。手法正确,程序正确,操作规范,在预期时间内完成	5		
	效果	量准确,安全、规范、无污染;排尽空气,时间在 5 分钟内完成	5		
总分			100		

(李凌楠)

任务三 密闭瓶药液抽吸法

[**案例**] 潘某,女,33 岁。因扁桃体炎入院,医嘱给予青霉素静脉输液,已遵医嘱给予青霉素皮试,皮试结果为:阴性。现开始准备把青霉素粉剂加入液体中。

医嘱:0.9% 氯化钠注射液 500ml+ 青霉素 320 万 U 静脉滴注,每天一次。

任务:药液准备,抽吸药液(密闭瓶)。

[**操作目的**] 用无菌技术操作方法,从密闭瓶内抽吸药液(粉剂或结晶药物),准备给患者用药。

[**实训时数**] 0.5 学时。

[**教学目标**]

1. 知识 能正确叙述注射目的及注意事项,掌握注射原则。

2. 技能 严格遵守无菌操作原则和查对制度,正确实施密闭瓶药液抽吸方法,操作手法正确、流畅,熟练完成药液抽吸。

3. 素养 护士仪表规范,无菌观念强。按护理程序实施药物抽吸法,操作规范、严谨,培养慎独精神,确保用药安全、有效。

[**实验设计**]

1. 教学活动 示教、角色扮演、小组或个人训练等活动;应用思维导图、操作流程图、操作视频等指导课堂和课后练习。

2. 考核评价 平时考、阶段考、期末考等相结合;应用评分标准评价学习效果。

[**注意事项**]

1. 严格执行无菌操作原则和查对制度。抽药时不可用手握住活塞体部,或触碰乳头、针梗、针尖,以免污染。

2. 抽吸时将针头斜面向下放入安瓿内的液面下,斜面贴在安瓿内壁,右手拇指及示指握住活塞柄边左右旋转边回抽。抽取一定量药液,量一定要准;抽取安瓿内全部药液时,要求不余、不漏。

3. 排气时针筒应垂直向上,先回抽活塞柄将针栓及乳头内药液回抽注射器内,再左右旋转带推排气,不可浪费药液以免影响药量的准确性。注射器乳头偏向一侧者,排气时,使注射器乳头向上倾斜,气泡集中于乳头,易于驱除气体。

4. 根据药液的性质抽吸药液。①混悬液摇匀后立即抽吸;②粉剂、结晶剂先用无菌生理盐水、注射用水或专用溶媒充分溶解后吸取;③油剂可稍加温(遇热会变质的药物不可加温)或双手对搓药瓶后再抽吸,应选用口径较粗的针头抽吸。

5. 药液抽吸时间,最好是现用现抽吸,避免药液污染和效价降低。

6. 自密闭瓶稀释药液和抽吸药液时,都应准确把握密闭瓶内和注射器之间的压力平衡。

7. 针尖刺入瓶塞有产生落空感时,即不要再刺入,以免针头扎入过深,没入液面下,影响瓶内和注射器内的压力平衡。

[**思维导图**]

- 评估
  - 护士
    - 仪表—衣帽整洁，规范
    - 操作目的—用无菌技术操作方法，从密闭瓶内抽吸药液（粉剂或结晶药物），准备给患者用药
    - 评估—病情、给药目的、药物性能、给药途径
- 计划
  - 护士—洗手，戴口罩
  - 环境—符合无菌操作要求，清洁、宽敞、明亮
  - 用物
    - 根据双人核对医嘱执行单，无误
    - 备物：治疗盘，无菌治疗巾包，消毒液，无菌棉签，弯盘，药物（根据医嘱备），注射器，笔，治疗通知单，无菌持物钳及容器一套，无菌纱布及罐，砂轮及小药杯
- 密闭瓶抽吸法
  - 实施
    - 双人核对—双人核对医嘱治疗单，无误，可执行
    - 铺无菌盘—铺无菌注射盘
    - 检查药物
      - 检查药物及生理盐水（或稀释液）的质量及有效期
      - 无：颗粒、浑浊、沉淀、絮状物及变色
    - 启盖消毒
      - 开启密闭药瓶铝盖中心部位
      - 消毒棉签螺旋形消毒瓶盖中心部位、铝盖至瓶颈，两遍
    - 弹液消毒
      - 将安瓿尖端生理盐水（或稀释液）弹至体部
      - 消毒安瓿颈部，用砂轮锯一裂痕，再消毒一遍
    - 包裹折断—取无菌纱布包裹，折断安瓿
    - 选注射器—选择合适的无菌注射器，检查有效期，是否漏气
    - 持针及药
      - 右手持注射器，示指固定针栓
      - 左手示指、中指夹持（或大安瓿用握式）安瓿
    - 斜面贴壁
      - 将针头斜面向下放入安瓿内的液面下，斜面贴在安瓿内壁
      - 左手环指固定针栓，并与拇指、小指一起固定针筒（大安瓿则将针筒握在手掌）
    - 左右旋抽
      - 右手拇指、示指握住活塞柄，边左右旋转边缓缓回抽
      - 抽取一定量生理盐水（或稀释液）
      - 量一定要准，要求不漏、不污染
    - 乳头在上
      - 针筒内有空气时，针筒应垂直向上（注射器乳头侧方者，应使侧方乳头在上稍倾斜）
      - 回抽活塞柄，将针栓及乳头内药液抽回至注射器内
    - 乳头排气
      - 左手示指固定针栓，右手拇指、示指握住活塞柄
      - 边左右旋转边缓缓向上推，使气泡集中于乳头，排出乳头内空气
    - 针梗排气
      - 针筒内没有空气，则平持注射器
      - 边左右旋转边缓缓向前推，排出针梗内空气，见针尖斜面露出药液即可
      - 检查剂量是否准确，不准确再次抽取至所需的量
    - 刺入瓶内
      - 左手拿密闭瓶掌心向上
      - 右手掌心向上平持注射器，示指固定针栓
      - 右手背靠在左手小鱼际上，平行刺入密闭瓶内（有落空感即可）
    - 固定瓶颈
      - 左手示指、中指夹持密闭瓶颈，环指固定针栓
      - 并与拇指、小指一起固定针筒，密闭瓶在下，注射器在上
    - 注入液体—右手将生理盐水（或稀释液）向内注入密闭瓶内
    - 压力平衡
      - 放松活塞，使瓶内外压力平衡
      - 左手固定针栓，拔出注射器，摇匀药物
    - 等量空气
      - 用注射器抽取与所需药液等量的空气，与注入稀释液同法
      - 将空气注入密闭瓶内（不能放开活塞）
    - 抽取药液
      - 左手示指、中指夹持瓶颈，环指固定针栓，并与拇指、小指一起固定针筒，倒转溶液瓶
      - 右手回抽活塞柄，抽取所需的药量
    - 拔针排气
      - 右手示指固定针栓，拔针
      - 排气（针筒内没有空气，量已准确，则平持注射器，旋转推注活塞，见针尖斜面露出药液即可）
    - 再次核对—再次核对治疗单及药物
    - 入盘备用—注射器套上针头套，放入无菌盘内，备用
    - 分类抽吸
      - 混悬液摇匀后立即抽吸
      - 油剂可稍加温或双手对搓药瓶（药液易受热变性者除外），用长粗针头吸取
    - 清理洗手—分类清理用物、洗手
  - 评价
    - 态度—认真、严谨
    - 技能
      - 无菌观念强，严格执行无菌操作和查对制度
      - 手法正确，程序正确，操作规范，在预期时间内完成
    - 效果
      - 量准确，安全、规范、无污染
      - 排尽空气，时间在6分钟内完成

[操作流程]

（一）评估

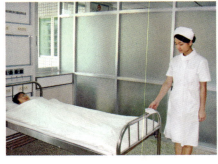

1. 仪表规范，明确操作   2. 床前评估：核对床尾卡   3. 核对，解释，评估病情等
目的

（二）计划

1. 洗手（七步洗手法）   2. 戴口罩   3. 准备注射用物

（三）实施

1. 双人核对无误，备药物及注射器   2. 铺无菌盘：检查无菌包   3. 打开无菌包

4. 取无菌治疗巾

5. 置无菌治疗巾于治疗盘

6. 未用完无菌包按原折痕"一"字形包扎

7. 记录开包时间

8. 铺无菌盘

9. 检查药物标签

10. 核对和检查稀释液质量

11. 对光检查药液质量

12. 检查药物是否变色

13. 开启密闭瓶铝盖中心部位

14. 消毒密闭瓶二次

15. 取安瓿,弹液至体部,消毒安瓿

16. 砂轮锯痕

17. 再次消毒

18. 夹取纱布

19. 包裹安瓿折断

20. 选择、检查合适注射器

21. 抽稀释液

22. 排气,向密闭瓶注入稀释液

23. 放松活塞,平衡压力,取出注射器

24. 摇匀,注入与所需药液等量空气

25. 抽吸所需药液,拔出注射器

26. 排气,再次核对,置于无菌盘内

27. 再次核对,根据医嘱给药途径给药

28. 整理用物,分类清理

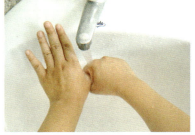
29. 洗手(七步洗手法)

(四)评价

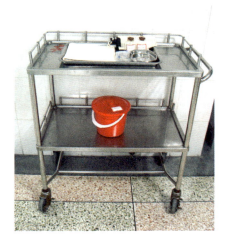
剂量准确、无浪费、无污染

[**评分标准**]

密闭瓶抽吸法——操作考核评分标准(满分:100分)

(规定时间:6分钟　　　实际操作时间:　　　分钟)

班级　　　学号　　　姓名　　　成绩　　　　　　　　　年　　月　　日

质量标准			操作过程	分值	操作要求及指标	扣分
评估5分	护士	仪表	衣帽整洁,规范	1	不规范,不得分	
		操作目的	用无菌技术操作方法,从密闭瓶内抽吸药液(粉剂或结晶药物),准备给患者用药	2	口述不全扣1分,至扣完分值	
		评估	病情、给药目的、药物性能、给药途径	2		
计划10分	护士		洗手,戴口罩	2	没戴口罩不及格	
	环境		符合无菌操作要求,清洁、宽敞、明亮	2	口述不全扣1分	
	用物		根据双人核对无误的医嘱执行单备物:治疗盘,无菌治疗巾包,消毒液,无菌棉签,弯盘,药物(根据医嘱备),注射器,笔,治疗通知单,无菌持物钳及容器一套,无菌纱布及罐,砂轮及小药杯	6	缺一项或少一项扣1分(有误两项不得分)	

续表

质量标准		操作过程	分值	操作要求及指标	扣分
实施70分	双人核对	双人核对医嘱治疗执行单,无误,可执行	2	边述边做,"七对"检查内容不完整,不得分 污染扣5分,无及时更换或处理者,不及格 边述边做 手法正确,不正确该项目不得分	
	铺无菌盘	铺无菌注射盘	10		
	检查药物	检查药物及生理盐水(或稀释液)的质量及有效期,无:颗粒、浑浊、沉淀、絮状物及变色	2		
	启盖消毒	开启密闭药瓶铝盖中心部位,消毒棉签螺旋形消毒瓶盖中心部位,铝盖至瓶颈,两遍	3		
	弹液消毒	将安瓿尖端生理盐水(或稀释液)弹至体部,消毒安瓿颈部,用砂轮锯一裂痕,再消毒一遍	3		
	包裹折断	取无菌纱布包裹,折断安瓿	3		
	选注射器	选择合适的无菌注射器,检查有效期,是否漏气	2		
	持针及药	右手持注射器,示指固定针栓;左手示指、中指夹持(或大安瓿用握式)安瓿	3	边述边做 手法不正确该项目不得分 各种抽吸方法剂量准确,不准确不及格 叙述不全不得分 持针时,示指无固定针栓扣2分	
	斜面贴壁	将针头斜面向下放入安瓿内的液面下,斜面贴在安瓿内壁,左手环指固定针栓,并与拇指、小指一起固定针筒(大安瓿则将针筒握在手掌)	3		
	左右旋抽	右手拇指、示指握住活塞柄,边左右旋转边缓缓回抽。抽取一定量生理盐水(或稀释液),量一定要准,要求不漏、不污染	4		
	乳头在上	针筒内有空气时,针筒应垂直向上(注射器乳头在侧方者,应使侧方乳头在上稍倾斜),回抽活塞柄,将针栓及乳头内药液抽回至注射器内	3		
	乳头排气	排气:左手示指固定针栓,右手拇指、示指握住活塞柄,边左右旋转边缓缓向上推,使气泡集中于乳头,排出乳头内空气	3		
	针梗排气	针筒内没有空气,则平持注射器,边左右旋转边缓缓向前推,排出针梗内空气,见针尖斜面露出药液即可,检查剂量是否准确,不准确再次抽取至所需的量	3		
	刺入瓶内	左手拿密闭瓶掌心向上,右手掌心向上平持注射器,示指固定针栓,右手背靠在左手小鱼际上,平行刺入密闭瓶内(有落空感即可)	3		

续表

质量标准		操作过程	分值	操作要求及指标	扣分
实施70分	固定瓶颈	左手示指、中指夹持密闭瓶瓶颈,环指固定针栓,并与拇指、小指一起固定针筒,密闭瓶在下,注射器在上	3	手法不正确该项目不得分各种抽吸方法剂量准确,不准确不及格持针时,示指无固定针栓扣2分	
	注入液体	右手将生理盐水(或稀释液)向内注入密闭瓶内	2		
	压力平衡	放松活塞,使瓶内外压力平衡,右手固定针栓,拔出注射器,摇匀药物	2		
	等量空气	用注射器抽取与所需药液等量的空气,与注入稀释液同法,将空气注入密闭瓶内(不能放开活塞)	2		
	抽取药液	左手示指、中指夹持瓶颈,环指固定针栓,并与拇指、小指一起固定针筒,倒转溶液瓶,右手回抽活塞柄,抽取所需的药量	4		
	拔针排气	右手示指固定针栓,拔针,排气(针筒内没有空气,则平持注射器,旋转推注活塞,见针尖斜面露出药液即可,量已准确)	3		
	再次核对	再次核对治疗单及药物	2	无再次核对不得分	
	入盘备用	注射器套上针头套,放入无菌盘内,备用	2	污染针头不得分	
	分类抽吸	混悬液摇匀后立即抽吸;油剂可稍加温或双手对搓药瓶(药液易受热变性者除外,)用长粗针头吸取	1	边述边做,不正确不得分	
	清理洗手	分类清理用物、洗手	2		
评价15分	态度	认真,严谨	5	①无菌观念不强扣10分,熟练程度、规范程度根据实际情况酌情扣2~5分;②超预期时间扣5分	
	技能	无菌观念强,严格执行无菌操作和查对制度。手法正确,程序正确,操作规范,在预期时间内完成	5		
	效果	量准确,安全、规范、无污染;排尽空气,时间在6分钟内完成	5		
总分			100		

(李凌楠)

项目十六

注射护理技术

任务一 皮内注射(以卡介苗注射为例)

[**案例**] 新生儿,产妇王某之子,出生 12 小时。

医嘱:卡介苗接种。

任务:皮内注射(卡介苗接种)。

[**操作目的**]

1. 进行药物过敏试验。

2. 预防接种。

3. 局部麻醉先驱步骤。

[**实训时数**] 2 学时。

[**教学目标**]

1. 知识 能说出皮内注射目的及注意事项。

2. 技能 严格执行无菌操作原则及查对制度;能正确选择注射部位进行皮内注射。

3. 素养 具有职业防护、医院感染的防控意识和防护能力;具有爱伤精神,人文关怀理念;与患者或家属进行良好沟通、正确指导患者;仪表规范,态度认真、严谨。

[**实验设计**]

1. 教学活动 示教、角色扮演、小组或个人训练等活动;应用微课、思维导图、操作流程图、操作视频等指导课堂和课后练习。

2. 考核评价 平时考、阶段考、期末考等相结合;应用评分标准评价学习效果。

[**注意事项**]

1. 严格遵循无菌操作原则;严格执行查对及制度。

2. 若是门诊患者注射,注射后应观察 30 分钟,观察反应情况,无异常后方可离开。

3. 大于 3 月龄者,须先行结核菌素试验,试验结果阴性者方可注射,≥4 周岁人群不再接种卡介苗。

[思维导图]

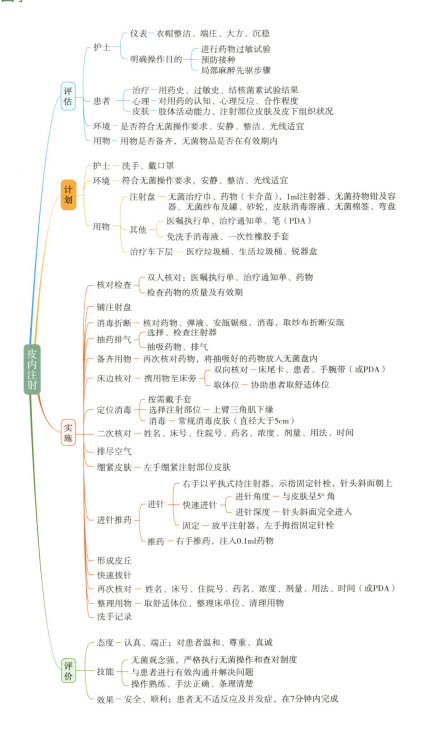

- 评估
  - 护士
    - 仪表－衣帽整洁、端庄、大方、沉稳
    - 明确操作目的
      - 进行药物过敏试验
      - 预防接种
      - 局部麻醉先驱步骤
  - 患者
    - 治疗－用药史、过敏史、结核菌素试验结果
    - 心理－对用药的认知、心理反应、合作程度
    - 皮肤－肢体活动能力、注射部位皮肤及皮下组织状况
  - 环境－是否符合无菌操作要求、安静、整洁、光线适宜
  - 用物－用物是否备齐，无菌物品是否在有效期内

- 计划
  - 护士－洗手、戴口罩
  - 环境－符合无菌操作要求，安静、整洁、光线适宜
  - 用物
    - 注射盘－无菌治疗巾、药物（卡介苗），1ml注射器、无菌持物钳及容器、无菌纱布及罐、砂轮，皮肤消毒溶液、无菌棉签、弯盘
    - 其他
      - 医嘱执行单、治疗通知单、笔（PDA）
      - 免洗手消毒液、一次性橡胶手套
    - 治疗车下层－医疗垃圾桶、生活垃圾桶、锐器盒

- 皮内注射
  - 实施
    - 核对检查
      - 双人核对：医嘱执行单、治疗通知单、药物
      - 检查药物的质量及有效期
    - 铺注射盘
    - 消毒折断－核对药物、弹液、安瓿锯痕，消毒，取纱布折断安瓿
    - 抽药排气
      - 选择、检查注射器
      - 抽吸药物、排气
    - 备齐用物－再次核对药物，将抽吸好的药物放入无菌盘内
    - 床边核对
      - 携用物至床旁
        - 双向核对－床尾卡、患者、手腕带（或PDA）
        - 取体位－协助患者取舒适体位
    - 定位消毒
      - 按需戴手套
      - 选择注射部位－上臂三角肌下缘
      - 消毒－常规消毒皮肤（直径大于5cm）
    - 二次核对－姓名、床号、住院号、药名、浓度、剂量、用法、时间
    - 排尽空气
    - 绷紧皮肤－左手绷紧注射部位皮肤
    - 进针推药
      - 进针
        - 右手以平执式持注射器，示指固定针栓，针头斜面朝上
        - 快速进针
          - 进针角度－与皮肤呈5°角
          - 进针深度－针头斜面完全进入
        - 固定－放平注射器，左手拇指固定针栓
      - 推药－右手推药，注入0.1ml药物
    - 形成皮丘
    - 快速拔针
    - 再次核对－姓名、床号、住院号、药名、浓度、剂量、用法、时间（或PDA）
    - 整理用物－取舒适体位、整理床单位、清理用物
    - 洗手记录

  - 评价
    - 态度－认真、端正；对患者温和、尊重、真诚
    - 技能
      - 无菌观念强，严格执行无菌操作和查对制度
      - 与患者进行有效沟通并解决问题
      - 操作熟练、手法正确、条理清楚
    - 效果－安全、顺利；患者无不适反应及并发症，在7分钟内完成

[操作流程]

一、评估

1. 仪表规范、明确目的

2. 核对床尾卡

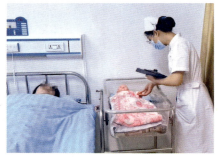

3. 核对手腕带（或 PDA 核对）

4. 核对解释，评估患者

5. 评估环境

二、计划

1. 洗手

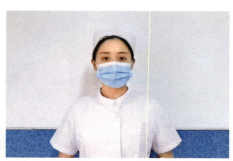

2. 戴口罩

3. 根据已双人核对无误医嘱执行单，准备用物

4. 治疗车及其他用物

三、实施

1. 双人核对

2. 核对药物

3. 对光检查药物质量

4. 检查药物是否变色

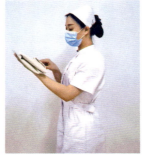

5. 检查无菌巾包

6. 打开无菌包

7. 夹取无菌治疗巾于治疗盘

8. 记录开包日期、时间

9. 铺无菌盘

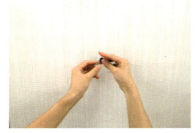

10. 核对药物、弹液、安瓿锯痕

11. 消毒安瓿

12. 夹取纱布

13. 纱布包裹安瓿，折断

14. 选择检查注射器

15. 抽吸药物

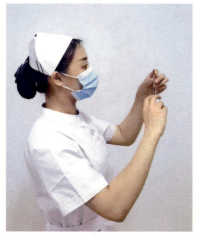

16. 排气

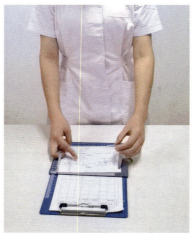

17. 再次核对药物

18. 抽好药液、置无菌盘内

19. 备齐用物，携用物至床旁

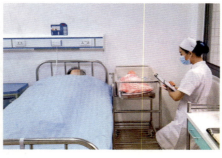

20. 核对床头卡（或床尾卡）

21. 核对手腕带（或 PDA 核对）

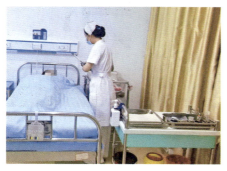

22. 双向核对，或家属参与核对，取体位

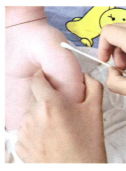

23. 定位、消毒

24. 再次排气、核对

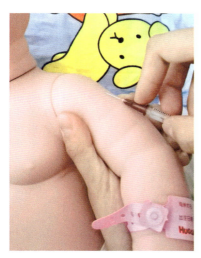

25. 绷紧皮肤，以 5° 角进针

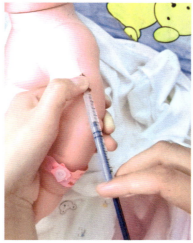

26. 左手拇指固定针栓，右手推药

27. 推注 0.1ml 药物

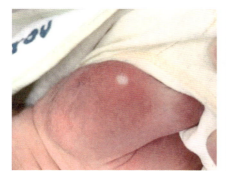

28. 形成皮丘，拔针

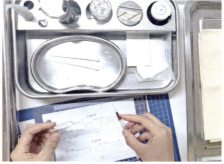

29. 操作后核对

30. 清理用物

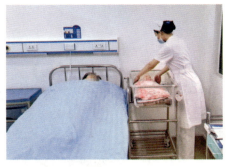

31. 整理床单位

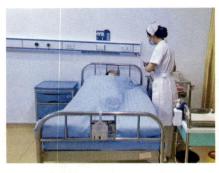

32. 交代注意事项、感谢合作

33. 洗手

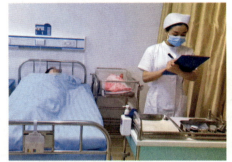

34. 记录

35. 按院感分类处置，
洗手，观察，记录

四、评价

安全、顺利，患者无不适反应及并发症

[评分标准]

皮内注射（卡介苗）——操作考核评分标准（满分：100 分）

（规定时间：7 分钟　　　　实际操作时间：　　　　分钟）

班级　　　　学号　　　　姓名　　　　成绩　　　　　　　　　　　年　　月　　日

质量标准	操作过程			分值	操作要求及指标	扣分
评估 10 分	护士	仪表	规范,整洁,端庄,大方,沉稳	2	①仪表不规范扣 1 分；②目的口述,少一项扣 1 分；③患者情况评估,少一项扣 1 分	
		操作目的	1. 进行药物过敏试验 2. 预防接种 3. 局部麻醉先驱步骤	3		
	患者		1. 用药史、过敏史、结核菌素试验结果 2. 对用药的认知、心理反应、合作程度 3. 肢体活动能力、注射部位皮肤状况	3		
	环境		是否：符合无菌操作要求,安静、整洁、光线适宜	1		
	用物		用物是否备齐,无菌物品是否在有效期内	1		
计划 5 分	护士		洗手、戴口罩	2	①没戴口罩不及格；②用物缺一项或多一项扣 1 分,有误两项不得分	
	环境		符合无菌操作要求,安静、整洁、光线适宜			
	用物		根据医嘱执行单备物： 1. 治疗盘、无菌治疗巾包、药物(以卡介苗为例),1ml 注射器、无菌持物钳及容器、无菌纱布及罐、砂轮、皮肤消毒溶液、无菌棉签、弯盘 2. 医嘱执行单、治疗通知单、笔,PDA(有条件则备) 3. 免洗手消液、一次性橡胶手套 4. 治疗车及下层,医疗垃圾桶、生活垃圾桶、锐器盒	3		
实施 70 分	核对检查		双人核对医嘱执行单、治疗通知单、药物	2	①核对不全扣 1 分；②铺无菌巾污染扣 1~3 分；③抽药手法错误、污染扣 1~3 分；④污染无处理、药物或剂量错误不及格	
			检查药物的质量及有效期	1		
	铺注射盘		铺无菌注射盘	4		
	消毒折断		将安瓿尖端药物弹至体部,在安瓿颈部划一锯痕,常规消毒安瓿颈部,取无菌纱布包裹安瓿,并折断	2		
	抽药排气		选择合适的注射器,检查注射器有效期及是否漏气	1		
			抽吸药液	3		
			排气,再次核对治疗单及药物	2		
	备齐用物		抽吸好药物的注射器放入无菌盘内、备齐用物	1		
	双向核对		携用物至床旁	1	核对不全扣 1 分、患者核对错误不及格	
			核对床尾卡、患者、手腕带(床号、姓名、住院号)(或 PDA 核对),解释,患者或家属参与核对,取得合作	2		
			协助患者取舒适体位	1		

续表

质量标准		操作过程	分值	操作要求及指标	扣分
实施 70分	定位消毒	按需戴手套	1	①注射部位错误不及格； ②消毒不到位扣1分	
		选择注射部位：上臂三角肌下缘	6		
		消毒：常规消毒皮肤(直径大于5cm)，待干	2		
	核对排气	再次核对：患者床号、姓名、住院号、药名、浓度、剂量、用法、时间	2	核对不全扣1~2分	
		排尽注射器内空气	3	①进针深度、角度不正确每项扣5分； ②持针手法错误扣5分； ③固定针栓时接触针梗扣10分； ④无形成皮丘不及格	
	绷紧进针	左手绷紧注射部位皮肤	3		
		右手以平执式持注射器，示指固定针栓，针头斜面朝上，与皮肤呈5°角进针	8		
	固定推药	针头斜面完全进入皮内后，放平注射器，左手拇指固定针栓	6		
		右手推药，注入0.1ml药物	5		
		局部隆起形成一皮丘：皮丘隆起、皮肤发白、呈橘皮样	4		
	拔针核对	注射完毕，迅速拔针，勿按压针眼	2		
		核对：患者床号、姓名、住院号、药名、浓度、剂量、用法、时间(或PDA核对)	3	核对不全扣1~2分	
	整理感谢	整理用物	2	①无清理用物扣1分； ②无整理床单位扣1分	
		为患者取舒适体位、整理床单位，感谢患者配合			
	洗手记录	回处置室，按院感分类处置物品，洗手	3	①洗手不规范扣1分，无洗手扣2分； ②无记录扣1分	
		观察用药反应，记录、签名			
评价 15分	态度	认真、真诚、尊重、关爱患者	5	①熟练程度、规范程度根据实际情况酌情扣1~5分； ②无菌观念不强扣5~10分； ③超预期时间扣5分	
	技能	无菌观念强，严格执行无菌操作和查对制度	5		
		与患者或家属进行有效沟通并解决问题			
		操作熟练、手法正确、条理清楚			
	效果	安全、顺利；患者配合、无不适反应及并发症，在7分钟内完成	5		
总分			100		

(李燕燕)

任务二　皮　下　注　射

[**案例**] 刘女士,55 岁,以"多饮、多食、多尿、体重减轻半年"为主诉入院,入院后完善各项检查,诊断为"2 型糖尿病"。

医嘱:胰岛素 8U,皮下注射,每天三次。

任务:皮下注射。

[**操作目的**]

1. 注入小剂量药物,用于不宜或不能口服给药,需在一定时间内发挥药效时。

2. 预防接种。

3. 局部麻醉用药。

[**实训时数**] 2 学时。

[**教学目标**]

1. 知识　能说出皮下注射目的及注意事项。

2. 技能　严格执行无菌操作原则及查对制度;能正确选择注射部位进行皮下注射。

3. 素养　具有职业防护、医院感染的防控意识和防护能力;具有爱伤精神,人文关怀理念;与患者进行良好沟通;仪表规范,态度认真、严谨。

[**实验设计**]

1. 教学活动　示教、角色扮演、小组或个人训练等活动;应用微课、思维导图、操作流程图、操作视频等指导课堂和课后练习。

2. 考核评价　平时考、阶段考、期末考等相结合;应用评分标准评价学习效果。

[**注意事项**]

1. 严格遵循无菌操作原则;严格执行查对制度。

2. 长期皮下注射者,应有计划地更换注射部位,防止局部产生硬结。

3. 进针角度不宜超过 45°,以免刺入肌层。

4. 药液剂量不足 1ml 时,需用 1ml 注射器,以保证注入剂量准确性。

[思维导图]

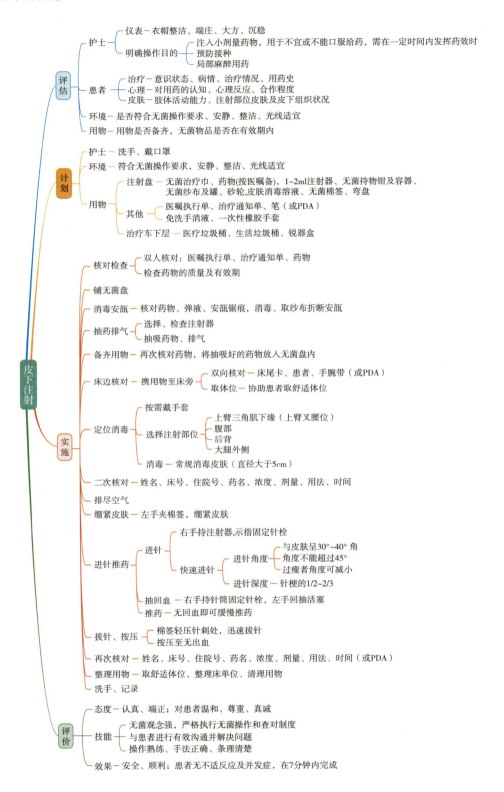

评估
- 护士
  - 仪表－衣帽整洁、端庄、大方、沉稳
  - 明确操作目的
    - 注入小剂量药物，用于不宜或不能口服给药，需在一定时间内发挥药效时
    - 预防接种
    - 局部麻醉用药
- 患者
  - 治疗－意识状态、病情、治疗情况、用药史
  - 心理－对用药的认知、心理反应、合作程度
  - 皮肤－肢体活动能力、注射部位皮肤及皮下组织状况
- 环境－是否符合无菌操作要求、安静、整洁、光线适宜
- 用物－用物是否备齐，无菌物品是否在有效期内

计划
- 护士－洗手、戴口罩
- 环境－符合无菌操作要求，安静、整洁、光线适宜
- 用物
  - 注射盘－无菌治疗巾、药物(按医嘱备)，1~2ml注射器、无菌持物钳及容器、无菌纱布及罐、砂轮,皮肤消毒溶液、无菌棉签、弯盘
  - 其他
    - 医嘱执行单、治疗通知单、笔（或PDA）
    - 免洗手消液、一次性橡胶手套
  - 治疗车下层－医疗垃圾桶、生活垃圾桶、锐器盒

皮下注射

实施
- 核对检查
  - 双人核对：医嘱执行单、治疗通知单、药物
  - 检查药物的质量及有效期
- 铺无菌盘
- 消毒安瓿－核对药物、弹液、安瓿锯痕，消毒、取纱布折断安瓿
- 抽药排气
  - 选择、检查注射器
  - 抽吸药物、排气
- 备齐用物－再次核对药物，将抽吸好的药物放入无菌盘内
- 床边核对－携用物至床旁
  - 双向核对－床尾卡、患者、手腕带（或PDA）
  - 取体位－协助患者取舒适体位
- 定位消毒
  - 按需戴手套
  - 选择注射部位
    - 上臂三角肌下缘（上臂叉腰位）
    - 腹部
    - 后背
    - 大腿外侧
  - 消毒－常规消毒皮肤（直径大于5cm）
- 二次核对－姓名、床号、住院号、药名、浓度、剂量、用法、时间
- 排尽空气
- 绷紧皮肤－左手夹棉签，绷紧皮肤
- 进针推药
  - 进针
    - 右手持注射器,示指固定针栓
    - 快速进针
      - 进针角度
        - 与皮肤呈30°~40°角
        - 角度不能超过45°
        - 过瘦者角度可减小
      - 进针深度－针梗的1/2~2/3
  - 抽回血－右手持针筒固定针栓，左手回抽活塞
  - 推药－无回血即可缓慢推药
- 拔针、按压
  - 棉签轻压针刺处，迅速拔针
  - 按压至无出血
- 再次核对－姓名、床号、住院号、药名、浓度、剂量、用法、时间（或PDA）
- 整理用物－取舒适体位、整理床单位、清理用物
- 洗手、记录

评价
- 态度－认真、端正；对患者温和、尊重、真诚
- 技能
  - 无菌观念强，严格执行无菌操作和查对制度
  - 与患者进行有效沟通并解决问题
  - 操作熟练、手法正确、条理清楚
- 效果－安全、顺利；患者无不适反应及并发症，在7分钟内完成

[操作流程]

一、评估

1. 仪表规范、明确目的

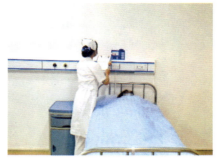

2. 核对床头卡

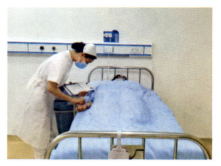

3. 核对手腕带（或 PDA 核对）

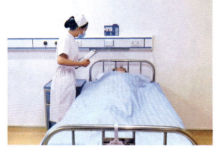

4. 核对解释，评估患者

5. 评估环境

二、计划

1. 洗手

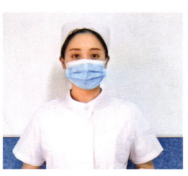

2. 戴口罩

3. 根据已双人核对无误医嘱执行单，准备用物

4. 治疗车及其他用物

三、实施

1. 双人核对

2. 核对药物

3. 对光检查药物质量

4. 检查药物是否变色

5. 检查无菌巾包

6. 打开无菌包

7. 夹取无菌巾

8. 记录开包日期、时间

9. 铺无菌盘

10. 核对药物、弹液、安瓿锯痕

11. 消毒安瓿

12. 夹取纱布

13. 纱布包裹安瓿,折断

14. 选择、检查注射器

15. 抽吸药物

16. 排气

17. 再次核对药物

18. 抽好药液、置无菌盘内

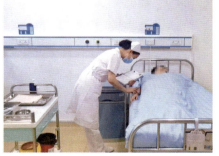

19. 备齐用物,携用物至
床旁

20. 核对床头卡(或床尾卡)

21. 核对手腕带(或 PDA 核对)

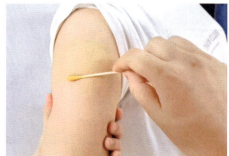

22. 双向核对,解释,取体位

23. 选择注射部位

24. 消毒两遍

25. 再次核对、排气

26. 绷紧皮肤，以 30°~40° 角进针

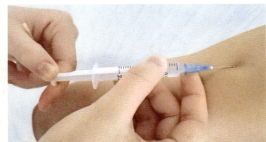

27. 固定，抽回血

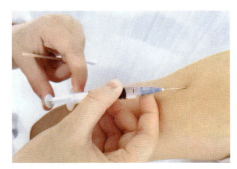

28. 无回血，推药

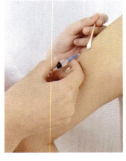

29. 拔针、按压

30. 操作后核对（或 PDA 核对）

31. 整理用物

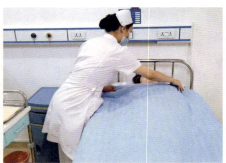

32. 整理床单位

33. 交代注意事项、感谢合作

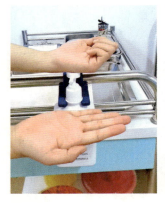

34. 洗手

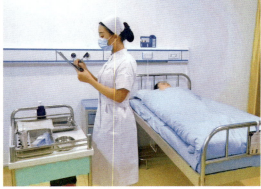

35. 记录

36. 分类处置，洗手，观察，记录

四、评价

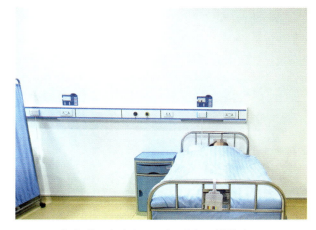

安全、顺利,患者无不适反应及并发症

[评分标准]

皮下注射——操作考核评分标准(满分:100分)

(规定时间:7分钟　　　　实际操作时间:　　　　分钟)

班级　　　学号　　　姓名　　　成绩　　　　　　　　　　　年　　月　　日

质量标准	操作过程			分值	操作要求及指标	扣分
评估 10分	护士	仪表	规范,衣帽整洁、端庄、大方、沉稳	2	①仪表不规范扣1分; ②目的口述,少一项扣1分; ③患者情况评估,少一项扣1分	
		操作目的	1. 注入小剂量药物,用于不宜或不能口服给药,需在一定时间内发挥药效时 2. 预防接种 3. 局部麻醉用药	3		
	患者		1. 意识状态、病情、治疗情况、用药史 2. 对用药的认知、心理反应、合作程度 3. 肢体活动能力、注射部位皮肤及皮下组织状况	3		
	环境		是否:符合无菌操作要求,安静、整洁、光线适宜	1		
	用物		用物是否备齐,无菌物品是否在有效期内	1		
计划 5分	护士		洗手、戴口罩	2	①没戴口罩不及格; ②用物缺一项或多一项扣1分,有误两项不得分	
	环境		符合无菌操作要求,安静、整洁、光线适宜			
	用物		根据已双人核对医嘱执行单备物: 1. 治疗盘、无菌治疗巾、药物(按医嘱备),1~2ml注射器、无菌持物钳及容器、无菌纱布及罐、砂轮、皮肤消毒溶液、无菌棉签、弯盘 2. 医嘱执行单、治疗通知单、笔,PDA(有条件则备) 3. 免洗手消液、一次性橡胶手套 4. 治疗车及下层、医疗垃圾桶、生活垃圾桶、锐器盒	3		

质量标准		操作过程	分值	操作要求及指标	扣分
实施 70分	核对检查	双人核对医嘱执行单、治疗通知单、药物	2	①核对不全扣1分；②铺无菌巾污染扣1~3分；③抽药手法错误、污染扣1~3分；④污染无处理、药物或剂量错误不及格	
		检查药物的质量及有效期	1		
	铺注射盘	铺无菌注射盘	4		
	消毒折断	将安瓿尖端药液弹至体部,在安瓿颈部划一锯痕,常规消毒安瓿颈部,取无菌纱布包裹安瓿,并折断	2		
	抽药排气	选择合适的注射器,检查注射器有效期及包装是否完好	1		
		根据医嘱抽吸药液	3		
		排气,再次核对治疗单及药物	2		
	备齐用物	将抽吸好药物的注射器放入无菌巾内,备齐用物	1		
	双向核对	携用物至床旁	1	核对不全扣1分、患者核对错误不及格	
		核对床尾卡、患者、手腕带(床号、姓名、住院号)(或PDA核对),解释,患者或家属参与核对,取得合作	2		
		协助患者取舒适体位	1		
	定位消毒	按需戴手套	1	①注射部位错误不及格②消毒不到位扣1分	
		选择注射部位:上臂三角肌下缘(或腹部,后背及大腿外侧),上臂叉腰	6		
		消毒:常规消毒皮肤(直径大于5cm),待干	2		
	核对排气	再次核对:患者床号、姓名、住院号、药名、浓度、剂量、用法、时间	2	核对不全扣1~2分	
		排尽注射器内空气	3		
	绷紧进针	左手夹棉签,绷紧注射部位皮肤	3	①进针深度、角度不正确每项扣5分；②持针手法错误扣5分③边述边做,口述不全扣1分	
		右手持注射器,示指固定针栓,针尖斜面朝上,与皮肤呈30°~40°角快速进针,进针深度为针梗的1/2~2/3	10		
		角度不能超过45°,过瘦者可捏起注射部位皮肤,角度可减小(口述)	3		
	固定推药	右手持针筒固定针栓,左手回抽活塞,无回血即可缓慢推药(口述:如有回血应拔出,重新注射)	8		
	拔针核对	注射完毕,干棉签轻压针刺处,迅速拔针,按压至无出血	4		
		核对:患者床号、姓名、住院号、药名、浓度、剂量、用法、时间(或PDA核对)	3	核对不全扣1~2分	
	整理感谢	整理用物	2	无清理用物或无整理床单位各扣1分	
		为患者取舒适体位、整理床单位,感谢患者配合			
	洗手记录	回处置室,按院感分类处置物品,洗手	3	①洗手不规范扣1分,无洗手扣2分；②无记录扣1分	
		观察用药反应,记录、签名			

续表

质量标准		操作过程	分值	操作要求及指标	扣分
评价 15 分	态度	认真、真诚、尊重、关爱患者	5	①熟练程度、规范程度根据实际情况酌情扣1~5分；②无菌观念不强扣5~10分；③超预期时间扣5分	
	技能	无菌观念强，严格执行无菌操作和查对制度	5		
		与患者或家属进行有效沟通并解决问题			
		操作熟练、手法正确、条理清楚			
	效果	安全、顺利；患者配合、无不适反应及并发症，在 7 分钟内完成	5		
总分			100		

（李燕燕）

任务三　肌内注射

[**案例**] 林某，女，30 岁，"阑尾切除术"后第二天，测量生命体征，T：39.0℃，P：88 次 /min，R：22 次 /min，BP：100/70mmHg。

医嘱：注射用赖氨匹林 0.9g，肌内注射，立即执行。

任务：肌内注射。

[**操作目的**] 用于不宜或不能口服或静脉注射，且要求比皮下注射更迅速发生疗效时。

[**实训时数**] 2 学时。

[**教学目标**]

1. 知识　能说出肌内注射目的、注意事项及三种定位法。

2. 技能　严格执行无菌操作原则及查对制度，能正确定位注射部位，并进行安全注射。

3. 素养　具有职业防护、医院感染的防控意识和防护能力；具有爱伤精神，人文关怀理念；与患者进行良好沟通；仪表规范，态度认真、严谨。

[**实验设计**]

1. 教学活动　示教、角色扮演、小组或个人训练等活动；应用微课、思维导图、操作流程图、操作视频等指导课堂和课后练习。

2. 考核评价　平时考、阶段考、期末考等相结合；应用评分标准评价学习效果。

[**注意事项**]

1. 严格遵循无菌操作原则；严格执行查对制度。

2. 两种或两种以上药物同时注射时，应注意配伍禁忌。

3. 两岁以下婴幼儿不宜选用臀大肌注射，应选用臀中肌、臀小肌注射。

4. 注射时勿将针梗全部刺入，防止针梗从衔接处折断难以取出

5. 需长期注射者，应有计划地更换注射部位以防硬结发生。

[思维导图]

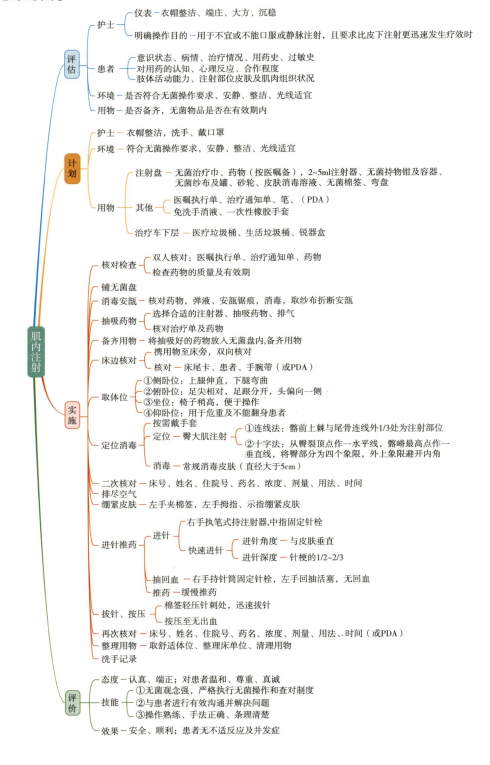

肌内注射

评估
- 护士
  - 仪表－衣帽整洁、端庄、大方、沉稳
  - 明确操作目的－用于不宜或不能口服或静脉注射，且要求比皮下注射更迅速发生疗效时
- 患者
  - 意识状态、病情、治疗情况、用药史、过敏史
  - 对用药的认知、心理反应、合作程度
  - 肢体活动能力、注射部位皮肤及肌肉组织状况
- 环境－是否符合无菌操作要求、安静、整洁、光线适宜
- 用物－是否备齐，无菌物品是否在有效期内

计划
- 护士－衣帽整洁，洗手、戴口罩
- 环境－符合无菌操作要求，安静、整洁、光线适宜
- 用物
  - 注射盘－无菌治疗巾、药物（按医嘱备），2~5ml注射器、无菌持物钳及容器、无菌纱布及罐、砂轮、皮肤消毒溶液、无菌棉签、弯盘
  - 其他
    - 医嘱执行单、治疗通知单、笔、（PDA）
    - 免洗手消液、一次性橡胶手套
  - 治疗车下层－医疗垃圾桶、生活垃圾桶、锐器盒

实施
- 核对检查
  - 双人核对：医嘱执行单、治疗通知单、药物
  - 检查药物的质量及有效期
- 铺无菌盘
- 消毒安瓿－核对药物，弹液，安瓿锯痕，消毒，取纱布折断安瓿
- 抽吸药物
  - 选择合适的注射器、抽吸药物、排气
  - 核对治疗单及药物
- 备齐用物－将抽吸好的药物放入无菌盘内，备齐用物
- 床边核对
  - 携用物至床旁，双向核对
  - 核对－床尾卡、患者、手腕带（或PDA）
- 取体位
  - ①侧卧位：上腿伸直，下腿弯曲
  - ②俯卧位：足尖相对，足跟分开，头偏向一侧
  - ③坐位：椅子稍高，便于操作
  - ④仰卧位：用于危重及不能翻身患者
- 定位消毒
  - 按需戴手套
  - 定位－臀大肌注射
    - ①连线法：髂前上棘与尾骨连线外1/3处为注射部位
    - ②十字法：从臀裂顶点作一水平线，髂嵴最高点作一垂直线，将臀部分为四个象限，外上象限避开内角
  - 消毒－常规消毒皮肤（直径大于5cm）
- 二次核对－床号、姓名、住院号、药名、浓度、剂量、用法、时间
- 排尽空气
- 绷紧皮肤－左手夹棉签，左手拇指、示指绷紧皮肤
- 进针推药
  - 进针
    - 右手执笔式持注射器，中指固定针栓
    - 快速进针
      - 进针角度－与皮肤垂直
      - 进针深度－针梗的1/2~2/3
  - 抽回血－右手持针筒固定针栓，左手回抽活塞，无回血
  - 推药－缓慢推药
- 拔针、按压
  - 棉签轻压针刺处，迅速拔针
  - 按压至无出血
- 再次核对－床号、姓名、住院号、药名、浓度、剂量、用法、时间（或PDA）
- 整理用物－取舒适体位、整理床单位、清理用物
- 洗手记录

评价
- 态度－认真、端正；对患者温和、尊重、真诚
- 技能
  - ①无菌观念强，严格执行无菌操作和查对制度
  - ②与患者进行有效沟通并解决问题
  - ③操作熟练、手法正确、条理清楚
- 效果－安全、顺利；患者无不适反应及并发症

[操作流程]

一、评估

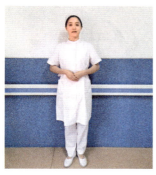

1. 仪表规范、明确目的

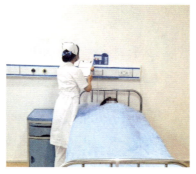

2. 核对床头卡

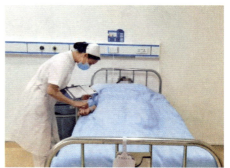

3. 核对手腕带（或 PDA 核对）

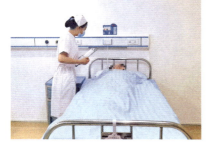

4. 核对解释，评估患者

5. 评估环境

二、计划

1. 洗手

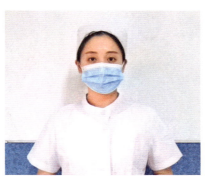

2. 戴口罩

3. 根据已双人核对无误医嘱执行单，准备用物

4. 治疗车及其他用物

三、实施

1. 双人核对

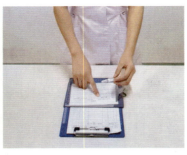

2. 核对药物

3. 对光检查药物质量

4. 检查药物是否变色

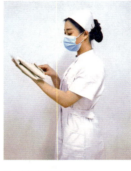

5. 检查无菌巾包

6. 打开无菌包

7. 夹取无菌治疗巾于治疗盘

8. 记录开包日期、时间

9. 铺无菌盘

10. 核对药物、弹液、安瓿锯痕

11. 消毒安瓿

12. 夹取纱布

13. 纱布包裹安瓿,折断

14. 选择、检查注射器

15. 抽吸药物

16. 排气

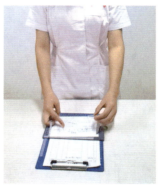

17. 再次核对药物

18. 抽好药液、置无菌盘内

19. 备齐用物

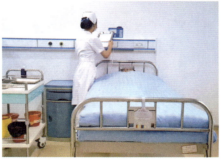

20. 携用物至床旁,核对床头(或尾)卡

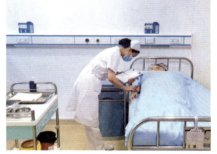

21. 核对手腕带

22. 双向核对,解释

23. 协助取体位

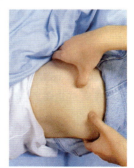

24. 定位(三种定位法)

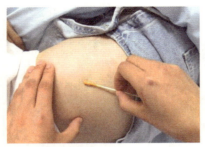

25. 消毒两遍

26. 再次核对、排气

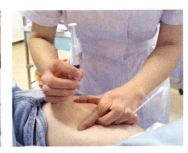

27. 绷紧皮肤,垂直进针

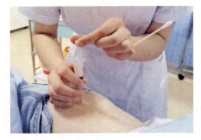

28. 固定,抽回血

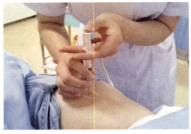

29. 无回血,推药

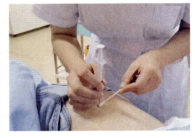

30. 拔针、按压

31. 操作后核对(或 PDA 核对)

32. 整理用物

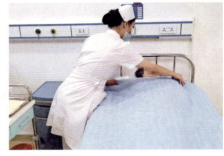

33. 整理床单位

34. 交代注意事项、感谢合作

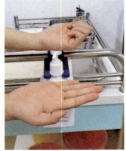

35. 洗手

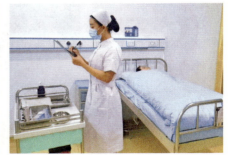

36. 记录

37. 分类处置物品,洗手,观察,记录

四、评价

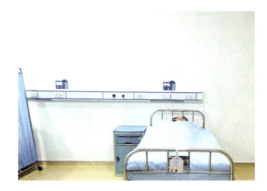

安全、顺利,患者无不适反应及并发症

[评分标准]

肌内注射——操作考核评分标准(满分:100分)

(规定时间:7分钟　　　　实际操作时间:　　　　分钟)

班级　　　学号　　　姓名　　　成绩　　　　　　　　　　　　　年　　月　　日

质量标准			操作过程	分值	操作要求及指标	扣分
评估10分	护士	仪表	规范,衣帽整洁、端庄、大方、沉稳	2	①仪表不规范扣1分; ②目的口述,少一项扣1分; ③患者情况评估,少一项扣1分	
		操作目的	用于不宜或不能口服或静脉注射,且要求比皮下注射更迅速发生疗效时	3		
	患者		1. 意识状态、病情、治疗情况、用药史、过敏史 2. 对用药的认知、心理反应、合作程度 3. 肢体活动能力、注射部位皮肤及肌肉组织状况	3		
	环境		是否:符合无菌操作要求,安静、整洁、光线适宜	1		
	用物		用物是否备齐,无菌物品是否在有效期内	1		
计划5分	护士		洗手、戴口罩	2	没戴口罩不及格	
	环境		符合无菌操作要求,安静、整洁、光线适宜			
	用物		根据已双人核对医嘱执行单备物: 1. 治疗盘、无菌治疗巾、药物(按医嘱备)、2~5ml注射器、无菌持物钳及容器、无菌纱布及罐、砂轮、皮肤消毒溶液、无菌棉签、弯盘 2. 医嘱执行单、治疗通知单、笔、PDA(有条件则备) 3. 免洗手消液、一次性橡胶手套 4. 治疗车及下层、医疗垃圾桶、生活垃圾桶、锐器盒	3	缺一项或多一项扣1分,有误两项不得分	

续表

质量标准		操作过程	分值	操作要求及指标	扣分
实施70分	核对检查	双人核对医嘱执行单、治疗通知单、药物	2	①核对不全扣1分;②铺无菌巾污染扣1~2分;③抽药手法错误、污染扣1~2分;④污染无处理、药物或剂量错误不及格	
		检查药物的质量及有效期	1		
	铺注射盘	铺无菌注射盘	4		
	消毒折断	将安瓿尖端药物弹至体部,在安瓿颈部划一锯痕,常规消毒安瓿颈部,取无菌纱布包裹安瓿,并折断	2		
	抽药排气	选择合适的注射器,检查注射器有效期及包装是否完好	1		
		抽吸药液	3		
		排气,再次核对治疗单及药物	2		
	备齐用物	将抽吸好药物的注射器放入注射盘内、备齐用物	1		
	双向核对	携用物至床旁	1	核对不全扣1分、患者核对错误不及格	
		核对床尾卡、患者、手腕带(床号、姓名、住院号)(或PDA核对),解释,患者或家属参与核对,取得合作	2		
	协助体位	根据病情不同可取侧卧位、俯卧位、坐位、仰卧位(口述)	1	选择一种体位,边述边做其余口述,不正确不得分	
		侧卧位:上腿伸直,下腿弯曲	1		
		俯卧位:足尖相对,足跟分开,头偏向一侧	1		
		坐位:椅子稍高,便于操作	1		
		仰卧位:用于危重及不能翻身患者	1		
	定位消毒	按需戴手套	1	口述不全不得分	
		选择注射部位:臀大肌,两岁以内婴幼儿选臀中肌、臀小肌	1		
		臀大肌定位法:①连线法:髂前上棘与尾骨连线外1/3处为注射部位;②十字法:从臀裂顶点作一水平线,再从髂嵴最高点作一垂直线,将臀部分为四个象限,取外上象限避开内角	6	①定位法错一种扣3分,都错不及格;②消毒不到位扣1分	
		消毒:常规消毒皮肤(直径大于5cm),待干	2		

质量标准		操作过程	分值	操作要求及指标	扣分
实施70分	核对排气	核对：患者床号、姓名、住院号、药名、浓度、剂量、用法、时间	3	核对不全扣1~2分	
		排尽注射器内空气	2	①进针深度、角度不正确每项扣5分；②持针手法错误扣5分	
	绷紧进针	左手夹棉签，左手拇指、示指绷紧皮肤	2		
		右手执笔式持注射器，中指固定针栓，与皮肤呈垂直角度，快速进针，进针深度为针梗的1/2~2/3	10		
	固定推药	右手持针筒固定针栓，左手回抽活塞	4		
		无回血即可缓慢推药（口述：若有回血应拔出，重新注射）	5		
	拔针核对	注射完毕，干棉签轻压针刺处，迅速拔针，按压至无出血	3		
		核对：患者床号、姓名、住院号、药名、浓度、剂量、用法、时间（或PDA核对）	3	核对不全扣1~2分	
	整理感谢	整理用物，洗手	2	①无清理用物扣1分；②无整理床单位扣1分	
		为患者取舒适体位、整理床单位，感谢患者配合			
	洗手记录	回处置室，按院感分类处置物品，洗手	2	每项不完整各扣1分	
		观察用药反应，记录、签名			
评价15分	态度	认真、真诚、尊重、关爱患者	5	①熟练程度、规范程度根据实际情况酌情扣1~5分；②无菌观念不强扣5~10分；③超预期时间扣5分	
	技能	无菌观念强，严格执行无菌操作和查对制度	5		
		与患者或家属进行有效沟通并解决问题			
		操作熟练、手法正确、条理清楚			
	效果	安全、顺利；患者配合、无不适反应及并发症，在7分钟内完成	5		
总分			100		

（李燕燕）

任务四　静　脉　注　射

[案例] 吴女士,女,55岁,以"左肾结石"收住院,在腔镜下行"左肾结石取石术"。

医嘱:生理盐水 20ml+ 头孢他啶 2.0g,静脉注射,每天两次。

任务:静脉注射。

[操作目的]

1. 用于不宜或不能采用其他给药途径,需迅速发挥药物疗效时。

2. 注入药物进行某些诊断性检查。

3. 药物浓度高、刺激性强、量多,不宜采取其他注射方法时。

4. 静脉营养治疗。

[实训时数] 2 学时。

[教学目标]

1. 知识　能说出静脉注射目的及注意事项。

2. 技能　严格执行无菌操作原则及查对制度,能正确选择血管及进行静脉注射,能正确判断静脉注射失败的原因,并正确处置。

3. 素养　具有职业防护、医院感染防控意识和能力;具有爱伤精神,人文关怀理念;与患者进行良好沟通、正确指导患者;仪表规范,态度认真、严谨。

[实验设计]

1. 教学活动　示教、角色扮演、小组或个人训练等活动;应用微课、思维导图、操作流程图、操作视频等指导课堂和课后练习。

2. 考核评价　平时考、阶段考、期末考等相结合;应用评分标准评价学习效果。

[注意事项]

1. 严格执行无菌操作原则及查对制度。

2. 应选择粗、直、弹性好的血管,避开静脉瓣和关节活动处。长期静脉注射者,应有计划地由远心端向近心端选择静脉以保护静脉。

3. 注射对组织有强烈刺激性药物时,应先确认针头在静脉内再推注药物,以防药物外溢导致组织坏死。

4. 进行股静脉穿刺时,若误入股动脉,应马上拔出针头,用无菌纱布按压穿刺点 5~10 分钟,直至无出血。

5. 根据患者年龄、病情及药物性质,掌握推药速度,随时听取患者主诉,观察局部和全身情况。

[**思维导图**]

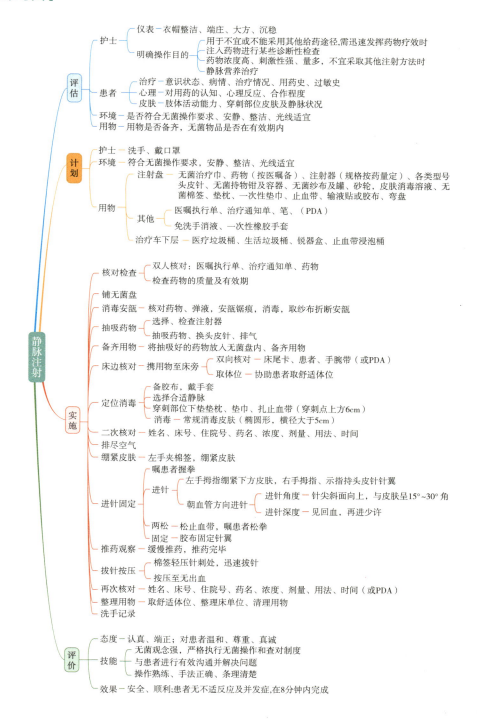

[操作流程]

一、评估

1. 仪表规范、明确操作目的

2. 核对床头卡

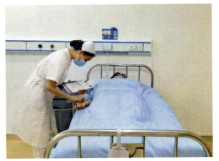

3. 核对手腕带（或 PDA 核对）

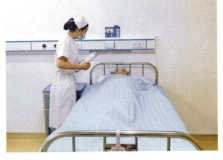

4. 核对解释，评估患者

5. 评估环境

二、计划

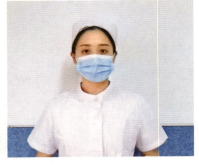

1. 洗手

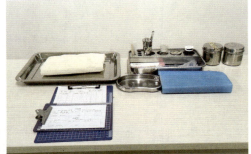

2. 戴口罩

3. 根据双人核对无误医嘱执行单，备物

4. 治疗车及其他用物

三、实施

1. 双人核对

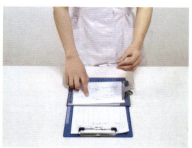

2. 核对药物

3. 对光检查药物质量

4. 检查药物是否变色

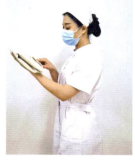

5. 检查无菌巾包

6. 打开无菌包

7. 夹取无菌治疗巾于治疗盘

8. 记录开包日期、时间

9. 铺无菌盘

10. 核对药物、弹液、安瓿锯痕

11. 消毒安瓿

12. 夹取纱布

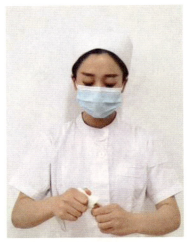

13. 纱布包裹安瓿,折断

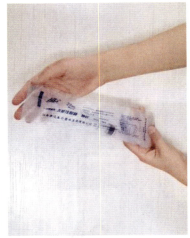

14. 选择检查注射器

15. 抽吸药物

16. 更换头皮针

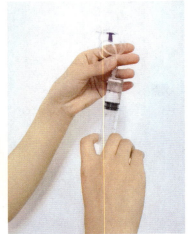

17. 排气

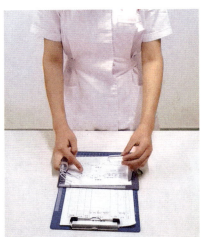

18. 再次核对药物

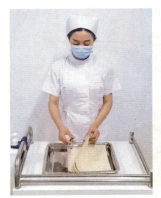

19. 抽好药液、置无菌盘内

20. 备齐用物

21. 携用物至床旁,核对床头(或尾)卡

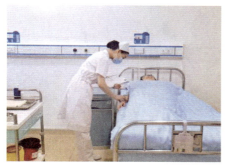

22. 双向核对,手腕带(或 PDA 核对)

23. 解释,患者或家属参与核对,取体位

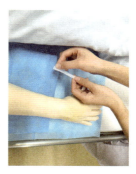

24. 备胶布,戴手套

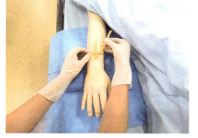

25. 选血管,扎止血带

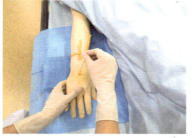

26. 消毒

27. 再次排气、核对

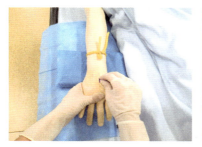

28. 绷紧皮肤,穿刺,见回血再进少许

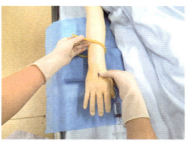

29. 松拳、松止血带(二松)

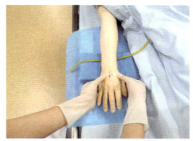

30. 输液贴固定

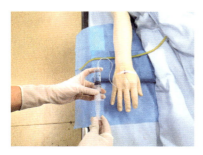

31. 推药、观察

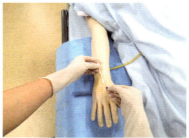

32. 注射完毕,拔针、按压

33. 操作后核对(或 PDA 核对)

34. 整理用物

35. 整理床单位

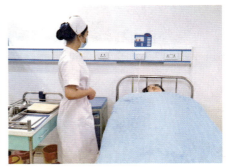

36. 交代注意事项、感谢合作

37. 洗手

38. 记录

39. 分类处置,洗手,观察,记录

四、评价

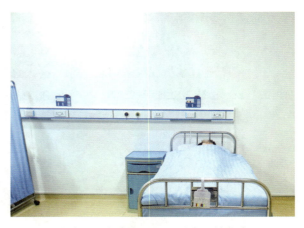

安全、顺利,患者无不适反应及并发症

［评分标准］

静脉注射——操作考核评分标准（满分：100 分）

（规定时间：8 分钟　　　　实际操作时间：　　　　分钟）

班级　　　　学号　　　　姓名　　　　成绩　　　　　　　　　　　　　年　　月　　日

质量标准	操作过程			分值	操作要求及指标	扣分
评估 10 分	护士	仪表	规范,衣帽整洁、端庄、大方、沉稳	2	①仪表不规范扣 1 分; ②目的口述,少一项扣 1 分; ③患者情况评估,少一项扣 1 分	
		操作目的	1. 用于不宜或不能采用其他给药途径,需迅速发挥药物疗效时 2. 注入药物进行某些诊断性检查 3. 药物浓度高、刺激性强、量多,不宜采取其他注射方法时 4. 静脉营养治疗	3		
	患者		1. 意识状态、病情、治疗情况、用药史、过敏史 2. 对用药的认知、心理反应、合作程度 3. 肢体活动能力、穿刺部位皮肤及静脉状况	3		
	环境		是否:符合无菌操作要求,安静、整洁、光线适宜	1		
	用物		用物是否备齐,无菌物品是否在有效期内	1		
计划 5 分	护士		洗手、戴口罩	2	①没戴口罩不及格; ②用物缺一项或多一项扣 1 分,有误两项不得分	
	环境		符合无菌操作要求,安静、整洁、光线适宜			
	用物		根据已双人核对医嘱执行单备物: 1. 治疗盘、无菌治疗巾包、药物(按医嘱备)、注射器(规格按药量定)、各类型号头皮针、无菌持物钳及容器、无菌纱布及罐、砂轮,皮肤消毒溶液、无菌棉签、垫枕、一次性垫巾、止血带、输液贴或胶布、弯盘 2. 医嘱执行单、治疗通知单、笔,PDA(有条件则备) 3. 免洗手消液、一次性橡胶手套 4. 治疗车及下层　医疗垃圾桶、生活垃圾桶、锐器盒、止血带浸泡桶	3		
实施 70 分	核对检查		双人核对:医嘱执行单、治疗通知单、药物	2	①核对不全扣 1 分; ②铺无菌巾污染扣 1~3 分; ③抽药手法错误、污染扣 1~3 分; ④污染无处理、药物或剂量错误不及格	
			检查药物的质量及有效期	1		
	铺注射盘		铺无菌注射盘	4		
	消毒折断		将安瓿尖端药物弹至体部,在安瓿颈部划一锯痕,常规消毒安瓿颈部,取无菌纱布包裹安瓿,并折断	2		
	抽药排气		选择合适的注射器,检查注射器有效期及是否漏气	1		
			抽吸药液	3		
			更换头皮针,排气,再次核对治疗单及药物	2		
	备齐用物		将抽吸好药物的注射器放入注射盘内、备齐用物	1		
	床旁核对		携用物至床旁	1	核对不全扣 1 分、患者核对错误不及格	
			双向核对,床尾卡、患者、手腕带(床号、姓名、住院号)(或 PDA 核对),解释,患者或家属参与核对,取得合作	2		
			协助患者取舒适体位	1		

续表

质量标准	操作过程		分值	操作要求及指标	扣分
实施 70 分	定位消毒	备胶布、戴手套	4	①每项手法不到位扣1分；②消毒不到位扣1分；③污染扣5分	
		选择合适静脉			
		穿刺部位下垫垫枕、垫巾			
		穿刺点上方6cm扎止血带			
		消毒：常规消毒皮肤（椭圆形，横径大于5cm），待干	2		
	核对排气	核对：患者床号、姓名、住院号、药名、浓度、剂量、用法、时间	3	核对不全扣1~2分	
		排尽注射器及头皮针内空气	2	①持针手法不正确扣5分；②进针角度不正确扣2分；③见回血后无再进少许扣3分；④穿刺不成功扣15分⑤口述不全扣1~2分	
	绷紧进针	嘱患者握拳	1		
		左手拇指绷紧下方皮肤，右手拇指、示指持头皮针针翼	2		
		针尖斜面朝上，与皮肤呈15°~30°角，自静脉上方或侧方刺入皮下，再沿静脉方向潜行刺入静脉，落空感，见回血，再进少许	10		
	两松固定	两松：松止血带，嘱患者松拳	3		
		固定：胶布固定针翼	3		
	推药观察	缓慢推注药液，推注过程中要试抽回血，以检查针头是否在静脉内	5		
		注射有强烈刺激性的药物，穿刺时应使用抽有生理盐水的注射器及针头，穿刺成功后再换上抽有药液的注射器，以免药液外溢导致组织坏死（口述）	3		
		根据患者年龄、病情及药物性质，掌握推药速度，随时听取患者主诉，观察局部和全身情况（边做边述）	2		
	拔针按压	注射毕，干棉签竖放于穿刺点处，快速拔针，按压至无出血	2		
	再次核对	核对：患者床号、姓名、住院号、药名、浓度、剂量、用法、时间（或PDA核对）	3	核对不全扣1~2分	
	整理感谢	整理用物，为患者取舒适体位、整理床单位	2	①每项不完整，各扣1分；②洗手不规范扣1分；③无洗手扣2分；④无记录扣1分	
		洗手，记录，感谢患者配合			
	洗手记录	回处置室，按院感分类处置物品，洗手	3		
		观察用药反应，记录、签名			
评价 15 分	态度	认真、真诚、尊重、关爱患者	5	①熟练程度、规范程度根据实际情况酌情扣1~5分；②无菌观念不强扣5~10分；③超预期时间扣5分	
	技能	无菌观念强，严格执行无菌操作和查对制度	5		
		与患者或家属进行有效沟通并解决问题			
		操作熟练、手法正确、条理清楚			
	效果	安全、顺利；患者无不适反应及并发症，在8分钟内完成	5		
总分			100		

（李燕燕）

青霉素皮试液配制及过敏试验

任务一　青霉素皮试液配制

[**案例**] 刘某,女,29岁。因扁桃体炎入院,医嘱给予青霉素注射,给药前需给予青霉素皮试,现开始准备青霉素皮试液配制。

医嘱:青霉素80万U肌内注射,每天两次,皮试( )。

任务:青霉素皮试液配制。

[**操作目的**] 预防青霉素药物过敏反应,为临床应用青霉素治疗疾病做依据。

[**实训时数**] 1学时。

[**教学目标**]

1. 知识　掌握青霉素过敏试验目的、青霉素过敏试验皮试液标准含量。

2. 技能　能遵守无菌操作原则和查对制度;能根据临床需要正确配制青霉素过敏试验皮试液(每毫升青霉素200~500U标准含量)。

3. 素养　仪表规范,态度认真,操作规范、严谨,具有慎独修养、职业防护意识和医院感染防控能力;确保用药安全、有效。

[**实验设计**]

1. 教学活动　示教、角色扮演、小组或个人训练等活动;应用思维导图、操作流程图、操作视频等指导课堂和课后练习。

2. 考核评价　平时考、阶段考、期末考等相结合;应用评分标准评价学习效果。

[**注意事项**]

1. 严格无菌操作及双人核对制度,不可污染药液及无菌物品。

2. 配制药液前要询问患者有无用药史、家族史及过敏史,若有过敏史,则不可做皮试,需与医生联系更换药液。

3. 往密闭瓶稀释药液和抽取一定量稀释药液,注意把控等量空气的压力平衡;量要准确,要求不漏、不污染。

4. 用生理盐水(或稀释液)稀释密闭瓶内药液(粉剂或结晶药物)时,要摇匀使药物溶解再抽吸,以免影响药物剂量的准确。

5. 分次稀释配制时,每次要让人为产生的气泡在针筒内充分流动摇匀,以确保溶液剂量的准确性。

6. 青霉素皮试液必须现配现用;配制试验液和稀释青霉素的生理盐水必须专用。

[思维导图]

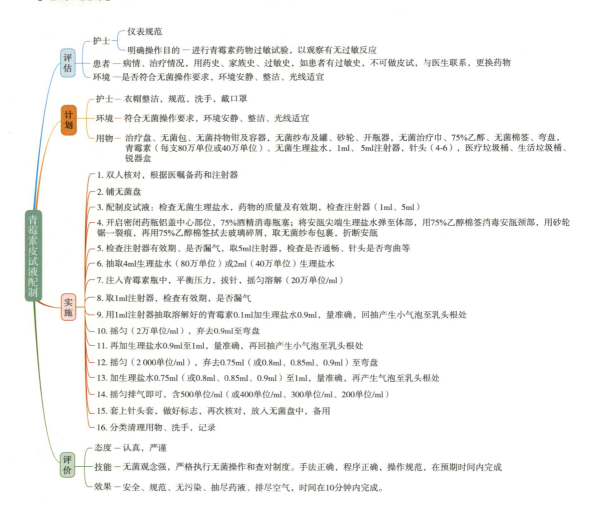

评估
- 护士 ┬ 仪表规范
  └ 明确操作目的 — 进行青霉素药物过敏试验,以观察有无过敏反应
- 患者 — 病情、治疗情况,用药史、家族史、过敏史,如患者有过敏史,不可做皮试,与医生联系,更换药物
- 环境 — 是否符合无菌操作要求,环境安静、整洁、光线适宜

计划
- 护士 — 衣帽整洁,规范,洗手,戴口罩
- 环境 — 符合无菌操作要求,环境安静、整洁、光线适宜
- 用物 — 治疗盘、无菌包、无菌持物钳及容器,无菌纱布及罐、砂轮、开瓶器,无菌治疗巾、75%乙醇、无菌棉签、弯盘、青霉素(每支80万单位或40万单位)、无菌生理盐水,1ml、5ml注射器,针头(4-6),医疗垃圾桶、生活垃圾桶、锐器盒

青霉素皮试液配制

实施
1. 双人核对,根据医嘱备药和注射器
2. 铺无菌盘
3. 配制皮试液:检查无菌生理盐水,药物的质量及有效期,检查注射器(1ml、5ml)
4. 开启密闭药瓶铝盖中心部位,75%酒精消毒瓶塞;将安瓿尖端生理盐水弹至体部,用75%乙醇棉签消毒安瓿颈部,用砂轮锯一裂痕,再用75%乙醇棉签拭去玻璃碎屑,取无菌纱布包裹,折断安瓿
5. 检查注射器有效期、是否漏气,取5ml注射器,检查是否通畅、针头是否弯曲等
6. 抽取4ml生理盐水(80万单位)或2ml(40万单位)生理盐水
7. 注入青霉素瓶中,平衡压力,拔针,摇匀溶解(20万单位/ml)
8. 取1ml注射器,检查有效期,是否漏气
9. 用1ml注射器抽取溶解好的青霉素0.1ml加生理盐水0.9ml,量准确,回抽产生小气泡至乳头根处
10. 摇匀(2万单位/ml),弃去0.9ml至弯盘
11. 再加生理盐水0.9ml至1ml,量准确,再回抽产生小气泡至乳头根处
12. 摇匀(2 000单位/ml),弃去0.75ml(或0.8ml、0.85ml、0.9ml)至弯盘
13. 加生理盐水0.75ml(或0.8ml、0.85ml、0.9ml)至1ml,量准确,再产生气泡至乳头根处
14. 摇匀排气即可,含500单位/ml(或400单位/ml、300单位/ml、200单位/ml)
15. 套上针头套,做好标志,再次核对,放入无菌盘中,备用
16. 分类清理用物、洗手,记录

评价
- 态度 — 认真,严谨
- 技能 — 无菌观念强,严格执行无菌操作和查对制度。手法正确,程序正确,操作规范,在预期时间内完成
- 效果 — 安全、规范、无污染、抽尽药液、排尽空气,时间在10分钟内完成。

[**操作流程**]

（一）评估

1. 仪表规范明确操作目的

2. 床前评估：核对床尾卡

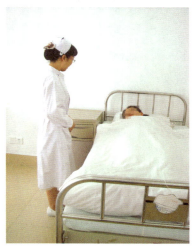

3. 询问三史，评估注射部位皮肤情况

（二）计划

1. 洗手（七步洗手法）

2. 戴口罩，环境符合要求

3. 双人核对无误，准备用物

（三）实施

1. 双人核对医嘱执行单无误，备药

2. 准备无菌注射盘

3. 检查生理盐水、药物标签和质量

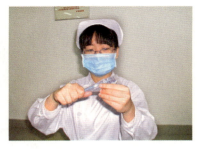

4. 检查注射器

5. 开启密闭瓶铝盖中心

6. 75% 乙醇消毒两遍,消毒安瓿

7. 纱布包裹折断,抽生理盐水

8. 注入青霉素瓶内

9. 平衡压力,拔针,摇匀

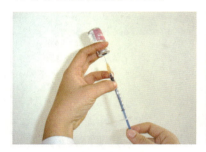

10. 用 1ml 注射器抽取 0.1ml

11. 抽 0.9ml 生理盐水至 1ml,排气

12. 回抽产生一个小气泡至乳头根处

13. 正反倒置游动气体 2~3 次,充分摇匀

14. 去掉 0.9ml 稀释液至弯盘

15. 再抽 0.9ml 生理盐水至 1ml

16. 排气，再摇匀（方法同上）

17. 去掉 0.9ml

18. 再抽生理盐水至 1ml，排气

19. 再摇（方法同上）得所需要的浓度

20. 排气，放入无菌注射盘内，备用

21. 备齐操作用物置推车上

22. 整理用物，分类清理，洗手

（四）评价

药物剂量准确、无污染、安全有效

[评分标准]

青霉素皮试液配制——操作考核评分标准(满分:100 分)

(规定时间:10 分钟　　　实际操作时间:　　分钟)

班级　　　学号　　　姓名　　　成绩　　　　　　　　　年　　月　　日

质量标准	操作过程			分值	操作要求及指标	扣分
评估5 分	护士	仪表	符合规范要求	1	不符合要求扣 1 分	
		操作目的	预防青霉素药物过敏反应,为临床应用青霉素治疗疾病做依据	1	口述,不全扣 1 分	
	患者	评估	病情、治疗情况、"三史"(用药史、家族史、过敏史),如患者有过敏史,不可做皮试,与医生联系,更换药物	2	边述边做,不全一点扣1 分	
	环境		是否符合无菌操作要求,环境安静、整洁、光线适宜	1		
计划10 分	护士		洗手,戴口罩	2		
	环境		符合无菌操作要求,环境安静、整洁、光线适宜	2		
	用物		根据已双人核对无误医嘱执行单备物:无菌治疗巾包、治疗盘、无菌持物钳及容器、无菌纱布及罐、砂轮、开瓶器、75% 乙醇、无菌棉签、弯盘、青霉素(每支 80 万 U 或 40 万 U)、无菌生理盐水、1ml、5ml 注射器	6	缺一项或少一项扣 1分(有误两项不得分)	
实施70 分	双人核对		根据医嘱执行单备药和注射器	4	边述边做,"七对"内容不完整,不得分;污染无更换处理不及格,有更换处理扣 5分;药物错误不及格,消毒不到位扣 5 分	
	铺无菌盘		铺无菌注射盘	10		
	检查药物		检查药物、无菌生理盐水的质量及有效期,检查注射器(1ml、5ml)	4		
	稀释药物		开启密闭药瓶铝盖中心部位,75% 酒精消毒瓶塞;将生理盐水安瓿尖端液体弹至体部,用 75% 乙醇棉签消毒安瓿颈部,用砂轮锯一裂痕,再用 75% 乙醇棉签消毒,取无菌纱布包裹,折断安瓿	6		
			取 5ml 注射器,检查有效期、是否漏气,是否通畅,针头是否弯曲等	3	注射器污染一次扣 5分,不懂得更换处理,不及格,药物污染或计量不准不及格	
			抽取 4ml 生理盐水(80 万 U)或 2ml(40 万 U)生理盐水	3		
			注入青霉素瓶中,压力平衡、拔针、摇匀、溶解(20 万 U/ml)	6		
	抽 3去 2		取 1ml 注射器,检查有效期,是否漏气	2		
			第一次抽:用 1ml 注射器抽取溶解好的青霉素 0.1ml 加生理盐水 0.9ml(2 万 U/ml),量准确	3		

续表

质量标准	操作过程		分值	操作要求及指标	扣分
实施70分	抽3去2	充分摇匀：注射器垂直向上，抽吸空气至乳头根处，倒置注射器并振动，使气泡充分流动，来回反复2~3次	4	手法正确，不浪费药物，摇匀不成功扣10分，配制剂量准确，不准确不及格 无再次核对扣3分 污染针头不得分	
		第一次去掉：弃去0.9ml至弯盘	1		
		第二次抽吸：再加生理盐水0.9ml至1ml(2 000U/ml)	3		
		第二次去掉：充分摇匀，弃去0.75ml(或0.8ml、0.85ml、0.9ml)至弯盘	5		
		第三次抽吸：加生理盐水0.75ml(或0.8ml、0.85ml、0.9ml)至1ml，量准确，产生气泡至乳头根处	3		
		充分摇匀，排气即可，含500U/ml(或400U/ml、300U/ml、200U/ml)	5		
	标示入盘	套上针头套，做好标志，再次核对，放入无菌盘中，备用	5	无标示扣2分	
	整理记录	按院感分类清理用物、洗手、记录	3	不完整，扣1~2分	
评价15分	态度	认真，严谨	5	①无菌观念不强扣10分，熟练程度、规范程度根据实际情况酌情扣2~5分； ②超预期时间扣5分	
	技能	无菌观念强，严格执行无菌操作和查对制度。手法正确，程序正确，操作规范，在预期时间内完成	5		
	效果	安全、规范、无污染、抽尽药液、排尽空气，时间在10分钟内完成	5		
总分					

（李凌楠）

任务二　青霉素过敏试验

[**案例**] 刘某，女，29岁。因扁桃体炎入院，医嘱给予青霉素注射，给药前需给予青霉素皮试，青霉素皮试液已配制。现开始准备青霉素皮内注射过敏试验。

医嘱：青霉素80万U，肌内注射，每天两次，皮试(　)。

任务：青霉素0.1ml　皮内注射　过敏试验。

[**操作目的**] 预防青霉素药物过敏反应，为临床应用青霉素治疗疾病做依据。

[**实训时数**] 1学时。

[教学目标]

1. 知识 掌握青霉素过敏试验目的、青霉素过敏试验皮试液配制和青霉素过敏性休克的急救措施;正确掌握试验结果阴性或阳性的判断,并正确记录试验结果。

2. 技能 能遵守无菌操作原则和查对制度。能正确选择注射部位,操作手法正确,操作过程中能及时发现问题,并及时正确解决。

3. 素养 具有职业防护和院感防控意识及能力;仪表规范,态度认真,操作规范、严谨,具有慎独精神和爱伤精神,尊重关心患者,确保用药安全、有效。

[实验设计]

1. 教学活动 示教、角色扮演、小组或个人训练等活动;应用思维导图、操作流程图、操作视频等指导课堂和课后练习。

2. 考核评价 平时考、阶段考、期末考等相结合;应用评分标准评价学习效果。

[注意事项]

1. 严格执行二人查对制度;实施皮内注射过程中,应保证注射部位和注射剂量的准确。

2. 试验前应详细询问患者的"三史"(即用药史、过敏史、家族史),对无过敏史,初次使用青霉素者,须做过敏试验。已知有青霉素过敏史者,禁做过敏试验。

3. 使用过青霉素但停药超过 3 天以上或使用青霉素过程中更换青霉素批号者,须重做过敏试验。

4. 注意皮试的时间,青霉素皮试观察的时间均为 20 分钟,首次使用者应观察 30 分钟,防止迟缓型过敏反应的发生。

5. 注射后应保持安静状态,避免随意走动及情绪波动,不应离开诊室或病房。

6. 不可搔抓或揉按皮试部位的局部皮肤,以免影响观察结果,如有皮肤瘙痒、喘憋、呼吸困难等不适异常,随时告知医护人员,应立即处理。

7. 患者空腹、有其他药物过敏史或变态反应性疾病应慎做过敏试验。

8. 严密观察患者局部和全身反应,倾听患者的主诉。应做好急救准备工作,备好急救盒(0.1% 盐酸肾上腺素、注射器、砂轮、消毒液、棉签、吸氧管)及其他急救药物和器械。

9. 正确判断和记录试验结果 ①正确判断试验结果,并告知患者及家属,且必须记录在"两单四卡一带"上:体温单、医嘱单、病历卡、注射卡、床头 / 尾卡、门诊卡、手腕带。青霉素过敏反应阳性用红色"+"表示,阴性用蓝色"−"表示。②试验结果阴性者可使用青霉素。③试验结果阳性者禁止使用青霉素,同时应报告医生给予更换治疗药物。

10. 对于可疑的阴性或判断意见不一致时,可用生理盐水在对侧手臂做对照观察试验。

[思维导图]

青霉素过敏试验

评估
- 护士
  - 仪表规范：衣帽整洁、端庄、大方、沉稳
  - 目的 — 进行青霉素药物过敏试验，以观察有无过敏反应。
- 患者
  - 病情、治疗情况，用药史、家族史、过敏史，如患者有过敏史，不做皮试，与医生联系，更换药物
  - 注射部位皮肤情况
  - 心理反应和合作程度
- 环境 — 是否符合操作要求

计划
- 护士 — 洗手，戴口罩
- 环境 — 符合无菌操作要求，环境安静、整洁、光线适宜
- 用物
  - 注射卡、治疗通知单
  - 治疗车上层：已准备好的注射盘［含500单位/ml青霉素（或400单位/ml、300单位/ml、200单位/ml）］
  - 急救注射盘：0.1%盐酸肾上腺素、2ml注射器、碘酊、乙醇、棉签
  - 治疗车下层：医疗垃圾桶、生活垃圾桶、锐器盒
- 患者 — 嘱患者做好准备：如排尿等

实施
1. 双人核对，根据医嘱将配制好的药液和注射器等用物携至患者床旁
2. 双向核对（床尾卡、治疗单、患者，药物），解释，取得合作
3. 皮内注射，选择部位：前臂掌侧下段1/3（腕纹上三横指内侧），避开血管
4. 用75%乙醇消毒皮肤（口述：忌用含碘消毒液，以免碘过敏影响局部反应的观察），以螺旋式自内而外消毒，不留空隙，直径达5cm，待干
5. 再次核对：治疗单与床号、腕带、患者姓名及药名
6. 再次排气，左手托患者前臂，使掌心向上，绷紧皮肤
7. 右手持针，示指抵针栓，不触及针头
8. 针尖斜面向上，与皮肤呈5°角进针
9. 待针尖斜面完全进入皮内，放平注射器
10. 左手拇指固定针栓，右手缓慢注入药物0.1ml（含青霉素50单位或40单位、30单位、20单位），使局部隆起成一皮丘
11. 成功皮丘：皮肤隆起，边界清楚，皮肤发白，呈橘皮样，呈现毛孔3~4个
12. 迅速拔针，切勿按压、用圆珠笔在皮丘周围虚线画圈标示皮丘大小及时间
13. 再次核对（患者、治疗单、药物）
14. 交代注意事项：
    ①不可按压皮丘或用衣袖摩擦皮丘；
    ②设定观察时间，与患者对手表；
    ③在20分钟（告诉患者几点几分之前）内不可离开病房，不可剧烈活动；
    ④在此期间护士会经常巡视，如有不适，应及时联系
15. 分类清理用物，洗手，记录皮试时间，注射后20分钟观察结果
16. 整理床单位、急救物品放床头桌上
17. 20分钟后，判定皮试结果，并将皮试结果告诉患者和家属
    阳性：局部皮丘隆起，出现红晕、硬块，直径大于1cm，或周围出现伪足，或皮肤瘙痒；
    阴性：皮丘无改变，周围无红肿，无红晕，无自觉症状
18. 皮试液要现配现用，必要时需做药敏对照试验
19. 洗手，记录皮试结果
    阴性：青霉素皮试（－）蓝色–字，记录"两单四卡一带"上（体温单、医嘱单、注射卡、门诊卡、病历卡、床尾卡、手腕带）
    阳性：青霉素皮试（＋）红色+字，记录在"两单四卡一带"（体温单、医嘱单、注射卡、门诊卡、病历卡、床尾卡、手腕带）上，与医生联系更换药物

评价
- 态度 — 态度认真、端正；对患者温和、尊重、真诚
- 技能 — 严格执行查对制度和严格无菌操作
  - 与患者进行有效沟通和解决问题
  - 手法正确，程序正确，条理清楚
- 效果 — 熟练程度：在10分钟内完成
  - 皮丘成功，试验结果判断准确，患者安全、无不适反应及并发症

[操作流程]

（一）评估

1. 仪表规范,明确操作目的

2. 床前评估：核对床尾卡

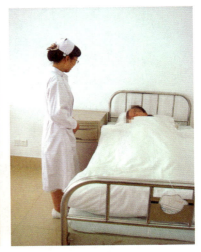

3. 询问"三史",评估患者

4. 评估注射部位皮肤情况

（二）计划

1. 洗手（七步洗手法）

2. 戴口罩

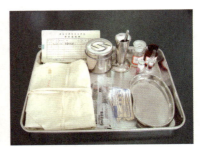

3. 双人核对无误,备齐用物

（三）实施

1. 携用物至床旁、核对床尾卡

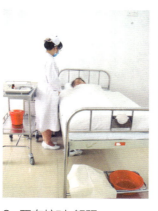

2. 双向核对,解释

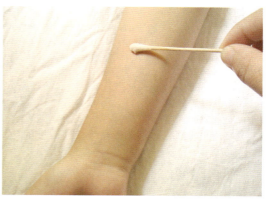

3. 定位,75% 乙醇消毒

4. 再次排气核对

5. 绷紧皮肤,斜面向上 5° 角进针

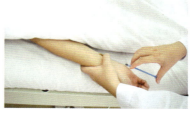

6. 针尖斜面完全进入皮内,固定推药

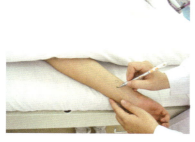

7. 拔针、勿按压,标示皮丘大小及时间

8. 再次核对,交代注意事项

9. 洗手

10. 记录皮试时间

11. 整理床单位

12. 放急救盒于床头桌,感谢患者合作

13. 推车回处置室,分类清理,洗手

14. 注射 20 分钟后判断结果

15. 洗手(七步洗手法)

16. 记录皮试结果于"两单四卡一带"

(四) 评价

患者安全,无不良反应及并发症

[评分标准]

青霉素过敏试验——操作考核评分标准(满分: 100 分)

(规定时间: 10 分钟　　　　实际操作时间:　　　分钟)

班级　　　学号　　　姓名　　　成绩　　　　　　　　　　　　　年　　月　　日

质量标准		操作过程	分值	操作要求及指标	扣分
评估 5分	护士	仪表	符合规范要求	1	不符合要求扣 1 分	
		操作目的	预防青霉素药物过敏反应,为临床应用青霉素治疗疾病做依据	1	明确操作目的 口述不完整不得分	

续表

质量标准		操作过程	分值	操作要求及指标	扣分
评估5分	患者	病情、治疗情况、"三史"（用药史、家族史、过敏史），如患者有过敏史，不可做皮试，与医生联系，更换药物	2	边述边做漏一项扣1分无询问过敏史不及格	
		注射部位皮肤情况			
		心理反应和合作程度；嘱患者做好准备：如排尿等			
	环境	符合无菌操作要求，环境安静、整洁、光线适宜	1		
计划10分	护士	洗手，戴口罩	2	没戴口罩不及格	
	环境	符合无菌操作要求，环境安静、整洁、光线适宜	2	口述，漏一项扣1分	
	用物	根据已双人核对无误医嘱执行单备物：准备注射卡、治疗通知单，有条件备PDA治疗车上层：已准备好的注射盘（含500U/ml青霉素或400U/ml、300U/ml、200U/ml）、免洗手消毒液急救盘：0.1%盐酸肾上腺素、2ml注射器、碘酊、乙醇、棉签治疗车下层：锐器盒、医疗垃圾桶、生活垃圾桶	6	缺一项或多一项均扣1分（有误两项不得分）	
实施70分	双人核对	双人核对医嘱执行单无误，将配制好的药液和注射器等用物携至患者床旁	3	边做边述，"七对"检查内容不完整，不得分，床号核对错误不及格	
	床旁核对	双向核对（床尾卡、治疗单、患者、手腕带、药物）或PDA核对，解释，取得合作	2		
	选择部位	前臂掌侧下段1/3（腕纹上三横指）内侧，避开血管	3	边述边做定位不准确扣5分手法不正确该项目不得分直径<5cm或留有空隙扣5分排气不成功扣5分污染无处理，不及格边做边说，刺入过深不及格，皮丘没形成不及格	
	消毒皮肤	用75%乙醇消毒皮肤（口述：忌用含碘消毒液，以防碘过敏反应与青霉素过敏反应相混淆），以螺旋式自内而外消毒，不留空隙，直径达5cm，待干	5		
	再次核对	再次核对：治疗单、患者、腕带（床号、姓名、药名）	3		
	排气进针	再次排气，左手托患者前臂，使掌心向上，绷紧皮肤	3		
		右手持针，示指抵针栓，不触及针头	2		
		针尖斜面向上，与皮肤呈5°角进针	5		
		待针尖斜面完全进入皮内，放平注射器，左手拇指固定针栓	4		
	推注药液	右手缓慢注入药物0.1ml（含青霉素50U或40U、30U、20U），使局部隆起成一皮丘	5		
		成功皮丘：皮肤隆起，边界清楚，皮肤发白，呈橘皮样，呈现毛孔3~4个	4		
		迅速拔针，切勿按压、用圆珠笔在皮丘周围虚线画圈标示大小、时间	4		

质量标准		操作过程	分值	操作要求及指标	扣分
实施 70分	再次核对	患者、治疗单、药物,或 PDA 核对	2	边述边做 不完整一项扣2分	
	注意事项	交代注意事项: ①不可按压皮丘或用衣袖摩擦皮丘;②设定观察时间,与患者对手表;③在20分钟内(告诉患者几点几分之前)不可离开病房,不可剧烈活动;④在此期间护士会经常巡视,如有不适,患者应及时联系	8		
	清理整理	分类清理用物,洗手,记录皮试时间,注射后20分钟观察结果、整理床单位	4		
	置急救盘	急救物品放床头桌上	2		
	判断结果	20分钟后,判定皮试结果,并将皮试结果告诉患者及家属 阳性:局部皮丘隆起,出现红晕、硬块,直径大于1cm,或周围出现伪足,或皮肤瘙痒;阴性:皮丘无改变,周围无红肿,无红晕,无自觉症状(口述)	5	口述,不全一项扣2分 超过两项不得分	
		皮试液要现配现用,必要时需做药敏对照试验	2		
	记录结果	洗手,记录皮试结果 阴性:青霉素皮试(−)蓝色−字,记录在"两单四卡手腕带"上(体温单、医嘱单、注射卡、门诊卡、病历卡、床尾卡、腕带)	2		
		阳性:青霉素皮试(+)红色+字,记录在"两单四卡手腕带"(体温单、医嘱单、注射卡、门诊卡、病历卡、床尾卡、腕带)上,及时告知患者和家属,与医生联系更换药物	2		
评价 15分	态度	认真、严谨;尊重关爱患者	5	①无菌观念不强扣10分,熟练程度、规范程度根据实际情况酌情扣2~5分; ②超预期时间扣5分	
	技能	严格无菌操作和执行查对制度 与患者进行有效沟通和解决问题 手法正确,程序正确,条理清楚	5		
	效果	熟练程度:在10分钟内完成 皮丘成功,试验结果判断准确,患者安全、无不适反应及并发症	5		
总分			100		

（李凌楠）

任务一　静脉输液法

[**案例**] 患者,李某,女,25 岁,因食用冷饮后出现"呕吐、腹痛、腹泻伴发热半天"就诊。初步诊断:急性胃肠炎。入科后体格检查:T: 39.2 ℃,P: 90 次 /min,R: 21 次 /min,BP: 110/70mmHg。神志清楚。辅助检查:白细胞计数:15×10^9/L。

医嘱:① 0.9% 氯化钠注射液 250ml+ 维生素 B_6 0.1g,静脉滴注,每天一次;② 0.9% 氯化钠注射液 250ml+ 头孢克肟 2g,静脉滴注,每天两次;③ 5% 葡萄糖氯化钠 500ml,静脉滴注,每天一次。

任务:静脉输液。

[**操作目的**]

1. 补充水分及电解质,维持酸碱平衡。

2. 补充营养,供给能量。

3. 输入药液,治疗疾病。

4. 增加血容量,改善微循环,维持血压。

[**实训时数**] 2 学时。

[**教学目标**]

1. 知识　能正确叙述静脉输液目的及注意事项。

2. 技能　能正确进行静脉输液操作、正确调节输液速度和解决常见输液故障问题。能与患者进行良好沟通交流,并正确指导患者。

3. 素养　树立无菌观念和查对意识;尊重关心患者、护患有效沟通;具有爱伤精神和慎独修养。

[**实验设计**]

1. 教学活动　示教、角色扮演、小组或个人训练等活动;应用思维导图、操作流程图、操作视频等指导课堂和课后练习。

2. 考核评价　平时考、阶段考、期末考等相结合;应用评分标准评价技能掌握效果。

[**注意事项**]

1. 严格执行无菌操作原则及查对制度,杜绝差错事故的发生。

2. 对于长期输液的患者,要注意保护和合理使用静脉,一般从远端小静脉开始穿刺。选择粗、直、弹性好血管,避开静脉瓣和关节活动处。

3. 输液前要排尽输液管及针头内空气,药液滴尽前要及时更换输液瓶或拔针,严防造成空气栓塞。

4. 严格掌握输液的速度。①一般成人 40~60 滴 /min,儿童 20~40 滴 /min;②对于心、肺、肾疾病的患者、老年患者、婴幼儿以及输注高渗、含钾或升压药液的患者,应适当减慢输液速度;③对于严重脱水、心肺功能良好者可适当加快输液速度。

5. 输液过程中应加强巡视,注意观察下列情况。

(1)滴注是否通畅,针头或输液管有无漏液,溶液有无滴尽、针头有无脱出、阻塞或移位,输液管有无扭曲、受压。

(2)穿刺部位有无溶液外渗,有无肿胀或疼痛。

(3)询问患者有无不适感觉,密切观察患者有无输液反应,每次观察巡视后,应在输液巡视卡上做好记录。

6. 24 小时连续输液者应每天更换输液器一次。

[思维导图]

评估
- 护士
  - 仪表规范 — 衣帽整洁、端庄、大方、沉稳
  - 明确操作目的 — 1.补充水分及电解质，维持酸碱平衡；2.补充营养，供给能量；3.输入药物，治疗疾病；4.增加血容量，改善微循环，维持血压。
- 患者 — 操作前评估 — 1.患者病情、年龄、意识、心肺功能；2.患者的静脉治疗方案、用药情况（药物性质、用药史、过敏史等）；3.患者穿刺部位皮肤、血管情况、肢体活动情况；4.患者心理反应、合作程度，嘱患者排空二便。
- 环境 — 病室：整洁、安全、宽敞、光线适宜。备输液架，输液架放置妥当并调节高度

计划
- 护士 — 衣帽整洁，已修剪指甲，洗手，戴口罩
- 环境 — 符合无菌操作要求，整洁、安静、宽敞、光线适宜
- 用物 — 根据已核对医嘱执行单，按需备齐，摆放合理

实施
- 核对检查 — 双人核对医嘱、医嘱执行单、瓶贴→核对溶液标签→检查溶液质量
- 准备药液 — 填写瓶贴并倒贴于输液瓶→启瓶盖→消毒瓶塞至瓶颈（两次）→按医嘱加药，遵循无菌技术操作原则和查对制度，注意药物配伍禁忌→加药者、核对者签名→输液器针头插入瓶塞
- 核对解释 — 双向核对，核对患者信息，向患者解释，取得合作
- 初步排气 — 关闭调节夹，旋紧头皮针连接处→再次检查药液质量→挂输液瓶→排空输液管内气体→检查输液管内有无气泡，挂输液管于输液架上
- 体位准备 — 备输液胶贴→取舒适体位→垫小垫枕与治疗巾
- 皮肤消毒 — 选择静脉→扎止血带→椭圆形消毒皮肤（横径大于5cm，2遍）
- 核对排气 — 再次核对患者、药物→再次排气，检查有无气泡→去除护针帽
- 静脉穿刺 — 固定血管，嘱患者握拳→针尖斜面向上，15°~30°进针→见回血后，将针头沿血管方向潜行少许
- 固定针头 — 松开止血带，嘱患者松拳，打开调节器→输液胶贴妥善固定
- 调节滴速 — 根据患者的年龄、病情和药物性质调节滴速（至少15秒）→再次核对患者、药物→交代注意事项
- 整理记录 — 取回止血带和小垫枕，按院感要求分类处理→取舒适体位→整理床单位及用物→洗手→记录（医嘱执行单、输液巡视卡、瓶贴）→输液巡视卡挂于输液架上→用物推回处置室，按院感要求分类处理→洗手，记录
- 加强巡视 — 每隔15~30分钟巡视病房一次，观察患者情况及有无输液反应
- 停止输液
  - 核对解释→关闭调节器→迅速拔针→嘱咐按压至无出血→告知注意事项
  - 取舒适体位→询问需要→致谢→分类整理用物
  - 洗手→取下口罩→记录输液结束时间及患者反应

评价
- 态度 — 认真，严谨
- 技能 — 程序正确，操作规范，动作熟练，查对到位，无菌观念强，在预期时间内完成
- 效果 — 一次排气成功，一次穿刺成功，注意患者安全和职业防护，关爱患者，沟通有效，充分体现人文关怀

静脉输液法

[操作流程]

一、评估

1. 仪表规范,明确操作目的

2. 床前评估,核对床尾卡

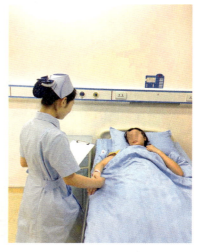

3. 核对手腕带(或 PDA 核对)

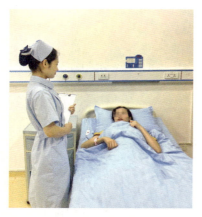

4. 解释,评估病情、血管及环境

二、计划

1. 洗手(七步洗手法)

2. 戴口罩

3. 双人核对无误,准备输液用物

4. 治疗车及垃圾桶等其他用物

三、实施

1. 双人核对

2. 根据医嘱单备药及用物

3. 检查溶液标签

4. 对光检查溶液质量

5. 检查药物标签及药物质量

6. 倒贴标签（不能遮盖有效信息）

7. 开启瓶盖

8. 常规消毒

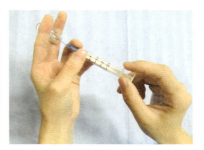

9. 检查药物后抽药

10. 加药

11. 再次核对

12. 观察药物有无反应

13. 加药者签名

14. 双人核对

15. 核对者签名

16. 再次消毒

17. 检查输液器

18. 插输液器

19. 备齐用物

20. 携用物至床旁，核对床尾卡

21. 双向核对，解释说明，取得合作

22. 检查溶液药物质量，挂输液瓶

23. U 字形排气，确认管内没有空气

24. 挂输液管于输液架上

25. 备输液贴，取体位

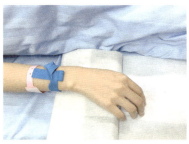

26. 铺垫巾及小垫枕，选择血管，穿刺点上方 6cm 处，扎止血带

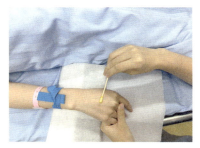

27. 椭圆形消毒皮肤，横径 >5cm

28. 再次核对，检查、确认管内没有空气

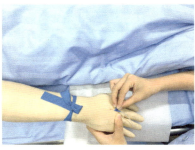

29. 核对后去除针帽，15°~30° 进针

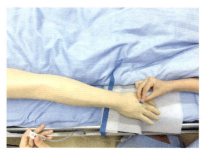

30. 见回血再进少许，三松（松止血带、拳头、输液器开关）

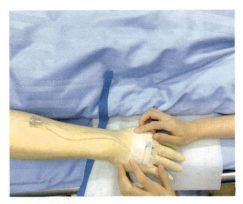

31. 输液贴妥善固定

32. 根据需求调节输液滴速

33. 再次核对患者、药物

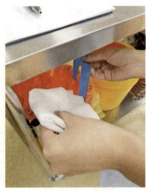

34. 取出止血带、垫巾及小
垫枕，分类处理

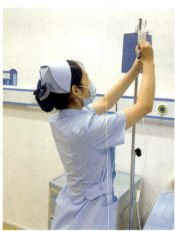

35. 小垫枕按要求回收处理

36. 交代注意事项，整理床单位

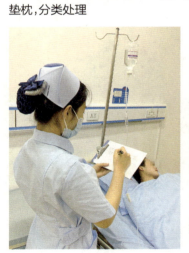

37. 洗手，填写输液巡视卡

38. 完善输液瓶贴

39. 分类处理用物，洗手，记录

40. 加强巡视

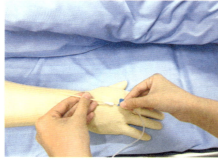

41. 输液完毕,拔针

42. 洗手(七步洗手法)

43. 记录

四、评价

安全、舒适、无并发症

[评分标准]

静脉输液法——操作考核评分标准(满分:100 分)

(规定时间:15 分钟　　　实际操作时间:　　分钟)

班级　　　学号　　　姓名　　　成绩　　　　　　　　年　　月　　日

质量标准			操作过程	分值	操作要求及指标	扣分
评估10 分	护士	仪表	符合规范要求	1	不符合要求不得分	
		操作目的	补充水分及电解质,维持酸碱平衡	1	明确操作目的口述少一项扣1 分	
			补充营养,供给能量	1		
			输入药液,治疗疾病	1		
			增加血容量,改善微循环,维持血压	1		

续表

质量标准	操作过程			分值	操作要求及指标	扣分
评估 10 分	患者	评估内容	患者病情、年龄、意识、心肺功能	1	边述边做 不全一项扣1分	
			患者静脉治疗方案、用药情况(药物性质、用药史、过敏史等)	1		
			患者穿刺部位皮肤、血管情况、肢体活动情况	1		
			患者心理反应、合作程度,嘱患者排空二便	1		
	环境	病室:整洁、安全、宽敞、光线适宜 备输液架,放置妥当并调节高度		1	边述边做,不全不得分	
计划 5 分	护士	衣帽整洁、已修剪指甲,洗手,戴口罩		1	没戴口罩者不及格	
	环境	符合无菌操作要求,整洁、安静、宽敞、光线适宜		1	口述,不全一项扣1分	
	用物	根据已双人核对无误的医嘱执行单备物: ①输液盘:皮肤消毒液、无菌棉签、药液(遵医嘱)、一次性输液器、注射器、输液胶贴、止血带、治疗巾、小垫枕、弯盘、启瓶器(或砂轮); ②医嘱单、输液瓶贴、医嘱执行单、输液巡视卡; ③另备:治疗车、速干手消毒剂、锐器盒、医疗垃圾桶(含袋)、生活垃圾桶(含袋)、输液架、剪刀、血管钳、笔、表、回收止血带桶,必要时备夹板和绷带等;有条件备 PDA		3	缺一项扣1分 至扣完分值	
实施 70 分	核对检查	双人核对医嘱单、医嘱执行单和输液瓶贴		1	核对有误不及格 溶液核对不完整扣2分 溶液检查不规范扣2分	
		核对溶液标签(名称、浓度、剂量、有效期)		2		
		检查溶液质量(是否澄清,有无颗粒、沉淀、浑浊、絮状物及变色等),瓶口有无松动,瓶身有无裂痕或破损		2		
	准备药液	填写瓶贴并倒贴于输液瓶上,启瓶盖,两次消毒瓶塞至瓶颈		2	瓶贴覆盖标签扣2分 消毒不规范扣2分 剂量不准确不及格 未双人核对扣5分 未签名扣2分	
		按医嘱检查药液,加入药物,注意药物配伍禁忌		4		
		再次核对医嘱执行单、瓶贴和药液		1		
		检查药液有无反应,如正常,则加药者在瓶贴上签全名及加药时间,再由另一名护士核对,核对无误后,核对者签名		2		
		再次消毒瓶塞,检查输液器包装、有效期与质量,打开输液器包装,将输液器针头插入瓶塞		2		

续表

质量标准		操作过程	分值	操作要求及指标	扣分
实施 70分	核对解释	备齐用物携至患者床旁,双向核对患者信息(床号、姓名、住院号),或采用 PDA 核对;向患者解释目的及注意事项,取得合作	2	核对有误不及格 解释不全扣1分	
	初步排气	关闭调节夹,旋紧头皮针连接处	1	检查不规范扣1分 未一次排气成功扣5分 浪费药液酌情扣1~3分 有气泡未处理不及格	
		患者或家属参与核对药物无误,再次检查药液质量后,挂输液瓶于输液架上	1		
		排空输液管内气体(将滴管倒置,打开调节器,使液体流入滴管内,达到1/2~2/3满时,迅速倒转滴管,并将调节器移至合适位置,待液体流入头皮针管内即关闭调节器)	3		
		检查输液管内有无气泡,将输液管放置妥当	1		
	体位准备	备输液胶贴,协助患者取舒适体位,垫小垫枕与治疗巾	3	输液胶贴污染扣2分	
	扎止血带	选择静脉,扎止血带(距穿刺点上方6~10cm)	2	扎止血带、消毒范围及方法不规范各扣2分	
	消毒皮肤	椭圆形消毒皮肤(横径大于5cm,2次消毒或遵循消毒剂使用说明)	2		
	核对排气	进针前再次核对患者、药物	1	未再次核对扣5分 未再次检查是否有空气及排气各扣2分 有气泡未处理不及格 浪费药液酌情扣1~3分	
		再次排气至有少量药液滴出	2		
		关闭调节器,检查针头及输液管内有无气泡	2		
		取下护针帽,针尖斜面朝上,检查穿刺针无弯曲,针尖斜面光滑平整	1		
	静脉穿刺	固定血管,嘱患者握拳	1	未一次成功扣10分 皮下退针扣5分	
		进针(左手拇指固定静脉下方皮肤,右手持穿刺针针翼,针尖斜面朝上,与皮肤呈15°~30°穿刺,进针速度宜慢)	3		
		见回血后,将针头沿血管方向潜行少许	1		
	固定针头	穿刺成功后,松开止血带,嘱患者松拳,打开调节器	3	没有"三松"扣3分 固定不牢固扣2分	
		待液体滴入通畅后,用输液胶贴妥善固定	2		

续表

质量标准		操作过程	分值	操作要求及指标	扣分
实施 70分	调节滴速	根据患者的年龄、病情和药物性质调节滴速。一般成人40~60滴/min，儿童20~40滴/min；对年老、体弱及心、肺、肾功能不良者、婴幼儿或输注刺激性较强的药物者滴速宜慢；对严重脱水、血容量不足、心肺功能良好者输液速度可适当加快	3	口述 实际滴速与报告有误差每5滴扣2分 未再次核对扣5分 交代不完整酌情扣1~2分	
		调节滴速时间至少15秒，并报告滴速	1		
		操作后再次核对患者、药物，交代注意事项	3		
	整理记录	取回止血带和小垫枕，并按院感要求分类处置	1	患者体位不舒适扣1分 未整理床单位扣1分 记录不完整扣2分	
		安置患者于安全、舒适体位，放呼叫器于易取处	1		
		整理床单位及用物，洗手	1		
		在医嘱执行单、输液巡视卡和瓶贴上做好记录，输液巡视卡挂于输液架上	2		
		用物推回处置室，按院感要求分类处理，洗手，记录	1		
	加强巡视	15~30分钟巡视病房一次，观察患者情况及有无输液反应	1	口述，不全扣1分	
	停止输液	核对患者，做好解释，取得合作	1	交代不完整酌情扣1~2分 用物处理方法不规范扣2分 未洗手扣2分 记录不完整扣2分	
		揭去输液贴，轻压穿刺点上方，关闭调节夹，迅速拔针	2		
		嘱患者按压至无出血，并告知注意事项	2		
		协助患者取安全、舒适体位，询问需要，致谢	1		
		清理治疗用物，按院感要分类放置，输液架放置妥当	1		
		洗手，记录输液结束时间及患者反应	2		
评价 15分	态度	认真，严谨	5	①熟练程度、规范程度根据实际情况酌情扣2~5分； ②超预期时间扣5分	
	技能	程序正确，操作规范，动作熟练，查对到位，无菌观念强在预期时间内完成	5		
	效果	一次排气成功，一次穿刺成功，注重患者安全和职业防护，关爱患者，沟通有效，充分体现人文关怀	5		
总分			100		

（林 锋）

任务二　静脉留置针输液法

[案例]患者,李某,女,65 岁,既往患消化性溃疡多年,因"突发呕血,解柏油便伴头昏乏力 2 小时"来院急诊,初步诊断:消化道出血。入科后体格检查:T: 36.2℃,P: 100 次 /min,R: 18 次 /min,BP: 80/50mmHg,呈中度贫血貌。辅助检查:血红蛋白 65g/L。

医嘱:乳酸钠林格液,500ml,静脉滴注每天一次。

任务:静脉留置针输液。

[操作目的]

1. 可以减少对血管的反复穿刺,有利于保护血管、减轻患者痛苦。也适用于静脉穿刺困难患者,保持静脉通路,便于治疗与抢救。

2. 补充水分及电解质,维持酸碱平衡。

3. 补充营养,供给能量。

4. 输入药液,治疗疾病。

5. 增加血容量,改善微循环,维持血压。

[实训时数] 1 学时。

[教学目标]

1. 知识　能正确叙述静脉留置针操作目的、注意事项。

2. 技能　能正确进行静脉留置针输液操作及调节输液速度,能正确判断常见故障及排除故障;能与患者进行良好沟通交流,并正确指导患者。

3. 素养　能严格遵守无菌技术操作原则和查对制度;行为规范、具有爱伤精神,尊重关心患者,具有慎独修养。

[实验设计]

1. 教学活动　示教、角色扮演、小组或个人训练等活动;应用思维导图、操作流程图、操作视频等指导课堂和课后练习。

2. 考核评价　平时考、阶段考、期末考等相结合;应用评分标准评价技能掌握效果。

[注意事项]

1. 严格执行无菌操作原则及查对制度,杜绝差错事故的发生。

2. 每次输液完毕,留置针应注入一定量封管液,防止发生血液凝固,堵塞输液管。

3. 严格掌握留置时间,外周静脉留置针应 72~96 小时更换一次。

[思维导图]

静脉留置针输液法

评估

- **护士**
  - 仪表规范 — 衣帽整洁、端庄、大方、沉稳
  - 明确操作目的 — 1. 为患者建立静脉通路，便于治疗与抢救，可以减少反复穿刺次数，有利于保护血管、减轻患者痛苦。也适用于静脉穿刺困难患者。2. 补充水分及电解质，维持酸碱平衡。3. 补充营养，供给能量。4. 输入药物，治疗疾病。5. 增加血容量，改善微循环，维持血压
- **患者** — 操作前评估 — 1. 患者病情、年龄、意识、心肺功能；2. 患者静脉治疗方案、用药情况（药物性质、用药史、过敏史等）；3. 患者穿刺部位皮肤、血管情况、肢体活动情况；4. 患者心理反应、合作程度，嘱患者排空二便
- **环境** — 病室：整洁、安全、宽敞、光线适宜。备输液架，输液架放置妥当并调节高度

计划

- **护士** — 衣帽整洁，已修剪指甲，洗手，戴口罩
- **环境** — 符合无菌操作要求，整洁、安静、宽敞、光线适宜
- **用物** — 根据已核对医嘱执行单，按需备齐，摆放合理

实施

- **核对检查** — 二人核对医嘱、医嘱执行单、瓶贴→核对溶液标签→检查溶液质量
- **准备药液** — 填写瓶贴并倒贴于输液瓶→启瓶盖→消毒瓶塞至瓶颈（两次）→检查输液器→打开并将输液器针头插入瓶塞
- **核对解释** — 携用物至床旁、双向核对患者信息，向患者解释，取得合作
- **初步排气** — 关闭调节夹，旋紧头皮针连接处→再次检查药液质量→挂输液瓶→排空输液管内气体→连接留置针→排出留置针内气体→检查输液管内有无气泡→备透明敷贴、胶带
- **连留置针** — 检查并打开静脉留置针，头皮针与肝素帽连接，排气，输液管放置妥当
- **体位准备** — 取舒适体位→垫小垫枕与治疗巾
- **皮肤消毒** — 选择静脉→扎止血带（距穿刺点上方10cm）→椭圆形消毒皮肤（横径大于8cm，2遍）
- **核对排气** — 再次核对患者、药物→去除护针帽，再次排气，检查有无气泡→旋转松动针芯
- **静脉穿刺** — 固定血管，嘱患者握拳→进针→见回血后，降低角度进针少许，右手持针翼，左手将外套管全部送入血管内
- **固定针头** — 松开止血带，嘱患者松拳，打开调节器→滴入通畅，撤出针芯→透明贴膜固定→管道标签上注明日期、时间及签名→胶布固定头皮针针头及延长管
- **调节滴速** — 根据患者的年龄、病情和药物性质调节滴速（至少15秒）→再次核对患者、药物→交代注意事项
- **整理记录** — 取回止血带和小垫枕→按院感要求分类处理→取舒适体位→整理床单位及用物→洗手→记录（医嘱执行单、输液巡视卡、瓶贴）→输液巡视卡挂于输液架上，用物推回处置室，按院感要求处理，洗手，记录
- **加强巡视** — 每隔15~30分钟巡视病房一次，观察患者情况及有无输液反应
- **正压封管** — 确认本次输液全部液体输注完毕→采用脉冲式正压封管→用注射器向肝素帽正确注入封管液后拔出输液针头→交代留置针置管期间的注意事项
- **再次输液** — 严格执行查对制度→按静脉输液法准备液体并排气→常规消毒肝素帽→输液针头插入肝素帽内完成输液
- **停止输液**
  - 核对解释→关闭调节器→迅速拔针→嘱咐按压至无出血点→告知注意事项
  - 取舒适体位→询问需要→致谢→分类整理用物
  - 洗手→取下口罩→记录输液结束时间及患者反应

评价

- **态度** — 认真，严谨
- **技能** — 程序正确，操作规范，动作熟练，查对到位，无菌观念强，在预期时间内完成
- **效果** — 一次排气成功，一次穿刺成功，保护患者安全和职业防护，关爱患者，沟通有效，充分体现人文关怀

[操作流程]

一、评估

1. 仪表规范,明确操作目的　　2. 床前评估,核对床尾卡　3. 核对手腕带(或 PDA 核对)　4. 解释,评估病情、血管及环境

二、计划

  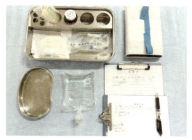

1. 洗手(七步洗手法)　　2. 戴口罩　　3. 双人核对无误,准备输液用物

4. 治疗车及垃圾桶等其他用物

三、实施

1. 双人核对

2. 根据医嘱单备药及用物

3. 检查溶液标签

4. 对光检查溶液质量

5. 倒贴标签（不能遮盖有效信息）

6. 开启瓶盖，常规消毒

7. 检查输液器

8. 插输液器

9. 备齐用物

10. 携用物至床旁，核对床尾卡

11. 双向核对，解释

12. 检查溶液药物质量，挂输液瓶

13. U字形排气,确认管内没有空气

14. 挂输液管,备透明敷贴、胶带

15. 检查并打开无菌敷贴外包装

16. 检查并打开静脉留置针外包装

17. 头皮针与肝素帽连接

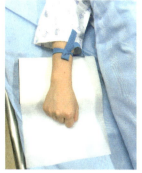

18. 铺垫巾及小垫枕,选择血管,扎止血带

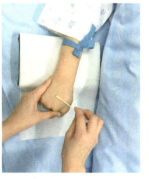

19. 椭圆形消毒皮肤,横径大于8cm

20. 再次排气,检查管内是否有空气

21. 旋转松动针芯,再次核对

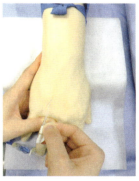

22. 嘱握拳,进针,见回血再进少许

23. 将外套管全部送入血管内

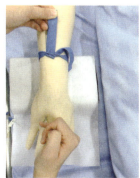

24. 三松(松止血带、输液器开关、拳头)

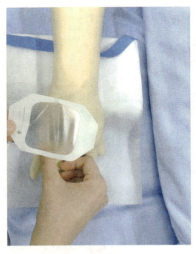
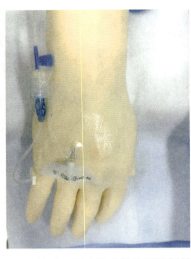

25. 输液贴妥善固定 | 26. 贴标识,固定头皮针头及延长管 | 27. 调节输液滴速

28. 再次核对患者、药物(或 PDA 核对) | 29. 分类处理小垫枕等 | 30. 安置患者,整理床单位

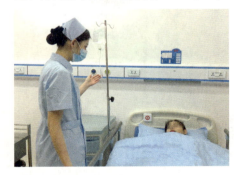

31. 洗手,交代注意事项 | 32. 记录输液巡视卡等 | 33. 按院感分类处理,洗手,记录

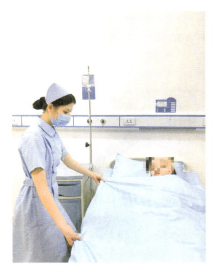

34. 加强巡视

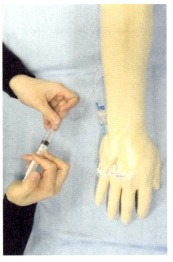

35. 确认输液完毕,脉冲式正压封管

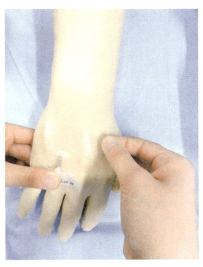

36. 停止留置针输液,揭去胶布和敷贴

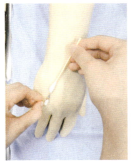

37. 拔针,取体位,致谢

38. 按院感要求分类处置,洗手

39. 记录

四、评价

安全、舒适、无并发症

[**评分标准**]

静脉留置针输液法——操作考核评分标准（满分：100 分）

（规定时间：15 分钟 实际操作时间： 分钟）

班级 学号 姓名 成绩 年 月 日

质量标准			操作过程	分值	操作要求及指标	扣分
评估10分	护士	仪表	符合规范要求	1	不符合要求不得分	
		操作目的	可以减少对血管的反复穿刺,有利于保护血管、减轻患者痛苦。也适用于静脉穿刺困难患者,保持静脉通路,便于治疗与抢救	1	明确操作目的口述少一项扣1分	
			补充水分及电解质,维持酸碱平衡	1		
			补充营养,供给能量,输入药液,治疗疾病	1		
			增加血容量,改善微循环,维持血压	1		
	患者	评估内容	患者病情、年龄、意识、心肺功能	1	边述边做不全一项扣1分	
			患者静脉治疗方案、用药情况(药物性质、用药史、过敏史等)	1		
			患者穿刺部位皮肤、血管情况、肢体活动情况	1		
			患者心理反应、合作程度,嘱患者排空二便	1		
	环境		病室:整洁、安全、宽敞、光线适宜备输液架,放置妥当并调节高度	1	边述边做不全一项扣1分	
计划5分	护士		衣帽整洁,已修剪指甲,洗手,戴口罩	1	没戴口罩者不及格	
	环境		符合无菌操作要求,环境安静、整洁、宽敞、光线适宜	1	口述,不全一项扣1分	
	用物		根据已双人核对无误的医嘱执行单备物:①输液盘:皮肤消毒液、无菌棉签、药液(遵医嘱)、一次性输液器、密闭式静脉留置针、无菌透明敷贴、胶带、止血带、治疗巾、小垫枕、弯盘;②医嘱单、输液瓶贴、医嘱执行单、输液巡视卡;③另备:治疗车、速干手消毒剂、锐器盒、医疗垃圾桶(含袋)、生活垃圾桶(含袋)、输液架、剪刀、血管钳、笔、表、回收止血带桶,必要时备夹板和绷带,有条件备 PDA	3	缺一项扣1分至扣完分值	
实施70分	核对检查		双人核对医嘱单、医嘱执行单和输液瓶贴	1	核对有误不及格溶液核对不完整扣2分溶液检查不规范扣2分	
			核对溶液标签(名称、浓度、剂量、有效期)	2		
			检查溶液质量(是否澄清,有无颗粒、沉淀、浑浊、絮状物及变色等),瓶口有无松动,瓶身有无裂痕或破损	2		
	准备药液		填写瓶贴并倒贴于输液瓶上,启瓶盖,两次消毒瓶塞至瓶颈	2	瓶贴覆盖标签扣2分消毒不规范扣2分	
			检查输液器包装、有效期与质量,打开输液器包装,将输液器针头插入瓶塞	2		

质量标准	操作过程		分值	操作要求及指标	扣分
实施70分	核对解释	备齐用物携至患者床旁,同患者或家属双向核对患者信息(床号、姓名、住院号),或采用 PDA 核对,向患者解释目的及注意事项,取得合作	2	核对有误不及格解释不全扣1分	
	初步排气	关闭调节夹,旋紧头皮针连接处	1	溶液检查不规范扣1分未一次排气成功扣5分浪费药液酌情扣1~3分有气泡未处理不及格	
		患者或家属参与核对药物无误,再次检查溶液质量后,挂输液瓶于输液架上	1		
		排空输液管内气体,将输液管放置妥当	2		
		检查并打开留置针包装,连接输液器(先将头皮针插入肝素帽内合适位置,打开调节器,将留置针内气体排尽后,再将针头全部刺入,关闭调节器)	2		
		检查输液管内有无气泡,将输液管放置妥当	1		
	体位准备	备无菌透明敷贴、胶带,协助患者取舒适体位,垫小垫枕与治疗巾	3	透明敷贴污染扣2分	
	扎止血带	选择静脉,扎止血带(距穿刺点上方10cm)	2	扎止血带、消毒范围及方法不规范各扣2分	
	消毒皮肤	椭圆形消毒皮肤(横径大于8cm,2次消毒或遵循消毒剂使用说明)	2		
	核对排气	进针前再次核对患者、药物	1	未再次核对扣5分未再次检查是否有空气及排气各扣2分有气泡未处理不及格浪费药液酌情扣1~3分	
		去除护针帽,再次排气至有少量药液滴出	1		
		关闭调节器,检查针头及输液管内有无气泡,检查穿刺针无弯曲,针尖斜面光滑平整	1		
		旋转松动针芯,针尖斜面朝上	1		
	静脉穿刺	固定血管,嘱患者握拳	1	未一次成功扣10分皮下退针扣5分	
		进针(左手拇指固定静脉下方皮肤,右手持穿刺针针翼,针尖斜面朝上,与皮肤呈15°~30°穿刺,进针速度宜慢)	3		
		见回血后,降低角度进针少许,右手持针翼,左手将外套管全部送入血管内	2		
	固定标识	穿刺成功后,松开止血带,嘱患者松拳,打开调节器	3	没有"三松"扣3分固定不牢固或方法不正确扣3分	
		待液体滴入通畅后,撤出针芯,用无菌透明敷贴妥善固定(以穿刺点为中心,包裹白色隔离塞,无张力粘贴:一放平,二塑形,三压紧)	3		
		管道标识上注明置管日期、时间及操作者签名,并合理粘贴标识,胶布固定头皮针针头	2		
		延长管用胶布 U 形固定,与血管平行,接头高于导管尖端位置,高举平台法固定	1		

续表

质量标准		操作过程	分值	操作要求及指标	扣分
实施 70 分	调节滴速	根据患者的年龄、病情和药物性质调节滴速。一般成人 40~60 滴/min，儿童 20~40 滴/min；对年老、体弱及心、肺、肾功能不良者、婴幼儿或输注刺激性较强的药物者滴速宜慢；对严重脱水、血容量不足、心肺功能良好者输液速度可适当加快	3	口述 实际滴速与报告有误差每 5 滴扣 2 分 未再次核对扣 5 分 交代不完整酌情扣 1~2 分	
		调节滴速时间至少 15 秒，并报告滴速	2		
		操作后再次核对患者、药物；交代注意事项	2		
	整理记录	取回止血带和小垫枕，并按院感要求分类处置	1	患者体位不舒适扣 1 分 未整理床单位扣 1 分 记录不完整扣 2 分	
		安置患者于安全舒适体位，放呼叫器于易取处	1		
		整理床单位及用物，洗手	1		
		在医嘱执行单、输液巡视卡和瓶贴上做好记录，输液巡视卡挂于输液架上	2		
		用物推回处置室，按院感要求分类处理，洗手，记录	1		
	加强巡视	15~30 分钟巡视病房一次，观察患者情况及有无输液反应	1	口述，每次不全扣 1 分	
	正压封管	确认本次输液全部液体输注完毕，采用脉冲式正压封管。用注射器向肝素帽正确注入封管液后拔出输液针头，交代留置针置管期间的注意事项	1		
	再次输液	严格执行查对制度，按静脉输液法准备液体并排气，常规消毒肝素帽，输液针头插入肝素帽内完成输液	1		
	停止输液	核对患者，做好解释，取得合作	1	交代不完整酌情扣 1~2 分 用物处理方法不规范扣 2 分 未洗手扣 2 分 记录不完整扣 2 分	
		揭去胶布和敷贴，无菌棉签轻压穿刺点上方，关闭调节夹，迅速拔针	2		
		嘱患者按压至无出血，并告知注意事项	2		
		协助患者取安全舒适体位，询问需要，致谢	1		
		清理治疗用物，按院感要求分类处置，输液架放置妥当	2		
		洗手，记录输液结束时间及患者反应	2		
评价 15 分	态度	认真，严谨	5	①熟练程度、规范程度根据实际情况酌情扣 2~5 分；②超预期时间扣 5 分	
	技能	程序正确，操作规范，动作熟练，查对到位，无菌观念强在预期时间内完成	5		
	效果	一次排气成功，一次穿刺成功，注重患者安全和职业防护，关爱患者，沟通有效，充分体现人文关怀	5		
总分			100		

（林 锋）

任务三　输液泵输液法

[**案例**] 患者,李某,女,30 岁,既往患支气管哮喘多年。1 小时前因"意识丧失,呼之不应"来院急诊,胸片检查提示"肺部感染",初步诊断:二型呼吸衰竭。入科后给予留置气管插管接呼吸机辅助呼吸,丙泊酚予以镇静。体格检查:T: 35.6℃,P: 115 次 /min,R: 21 次 /min,BP: 80/50mmHg,SPO_2: 82%,痛苦面容、面色苍白、四肢湿冷。辅助检查:血气分析 $PaCO_2$: 78.5mol/L,PaO_2: 55mol/L,CVP 测定: $5cmH_2O$,血容量提示不足。

医嘱:乳酸钠林格溶液 1 000ml,静脉滴注,40 分钟输完。

任务:输液泵输液。

[**操作目的**]

准确控制输液速度,使药物速度均匀、用量准确并安全地进入患者体内。

[**实训时数**] 1 学时。

[**教学目标**]

1. 知识　能正确叙述输液泵使用的目的、注意事项。

2. 技能　能正确连接、安装输液泵;能正确调节输液速度和输液量;能正确识别输液泵报警的原因并进行正确处理;能与患者进行良好的沟通,正确指导患者。

3. 素养　树立无菌理念和查对意识;注重人文关怀和慎独修养。

[**实验设计**]

1. 教学活动　示教、角色扮演、小组或个人训练等活动;应用思维导图、操作流程图等指导课堂和课后练习。

2. 考核评价　平时考、阶段考、期末考等相结合;应用评分标准评价技能掌握效果。

[**注意事项**]

1. 严格执行无菌操作原则及查对制度,杜绝差错事故的发生。

2. 正确安装输液管路于输液泵。

3. 按照医嘱设定输液速度和输液量以及其他需要设置的参数,防止设定错误延误治疗。

4. 在使用输液泵输液时,应每小时查看并记录输液泵工作状态。出现报警,检查报警原因,如滴速报警、空气报警、暂停报警、电池报警、装置报警等,并给予及时处理。

5. 使用中,输液泵若需打开泵门,无论排气泡、更换输液管或撤离输液泵等,务必先将输液管调节器夹闭,严防输液失控。

6. 使用中,如需更改输液速度,则先按停止键,重新设置后再按启动键;更换药液时,应暂停输注,更换完毕后应重新设置输液程序,再按启动键。

7. 注意观察穿刺部位皮肤情况,防止发生液体外渗,出现外渗时及时给予相应处理。

8. 持续使用时,每 24 小时更换输液管道。

9. 特殊用药需有特殊标记,避光药物需用避光泵管。

10. 依据产品使用说明书定期对输液泵进行清洁、检查、维护。

[**思维导图**]

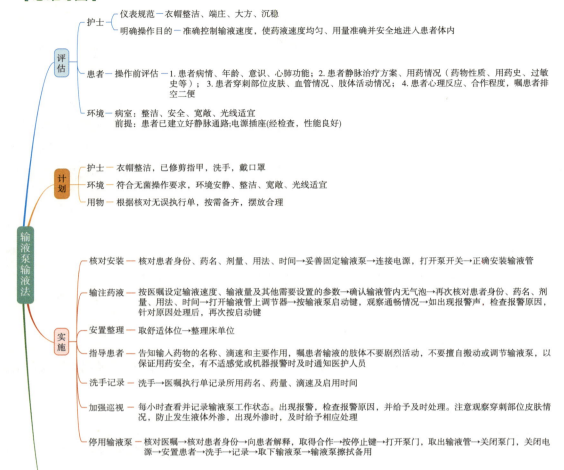

输液泵输液法

评估
- 护士
  - 仪表规范—衣帽整洁、端庄、大方、沉稳
  - 明确操作目的—准确控制输液速度，使药液速度均匀、用量准确并安全地进入患者体内
- 患者—操作前评估—1.患者病情、年龄、意识、心肺功能；2.患者静脉治疗方案、用药情况（药物性质、用药史、过敏史等）；3.患者穿刺部位皮肤、血管情况、肢体活动情况；4.患者心理反应、合作程度，嘱患者排空二便
- 环境—病室：整洁、安全、宽敞、光线适宜
  前提：患者已建立好静脉通路;电源插座(经检查，性能良好)

计划
- 护士—衣帽整洁，已修剪指甲，洗手，戴口罩
- 环境—符合无菌操作要求，环境安静、整洁、宽敞、光线适宜
- 用物—根据核对无误执行单，按需备齐，摆放合理

实施
- 核对安装—核对患者身份、药名、剂量、用法、时间→妥善固定输液泵→连接电源，打开泵开关→正确安装输液管
- 输注药液—按医嘱设定输液速度、输液量及其他需要设置的参数→确认输液管内无气泡→再次核对患者身份、药名、剂量、用法、时间→打开输液管上调节器→按输液泵启动键，观察通畅情况→如出现报警声，检查报警原因，针对原因处理后，再次按启动键
- 安置整理—取舒适体位→整理床单位
- 指导患者—告知输入药物的名称、滴速和主要作用，嘱患者输液的肢体不要剧烈活动，不要擅自搬动或调节输液泵，以保证用药安全，有不适感觉或机器报警时及时通知医护人员
- 洗手记录—洗手→医嘱执行单记录所用药名、药量、滴速及启用时间
- 加强巡视—每小时查看并记录输液泵工作状态。出现报警，检查报警原因，并给予及时处理。注意观察穿刺部位皮肤情况，防止发生液体外渗，出现外渗时，及时给予相应处理
- 停用输液泵—核对医嘱→核对患者身份→向患者解释，取得合作→按停止键→打开泵门，取出输液管→关闭泵门，关闭电源→安置患者→洗手→记录→取下输液泵→输液泵擦拭备用

评价
- 态度—认真，严谨
- 技能—程序正确，操作规范，动作熟练，查对到位，无菌观念强，在预期时间内完成
- 效果—正确设定输液速度和输液量，以及其他需要设置的参数，出现报警能及时，正确处理
  关爱患者，沟通有效，充分体现人文关怀

[**操作流程**]

一、评估

患者已建立静脉通路,做好评估

二、计划

1. 洗手（七步洗手法）

2. 戴口罩

3. 双人核对无误，准备输液泵

三、实施

1. 固定输液泵并安装输液管

2. 根据医嘱设置参数

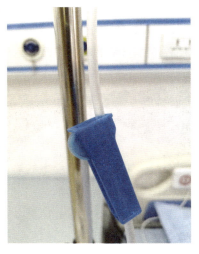

3. 打开输液管上调节器

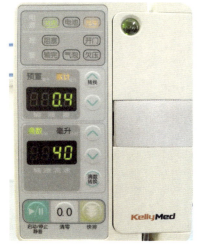

4. 按启动键

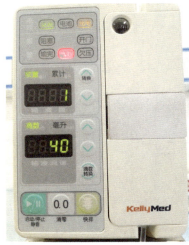

5. 出现报警，及时处理

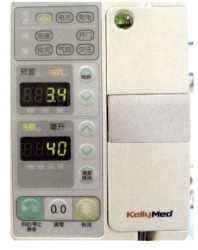

6. 加强巡视，查看输液泵工作状态

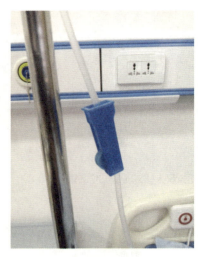

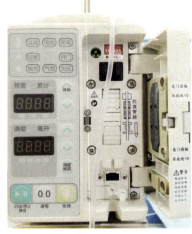

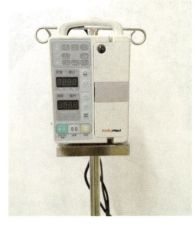

7. 停用时,按停止键,关闭调节器

8. 打开泵门,取出输液管

9. 关闭泵门,关闭电源

10. 洗手(七步洗手法)

11. 记录

12. 输液泵擦拭备用

四、评价

安全、舒适、无并发症

[评分标准]

输液泵输液法——操作考核评分标准(满分:100分)

(规定时间:4分钟　　　　实际操作时间:　　　　分钟)

班级　　　学号　　　姓名　　　成绩　　　　　　　　　　　年　　月　　日

质量标准			操作过程	分值	操作要求及指标	扣分
评估 10分	护士	仪表	衣帽整洁、端庄、大方、沉稳	1	不符合要求不得分	
		操作目的	准确控制输液速度,使药液速度均匀、用量准确并安全地进入患者体内	3	明确操作目的 口述,不全不得分	
	患者		患者病情、年龄、意识、心肺功能	1	边述边做 不全一项扣1分	
			患者静脉治疗方案、用药情况(药物性质、用药史、过敏史等)	1		
			患者穿刺部位皮肤、血管情况、肢体活动情况	1		
			患者心理反应、合作程度,嘱患者排空二便	1		
	环境		操作前提:患者已建立好静脉通路 病室:整洁、安全、宽敞、光线适宜;电源插座(性能良好)	2	边述边做 不全一项扣1分	
计划 5分	护士		衣帽整洁,已修剪指甲,洗手,戴口罩	2	没戴口罩不及格	
	环境		符合无菌操作要求,环境安静、整洁、宽敞、光线适宜	1	口述不全一项扣1分	
	用物		输液泵(性能良好);另备:治疗车、医嘱单、医嘱执行单、速干手消毒剂、笔、表;有条件备PDA	2	缺一项扣1分,至扣完分值	
实施 70分	核对安装		携用物至床边,核对患者身份、药名、剂量、用法、时间	3	核对有误不及格 固定不稳定扣2分 安装错误扣3分	
			将输液泵妥善固定于输液架上;连接电源,打开泵开关	4		
			按照输液泵操作指南正确安装输液管:打开泵门→输液管嵌入管道槽内→关闭泵门	3		
	输注药液		按医嘱设定输液速度、输液量及其他需要设置的参数	10	设置参数错误不及格 未检查输液管是否有气泡扣2分 未再次核对扣5分	
			检查输液管内有无气泡	2		
			再次核对患者身份、药名、剂量、用法、时间	2		
			打开输液管上调节器;按输液泵启动键,观察通畅情况	4		
			如果出现报警声,检查报警原因,针对原因处理后,再次按启动键	2	口述,不全不得分 体位不适或未整床各扣1分	
	安置整理		协助患者取舒适体位,放呼叫器于易取处;整理床单位	3		
	指导患者		告知输入的药名、滴速和主要作用	2	边说边做 不全一项扣2分	
			嘱患者输液的肢体不要剧烈活动;不要擅自搬动或者调节输液泵,以保证用药安全	4		
			有不适感觉或者仪器报警时,及时通知医护人员	2		
	洗手记录		洗手;记录所用药名、药量、滴速及启用时间	5	记录内容不全扣3分	

续表

质量标准		操作过程	分值	操作要求及指标	扣分
实施70分	加强巡视	每小时查看并记录输液泵工作状态。出现报警,检查报警原因,并给予及时处理	2	口述,不全一项扣2分	
		注意观察穿刺部位皮肤情况,防止发生液体外渗,出现外渗时,及时给予相应处理	2		
	停用输液泵	核对医嘱;核对患者身份,向患者解释,取得合作	4	未核对医嘱不及格未关闭调节器扣5分	
		按输液泵停止键;关闭输液管调节器	4		
		打开泵门,取出输液管;关闭泵门,关闭电源	4		
		协助患者取舒适体位,放呼叫器于易取处	2		
		洗手,记录;取下输液泵;输液泵擦拭备用	6		
评价15分	态度	认真,严谨	5	①熟练程度、规范程度根据实际情况酌情扣2~5分;②超预期时间扣5分	
	技能	程序正确,操作规范,动作熟练,查对到位,无菌观念强在预期时间内完成	5		
	效果	①正确设定输液速度和输液量,以及其他需要设置的参数②出现报警能及时、正确处理③关爱患者,沟通有效,充分体现人文关怀	5		
总分			100		

（林　锋）

任务一　洗胃机洗胃法

［**案例**］患者,李某,32岁,有抑郁症,早晨与妻子吵架后一时冲动服用大量安眠药,妻子发现后第一时间拨打120急诊入院,来时患者意识不清。

医嘱:1:15 000高锰酸钾洗胃立即执行!

任务:洗胃机洗胃。

［**操作目的**］

1. 尽早清除胃内毒物或刺激物,避免毒物吸收。

2. 减轻胃黏膜水肿,用于幽门梗阻患者,将胃内潴留食物洗出,减轻患者痛苦。

3. 为某些手术或检查作准备。

［**实训时数**］0.5学时。

［**教学目标**］

1. 知识　能正确叙述洗胃法的目的、洗胃法的指征,熟悉常用洗胃溶液(解毒剂)、禁忌药物及其注意事项。

2. 技能　能正确实施洗胃机洗胃法技术,观察和处理洗胃过程中的病情变化。

3. 素养　树立爱伤观念;符合护士行为规范,具有慎独精神。

［**实验设计**］

1. 教学活动　示教、角色扮演、小组或个人训练等活动;应用思维导图、操作流程图等指导课堂和课后练习。

2. 考核评价　平时考、阶段考、期末考等相结合;应用评分标准评价技能掌握效果。

［**注意事项**］

1. 禁忌证。强酸、强碱等腐蚀性药物中毒禁忌洗胃;上消化道溃疡、食管梗阻、癌症患者、肝硬化伴食管静脉曲张、近期内上消化道大出血及胃穿孔患者不宜洗胃。

2. 插管时,若患者出现呛咳,立即停止插入并拔除胃管,视情况再重新插管。

3. 不合作患者由鼻腔插入,为昏迷患者插管时,应取平卧位头偏向一侧,使用开口器扩开口腔,将牙垫置于上下磨牙间,若出现舌后坠,可用舌钳将舌拉出,将洗胃管经口腔插入患者咽部,再按昏迷患者胃管插入法继续插至胃内。

4. 中毒物质不明时,及时抽出胃内容物送检,应用温开水或生理盐水洗胃。

5. 洗胃液温度为25~38℃,温度过高易导致血管扩张,加快毒物吸收;温度过低易导致胃肌痉挛。

6. 一次灌入量为300~500ml为宜,过多易导致胃内容积增大,胃内压明显高于十二指肠压,加快胃内容物排入肠道,加快毒物吸收,同时易引起液体返流,导致呛咳、窒息;过少致灌洗液与胃内容物无法充分混合,不利于彻底洗胃,影响洗胃效果。每次灌入量与吸出量应基本相等,否则易导致胃潴留。

7. 洗胃过程中,如发现管道堵塞,水流减慢、不流或发生故障,则可交替按"手冲"和"手吸"两键,重复冲吸数次,直到管路通畅。

8. 洗胃过程中随时观察吸出液的性质、量、颜色、气味,以及患者的面色、呼吸、脉搏、血压等变化,若发现患者出现腹痛、吸出血性液或出现休克,应立即停止洗胃,报告医生,采取急救措施。

[思维导图]

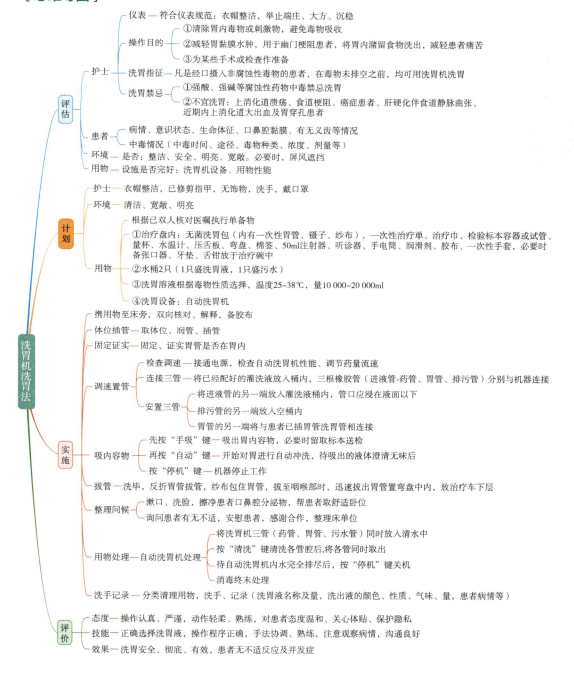

[操作流程]

一、评估

1. 仪表规范,明确操作目的

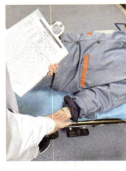

2. 了解患者中毒情况

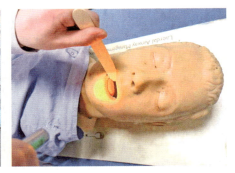

3. 检查患者口腔黏膜等情况

4. 检查洗胃机设备性能

5. 准备两只水桶

二、计划

1. 洗手

2. 戴口罩

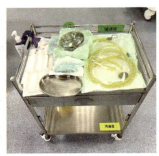

3. 双人核对无误,准备用物

三、实施

1. 携用物推至床旁,核对解释

2. 接通电源,检查、调速

3. 连接三管

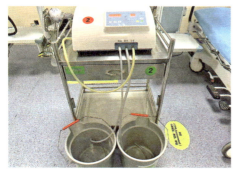

4. 安置三管

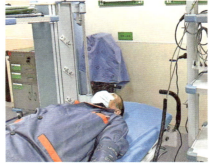

5. 取合适体位

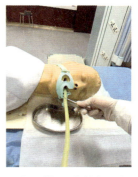

6. 插胃管、证实管在胃内、固定

7. 按启动键、手吸键、自动键

8. 反复冲洗,直至澄清,按停机键

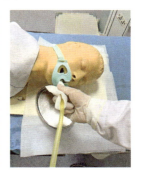

9. 洗毕,拔管,问候,感谢

10. 整理用物,分类处理

11. 洗手,记录

四、评价

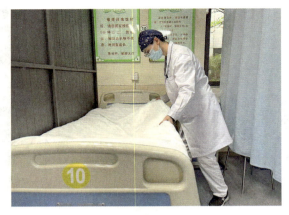

安全、有效,患者无不适反应

[**评分标准**]

洗胃机洗胃法——操作考核评分标准(满分: 100 分)

(规定时间: 8 分钟　　　实际操作时间:　　　分钟)

班级　　学号　　姓名　　成绩　　　　　　　　　　　年　　月　　日

质量标准	操作过程			分值	操作要求及指标	扣分
评估10 分	护士	仪表	符合仪表规范:衣帽整洁,举止端庄、大方、沉稳	1	不规范扣 1 分	
		操作目的	①清除胃内毒物或刺激物,避免毒物吸收;②减轻胃黏膜水肿,用于幽门梗阻患者,将胃内潴留食物洗出,减轻患者痛苦;③为某些手术或检查作准备	3	口述,不全一项扣1 分,至扣完分值	
		洗胃指征	凡是经口摄入非腐蚀性毒物的患者,在毒物未排空之前,均可用洗胃机洗胃	1		
		洗胃禁忌	①强酸、强碱等腐蚀性药物中毒禁忌洗胃;②不宜洗胃:上消化道溃疡、食管梗阻、癌症患者、肝硬化伴食管静脉曲张、近期内上消化道大出血及胃穿孔患者	2		
	患者		病情、意识状态、生命体征、口鼻腔黏膜、有无义齿等情况;中毒情况(中毒时间、途径、毒物种类、浓度、剂量等)	1		
	环境		是否:整洁、安全、明亮、宽敞。必要时,屏风遮挡	1		
	用物		设施是否完好:洗胃机设备、用物性能	1		

质量标准		操作过程	分值	操作要求及指标	扣分
计划 5分	护士	衣帽整洁,已修剪指甲,无饰物,洗手,戴口罩	1	口述,不全一项扣 1分	
	环境	清洁、宽敞、明亮	1		
	用物	根据已双人核对无误医嘱执行单准备用物:①治疗盘内:无菌洗胃包(内有一次性胃管、镊子、纱布),一次性治疗单、治疗巾、检验标本容器或试管、量杯、水温计、压舌板、弯盘、棉签、50ml注射器、听诊器、手电筒、润滑油、胶布、一次性手套,必要时备张口器、牙垫、舌钳放于治疗碗中;②水桶2只(1只盛洗胃液,1只盛污水);③洗胃溶液根据毒物性质选择,温度25~38℃,量10 000~20 000ml;④洗胃设备:自动洗胃机;有条件备PDA	3	缺一项扣1分,缺两项不得分	
实施 70分	双人核对	备好用物,双人核对无误,携用物至床边	2	边做边述,口述不全或操作不到位每项扣1~5分,至扣完分值	
	核对解释	双向核对(或采用PDA核对),解释以取得合作,准备胶布	2		
	安置体位	患者取坐或半坐位,中毒较深者取左侧卧位,昏迷患者取平卧位,头偏一侧;置一次性治疗巾,有义齿应先取下	4		
	量管润管	润管、测量插入长度以45~55cm为宜(约前额发际至剑突水平)	2		
	插管固定	①左手用纱布捏住胃管,右手持物镊(或纱布裹胃管前端),自口腔缓缓插入;②当插入10~15cm(咽喉部)时,嘱患者做吞咽动作,轻轻将胃管插入;③在插管过程中如患者有恶心,应休息片刻,嘱患者做深呼吸,如出现呛咳,应立即拔出,休息片刻再行插管;④昏迷患者:用开口器撑开口腔,置牙垫于上下磨牙之间,如有舌后坠,可用舌钳将舌拉出,插管前先协助患者去枕,头向后仰;⑤当胃管插入约15cm时,左手将患者头部托起,使下颌靠近胸骨柄,将胃管沿后壁滑行缓缓插入胃内(颈椎骨折患者禁用此法)	15		
		证实胃管是否在胃内、固定	10		
	检查调速	接通电源,检查自动洗胃机性能、调节药量流速	3		
	连接三管	将已经配好的灌洗液放入桶内,三根橡胶管(进液管-药管、胃管、排污管)分别与仪器连接	5		
	安置三管	将进液管的另一端放入灌洗液桶内,管口应浸在液面以下;排污管的另一端放入空桶内;胃管的另一端与患者已插胃管洗胃管相连接	4		

续表

质量标准		操作过程	分值	操作要求及指标	扣分
实施70分	吸内容物	先按"手吸"键:吸出胃内容物,必要时留取标本送检,再按"自动"键:开始对胃进行自动冲洗,待吸出的液体澄清无味后,按"停机"键,仪器停止工作	5		
	洗毕拔管	洗毕,反折胃管拔管,纱布包住胃管,拔至咽喉部时,迅速拔出胃管置弯盘中内,放治疗车下层	5		
	整理问候	漱口、洗脸,擦净患者口鼻腔分泌物,帮患者取舒适卧位,询问患者有无不适,安慰患者,感谢合作,整理床单位	5		
	用物处理	自动洗胃机处理:将洗胃机三管(药管、胃管、污水管)同时放入清水中,按"清洗"键清洗各管腔后,将各管同时取出,待自动洗胃机内水完全排尽后,按"停机"键关机。消毒终末处理	5		
	洗手记录	分类清理用物,洗手、记录(洗胃液名称及量,洗出液的颜色、性质、气味、量,患者病情等)	3		
评价15分	态度	操作认真、严谨,动作轻柔、熟练,对患者态度温和、关心体贴、保护隐私	5	顺序颠倒,根据实际情况酌情扣1~5分	
	技能	正确选择洗胃液,操作程序正确,手法协调、熟练,注意观察病情,沟通良好	5		
	效果	洗胃安全、彻底、有效,患者无不适反应及并发症	5		
总分			100		

（程　遥）

任务二　漏斗胃管洗胃法

[案例]患者,李某,女,40岁,因家庭琐碎事与丈夫吵架,丈夫走后李某越想越气,一时冲动口服一瓶农药,1小时后丈夫返回后发现异常立即急诊送入院,入院时患者意识不清,丈夫对服药的种类及剂量不详。患者入院时,急诊室因电路故障正在抢修,无法选择自动洗胃机。

医嘱:温水10 000ml洗胃立即执行!

任务:漏斗洗胃管洗胃。

[操作目的]

1. 尽早清除胃内毒物或刺激物,避免毒物吸收。

2. 减轻胃黏膜水肿,用于幽门梗阻患者,将胃内潴留食物洗出,减轻患者痛苦。

3. 为某些手术或检查作准备。

[实训时数] 0.5 学时。

[教学目标]

1. 知识　能正确叙述洗胃法的目的、洗胃法的指征,熟悉常用洗胃溶液(解毒剂)、禁忌药物及其注意事项。

2. 技能　能正确实施漏斗洗胃法技术,观察和处理洗胃过程中的病情变化。

3. 素养　树立爱伤观念;符合护士行为规范,具有慎独精神。

[实验设计]

1. 教学活动　示教、角色扮演、小组或个人训练等活动;应用思维导图、操作流程图、操作视频等指导课堂和课后练习。

2. 考核评价　应用评分标准评价技能掌握效果。

[注意事项]

1. 明确漏斗洗胃法的指征。少用,仅用于无电力吸引器或自动洗胃机时。

2. 禁忌证。强酸、强碱等腐蚀性药物中毒禁忌洗胃;上消化道溃疡、食管梗阻、癌症患者、肝硬化伴食管静脉曲张、近期内上消化道大出血及胃穿孔患者不宜洗胃。

3. 插管时,若患者出现呛咳,立即停止插入并拔除胃管,视情况再重新插管。

4. 不合作患者由鼻腔插入,为昏迷患者插管时,应取平卧位头偏向一侧,使用开口器扩开口腔,将牙垫置于上下磨牙间,若出现舌后坠,可用舌钳将舌拉出,将洗胃管经口腔插入患者咽部,再按昏迷患者胃管插入法继续插至胃内。

5. 中毒物质不明时,及时抽出胃内容物送检,应用温开水或生理盐水洗胃。

6. 洗胃液温度为 25~38℃,温度过高易导致血管扩张,加快毒物吸收;温度过低易导致胃肌痉挛。

7. 一次灌入量为 300~500ml 为宜,过多易导致胃内容积增大,胃内压明显高于十二指肠压,加快胃内容物排入肠道,加快毒物吸收,同时易引起液体返流,导致呛咳、窒息;过少致灌洗液与胃内容物无法充分混合,不利于彻底洗胃,影响洗胃效果。每次灌入量与吸出量应基本相等,否则易导致胃潴留。

8. 洗胃过程中,如发现管道堵塞,水流减慢、不流或发生故障,则可交替按"手冲"和"手吸"两键,重复冲吸数次,直到管路通畅。

9. 洗胃过程中随时观察吸出液的性质、量、颜色、气味,以及患者的面色、呼吸、脉搏、血压等变化,若发现患者出现腹痛、吸出血性液或出现休克,应立即停止洗胃,报告医生,采取急救措施。

[思维导图]

漏斗胃管洗胃法

评估

- 护士
  - 仪表 — 符合仪表规范：衣帽整洁，举止端庄、大方、沉稳
  - 操作目的
    - 清除胃内毒物或刺激物，避免毒物吸收
    - 减轻胃黏膜水肿，用于幽门梗阻患者，将胃内潴留食物洗出，减轻患者痛苦
    - 为某些手术或检查作准备
  - 洗胃指征 — 用于无电力供应或无自动洗胃机洗胃时
  - 操作禁忌
    - ①强酸、强碱等腐蚀性药物中毒禁忌洗胃
    - ②不宜洗胃：上消化道溃疡、食道梗阻、癌症患者、肝硬化伴食道静脉曲张、近期内上消化道大出血及胃穿孔患者
    - ③昏迷患者洗胃宜谨慎
- 患者
  - 患者病情、意识状态、生命体征、口鼻腔黏膜、有无义齿等情况
  - 中毒情况（中毒时间、途径、毒物种类、浓度、剂量等）
- 环境 — 是否：整洁、安全、明亮、宽敞。必要时，屏风遮挡
- 用物 — 设施是否完好：洗胃设备、用物性能

计划

- 护士 — 衣帽整洁，已修剪指甲，无饰物，洗手，戴口罩
- 环境 — 清洁、宽敞、明亮
- 根据双人核对医嘱执行单备物
- 用物
  - 治疗车上层：治疗盘：无菌巾内（漏斗洗胃管、镊子、纱布、必要时备压舌板、开口器），量杯、一次性中单、液状石蜡、胶布、棉签、弯盘、水温计、水杯
  - 治疗车下层：根据毒物性质准备拮抗性洗胃溶液1 000~2 000ml（中毒原因未明选用温开水或生理盐水洗胃），温度25~38℃，空水桶

实施

- 核对解释 — 备好用物，推车至床边；双向核对，解释以取得合作；准备胶布
- 安置体位 — 患者取坐或半坐位；中毒较深者取左侧卧位；昏迷患者取平卧位，头偏一侧
- 放置水桶 — 一次性中单围于胸前；有义齿应先取下；污水桶放患者面前（卧者：放头部床缘下），洗胃液放近护士侧
- 润滑胃管 — 置弯盘于患者口角旁，棉签蘸液体石蜡，润滑胃管前端
- 测量长度 — 测量插入长度以45~55cm为宜（约前额发际至剑突水平）
- 插入胃管
  - 左手用纱布捏住胃管，右手持持物镊（或纱布裹胃管前端），自口腔缓缓插入
  - 昏迷患者：用开口器撑开口腔，置牙垫于上下磨牙之间，如有舌后坠，可用舌钳将舌拉出，插管前先协助患者去枕、头向后仰
  - 当插入10~15cm（咽喉部）时，嘱患者做吞咽动作，轻轻将胃管插入
  - 昏迷患者：当胃管插入约15cm时，左手将患者头部托起，使下颌靠近胸骨柄，将胃管沿后壁滑行缓缓插入胃内（颈椎骨折患者禁用此法）
  - 在插管过程中如患者有恶心，应休息片刻，嘱患者做深呼吸，如出现呛咳，应立即拔出，休息片刻再行插管
- 证实固定 — 证实胃管在胃内后，固定胃管
- 抽尽容物 — 将漏斗低于胃部水平的位置，挤压橡胶球，抽尽胃内容物，必要时留标本送检
- 吸出灌洗液
  - 举漏斗高过头部约30~50cm，将洗胃液缓慢倒入约300~500ml，当漏斗内尚余少量溶液时（防止空气进入胃内，引起腹胀），迅速将漏斗降至低于胃部，利用虹吸作用可引出胃内灌洗液流入污水桶中
  - 每次灌入量不宜过多和过少
    - 过多
      - 引起急性胃扩张，胃内压增加，加速毒物吸收
      - 可引起液体返流引起窒息
      - 可引起迷走神经兴奋，反射性引起心脏骤停
    - 过少 — 延长洗胃时间，不利于抢救的进行
- 反复灌洗
  - 如此反复灌洗，直到洗出液澄清，无味为止
  - 洗胃过程中要注意观察病情：若患者感觉腹痛及吸出血性液体，血压下降等情况时，应停止洗胃，通知医生紧急处理，积极配合抢救并做好详细记录
- 拔出胃管 — 洗毕，反折胃管，纱布包住胃管，拔至咽喉部时，迅速拔出胃管置弯盘内，放治疗车下层
- 舒适体位 — 协助患者漱口、擦脸，取舒适体位
- 注意事项 — 如为幽门梗阻患者洗胃，应在饭后4~6小时进行，并记录胃内潴留量，了解梗阻情况
- 整理用物 — 整理床单元，分类处理用物
- 洗手记录 — 洗手，记录洗胃情况

评价

- 态度 — 操作认真、严谨，动作轻柔、熟练，对患者态度温和、关心体贴、保护隐私
- 技能 — 正确选择洗胃液，操作程序正确，手法协调、熟练，注意观察病情，沟通良好
- 效果 — 洗胃安全、彻底、有效，患者无不适反应及并发症，时间在8分钟内完成（用物携至床旁开始计时，临床患者洗至澄清无味为止）

[操作流程]

一、评估

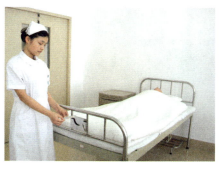

1. 仪表规范,明确操作目的　　2. 床前评估,核对床尾卡　　3. 核对解释,评估病情、中毒情况

二、计划

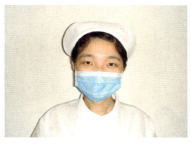

1. 七步洗手　　2. 戴口罩　　3. 双人核对无误,备用物

三、实施

1. 携用物至床旁,核对床尾卡　　2. 双向核对,解释取得患者合作　　3. 准备胶带

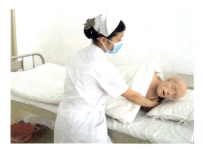
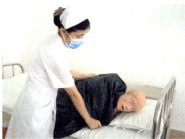
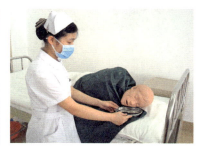

4. 根据病情取适当体位　　5. 围围裙　　6. 置弯盘

7. 开无菌盘

8. 润滑胃管，量管

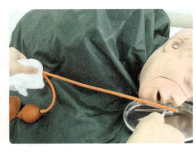

9. 发际至剑突或耳垂 - 鼻尖 - 剑突

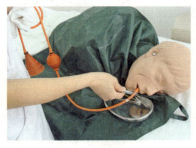

10. 插管

11. 证实胃管是否在胃内

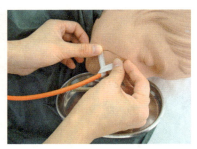

12. 固定胃管

13. 必要时取胃内容物送检

14. 漏斗高过头部 30~50cm，灌液

15. 利用虹吸作用引出胃内灌洗液

16. 反复灌洗，至洗出液澄清无味

17. 除去胶带

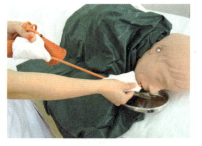

18. 反折胃管，拔出胃管置弯盘

19. 撤弯盘放推车下层

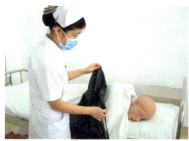

20. 撤去围裙放推车下层

21. 整理床单元,安慰患者

22. 洗手

23. 整理用物,分类清理

24. 七步洗手

25. 记录洗胃情况及患者的病情反应

四、评价

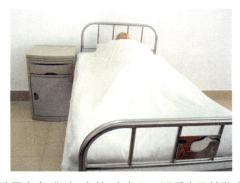

洗胃安全、彻底、有效,患者无不适反应及并发症

[评分标准]

漏斗胃管洗胃法——操作考核评分标准(满分：100 分)

(规定时间：8 分钟　　　实际操作时间：　　　　分钟)

班级　　　学号　　　姓名　　　成绩　　　　年　　月　　日

质量标准			操作过程	分值	操作要求及指标	扣分
评估 10 分	护士	仪表	符合仪表规范：衣帽整洁,举止端庄、大方、沉稳	1	不规范不得分	
		操作目的	清除胃内毒物或刺激物,避免毒物吸收;减轻胃黏膜水肿,用于幽门梗阻患者,将胃内潴留食物洗出,减轻患者痛苦;为某些手术或检查作准备	2	口述 不全一项扣 1 分	
		洗胃指征	凡是经口摄入非腐蚀性毒物的患者,在毒物未排空之前,均可用洗胃	1		
		洗胃禁忌	①强酸、强碱等腐蚀性药物中毒禁忌洗胃;②不宜洗胃：上消化道溃疡、食管梗阻、癌症患者、肝硬化伴食管静脉曲张、近期内上消化道大出血及胃穿孔患者;③昏迷患者洗胃宜谨慎	3		
	患者		患者病情、意识状态、生命体征、口鼻腔黏膜、有无义齿等情况;中毒情况(中毒时间、途径、毒物种类、浓度、剂量等)	1		
	环境		是否：整洁、安全、明亮、宽敞。必要时,屏风遮挡	1		
	用物		用于无电力供应或无自动洗胃机洗胃时;漏斗洗胃管性能是否完好	1	口述,不全一项扣 1 分	
计划 5 分	护士		衣帽整洁,已修剪指甲,无饰物,洗手,戴口罩	1		
	环境		清洁、宽敞、明亮	1		
	用物		根据已双人核对无误的医嘱执行单备物：治疗车上层：治疗盘：无菌巾内(漏斗洗胃管、镊子、纱布、必要时备压舌板、开口器)、量杯、一次性治疗单、液状石蜡、胶布、棉签、弯盘、水温计、水杯;有条件备 PDA	2	漏一项或多一项均扣 1 分,有误两项不得分	
			治疗车下层：根据毒物性质准备拮抗性洗胃溶液 10 000~20 000ml(中毒原因未明选用温开水或生理盐水洗胃),温度 25~38℃,空水桶	1		
实施 70 分	双人核对		备好用物,双人核对无误,推车至床边	2	边做边述,口述不全或操作不到位每项扣 1~5 分,至扣完分值	
	核对解释		再次双向核对(或采用 PDA 核对),解释以取得合作;准备胶布	3		
	安置体位		患者取坐或半坐位;中毒较深者取左侧卧位;昏迷患者取平卧位,头偏一侧	3		
	放置水桶		一次性治疗单围于胸前;有义齿应先取下;污水桶放患者面前(卧者：放头部床缘下),洗胃液放近护士侧	4		
	润滑胃管		置弯盘于患者口角旁;棉签蘸液体石蜡,润滑胃管前端	2		
	测量长度		测量插入长度以 45~55cm 为宜(约前额发际至剑突水平)	3		

续表

质量标准		操作过程	分值	操作要求及指标	扣分
实施70分	插入胃管	①左手用纱布捏住胃管,右手持持物镊(或纱布裹胃管前端),自口腔缓缓插入;②当插入10~15cm(咽喉部)时,嘱患者做吞咽动作,轻轻将胃管插入;③昏迷患者:用开口器撑开口腔,置牙垫于上下磨牙之间,如有舌后坠,可用舌钳将舌拉出,插管前先协助患者去枕、头向后仰;④当胃管插入约15cm时,左手将患者头部托起,使下颌靠近胸骨柄,将胃管沿后壁滑行缓缓插入胃内(颈椎骨折患者禁用此法);在插管过程中如患者有恶心,应休息片刻,嘱患者做深呼吸,如出现呛咳,应立即拔出,休息片刻再行插管	15	边做边述口述不全或操作不到位每项扣1~5分,至扣完分值	
	证实固定	证实胃管在胃内后,固定胃管	4		
	抽尽容物	将漏斗低于胃部水平的位置,挤压橡胶球,抽尽胃内容物,必要时留标本送检	4		
	反复灌洗	举漏斗高过头部约30~50cm,将洗胃液缓慢倒入约300~500ml,当漏斗内尚余少量溶液时(防止空气进入胃内,引起腹胀),迅速将漏斗降至低于胃部,利用虹吸作用引出胃内灌洗液流入污水桶中;每次灌入量不宜过多和过少;过多引起急性胃扩张,胃内压增加,加速毒物吸收,也可引起液体返流引起窒息;还可引起迷走神经兴奋,反射性引起心脏骤停;过少则延长洗胃时间,不利于抢救的进行	10		
		如此反复灌洗,直到洗出液澄清,无味为止	2		
	注意观察	洗胃过程中要注意观察病情:若患者感觉腹痛或吸出血性液体,血压下降等情况时,应停止洗胃,通知医生紧急处理,积极配合抢救并做好详细记录	4		
	拔出胃管	洗毕,反折胃管,纱布包住胃管,拔至咽喉部时,迅速拔出胃管置弯盘内,放治疗车下层	6		
	舒适体位	协助患者漱口、擦脸,取舒适体位	2		
	注意事项	如为幽门梗阻患者洗胃,应在饭后4~6小时进行,并记录胃内潴留量,了解梗阻情况	2		
	整理用物	整理床单元,分类处理用物	2		
	洗手记录	洗手,记录洗胃情况	2		
评价15分	态度	操作认真、严谨,动作轻柔、熟练,对患者态度温和、关心体贴、保护隐私	5	顺序颠倒,每次扣2分根据实际情况酌情扣分	
	技能	正确选择洗胃液,操作程序正确,手法协调、熟练,注意观察病情,沟通良好	5		
	效果	洗胃安全、彻底、有效,患者无不适反应及并发症,时间在8分钟内完成(用物携至床旁开始计时,临床患者洗至澄清无味为止)	5		
总分			100		

(程　遥)

任务三　心肺复苏术(以国赛标准为例)

[**案例**] 李某,67岁,护理员扶其上室内厕所,出来后坐在床上,称头有点晕,大约一分钟后,突然身体一沉,倒到床上,护理员呼之不应,立即呼救。经判断,颈动脉搏动消失,立即开始心肺复苏。

[**操作目的**] 建立患者循环与呼吸功能,维持人体有效血液循环,保障心脑及重要脏器血液及氧气供应,挽救呼吸心跳停止的患者的生命。

[**实训时数**] 1学时。

[**教学目标**]

1. 知识　能说出心肺复苏的概念、目的、注意事项、抢救成功的判断方法。

2. 技能　能正确判断患者意识、呼吸及心脏是否骤停;能正确实施徒手心肺复苏术,操作规范、熟练。

3. 素养　工作态度认真、严谨;有急救意识和爱伤观念。

[**实验设计**]

1. 教学活动　示教、角色扮演、小组或个人训练等活动;应用微课、思维导图、操作流程图、操作视频等指导课堂和课后练习。

2. 考核评价　平时考、阶段考、期末考等相结合;应用评分标准评价学习效果。

[**注意事项**]

1. 就地抢救,避免因搬动而延误时机,尽可能在15~30秒内开始抢救,抢救过程中避免中断心脏按压。

2. 按压部位要准确,用力合适,以防止胸骨、肋骨骨折。严禁按压胸骨角、剑突下及左右胸部。

3. 胸外按压时,操作者肩、肘、腕在一条直线上,并与患者身体长轴垂直。每次胸外按压后要让胸廓充分回弹,并且手掌掌根不能离开胸壁。

4. 按压过程中,要确保足够的频率和深度,成人按压深度不小于5cm,同时避免过度的胸部按压深度(即不超过6cm)。

5. 开放气道手法正确、到位,注意适应证和禁忌证。人工呼吸时送气量不宜过大,以免引起患者胃胀气。

[思维导图]

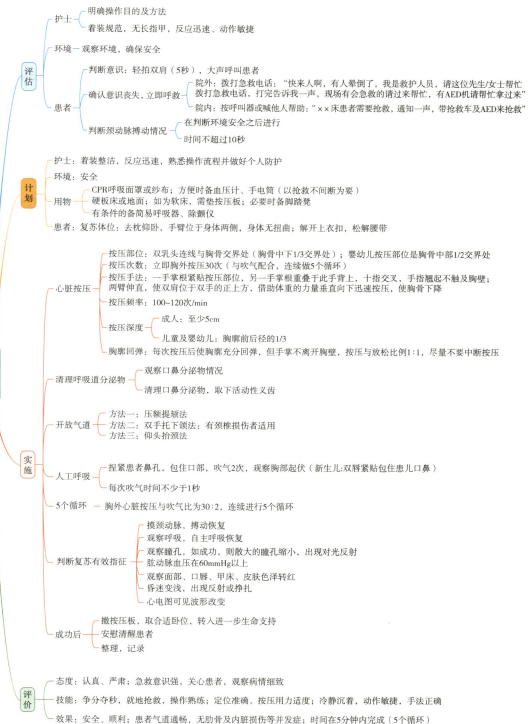

护士
- 明确操作目的及方法
- 着装规范，无长指甲，反应迅速、动作敏捷

环境——观察环境，确保安全

评估

患者
- 判断意识：轻拍双肩（5秒），大声呼叫患者
- 确认意识丧失，立即呼救
  - 院外：拨打急救电话："快来人啊，有人晕倒了，我是救护人员，请这位先生/女士帮忙拨打急救电话，打完告诉我一声，现场有会急救的请过来帮忙，有AED机请帮忙拿过来"
  - 院内：呼叫器或喊他人帮助："××床患者需要抢救，通知一声，带抢救车及AED来抢救"
- 判断颈动脉搏动情况
  - 在判断环境安全之后进行
  - 时间不超过10秒

计划
- 护士：着装整洁，反应迅速，熟悉操作流程并做好个人防护
- 环境：安全
- 用物
  - CPR呼吸面罩或纱布；方便时备血压计、手电筒（以抢救不间断为要）
  - 硬板床或地面；如为软床，需垫按压板；必要时备脚踏凳
  - 有条件的备简易呼吸器、除颤仪
- 患者：复苏体位：去枕仰卧，手臂位于身体两侧，身体无扭曲；解开上衣扣，松解腰带

心肺复苏

实施

心脏按压
- 按压部位：双乳头连线与胸骨交界处（胸骨中下1/3交界处）；婴幼儿按压部位是胸骨中部1/2交界处
- 按压次数：立即胸外按压30次（与吹气配合，连续做5个循环）
- 按压手法：一手掌根紧贴按压部位，另一手掌根重叠于此手背上，十指交叉，手指翘起不触及胸壁；两臂伸直，使双肩位于双手的正上方，借助体重的力量垂直向下迅速按压，使胸骨下降
- 按压频率：100~120次/min
- 按压深度
  - 成人：至少5cm
  - 儿童及婴幼儿：胸廓前后径的1/3
- 胸廓回弹：每次按压后使胸廓充分回弹，但手掌不离开胸壁，按压与放松比例1:1，尽量不要中断按压

清理呼吸道分泌物
- 观察口鼻分泌物情况
- 清理口鼻分泌物，取下活动性义齿

开放气道
- 方法一：压额提颏法
- 方法二：双手托下颌法：有颈椎损伤者适用
- 方法三：仰头抬颏法

人工呼吸
- 捏紧患者鼻孔，包住口部，吹气2次，观察胸部起伏（新生儿:双唇紧贴包住患儿口鼻）
- 每次吹气时间不少于1秒

5个循环——胸外心脏按压与吹气比为30:2，连续进行5个循环

判断复苏有效指征
- 摸颈动脉，搏动恢复
- 观察呼吸，自主呼吸恢复
- 观察瞳孔，如成功，则散大的瞳孔缩小，出现对光反射
- 肱动脉血压在60mmHg以上
- 观察面部、口唇、甲床、皮肤色泽转红
- 昏迷变浅，出现反射或挣扎
- 心电图可见波形改变

成功后
- 撤按压板，取合适卧位，转入进一步生命支持
- 安慰清醒患者
- 整理，记录

评价
- 态度：认真、严肃；急救意识强，关心患者，观察病情细致
- 技能：争分夺秒，就地抢救，操作熟练；定位准确，按压用力适度；冷静沉着，动作敏捷，手法正确
- 效果：安全、顺利；患者气道通畅，无肋骨及内脏损伤等并发症；时间在5分钟内完成（5个循环）

[操作流程]

一、评估

1. 仪表端庄,明确操作目的

2. 环境安全,判断意识(轻拍重唤)

3. 确认意识丧失,院外拨打急救电话

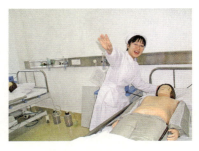

4. 院内呼救,寻求他人帮助,看时间

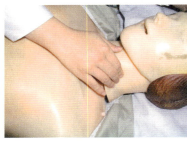

5. 判断颈动脉搏动情况

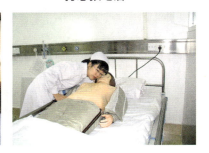

6. 同时观察呼吸

二、计划

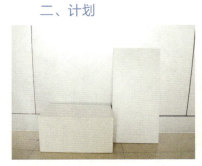

1. 用物准备:按压板、脚踏板

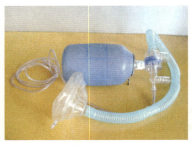

2. 有条件备简易呼吸器

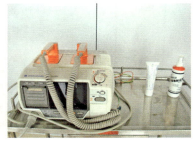

3. 有条件备除颤仪

三、实施

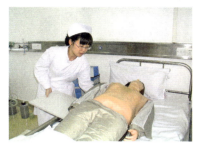

1. 置复苏体位,胸下垫按压板

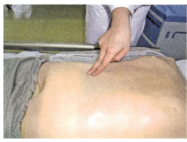

2. 心脏按压定位

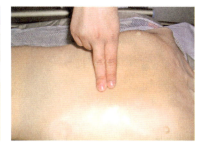

3. 双乳头连线,中点

4. 胸外连续按压 30 次

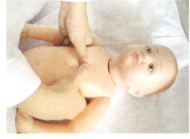

5. 新生儿按压频率: 100~120 次/min

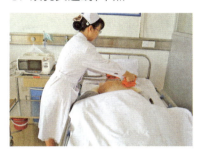

6. 有条件应用除颤仪

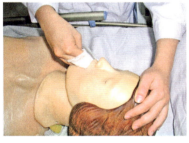

7. 观察口腔,清除口腔分泌物,取下活动义齿

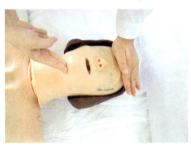

8. 开放气道方法一: 压额提颏法

9. 开放气道方法二: 仰头托颌法

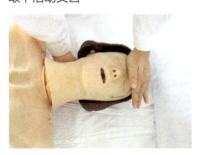

10. 开放气道方法三: 托颈压额法

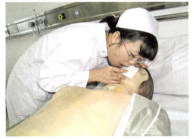

11. 人工呼吸: 捏紧患者鼻孔,包住口部吹气 2 次,观察胸部起伏

12. 新生儿双唇应紧贴包住患儿口鼻

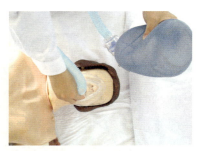

13. 简易呼吸器每次送气 500~600ml

14. 再胸外按压 30 次,按压 / 放松为 1:1

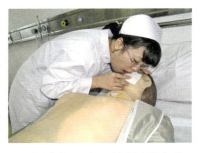

15. 再吹气 2 次。按压 / 吸气为 30:2,连续进行 5 个循环

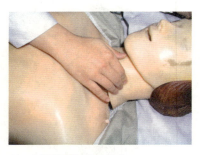

16. 判断复苏是否成功

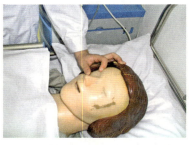

17. 观察瞳孔及末梢血液循环情况

18. 复苏成功后,看时间,撤按压板

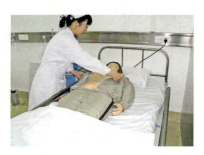

19. 取体位,洗手记录。进一步生命支持

四、评价

抢救顺利,患者安全无并发症

[**评分标准**]

心肺复苏术——操作考核评分标准(满分:100 分)

(规定时间:5 分钟　　　实际操作时间:　　　分钟)

班级　　学号　　姓名　　成绩　　　　　　　　　　　年　月　日

质量标准	操作过程			分值	操作要求及指标	扣分
评估 10 分	护士	仪表	着装规范、无长指甲,反应迅速、动作敏捷	2	缺一项扣 1 分,至扣完分值	
		操作目的	帮助心跳、呼吸骤停的患者建立自主循环与自主呼吸,从而保证心、脑等重要脏器的血氧供应,为挽救患者的生命打下基础			
	环境		观察评估环境,确保安全	1	未检查不得分	
	患者		判断意识:迅速判断患者意识情况,呼叫患者,轻拍患者肩部(5 秒),确认患者意识丧失	2	边述边做 缺一项或一项不正确扣 1 分,至扣完分值	
			立即呼救:如在医院内,用床头呼叫器呼救:"×× 床患者需要抢救,通知一声,带抢救车及 AED 来抢救";如在院外,请人协助拨打急救电话:"快来人啊,有人晕倒了,我是救护人员,请这位先生 / 女士帮忙拨打急救电话,打完告诉我一声,现场有会急救的请过来帮忙,有 AED 机请帮忙拿过来"	3		
			判断颈动脉搏动:抢救者示指和中指置患者气管正中部(相当喉结部位)旁开两指,胸锁乳突肌前缘凹陷处(10 秒以内)	2		
计划 5 分	用物		设备完好:心脏按压板 1 块,必要时备脚踏板、CPR 呼吸面罩或纱布、弯盘。有条件备血压计、手电筒、简易呼吸器、心电除颤仪(ＡＥＤ)及配电极片、导电糊、盐水纱布等	1	缺一项或多一项不得分	
	环境		安全	1	不符合要求扣分	
	护士		着装规范,反应迅速,做好个人防护	1		
	患者		复苏体位:患者去枕仰卧于硬板床或地面(或胸背部下垫按压板),双手位于身体两侧,身体无扭曲,解开衣扣、腰带	2	边述边做,缺一项扣 1 分,至扣完分值	
实施 70 分	胸外按压		按压部位:双乳头连线与胸骨交界处(胸骨中下 1/3 交界处);婴幼儿按压部位是胸骨中部 1/2 交界处	5	边述边做 每个循环一项不正确扣 1 分,至扣完分值	
			按压手法:一手掌根紧贴按压部位,另一手掌根重叠于此手背上,十指交叉,手指翘起不触及胸壁;两臂伸直,使双肩位于双手的正上方,借助体重的力量垂直向下迅速按压,使胸骨下降	5		
			按压次数:30 次(与吹气配合,连续做 5 个循环)	5		
			按压频率:100~120 次 /min	3		
			按压深度:按压使胸骨下降不少于 5~6cm;儿童、婴幼儿为胸廓前后径的 1/3	5		

质量标准		操作过程	分值	操作要求及指标	扣分
实施 70分	胸外按压	胸廓回弹：每次按压后使胸廓充分回弹，但手掌不离开胸壁，按压与放松比例1：1，尽量不要中断按压	2		
	清理口腔	检查清理：观察口腔及鼻腔，是否有活动性义齿、分泌物或异物，如有，将患者头偏向一侧，清除分泌物，取下义齿，保持呼吸通畅（只做1次）	3	边述边做 缺一项扣1分，至扣完分值	
	开放气道	开放气道：(每个循环都要做)使头后仰，(颏与耳连线应垂直于地面) ①压额提颏法：抢救者一手掌根置于患者前额，用力向后推，同时另一手示指、中指托患者颏部下颌骨下方，使头后仰 ②托下颌法：适用于有颈椎损伤者。抢救者位于患者头部，将双手示、中、环指放在患者下颌角后方，向前抬起下颌，使头后仰，下颌骨前移，开放气道 ③仰头抬颈法：一手抬起患者颈部，另一手以小鱼际下按患者的前额，使其头后仰，颈部抬起	7	每个循环一项不正确扣1分，至扣完分值	
	人工呼吸	①口对口呼吸：垫纱布在口上，抢救者以拇指和示指捏住患者鼻孔，平静呼吸，双唇包绕患者口部形成封闭腔(新生儿：双唇紧贴包住患儿口鼻)，用力吹气，吹气时间不少于1秒，吹气量500~600ml，用眼睛余光观察患者胸廓是否抬起，吹毕立即离开口部，松开鼻腔，视患者胸部下降后再重新吹气一口 ②简易呼吸器：简易呼吸器连接氧气，氧流量8~10L/min，一手以"ＥＣ"固定面罩，另一手挤压呼吸器，每次送气400~600ml，频率8~10次/min	15	边述边做 一项不正确扣1分，至扣完分值	
	5个循环	按胸外按压：人工呼吸=30：2的比例连续操作5个循环，判断结果，如未复苏则再次进行5个循环	10	循环次数不对扣2分 比例不对每次扣2分，至扣完分值	
	有效指征	操作5个循环后，判断复苏是否成功，并报告复苏效果：颈动脉搏动恢复；自主呼吸恢复；散大的瞳孔缩小，对光反射存在；肱动脉收缩压为60mmHg以上；面部、口唇、甲床、皮肤色泽转红；昏迷变浅，出现反射或挣扎；心电图可见波形改变，复苏成功	5	边述边做 少一项扣1分，至扣完分值	
	观察安慰	密切观察病情变化，安慰清醒患者，扣好衣扣，取合适体位	5	边述边做 少一项扣1分，至扣完分值	
	生命支持	转入进一步生命支持			
	整理记录	整理用物，分类处理；洗手，记录			

续表

质量标准		操作过程	分值	操作要求及指标	扣分
评价15分	态度	认真,严谨,急救意识强,关心患者,观察病情细致	5	①熟练程度、规范程度根据实际情况酌情扣2~5分;②超预期时间扣5分	
	技能	争分夺秒,就地抢救,操作熟练;定位准确,按压用力适度;冷静沉着,动作敏捷,手法正确	5		
	效果	安全、顺利;患者气道通畅,无肋骨及内脏损伤等并发症;时间在5分钟内完成(5个循环)	5		
总分			100		

（郭春红）

任务四　气管切开术后护理

[**案例**] 孙某,72岁,5天前因急救施行气管切开术,现病情平稳,意识清,不能言语。气管切开术后常规护理。

医嘱:气管切开术后护理,每天2次。

任务:气管切开术后护理。

[**操作目的**]

1. 清除呼吸道分泌物,保持呼吸道通畅。

2. 消毒、更换敷料,预防感染。

[**实训时数**] 2学时。

[**教学目标**]

1. 知识　能说出气管切开术后护理的目的、观察内容、注意事项。

2. 技能　能正确实施气管切开术后护理,操作规范、熟练。

3. 素养　工作态度认真、严谨;能用非语言有效沟通,有人文关怀、爱伤观念。

[**实验设计**]

1. 教学活动　示教、角色扮演、小组或个人训练等活动;应用微课、思维导图、操作流程图、操作视频等指导课堂和课后练习。

2. 考核评价　平时考、阶段考、期末考等相结合;应用评分标准评价学习效果。

[**注意事项**]

1. 注意环境应清洁、安静、空气流通,室温20~22℃,湿度60%~70%。严格限制陪床和探视人员,减少院内感染。

2. 外套管固定带应打死结,松紧适宜,以通过一指为宜,以避免影响呼吸或脱管。

3. 经常擦拭套管外口分泌物,避免咳出的痰液再被吸入。保持套管周围敷料清洁、干燥,每日更换1~2次。有污染、浸湿及时更换。

4. 内套管 4~6 小时清洗一次,每天定时煮沸消毒。内套管取出时间不宜过长,以免痰痂形成阻塞外管。如分泌物黏附内管不易取出,可用生理盐水棉球湿润后再取,切忌强行拔出。

5. 密切观察,发现呼吸困难而吸痰无法缓解时,或发现伤口出现出血、切开周围有皮下气肿、纵隔气肿、气胸等并发症,应及时联系医生,配合处理。

6. 关心体贴患者,给予精神支持。气管切开后,患者不能发音,宜采用书面交谈或动作表示。

[思维导图]

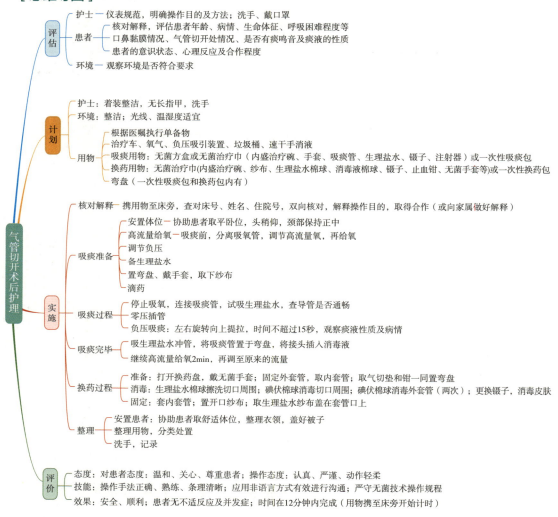

［操作流程］

一、评估

1. 仪表规范,明确操作目的

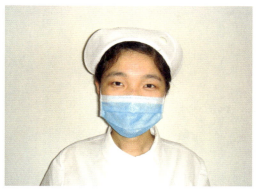

2. 戴口罩

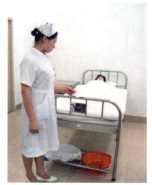

3. 床前评估:核对床尾卡及腕带

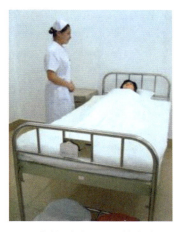

4. 双向核对,解释,评估患者

二、计划

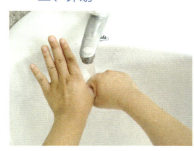

1. 洗手(七步洗手法),环境适宜

2. 用物准备:吸痰盘,速干手消液

3. 用物准备:换药盘

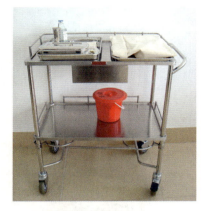

4. 备好用物放于治疗车上

三、实施

1. 推用物至床边,核对床尾卡及腕带

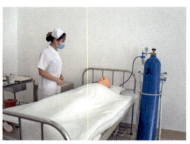

2. 双向核对,解释;取仰卧位,头稍仰

3. 吸痰前分离吸氧管,调高流量给氧

4. 调节负压,打开方盘盖,倒生理盐水

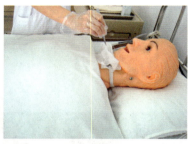

5. 置弯盘,戴手套,取纱布

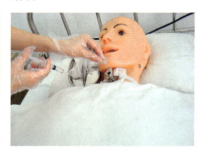

6. 滴药

7. 连接吸痰管,试吸生理盐水,查导管是否通畅

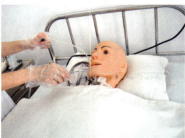

8. 零压插管

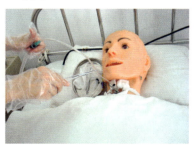

9. 吸痰

10. 吸痰后,吸生理盐水

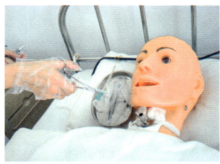

11. 吸痰完毕,置管于弯盘

12. 接头插入消毒液瓶

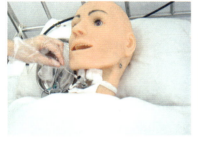

13. 继续高流量给氧,脱手套

14. 打开无菌换药盘,戴手套

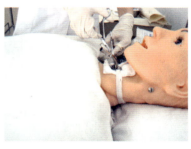

15. 固定外套管,取内套管

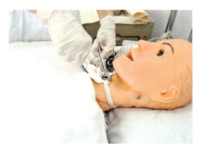

16. 取气切垫和钳一同置弯盘

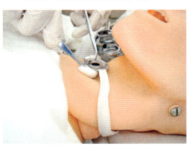

17. 生理盐水棉球擦洗切口周围

18. 碘伏棉球消毒切口周围

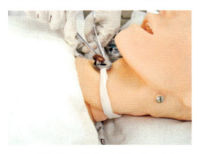

19. 碘伏棉球消毒外套管(两次)

20. 更换镊子,消毒皮肤

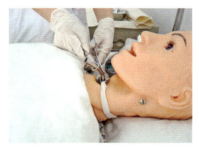

21. 套内套管

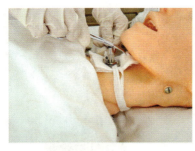

22. 置开口纱布

23. 调节适宜氧浓度,给氧

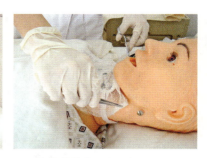

24. 盖盐水纱布

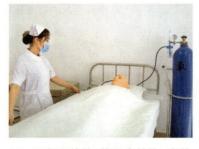

25. 取舒适体位,整理床单位,感谢配合,洗手

26. 整理用物,分类清理

27. 洗手(七步洗手法)

28. 记录

四、评价

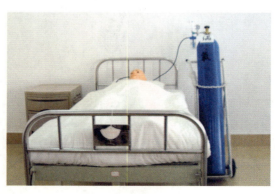

安全顺利,患者无不适应反应及并发症,操作规范,无污染

[评分标准]

气管切开术后护理——操作考核评分标准(满分：100 分)

(规定时间：12 分钟　　　　实际操作时间：　　　　分钟)

班级　　　　学号　　　　姓名　　　　成绩　　　　　　　　　　　　年　　月　　日

质量标准			操作过程	分值	操作要求及指标	扣分
评估 10 分	护士	仪容仪表	符合仪表规范,整洁,举止端庄、大方	2	不规范扣 1 分	
		操作目的	清理气管内分泌物,解除痉挛,保持呼吸道通畅,防止感染	2	边述边做 少一项或一项不正确扣 1 分,至扣完分值	
	患者		核对解释,评估患者年龄、病情、生命体征、呼吸困难程度等	4		
			口鼻黏膜情况、气管切开处情况、是否有痰鸣音及痰液的性质			
			患者的意识状态、心理反应及合作程度			
	环境		是否：整洁、安全、宽敞、明亮	2		
计划 5 分	护士		洗手、戴口罩	1	缺一项扣 1 分,缺两项不得分	
	环境		整洁,光线、温湿度适宜	1		
	用物		根据已双人核对无误医嘱执行单准备用物： 治疗车：吸痰物品(一次性吸痰包)、换药物品(一次性换药包)、垃圾桶、速干手消液、PDA； 吸氧装置、负压吸引装置	3		
实施 70 分	核对解释		双人核对无误,携用物至床旁,查对床号、姓名、住院号、腕带,(或 PDA 核对)； 双向核对,解释操作目的,取得合作(或向家属做好解释)	4	边述边做 少一项或一项不正确扣 1 分,至扣完分值	
	吸痰准备	安置卧位	协助患者取平卧位,头稍仰,颈部保持正中,置一次性治疗巾,将弯盘置于患者头旁近操作者侧	4		
		高流量给氧	先分离鼻导管,调高氧流量再给氧 调节负压：检查调节负压吸引器的负压	6	少一项扣 2 分,至扣完分值	
		备液滴药	检查并打开生理盐水,倒生理盐水至治疗碗中,弯盘置于患者头侧(近操作者侧),戴手套,取下盖在套管口上的纱布置于弯盘内,取药液向气管内缓慢滴药	5	少一项或一项不正确扣 1 分,至扣完分值	
	吸痰过程	零压插管	①停止吸氧；②将吸痰管与吸引器相连接,试吸碗内生理盐水,检查吸痰管是否通畅；③零压插管,吸痰管插入的深度与外套管长度大致相同	6	边述边做 少一项或一项不正确扣 1 分,至扣完分值	
		负压吸痰	吸痰动作轻柔；吸痰管自下而上、左右旋转、慢慢上移；每次吸痰时间不超过 15 秒	5		
		观察病情	吸痰过程中随时观察病情,如出现发绀、呼吸困难或窒息、神志改变等情况,应立即停止,并给氧,报告医生	4		
	吸毕处理		①吸痰完毕开大氧流量,给氧 2 分钟,再调至原来的流量；②冲洗吸痰管,分离吸痰管、脱手套并妥善处置；③关闭吸引,将吸痰器接头插入消毒液中	6		

续表

质量标准			操作过程	分值	操作要求及指标	扣分
实施 70分	换药过程	准备	打开换药盘,戴手套,取镊子固定外套管,用血管钳取出内套管置弯盘内,取出气切垫,连同血管钳置于弯盘内	5	边述边做 少一项或一项不正确扣1分,污染一次扣2分,至扣完分值	
		消毒	用生理盐水棉球,清洗切口周围;再用碘伏棉球消毒切口周围;用碘伏棉球消毒外套管,将镊子置于弯盘内;更换镊子消毒皮肤,从内到外,消毒范围约5~6cm;注意观察切口情况有无出血、青紫、皮下气肿等	15		
		固定	用血管钳夹取备好的内套管固定好;将开口纱布置于套管下面;取生理盐水纱布盖在套管口上	5		
	安置患者		协助患者取舒适体位,整理衣领,盖好被子	5	边述边做 缺一项扣1分,至扣完分值	
	整理记录		污染的弯盘置于治疗车下层,分类处理用物,洗手,记录			
评价 15分	态度		对患者态度:温和、关心、尊重患者 操作态度:认真、严谨、动作轻柔,观察病情细致	5	①熟练程度、规范程度根据实际情况酌情扣2~5分; ②超预期时间扣5分	
	技能		操作手法正确、熟练、条理清晰;应用非语言方式有效进行沟通;严守无菌技术操作规程	5		
	效果		安全、顺利;患者无不适反应及并发症;时间在12分钟内完成	5		
总分				100		

（郭春红）

临终护理技术及出院护理

任务一　尸体护理

[**案例**] 患者,男,87岁。因脑出血后遗症于2020年9月24日经抢救无效死亡。

医嘱:临床死亡。

任务:尸体护理。

[**操作目的**] 掌握尸体护理的操作规程,使尸体清洁,维持良好的尸体外观,易于辨认,安慰家属,减轻哀痛。

[**实训时数**] 1学时。

[**教学目标**]

1. 知识　掌握尸体护理操作规程及注意事项。

2. 技能　能正确进行尸体护理操作。

3. 素养　仪表规范,尊重死者,态度严肃,操作熟练规范,一丝不苟。

[**实验设计**]

1. 教学活动　示教、小组或个人训练等活动;应用微课、思维导图、操作流程图等指导课堂和课后练习。

2. 考核评价　应用评分标准评价学习效果。

[**注意事项**]

1. 须由医生开出死亡通知,并得到家属许可后,护士方可进行尸体护理。尸体护理应在患者死亡后及时进行,以防尸体僵硬。

2. 在向家属解释过程中,护士应具有同情心和爱心,沟通语言要体现对死者家属的关心和体贴,安慰家属时配合使用体态语言会收到良好的效果。

3. 护士应以高尚的职业道德和情感,尊重死者,严肃、认真地做好尸体护理工作。

4. 如为传染病患者,则按传染病终末消毒方法处理。

[思维导图]

尸体护理

评估
- 护士
  - 明确操作目的—掌握尸体护理的操作规程，使尸体清洁，维持良好的尸体外观。安慰家属，减轻哀痛
  - 明确尸体护理要求—医生开出死亡通知，并得到家属许可后，护士方可进行尸体护理
- 死者—尸体清洁度、有无伤口、引流管等，死亡诊断书，家属许可护理
- 环境—人员是否回避，是否屏风遮挡，安静、肃穆
- 用物—衣裤、尸体护理物品是否准备齐全

计划
- 护士—洗手，戴口罩
- 环境—安静，肃穆，屏风遮挡，人员回避
- 用物—根据已双人核对医嘱死亡诊断通知备物。治疗盘内：衣裤、尸单、尸体识别卡三张，血管钳1把，不脱脂棉花，剪刀、绷带、梳子，有伤口备换药敷料，按需要备擦洗用具，手套，必要时备隔离衣。

实施
- 备用物至床边，屏风遮挡，劝慰家属，并请暂时离房
- 戴手套，撤去一切治疗用物（如输液管、氧气管、导尿管等）
- 尸体仰卧，头垫一枕，防止面部淤血变色
- 松开盖被，脱去衣裤，取出棉胎，用被套遮盖尸体
- 洗脸，闭上眼睑，有义齿者装上义齿，梳理头发
- 若眼睑不能闭合者，可以用湿毛巾湿敷或于上眼睑下垫少许棉花，使上眼睑下垂闭合
- 用血管钳夹不脱脂棉花塞口、鼻、耳、阴道、肛门，防止体液外漏，棉花不得外露
- 嘴不能紧闭着用四头带托住下颌，擦净全身
- 用松节油擦净胶布痕迹
- 有伤口者更换敷料，有引流管拔出后缝合伤口或用蝶形胶布封闭并包扎
- 穿上衣裤，尸体识别卡系于腕部
- 包盖尸体
- 在颈、腰、踝部用绷带固定，尸体识别卡系于胸部尸单上
- 盖上大单，将尸体送太平间，系尸体识别卡于停尸屉外
- 按终末处理要求整理用物，填写各类护理文书

评价
- 态度：态度严肃端正，且具有同情心，尊重死者，与患者家属沟通良好
- 技能：操作方法正确，动作轻稳
- 效果：尸体整洁，姿势良好，家属心灵得到安慰

[操作流程]

一、评估

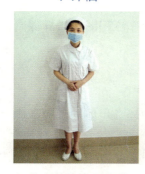

1. 仪表规范，明确操作目的

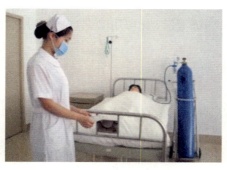

2. 床前评估，核对床尾卡

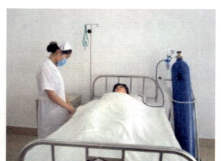

3. 评估尸体情况

二、计划

1. 七步洗手法洗手

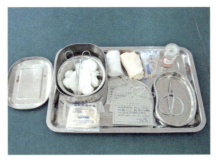

2. 双人核对无误医嘱死亡通知备用物

3. 备好用物，必要时备隔离衣

三、实施

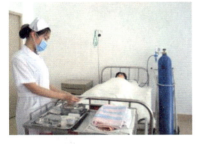

1. 携用物至床旁，核对信息

2. 劝慰家属离开，关门窗或屏风遮挡

3. 戴手套

4. 撤去一切治疗用物

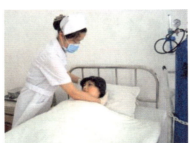

5. 尸体仰卧，头下置一枕头

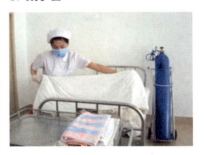

6. 松开床尾盖被

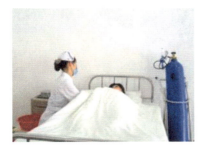

7. 脱去衣裤

8. 撤去棉胎

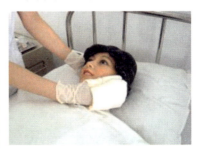

9. 洗脸

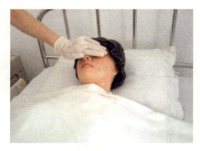

10. 闭合眼睑

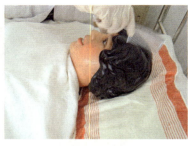

11. 有义齿要装上,梳头

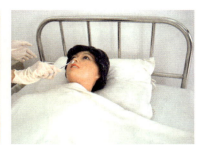

12. 用血管钳夹不脱脂棉花塞鼻腔

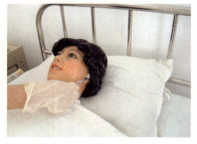

13. 塞耳道

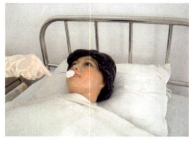

14. 塞口腔

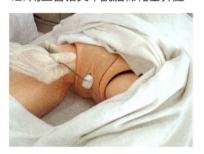

15. 塞阴道、肛门

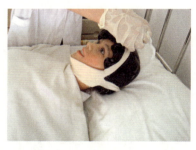

16. 嘴不能闭紧用四头带托住下颌

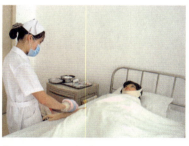

17. 擦净全身及胶痕,有伤口需换药

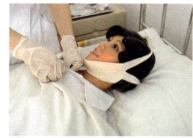

18. 穿衣服

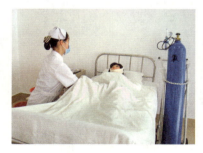

19. 穿裤子

20. 系尸体识别卡于手腕部

21. 将尸体移对侧,展开尸单

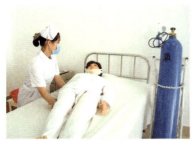

22. 铺尸单,撤被单,将尸体斜卧

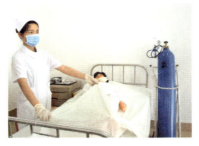

23. 用尸单遮盖脚部

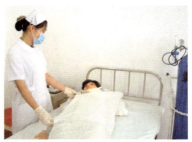

24. 整齐遮盖尸体左侧

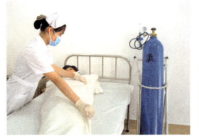

25. 整齐遮盖尸体右侧

26. 遮盖头部

27. 在颈、腰、踝部用绷带固定

28. 尸体识别卡系于胸部

29. 尸体盖上大单,将尸体送太平间,系尸体识别卡于停尸体屉外

30. 整理用物

31. 分类清理

32. 七步洗手

33. 记录,注销各项治疗,整理病历

34. 按终末消毒处理床单位

四、评价

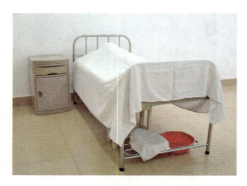

尸体整洁,外观良好,家属得到慰藉

[**评分标准**]

尸体护理——操作考核评分标准(满分：100 分)

(规定时间：15 分钟　　　　实际操作时间：　　　　分钟)

班级　　　　学号　　　　姓名　　　　成绩　　　　　　　　　　年　　月　　日

质量标准			操作过程	分值	操作要求及指标	扣分
评估8分	护士	仪容仪表	符合规范要求	1	不符合要求不得分	
		操作目的	维持良好的尸体外观,易于识别,安慰家属,减轻哀痛	2	边述边做 不全一项扣1分,至扣完分值	
	环境		整洁、安全、明亮、宽敞,周围无其他患者	1		
	相关信息		患者诊断、治疗、抢救过程、死亡原因及时间;尸体清洁度、有无伤口、引流管等;死者家属对死亡的态度、死者民族及宗教信仰等;死亡诊断书	4		

续表

质量标准		操作过程	分值	操作要求及指标	扣分
计划 7分	护士	衣帽整洁,已修剪指甲,戴口罩	2	缺一项扣1分	
	环境	人员回避、屏风遮挡、安静、肃穆	2		
	用物	根据已双人核对无误的医嘱死亡诊断通知备物: 衣裤、尸单、三张尸体识别卡、血管钳1把、不脱脂棉球、剪刀、绷带、梳子,有伤口备换药敷料,按需备擦洗用具,手套,必要时备隔离衣;有条件备PDA	3		
实施 70分	核对解释	携用物至床边,核对信息(或PDA核对),屏风遮挡;劝慰家属暂离病房	3	①边述边做 ②手法、顺序错误者该项目不得分	
	撤物放平	戴手套,撤去一切治疗用物(如输液管、氧气管、导尿管等)	2		
		床放平;尸体仰卧,头垫一枕,防止面部淤血变色	3		
	清洁尸体	松开盖被,脱去衣裤;取出棉胎,用被套遮盖尸体	6	①边述边做 ②口述不全、手法、顺序不正确者扣2分	
		洗脸、闭上眼睑、有义齿者装上义齿;梳理头发	4		
		若眼睑不能闭合,可用湿毛巾湿敷或于上眼睑下垫少许棉花,使上下眼睑闭合	1		
		用血管钳夹不脱脂棉球塞口、鼻、耳、阴道、肛门	5		
		防止体液外漏,注意棉花不得外露	1		
		嘴不能闭紧者用四头带托住下颌;擦净全身	10		
		用松节油擦净胶布痕迹	1		
		有伤口者更换敷料;有引流管者拔出后缝合伤口或用蝶形胶布封闭并包扎	2		
		穿上衣裤;尸体识别卡系于腕部	6		
	包裹尸体	将尸体移向对侧,铺好尸单	6		
		撤去遮盖被套,将尸体斜放;包盖尸体顺序:脚→左右→头;整齐包好	10		
		在颈、腰、踝部用绷带固定,尸体识别卡系于胸部尸单上	4		
	送太平间	盖上大单,将尸体送太平间;系尸体识别卡于停尸屉外	2		
	终末处理	处理床单位(按终末消毒处理);若为传染患者将按传染患者终末消毒处理	1		
	整理记录	整理用物,分类清理;洗手,体温单上记录死亡时间,整理病历注销各种执行单	3		
评价 15分	态度	态度严肃端正、具有同情心、尊重死者	4	①熟练程度、规范程度根据实际情况酌情扣2~5分; ②超预期时间扣5分	
	技能	手法正确,程序正确,动作协调、熟练,操作规范,与患者家属沟通良好,在预期时间内完成	6		
	效果	尸体整洁、姿势良好	3		
		死者家属心灵得到安慰,满意 时间在15分钟内完成(用物携至床旁开始计时)	2		
总分			100		

(付 利)

任务二 出院护理

[**案例**] 陈某,女,51 岁,因头晕、乏力到医院就诊,诊断为高血压,经治疗,血压稳定,医生予以出院。护士张某,准备给予陈某出院护理。

　　医嘱:出院。

　　任务:出院护理。

[**操作目的**]

1. 帮助患者解除"患者角色",尽快适应环境,回归社会。

2. 通过健康教育,提高患者身心健康水平。

3. 整理医疗文件,清洁、消毒患者用过的一切物品、床单位,整理好病室环境。

[**实训时数**] 1 学时。

[**教学目标**]

1. 知识　能说出出院护理的目的、工作内容、步骤及注意事项。

2. 技能　能正确整理医疗文件及终末消毒处理。

3. 素养　仪表规范,具有严谨求实的工作态度;对患者关心体贴、良好沟通,确保安全。

[**实验设计**]

1. 教学活动　示教、角色扮演、小组或个人训练等活动;应用微课、思维导图、操作流程图等指导课堂和课后练习。

2. 考核评价　平时考、阶段考、期末考等相结合;应用评分标准评价学习效果。

[**注意事项**]

1. 自动出院患者应在出院医嘱上注明"自动出院",并要求患者或家属签字。

2. 指导患者出院后的注意事项、出院用药等。

3. 传染病患者床单元及病室,按传染病终末消毒法处理。

[思维导图]

```
出院护理
├─ 评估
│   ├─ 护士：明确操作目的，接到出院通知
│   ├─ 患者：出院方式，是否了解出院原因，心理状况
│   ├─ 用物：转运工具：轮椅、平车、担架是否完好
│   └─ 环境：是否清洁、宽敞、明亮、安全
├─ 计划
│   ├─ 护士：衣着整洁、已修剪指甲、无饰物及手表
│   ├─ 患者：根据出院原因，计划用物、出院带药，消毒方式等，患者已知悉出院通知，做好出院准备
│   ├─ 用物：转运工具，平车、轮椅、担架等
│   └─ 环境：宽敞、明亮、整洁、安全
├─ 实施
│   ├─ 患者出院前的护理
│   │   ├─ 通知患者及家属
│   │   ├─ 评估患者身心需要，给予健康教育
│   │   ├─ 出院指导：根据患者情况，给予健康教育、用药指导。提供书面材料，协助建立自我健康意识，提高自我护理能力
│   │   └─ 征求意见：征求患者及家属意见建议
│   ├─ 护送出院护理
│   │   ├─ 执行出院医嘱：停止一切医嘱；填写出院通知单：协助结账，记录出院时间、填写相关表格；交给患者出院带药并指导用药
│   │   ├─ 填写出院护理评估单
│   │   └─ 护送患者出院：根据情况选用轮椅、平车
│   └─ 出院后护理
│       ├─ 整理出院病案：按要求整理病历，交档案室管理
│       ├─ 用物终末处理：污被服放入污衣袋,根据病种清洗，消毒；床垫、床褥、棉胎、枕芯用紫外线灯消毒或暴晒6小时；病床、床旁桌椅消毒液擦拭
│       └─ 病室终末处理：开窗通风（紫外线灯消毒），传染病患者需按传染病终末消毒法进行消毒。铺好备用床，迎接新患者
└─ 评价
    ├─ 态度：认真、严谨、关心患者
    ├─ 技能：安全护送患者；做好物品、床单位、病室的终末处理
    └─ 效果：患者安全出院，了解其相关疾病及自我护理相关知识，病案整理齐全，床单位及病室整理妥当
```

[操作流程]

一、评估

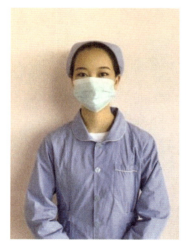

1. 仪表规范,明确操作目的

2. 床旁评估,患者明确出院原因

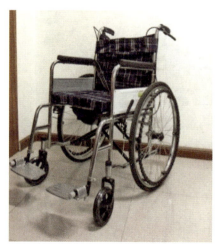

3. 检查相关运送用物是否完好

二、计划

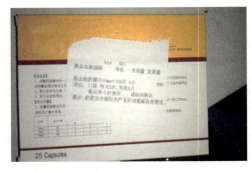

1. 遵医嘱准备好出院药物等

2. 根据患者需要准备运送工具

三、实施

1. 通知患者及家属

2. 评估患者身心需要

3. 出院指导

4. 征求意见

5. 停止一切医嘱，撤去所有卡片

6. 填写出院护理评估单

7. 护送患者出院

8. 整理出院病历

9. 用物终末处理

10. 病室终末处理

四、评价

1. 病案整理齐全

2. 床单位及病室整理妥当

[**评分标准**]

出院患者护理——操作考核评分标准(满分:100 分)

(规定时间:5 分钟　　　　实际操作时间:　　　　分钟)

班级　　　学号　　　姓名　　　成绩　　　　　　　　　年　　月　　日

质量标准			操作过程	分值	操作要求及指标	扣分
评估 10 分	护士	仪表	仪表符合规范	1	不符合扣 1~2 分	
		操作目的	①帮助患者解除"患者角色",尽快适应环境,回归社会;②通过健康教育,提高患者身心健康水平;③整理医疗文件,清洁、消毒患者用过的一切物品、床单位及病室环境	2	口述不全扣 1 分	
		操作指征	接到患者出院通知	1		
	患者		①出院方式:步行、坐位、平卧;②是否:了解出院原因,心理状况	2	口述,不全扣 1 分	
	环境		是否:整洁、安全、明亮、宽敞	2		
	用物		设施是否完好:平车、轮椅、担架,床单位	2		

续表

质量标准		操作过程	分值	操作要求及指标	扣分
计划5分	护士	衣帽整洁,已修剪指甲,无饰物及手表	1		
	患者	已知悉出院通知,做好出院准备	1		
	环境	整洁、安全、明亮、宽敞	1		
	用物	根据已双人核对无误医嘱执行单备物:平车、轮椅、担架(根据患者需要)	2	缺一项扣一分	
实施70分	通知指导	通知患者及家属	5	口述,不全扣1分	
		评估患者身心需要	5		
		出院指导:给予患者健康教育、用药指导,指导注意事项,提供书面材料,协助建立自我健康意识,提高自我护理能力	5		
		征求意见:征求患者及家属意见建议	5		
	执行处置	执行出院医嘱:停止一切医嘱,填写出院通知单,协助结账;填写出院时间、出院登记本;撤去诊断卡和床头(尾)卡;交接出院带药,并指导方法及注意事项	10	缺1项扣1分出现安全风险0分,未选用合适方式护送扣3分	
		填写出院护理评估单	5		
	护送出院	协助办理相关手续后,整理患者用物,收回相关物品并消毒处理;根据情况选用平车、轮椅或步行护送患者出院	5		
	整理档案	按要求整理病历,交病案室;出院病历顺序:住院病历首页、入院证、出院或死亡记录、入院记录、病史及体格检查、病程记录,会诊记录,各种检验和检查报告单、知情同意书、特别护理记录单、医嘱单、体温单	10	缺1项扣2分,填写错误每项扣1分	
	终末处理	用物终末处理:污被服放污衣袋,根据病种清洗、消毒;床垫、床褥、棉胎、枕芯用紫外线照射消毒(日光暴晒6小时);床旁桌椅、地面消毒液擦拭;非一次性用物消毒液浸泡	10		
		病室终末处理:病室开窗通风(紫外线灯消毒);传染病患者床单位及病室,按终末消毒法进行处理;铺好备用床,迎接新患者	10	缺1项扣2分,填写错误每项扣1分	
评价15分	态度	认真,严谨;关爱患者	5	①熟练程度、规范程度根据实际情况酌情扣2~5分;②超预期时间扣5分	
	技能	安全护送患者;做好物品、床单位、病室的终末处理	5		
	效果	患者安全出院,了解其相关疾病及自我护理相关知识,病案整理齐全,床单位及病室整理妥当	5		
总分			100		

(宋雯颖)

1. 美国心脏协会 (AHA). 心肺复苏和心血管急救指南, 2020.

2. 钟印芹, 叶美霞. 基础护理技术操作指南. 北京: 中国科学技术出版社, 2020.

3. 李丽娟. 基础护理与技术. 第 2 版. 北京: 中国医药科技出版社, 2019.

4. 李小寒, 尚少梅. 基础护理学. 第 6 版. 北京: 人民卫生出版社, 2019.

5. 杨潇二, 唐布敏. 护理学基础. 北京: 北京大学医学出版社, 2019.

6. 于淑梅, 周芳, 周鸣鸣. 基础护理学实验指导. 南京: 东南大学出版社, 2019.

7. 周谊霞, 郭永洪. 护理综合实训. 第 2 版. 北京: 中国医药科技出版社, 2019.

8. 冯晓丽. 老年照护 (初级). 北京: 中国人口出版社, 2019.

9. 张连辉, 邓翠珍. 基础护理学. 第 4 版. 北京: 人民卫生出版社, 2019.

10. 张少羽. 基础护理技术. 第 3 版. 北京: 人民卫生出版社, 2018.

11. 周春美, 张连辉. 基础护理学. 第 3 版. 北京: 人民卫生出版社, 2016.

12. 丁炎明, 张大双. 临床基础护理技术操作规范. 北京: 人民卫生出版社, 2015.

13. 李国宏. 60 项护理技术操作流程. 南京: 东南大学出版社, 2015.

14. 尚少梅. 护理学基础. 北京: 北京大学医学出版社, 2014.

15. 姜小鹰. 护理学综合实验. 北京: 人民卫生出版社, 2012.

16. 姜安丽. 新编护理学基础. 北京: 人民卫生出版社, 2012.

17. 李丽娟. 基础护理与技术. 北京: 人民卫生出版社, 2011.

18. 李晓松. 基础护理技术. 第 2 版. 北京: 人民卫生出版社, 2011.

19. 张春舫, 任景坤. 护士岗位技能训练 50 项考评指导. 北京: 人民军医出版社, 2007.